MATLAB für Dummies

MATLAB für Dummies – Schummelseite

Häufige Befehle

Die folgende Liste enthält Befehle, die relativ häufig verwendet werden. Bis Ihnen diese in Fleisch und Blut übergegangen sind, können Sie hier immer mal wieder spicken.

`load ('Dateiname')`	Lädt die angegebene Datei in den Arbeitsbereich.
`save ('Dateiname')`	Speichert die im Arbeitsbereich angezeigten Variablen im angegebenen Dateinamen.
`demo`	Zeigt tolle Demonstrationen für alle möglichen Aufgaben.
`help ('Befehl oder Datei')`	Liefert Informationen zum gewünschten Befehl bzw. der gewünschten Datei.
`lookfor ('Begriff')`	Sucht nach allen Befehlen, in deren Beschreibung der angegebene Begriff vorkommt.
`whos ('Variablenname')`	Zeigt Informationen über die genannte Variable an.
`exist ('Name')`	Findet heraus, ob eine Datei, Funktion, Klasse, Variable oder ein Verzeichnis mit dem angegebenen Namen existiert.
`clc`	Leert das Anweisungsfenster.
`clear ('Variablenname')`	Löscht die angegebene Variable.
`clear all`	Löscht alle aktiven Variablen.
`close ('Grafikname')`	Schließt das angegebene Grafikfenster.
`close all`	Schließt alle Grafikfenster.
`cla`	Löscht bis auf die Achsen alle Objekte im aktuellen Grafikfenster.
`diary ('Dateiname')`	Erzeugt eine Tagebuchdatei mit dem entsprechenden Dateinamen.
`diary off`	Schaltet die Tagebuchfunktion aus.
`diary on`	Schaltet die Tagebuchfunktion ein.
`format compact`	Alle Ausgaben werden einzeilig ausgegeben.

Die wichtigsten Operatoren im Überblick

`+`	Addition	`<`		kleiner als
`-`	Subtraktion	`<=`		kleiner gleich
`*`	Multiplikation	`>`		größer als
`/`	Division	`>=`		größer gleich
`\`	Links-Division (teilt den rechten durch den linken Wert)	`and bzw. &`		das logische »und«
`^`	Potenz	`not bzw. ~`		das logische »nicht«
`( )`	Klammer (dient der Abgrenzung zwischen arithmetischen Ausdrücken)	`or bzw. |`		das logische »oder«
`.`	Der Punktoperator sorgt dafür, dass andere Operatoren elementweise ausgeführt werden.	`xor`		das logische »entweder, oder«
`=`	Der Zuweisungsoperator weißt den angegebenen Wert einer Variablen zu.	`~=`		ungleich
`==`	Das doppelte Gleichheitszeichen ist der eigentliche »Gleichheitsoperator«. Es prüft, ob die Werte zweier Variablen gleich sind.			

MATLAB für Dummies – Schummelseite

Vordefinierte Konstanten

MATLAB kennt eine Reihe von vordefinierten Konstanten, die Sie verwenden können, wenn Sie eine Formel eingeben (Achtung, es gibt keine Warnung beim Überschreiben!):

- ✔ **ans:** Enthält die aktuellste temporäre Antwort von MATLAB. MATLAB legt diese spezielle temporäre Variable für Sie an, wenn Sie Ihr Ergebnis keiner Variablen zuweisen.
- ✔ **eps:** Legt die Genauigkeit der Fließkommapräzision (Epsilon) fest. Der Standardwert ist 2,2204e-16.
- ✔ **i:** Enthält die imaginäre Zahl 0.0000 + 1.0000 i.
- ✔ **Inf:** Legt unendlich fest, welches jede Zahl durch Null dividiert ergibt, wie zum Beispiel 1 / 0.
- ✔ **NaN:** Steht für *Not a Number*, also keine Zahl. Das Ergebnis ist also nicht definiert.
- ✔ **pi:** Steht für den Wert von *pi*, welcher ungefähr 3.1416 ist, was auch auf dem Bildschirm angezeigt wird. Intern wird *pi* durch eine Zahl mit 15 Nachkommastellen dargestellt.

Mit Linienfarbe, Symbolen und Linientyp arbeiten

Die Funktion plot() erwartet Ihre Argumente in Dreiergruppen. Die x-Achse, die y-Achse und eine Zeichenkette, die aus bis zu vier Zeichen besteht und die Linienfarbe, das Symbol sowie den Linientyp festlegt. Diese Tabelle enthält die möglichen Werte für die Zeichenkette. Zum Bearbeiten eines Diagramms verändern Sie eines oder mehrere der drei Argumente x-Achse, y-Achse und Zeichenkette.

Linienfarbe		Symbol		Linientyp	
Code	Farbe	Code	Symbol	Code	Linientyp
b	blau	.	Punkt	-	durchgezogen
g	grün	o	Kreis	:	gepunktet
r	rot	x	Kreuz	-.	Punkt-Strich
c	zyanblau	+	Plus	--	gestrichelt
g	magenta	*	Sternchen	(nichts)	keine Linie
y	gelb	s	Quadrat		
k	schwarz	d	Diamant		
w	weiß	v	Dreieck nach unten		
		^	Dreieck nach oben		
		<	Dreieck nach links		
		>	Dreieck nach rechts		
		p	Stern mit 5 Spitzen		
		h	Stern mit 6 Spitzen		
		(nichts)	kein Symbol		

Jim Sizemore und John Paul Mueller

MATLAB für Dummies

Übersetzung aus dem Amerikanischen von
Prof. Dr. Dr. Karl-Kuno Kunze

Fachkorrektur von Dr. Jan-Peter Ismer

WILEY

WILEY-VCH Verlag GmbH & Co. KGaA

**Bibliografische Information
der Deutschen Nationalbibliothek**

Die Deutsche Nationalbibliothek verzeichnet diese
Publikation in der Deutschen Nationalbibliografie;
detaillierte bibliografische Daten sind im Internet über
http://dnb.d-nb.de abrufbar.

1. Auflage 2016

© 2016 WILEY-VCH Verlag GmbH & Co. KGaA, Weinheim

Coverfoto: agsandrew/Shutterstock.com
Korrektur: Dr. Jan-Peter Ismer, Berlin und Leonie Christel, Forchheim
Satz: SPi-Global, Chennai
Druck und Bindung: CPI books GmbH, Leck

Print ISBN: 978-3-527-71167-3
ePub ISBN: 978-3-527-80871-7
mobi ISBN: 978-3-527-80870-0

Über die Autoren

Jim Sizemore ist Professor für Physik und Ingenieurwesen mit einem Master of Science in Physik von der Universität von Kalifornien – San Diego – und einem PhD in Materialwissenschaften von der Stanford Universität. Er arbeitete lange in der Halbleiterindustrie, wo er sich in vielen Projekten insbesondere mit Diffusion und Oxidation, Widerstandskraft gegen Strahlung sowie Optoelektronik beschäftigte. Nach seiner Karriere in der Privatwirtschaft wendete er sich verstärkt der Lehre zu und ist gegenwärtig Professor für Physik und Ingenieurwesen am Tyler Junior College in Tyler, Texas. Dort initiierte er einen populärwissenschaftlichen Club, in dem Studenten mehrere Projekte entwerfen und umsetzen konnten, zum Beispiel ein Zwei-Meter-Trébuchet (riesige Steinschleuder), falls sie mal in die Verlegenheit kommen, eine umliegende Burg anzugreifen. Aktuell lehrt er auch Programmieren für Ingenieure mit MATLAB als primärer Programmiersprache. Schauen Sie gern mal auf `http://iteach.org/funphysicist/` nach. Zwar liebt er lehren und lernen, fotografiert aber auch gern und fährt Fahrrad.

John Paul Mueller ist freier Autor und technischer Herausgeber. Das Schreiben liegt ihm im Blut: Er hat bis heute 96 Bücher und etwa 300 Artikel herausgegeben. Die Themen reichen von Netzwerken bis hin zu künstlicher Intelligenz oder von Datenbankadministration bis hin zur Programmierung. Einige seiner jüngsten Bücher sind *Python for Beginners*, ein JavaScript-eLearning-Set, ein Buch über HTML5-Entwicklung mit JavaScript und ein weiteres über CSS3. Seine Erfahrung als Herausgeber hat schon mehr als 60 Autoren geholfen, ihre Manuskripte zu verfeinern und zu verbessern. Die Entwicklung im Bereich MATLAB verfolgt er seit etwa einer Dekade. Als technischer Herausgeber war John für die Magazine *Data Based Advisor* und *Coast Compute* tätig. Während seiner Zeit bei *Data Based Advisor* kam er zum ersten Mal mit MATLAB in Kontakt und hat seitdem die Entwicklung der Software hautnah verfolgt. Schauen Sie gern mal bei seinem Blog herein unter `http://blog.johnmuellerbooks.com`.

Wenn John nicht am Computer sitzt, finden Sie ihn draußen im Garten, beim Bäumeschneiden oder während er einfach so die Natur genießt. John stellt auch gern Wein her, backt Kekse und strickt. Wenn er nicht etwas anderes tut, stellt er Glyzerinseife und -kerzen her, die in Geschenkkörben für Freude sorgen. Sie erreichen John unter john@johnmullerbooks.com. John erstellt auch gerade eine Webseite unter `http://www.johnmullerbooks.com`. Schauen Sie gern mal rein und geben Sie John Hinweise und Tipps, was er verbessern kann – und was Ihnen schon jetzt gefällt.

Über den Übersetzer

Karl-Kuno Kunze erwarb Diplome in Physik und in Wirtschaftsphysik, ein *DEA de Physique des Liquides* der Universität Paris und ein *MSc in Mathematical Finance* der Universität Oxford. Er promovierte zunächst in theoretischer Physik, dann in Wirtschaftswissenschaft. Nach über zehnjähriger Praxis in der Anwendung quantitativer Modelle in der Finanzwirtschaft ist er jetzt Professor für Wirtschaftsmathematik und -statistik an der Ostfalia Hochschule Braunschweig/

Wolfenbüttel und leitet das R Institute (www.r-institute.com). Das R Institute bietet neben einer Plattform für professionelle Anwender der Software *R* Hosting für Web-Anwendungen zur Datenanalyse mit R sowie *Analytics* als *Managed Service* – quasi als externe Statistik-Abteilung – an. Darüber hinaus veranstaltet es Schulungen im Bereich Datenanalyse, Finanzmarktstatistik und *Predictive Analytics* und bietet Support und Qualitätssicherung für Projekte mit R. Sowohl R als auch MATLAB sind aus diesen Bereichen nicht wegzudenken.

Für die »Für Dummies«-Reihe hat Karl-Kuno bereits »R für Dummies« ins Deutsche übersetzt und »Ökonometrie für Dummies« als Koautor mitgeschrieben. An dieser Stelle sei dem Wiley Verlag, insbesondere Vanessa Schweiß und Kerstin Tüchert, für die angenehme Zusammenarbeit gedankt.

Sie finden alle MATLAB-Beispiele zu diesem Buch auf der Webseite http://www.r-institute.com/matlab_fuer_dummies. Hier finden Sie auch alle Verknüpfungen zu den Online-Ressourcen im Buch. Sollten Sie Fragen oder Anmerkungen haben, schreiben Sie gern an mail@r-institute.com.

Über den Fachkorrektor

Jan-Peter Ismer ist Berater für die Finanzindustrie und arbeitet mit MATLAB seit 2004. Er ist Physiker (Diplom), Informatiker (B.Sc.) und durch die PRMIA zertifizierter Professional Risk Manager.Während seiner Promotion in theoretischer Physik hat er Hochtemperatursupraleitung mithilfe von MATLAB untersucht. Nach etwa fünf Jahren als Berater ist er seit Kurzem Geschäftsführer der Unternehmensberatung RAppLify. Seine Projekte sind meist im Bereich quantitatives Risikomanagement angesiedelt. Dabei kommt auch immer wieder MATLAB zum Einsatz. Außerdem unterrichtet er als Fachmentor an der FernUniversität in Hagen Informatik. Er lebt mit seiner Frau und seinem Sohn in Berlin.

Inhaltsverzeichnis

Teil II
Daten in MATLAB bearbeiten und grafisch darstellen 97

Einleitung

MATLAB ist ein großartiges Produkt, mit dem Sie alle möglichen quantitativen Arbeiten durchführen können. Dabei verwenden Sie im Wesentlichen dieselben Methoden, als würden Sie per Hand arbeiten (zum Beispiel mit Papier und Bleistift, einem Rechenschieber, einem Abakus und natürlich einem Taschenrechner). MATLAB kann das aber mit einer Geschwindigkeit, die Computern vorbehalten bleibt. Darüber hinaus machen Sie mit MATLAB weniger Fehler, ersparen sich so manchen Umweg und werden generell effizienter. Demgegenüber verfügt MATLAB über eine riesige Methodenvielfalt und liefert Ihnen Funktionalitäten, die Sie bisher wahrscheinlich noch nie benutzt haben. Beispielsweise können Sie über die reine Zahlenwelt hinausgehen, indem Sie Ihre Ergebnisse auf verschiedenste Weise grafisch aufbereiten und so noch besser kommunizieren können. Damit Sie von all dem gebührlich profitieren können, brauchen Sie nur noch ein Buch wie *MATLAB für Dummies*. Und hier ist es!

Über dieses Buch

Die Hauptaufgabe von *MATLAB für Dummies* ist, die Lernkurve, welche bei Programmen wie MATLAB mit so vielen Möglichkeiten naturgemäß steil ist, etwas flacher zu machen. Wenn Sie MATLAB zum ersten Mal öffnen, sind Sie wahrscheinlich überwältigt. Mit diesem Buch kommen Sie über diesen ersten Schock hinaus und werden so schnell produktiv, dass Sie sich schon sehr bald wieder Ihrer Lieblingsbeschäftigung widmen können: in Mathematik zu glänzen.

Darüber hinaus will Sie dieses Buch auch an Techniken heranführen, die Sie wahrscheinlich noch gar nicht kennen oder vermisst haben, weil Sie sie vorher noch nicht gesehen haben. Zum Beispiel verfügt MATLAB über ein reichhaltiges Angebot von Grafik-Funktionen, die Ihnen nicht nur die Kommunikation erleichtern, sondern auch dabei helfen, anderen Ihren quantitativ fundierten Standpunkt noch besser nahezubringen. Mit den Skripten und Funktionen können Sie Ihre Arbeit noch weiter erleichtern. In diesem Buch lesen Sie, wie Sie individuellen Code schreiben und MATLAB Ihren persönlichen Bedürfnissen anpassen.

Nachdem Sie erfolgreich MATLAB auf Ihrem Rechner installiert haben, beginnen Sie mit den Grundlagen und arbeiten sich dann schrittweise voran. Wenn Sie dann Ihren Weg durch die Beispiele in diesem Buch gemacht haben, können Sie eine Reihe von einfachen und nicht mehr ganz so einfachen Arbeiten ausführen. Dazu gehören Skripte schreiben, Funktionen erstellen, Grafiken entwerfen und Gleichungen lösen. Sie werden sicher noch kein Experte sein, aber immerhin werden Sie MATLAB mit Freude und Erfolg in Ihren Arbeitsalltag integrieren können.

Damit Sie die dargestellten Konzepte noch besser aufnehmen können, verwenden wir im Buch folgende Konventionen:

✔ Text, den Sie so, wie er dasteht, eingeben sollen, erscheint **fett**. Die einzige Ausnahme sind die Kochrezepte: Da jeder einzelne Schritt **fett** gedruckt ist, wird der einzugebende Text normal gedruckt.

✔ Wenn Sie in einem einzugebenden Text Wörter in kursiver Schrift lesen, ersetzen Sie sie durch etwas, was für Ihren Fall zutrifft. Wenn Sie also »Geben Sie **Ihren Namen** ein und drücken Sie ENTER« lesen, ersetzen Sie bitte *Ihren Namen* durch Ihren Namen.

✔ Webadressen und Programm-Code erscheinen in monofont. Sollten Sie die digitale Version dieses Buches lesen und mit dem Internet verbunden sind, können Sie auf die Adresse klicken, um die Webseite aufzurufen, etwa so: http://www.fuer-dummies.de.

✔ Wenn Sie Abfolgen von Anweisungen eingeben sollen, erscheinen diese durch einen speziellen Pfeil separiert, etwa so: Datei ⇨ Neue Datei. In diesem Fall klicken Sie zunächst auf Datei in der Menüzeile und anschließend auf Neue Datei. Im Ergebnis haben Sie dann eine neue Datei erzeugt.

Törichte Annahmen über die Leser

Sie werden kaum glauben können, dass wir Annahmen über Sie getroffen haben – immerhin sind wir uns noch nicht begegnet! Insofern sind die meisten unserer Annahmen sicher tatsächlich töricht, die folgenden waren aber einfach nötig, um mit dem Buch überhaupt anfangen zu können.

Es ist wichtig, dass Sie sich mit dem Betriebssystem auskennen, auf dem Sie arbeiten. Dazu sagt dieses Buch nämlich gar nichts. Wie Sie MATLAB installieren, lesen Sie allerdings schon – in Kapitel 2. Um Ihnen so viele Informationen wie möglich über MATLAB zu liefern, verzichten wir völlig auf plattformspezifische Details. Wir setzen also voraus, dass Sie Anwendungen installieren, diese verwenden und mit der von Ihnen verwendeten Plattform umgehen können, bevor Sie die Arbeit mit diesem Buch beginnen.

Das Buch ist keine Mathe-Nachhilfe. Es stimmt zwar, dass Sie darin viele Beispiele komplexer mathematischer Zusammenhänge sehen, das Hauptaugenmerk liegt jedoch darauf, Ihnen den Einsatz von MATLAB für diese Themen vorzustellen. In Kapitel 1 lesen Sie mehr darüber, was Sie genau an mathematischen Vorkenntnissen brauchen, um erfolgreich mit diesem Buch arbeiten zu können.

Wir setzen voraus, dass Sie Zugang zum Internet haben. Über den ganzen Text verstreut gibt es zahlreiche Hinweise auf Online-Material, das Ihnen das Lernen noch angenehmer und abwechslungsreicher macht. Damit die Quellen Ihnen nützen, müssen Sie allerdings die Möglichkeit haben, darauf zuzugreifen.

Die Symbole in diesem Buch

Beim Lesen des Buches werden Ihnen immer wieder Symbole am Rand auffallen, die Ihnen spannende (oder nicht so spannende) Aspekte und Themen aufzeigen. Hier sind die einzelnen Symbole mit Erklärungen.

Tipps sind ganz nützlich, denn sie sparen Ihnen entweder Zeit oder zeigen Ihnen, wie Sie eine Aufgabe ohne große Umwege lösen können. Die Tipps in diesem Buch machen Sie mit eleganten oder schnellen Techniken vertraut oder verweisen Sie auf weiterführendes Material, das Sie gern ausprobieren können, um MATLAB auszureizen.

 Natürlich wollen wir hier nicht die übervorsichtigen Eltern geben, die ihr Kind auf dem Spielplatz keine Sekunde loslassen. Was mit diesem Zeichen versehen ist, sollten Sie allerdings meiden. Sie könnten sonst Programme produzieren, die nicht richtig funktionieren, oder schlimmer noch: falsche Ergebnisse produzieren, ohne es zu merken, oder noch schlimmer: Daten verlieren.

 Immer wenn Sie dieses Symbol sehen, können mehrere Dinge passieren. Es wird sehr langweilig oder sehr spannend. Langweilig kann es werden, weil diese Information Ihnen gerade nicht viel hilft und auch sonst nicht lebensnotwendig ist. Spannend kann es werden, weil gerade dieses Stück Ihnen gefehlt hat, ein lange bearbeitetes Problem elegant zu lösen. Sehen Sie also weg, wann immer Sie mögen, und sehen Sie hin, wann immer Sie mögen.

 Selbst wenn Sie sonst gar nichts aus einem Kapitel oder Abschnitt mitnehmen: Was hier steht, sollten Sie beherzigen. Neben diesem Symbol steht entweder eine bestimmte Vorgehensweise oder eine kleine Information, die für die erfolgreiche Arbeit mit MATLAB unbedingt nötig ist.

Über das Buch hinaus

Dieses Buch ist nicht das Ende der MATLAB-Show – es ist erst der Anfang! Folgende Ressourcen halten weiteres Material für Sie bereit, damit Sie noch mehr Nutzen aus *MATLAB für Dummies* ziehen können. Auf diese Weise können wir auf Mails von Ihnen reagieren und schreiben, wie sich Updates von MATLAB oder Zusatzpaketen auf den Inhalt des Buches auswirken. Folgende coole Sachen warten auf Sie:

✔ **Updates:** Die Welt dreht sich immer weiter, und auch MATLAB wird kontinuierlich weiterentwickelt. Da kann es passieren, dass wir die eine oder andere Entwicklung beim Schreiben des Buches nicht vorausgesehen haben und jetzt nachjustieren müssen. Früher bedeutete dies, dass ein Buch veraltete und man die nächste Auflage kaufen musste. Heute gehen Sie einfach ins Internet und laden sich Aktualisierungen herunter: `http://www.dummies.com/extras/matlab` (englisch)

Darüber hinaus sind Sie auch herzlich eingeladen, den Blog von John Mueller unter `http://www.johnmuellerbooks.com` zu besuchen. Hier finden Sie Antworten auf Leserfragen und zum Buch gehörende Tipps und Tricks (englisch).

✔ **Begleitmaterial:** Mal ehrlich: Wer hat schon Lust, den Code im Buch abzutippen und alle Grafiken nachzubauen? Die meisten Leser würden doch Ihre Zeit lieber nutzen, um mit MATLAB zu arbeiten und zu sehen, welche interessanten Dinge es für sie tun kann. Ein Schreibmaschinenkurs ist nicht so angesagt. Zum Glück stehen die Beispiele im Buch zum Herunterladen bereit. So können Sie sich voll auf das Lesen und Verstehen des Buches konzentrieren. Die Dateien finden Sie unter www.downloads.fuer-dummies.de.

Sie finden alle Programm-Beispiele zu diesem Buch und Verknüpfungen zu Online-Ressourcen auch unter der Webseite http://www.r-institute.com/ matlab_fuer_dummies.

Wie es weitergeht

Es ist Zeit für das MATLAB-Abenteuer! Wenn Sie hinsichtlich MATLAB bei null anfangen, ist es am besten, wenn Sie mit Kapitel 1 anfangen und sich dann in Ihrem eigenen Tempo durch das Buch arbeiten. So können Sie so viel Material aufsaugen wie möglich.

Wenn Sie zwar ein Neuling sind, aber unter Zeitdruck stehen und aus irgendeinem Grund so schnell wie möglich mit MATLAB loslegen wollen, springen Sie gleich zu Kapitel 2, obwohl Ihnen dann später ein paar Sachen verwirrend vorkommen können. Gleich mit dem dritten Kapitel zu beginnen könnte funktionieren, wenn Sie MATLAB bereits installiert haben, wir empfehlen jedoch dringend, Kapitel 2 wenigstens einmal querzulesen, damit Sie wissen, welche Konventionen wir im Buch verwenden.

Leser mit etwas Erfahrung in MATLAB können Lesezeit sparen, indem Sie direkt zu Kapitel 5 springen. Wenn Fragen aufkommen, können Sie immer noch zurückblättern. Es ist jedoch essenziell, dass Sie die eine Technik verstanden haben, bevor Sie zur nächsten weitergehen. Jede Technik, jedes Code-Beispiel und jede Vorgehensweise hält wichtige Informationen für Sie bereit. Wenn Sie allzu beherzt durch das Buch springen, könnten Sie wesentliche Inhalte verpassen.

Teil I

Erste Schritte mit MATLAB

In diesem Teil ...

✔ Finden Sie heraus, warum Sie MATLAB verwenden wollen, um ihre Berechnungen zu beschleunigen.

✔ Installieren Sie MATLAB auf Ihrem jeweiligen System.

✔ Beginnen Sie, mit MATLAB zu arbeiten, damit Sie das Programm besser kennenlernen.

✔ Führen Sie einfache Arbeiten durch, um die Nutzerschnittstelle besser kennenzulernen.

✔ Machen Sie sich mit dem MATLAB-Dateisystem vertraut.

MATLAB mit seinen vielen Möglichkeiten kennen lernen

1

In diesem Kapitel ...

▶ Verstehen Sie, wie Sie MATLAB einsetzen, um mathematische Aufgaben zu lösen.

▶ Sehen Sie, wo MATLAB überall eingesetzt wird.

▶ Entdecken Sie, wie Sie das meiste aus MATLAB herausholen.

▶ Erklimmen Sie die Lernkurve.

M athematik ist die Basis all unserer Wissenschaften und zum Teil sogar der Künste. In der Tat kann Mathematik selbst eine Ausprägung von künstlerischer Arbeit sein – denken Sie nur an die Schönheit von Fraktalen (die grafische Darstellung von bestimmten Gleichungen). Auf der anderen Seite kann Mathematik auch recht abstrakt wirken und sehr schwierig und komplex erscheinen. MATLAB macht die Arbeit mit Mathematik leichter. Sie können MATLAB verwenden, um quantitative Aufgaben zu bearbeiten, wie

✔ Numerische Berechnungen

✔ Visualisierung

✔ Programmierung

Dieses Kapitel macht Sie mit MATLAB vertraut, dem Softwarepaket für verschiedenste mathematische Aufgaben. Hier lernen Sie die Rolle kennen, die MATLAB dabei spielen kann, die Komplexität mathematischer Fragestellungen zu reduzieren oder quantitative Zusammenhänge für andere besser verständlich zu machen. Sie werden auch feststellen, dass MATLAB schon jetzt von einer großen Zahl von Unternehmen, Institutionen und Organisationen verwendet wird, um damit echte Probleme exakt und effizient zu lösen. Es ist sicher interessant zu sehen, wie Sie die verschiedenen Anwendungsfälle auf Ihren Arbeitsalltag übertragen können.

Weil MATLAB so mächtig ist, hat es eine recht steile Lernkurve. In diesem Kapitel lernen Sie deshalb auch, wie Sie die Kurve flacher machen können, um schneller produktiv und kreativ zu werden. Je weniger Zeit Sie für das Lernen aufwenden, desto mehr Zeit bleibt für die Anwendung auf Ihr jeweiliges Anwendungsfeld und desto besser werden Ihre Ergebnisse. Probleme schnell und exakt zu lösen ist das über allem stehende Ziel von MATLAB.

MATLAB einordnen

In MATLAB geht es um Mathematik. Ja, es ist ein mächtiges Werkzeug, und ja, es verwendet eine eigene Sprache, um das Lösen mathematischer Probleme schneller, leichter und konsistenter zu machen. Am Schluss liegt das Hauptaugenmerk von MATLAB jedoch auf Mathematik. Sie können zum Beispiel 2 + 2 als Gleichung eingeben und MATLAB würde pflichtbewusst die Summe 4 als Ergebnis zurückliefern. Dafür würde allerdings niemand Geld ausgeben – wenn nicht im Kopf, können Sie solch ein Ergebnis leicht mit dem Taschenrechner erzielen. Wir müssen also noch mehr verstehen, was MATLAB eigentlich macht. Die folgenden Abschnitte helfen Ihnen dabei. So können Sie besser einordnen, auf welche Art Sie MATLAB erfolgreich einsetzen können.

Verstehen, wie sich MATLAB zu einer Turing-Maschine verhält

Heutige Computer sind überwiegend *Turing-Maschinen*, nach dem britischen Mathematiker Alan Turing (1912 bis 1954). Das wesentliche Merkmal einer Turing-Maschine ist, Ihre Aufgaben Schritt für Schritt abzuarbeiten. Ein einzelner Prozessor verarbeitet eine Anweisung nach der anderen. Er kann an verschiedenen Aufgaben arbeiten, aber zu jedem Zeitpunkt wird nur ein Schritt einer bestimmten Aufgabe gleichzeitig ausgeführt. Die Kenntnis des Konzepts der Turing-Maschine ist deshalb sinnvoll, weil MATLAB nach der gleichen Strategie arbeitet. Es führt einen Schritt nach dem anderen aus. Sie können sogar ein MATLAB-Programm herunterladen, welches eine Turing-Maschine simuliert: `http://www`
`.mathworks.com/MATLABcentral/fileexchange/23006-turing-machine-emulator`
`/content/@turing/turing.m`. Das Programm ist überraschend kurz.

 Verwechseln Sie den zugrunde liegenden Computer nicht mit den Programmier-sprachen, die verwendet werden, um damit Anwendungssoftware zu erstellen. Selbst wenn die Sprache, die letztlich den Computer antreibt, Ihnen eine andere Sichtweise vorspielen kann, führt der Computer doch alles schön der Reihe nach aus. Wenn Sie noch nie vorher gesehen haben, wie Computer Programme verarbeiten, könnte es jetzt an der Zeit sein, darauf mal ein paar Minuten zu verwenden. Sehen Sie sich den Kasten »Verstehen, wie Computer arbeiten« gern für ein paar Hintergrundinformationen an.

Verstehen, wie Computer arbeiten

Viele Programmierer älteren Semesters sind »Nerds«, die mit Lochkarten hantiert haben, bevor Fernseher Transistoren hatten. Ein Vorteil bei der Arbeit mit Lochkarten ist, dass Sie die Daten und Anweisungen an den Computer förmlich erfühlen und ertasten konnten. Diese Unmittelbarkeit ließ die jeweiligen Programmierer genau verstehen, was wirklich passiert, wenn ein Programm abläuft.

Heutzutage sind Daten und Anweisungen als Elektronenladungen in winzigen Silikonbau-teilen gespeichert, die selbst durch die besten optischen Mikroskope nicht erkannt werden können. Heute arbeiten die Rechner zudem um ein Vielfaches schneller und können weit mehr Informationen verarbeiten, als das damals der Fall war. Aber eines ist geblieben: das grundsätzliche Prinzip der Datenverarbeitung.

In alten Zeiten »schrieb« ein Programmierer genau eine Anweisung auf eine Karte. Nach-dem alle Anweisungen erstellt waren, wurden die Karten in einen Kartenleser eingelegt.

Der Computer las die Karte und tat, wie er geheißen war: Daten besorgen, noch mehr Daten besorgen, Daten addieren, Daten dividieren, und so weiter, bis alle Karten abgearbeitet waren.

Eine solche Abfolge von Karten bzw. Anweisungen ist ein Programm. Die folgende Abbildung zeigt Ihnen schematisch, wie ein Computer funktioniert.

Seit den Tagen, in denen Karte für Karte gelesen und verarbeitet wurde, hat sich dieses Prinzip nicht verändert: Nach wie vor wird eine Anweisung nach der anderen verarbeitet. Eine Anweisung wird ausgeführt, dann kommt die nächste. MATLAB bildet da keine Ausnahme: Es macht genau dasselbe.

Es ist wichtig, sich klarzumachen, dass der *Ablauf* eines Programms sich verändern kann. Computer können auf Basis spezieller Kriterien Entscheidungen treffen, zum Beispiel für FALSCH den einen Weg einschlagen und für WAHR den anderen. Wenn der Computer beispielsweise alle Daten für eine Aufgabe eingelesen hat, sagt das Programm dem Computer, dass er jetzt etwas anderes machen soll, zum Beispiel Berechnungen durchführen. Die grafische Darstellung, wie eine Folge von Anweisungen ausgeführt werden soll, heißt Ablaufplan (englisch *flow chart*). Diese ist einer Straßenkarte ganz ähnlich, dort gibt es auch Kreuzungen, wo man sich entscheiden muss. MATLAB basiert auf gut entworfenen Ablaufplänen, damit man einfach erkennen kann, was der Computer tun wird, wann er es tun wird und wie er die angeforderte Aufgabe löst.

Das ganze Konzept eines Programmes mag auf viele fremd wirken – nur »Nerds« beschäftigen sich mit so etwas –, aber eigentlich kennen Sie das Konzept schon aus einer etwas anderen Richtung. Wenn Sie einen Taschenrechner benutzen, überlegen Sie sich zunächst die Schritte und Zahlen, welche Sie eingeben wollen, und in welcher Reihenfolge das am besten erfolgt. Ein Programm, also auch ein MATLAB-Programm, ist ganz einfach eine Abfolge von ganz ähnlichen Schritten. Diese Abfolge ist in einer Datei gespeichert, die dann vom Computer gelesen und eine Anweisung nach der anderen ausgeführt wird. Sie brauchen keine Angst vor Computerprogrammierungen zu haben – etwas Ähnliches haben Sie sicher schon häufiger getan, als Sie denken, und warum sollten Sie es nicht wieder können?

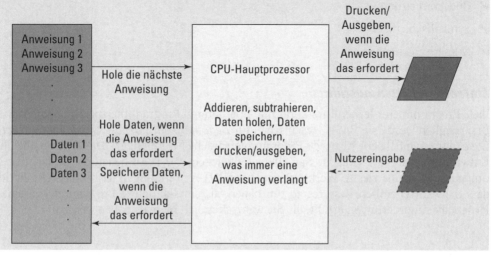

Über MATLAB als Taschenrechner hinausgehen

MATLAB ist eine Programmiersprache, nicht nur ein Taschenrechner. Dennoch können Sie es als Taschenrechner verwenden und es ist gar keine schlechte Vorgehensweise, Ihre Ideen erst einmal auf diese Weise auszuprobieren und dann in Ihrem Programm zu benutzen. Wenn Sie dann über das Experimentierstadium hinaus gekommen sind, werden Sie mit MATLAB erfahrungsgemäß Programme schreiben, die

✔ konsistent

✔ einfach

✔ schnell

die gewünschte Aufgabe lösen.

Mit diesen drei Eigenschaften im Hinterkopf erklären die nächsten Abschnitte im Detail, warum MATLAB mehr als ein einfacher Taschenrechner ist. Hier lernen Sie noch nicht alles, was MATLAB für Sie tun kann, aber Sie erhalten einen Überblick, wie Sie es zu Ihrem Vorteil einsetzen können.

Mathematik, Informatik, Naturwissenschaften und Technik (MINT) erkunden

Hochschulen haben besonderes Augenmerk auf Mathematik, Informatik, Naturwissenschaften und Technik (MINT), weil es nach wie vor nicht ausreichend viele Personen gibt, die sich damit auskennen, um die anfallende Arbeit zu erledigen. Innovationen aller Art, aber auch das tägliche Geschäft erfordern Kenntnisse in diesen Disziplinen. MATLAB hält dafür eine reichhaltige Werkzeugkiste bereit. Sie umfasst

✔ Statistik

✔ Simulation

✔ Bildverarbeitung

✔ Symbolische Algebra

✔ Numerische Analyse

Einfache Arbeiten ausführen

Viele Programmierer lernen Ihre Zunft mit einer älteren Programmiersprache namens Basic. Ursprünglich wurde sie BASIC geschrieben für *Beginner's all-Purpose Symbolic Instruction Code* (etwa: symbolische Allzweck-Programmiersprache für Anfänger). Die Intention bei ihrer Entwicklung war, eine einfache Sprache zu entwickeln. MATLAB behält die Einfachheit bei, umfasst jedoch eine riesige Werkzeugkiste für MINT-Anwendungen. Dahinter steht die Idee, dass Sie wahrscheinlich Besseres zu tun haben, als eine komplexe Programmiersprache zu lernen, die Anforderungen erfüllt, die Sie wahrscheinlich niemals haben werden.

Alles hat seine Vor- und Nachteile. MATLAB wurde für Menschen entworfen, die Mathematik lernen oder von Mathematik leben wollen. Die Sprache verzichtet auf die Komplexität, welche in vielen anderen Sprachen gefunden wird, und hält die Dinge stattdessen einfach. Damit können Sie sich besser auf Ihre Arbeit als auf das Werkzeug konzentrieren, mit dem Sie die Arbeit durchführen wollen. Auf der anderen Seite führt diese Einfachheit jedoch dazu, dass MATLAB weniger flexibel ist als andere Sprachen, weniger komplexe Funktionalitäten und Eigenschaften aufweist (die Sie wahrscheinlich sowieso nicht brauchen) und wenige generische Werkzeuge bereitstellt. MATLAB ist eher ein Spezialprogramm für einen speziellen Nutzerkreis als eine Allzweck-Sprache.

Herausfinden, warum Sie MATLAB brauchen

Es ist äußerst wichtig zu wissen, *wie* man eine Anwendung verwendet, mindestens genauso wichtig ist es jedoch zu wissen, *wann* man eine Anwendung einsetzt und *was* sie dem Unternehmen oder der Institution eigentlich bringt. Wenn Sie keinen guten Grund haben, eine Anwendung einzusetzen, wird der wertvolle Kauf schlussendlich im Regal verstauben. Dieses Schicksal ereilt allzu viele Anwendungen in den Unternehmen auf dem Globus, weil die Käufer keine klare Vorstellung davon haben, was sie damit eigentlich vorhaben. Mit den vielen Möglichkeiten, die MATLAB bietet, wäre es für die Position als Staubfänger in Ihrem Regal einfach zu schade. In den folgenden Abschnitten sehen Sie, wie Sie die Anwendungsmöglichkeiten in Ihrem Unternehmen prüfen.

Strukturiert arbeiten, um sich besser zu organisieren

Wenn Sie ein Computerprogramm schreiben, tun Sie nichts anderes, als Ihrem Computer zu sagen, wie er Schritt für Schritt eine Aufgabe abarbeiten soll. Je besser Ihre Computersprache Anweisungen an Ihren Computer formulieren kann, umso einfacher können Sie den Computer nutzen und desto weniger Zeit werden Sie benötigen, eine bestimmte Aufgabe auszuführen.

Angefangen bei den Computersprachen C und Pascal haben die Entwickler sogenannte *strukturierte Umgebungen* eingeführt. In solch einer Umgebung sieht eine Folge von Anweisungen und Verzweigungen nicht mehr aus wie eine Schüssel mit Spaghetti – schwer nachzuvollziehen und zu entwirren –, sondern mehr wie ein Baum mit einem Stamm und Ästen. Das macht das Nachvollziehen viel einfacher. MATLAB legt großen Wert auf Struktur (beispielsweise, wie Sie Daten organisieren oder Code schreiben). Das bedeutet: Sie verbringen deutlich mehr Zeit mit erfreulichen Dingen und weniger damit, Code zu schreiben. Das liegt daran, dass die Struktur Ihnen besser ermöglicht, Ihre Daten konsistent zu verarbeiten.

Struktur hat ihren Preis (wie fast alles seinen Preis hat). Die frühen Entwickler konnten ein Programm in Windeseile erstellen, weil sie weniger Regeln befolgen mussten. Da moderne Sprachen eine gewisse Struktur erzwingen, die es später einfacher macht, den Code zu lesen und zu überarbeiten, müssen Sie etwas Zeit aufwenden, die Regeln zu lernen. Diese Regeln sind es, die die Lernkurve in MATLAB so steil machen. Setzen Sie sich realistische Ziele, wenn Sie einen Zeitplan aufstellen, wann Sie MATLAB produktiv einsetzen. Wenn Sie nicht genügend Zeit aufwenden, die Regeln des Programms zu lernen, werden Sie womöglich nie etwas Sinnvolles mit MATLAB anstellen können.

Die Komplexität von objektorientierter Programmierung (OOP) vermeiden

Sicher haben Sie von objektorientierter Programmierung (OOP) gehört. Dabei handelt es sich um einen Programmierstil, der Entwicklern hilft, Ihre Programme angelehnt an Objekte der realen Welt zu entwerfen. Jedes Element einer Anwendung wird als Objekt angesehen, welches spezielle Eigenschaften hat und spezielle Arbeiten ausführen kann. Diese Technologie ist ziemlich nützlich für Anwendungsentwickler, weil sie ermöglicht, die Entwicklungszeit und Fehleranfälligkeit für extrem komplexe Anwendungen zu reduzieren.

Auf der anderen Seite ist Objektorientierung sicher nichts, was Sie benötigen, um mathematische Probleme zu bearbeiten. Obwohl Sie auch mit objektorientierten Sprachen schwierige mathematische Probleme lösen können, werden Sie die meisten MINT-Probleme in MATLAB sehr gut auch ohne Objektorientierung lösen können. Da durch den Wegfall des objektorientierten Ansatzes eine ganze Reihe Programmier-Regeln wegfallen, sind Sie mit MATLAB viel schneller produktiv als mit herkömmlichen modernen Programmiersprachen, ohne dass Sie auf mathematische Exzellenz verzichten müssen.

Objektorientierung hat einen sehr sinnvollen Zweck – der ist jedoch für mathematische Probleme nicht relevant. Überlassen Sie das Feld der Objektorientierung lieber den Entwicklern, die riesige Datenbanksysteme oder ganze Betriebssysteme entwerfen. MATLAB hat die Aufgabe, die Dinge für Sie einfacher zu machen.

Den mächtigen Werkzeugkasten nutzen

MATLAB hält eine große Werkzeugkiste für die speziellen Anforderungen von MINT-Anwendern bereit. Im Gegensatz zu einer Allzweck-Programmiersprache ist diese Werkzeugkiste für die Anforderungen der MINT-Fraktion entwickelt worden. Hier ist ein kleiner Ausschnitt der Anwendungsbereiche, für die der MATLAB-Werkzeugkasten gefüllt wurde:

✔ Algebra

✔ Lineare Algebra – viele Gleichungen mit vielen Unbekannten

✔ Analysis

✔ Differentialgleichungen

✔ Statistik

✔ Kurvenanpassung

✔ Grafik

✔ Berichte

Den Programmieraufwand mit einer Sprache der vierten Generation reduzieren

Programmiersprachen werden häufig einer bestimmten Generation zugeordnet. Beispielsweise arbeitet eine Sprache der ersten Generation Seite an Seite mit der Hardware. Diese Art Sprache wurde von den Programmierern in den Anfängen der Computerzeit entwickelt. Grundsätzlich gibt es an diesen Sprachen nichts auszusetzen, jedoch muss man sich sehr gut mit Computern auskennen und benötigt viel Zeit, um solche Programme zu schreiben. Eine Sprache der ersten Generation ist so schwer zu erlernen und zu verwenden, dass selbst die Entwickler sich entschieden haben, etwas Besseres zu entwickeln – die Sprachen der zweiten Generation! Sprachen der zweiten Generation wie zum Beispiel Makro-Assembler [MASM] sind in gewisser Weise einfacher für Menschen zu lesen, werden vor der Ausführung in ausführbaren Code übersetzt und sind sehr prozessorspezifisch.

 Heute verwenden die meisten Entwickler eine Kombination von Sprachen der dritten Generation, wie zum Beispiel C, C++, Java, und Sprachen der vierten Generation, wie zum Beispiel die Strukturierte Abfragesprache (*Structured Query Language* – SQL). Eine Sprache der dritten Generation ermöglicht einem Entwickler genau die präzise Kontrolle, die für die Entwicklung von sehr schnellem Code für einen sehr breiten Anwendungsbereich nötig ist. Sprachen der vierten Generation machen den Umgang mit Daten einfacher. Für den MATLAB-Anwender bedeutet das Versprechen einer Sprache der vierten Generation die Möglichkeit, mit ganzen Ansammlungen von Daten und nicht mit einzelnen Bits und Bytes zu arbeiten. Auf diese Weise kann man sich mehr auf die Aufgabe konzentrieren und nicht so sehr auf die Programmiersprache.

Von Generation zu Generation werden die Programmiersprachen immer lesbarer und menschlicher Sprache immer ähnlicher. Sie könnten zum Beispiel schreiben FIND ALL RECORDS WHERE LAST_NAME EQUALS ‚SMITH' (FINDE ALLE DATENSÄTZE, FÜR DIE DER NACHNAME GLEICH »SMITH« IST). Es ist noch nicht wirklich literarisch hochwertig, man kann es jedoch verstehen. Sie sagen dem Computer, was er tun soll, überlassen ihm jedoch, wie er die Aufgabe erledigt. Solche Sprachen sind sehr nützlich, weil sie dem Anwender die Last abnehmen, mit der Hardware zu kommunizieren.

 MATLAB verwendet eine Sprache der vierten Generation, um Ihnen das Leben so einfach wie möglich zu machen. Menschliche Sprache ist das sicher noch nicht, aber mindestens genauso weit weg von der Maschinensprache, die die frühen Entwickler eingesetzt haben, um den Computern das Laufen beizubringen. MATLAB macht Sie effizienter, weil es speziell auf die Bedürfnisse von MINT-Anwendern zugeschnitten wurde. Das ist ganz ähnlich wie bei der Sprache SQL, die für die Bedürfnisse von Datenbankadministratoren und Entwicklern entwickelt wurde, welche Zugriff auf große Datenmengen benötigen.

Die anderen MATLAB-Anwender kennenlernen

Eine Anwendung ist nicht wirklich nützlich, wenn Sie keine Aufgaben der realen Welt damit bearbeiten können. Viele Programme sind vielleicht ganz spannend – sie können zum Beispiel etwas Interessantes tun, haben aber keinen praktischen Nutzen. MATLAB ist beliebt bei MINT-Anwendern, deren Hauptziel es ist, in ihrem jeweiligen Bereich produktiv zu sein und nicht das schönste oder eleganteste Computerprogramm zu schreiben. Sie finden MATLAB-Anwender unter folgenden Anwendergruppen:

✔ Wissenschaftler

✔ Ingenieure

✔ Mathematiker

✔ Studenten

✔ Lehrer

✔ Professoren

✔ Statistiker

✔ Steuerungstechniker

✔ Forscher in der Bildbearbeitung

✔ Simulationsanwender

Natürlich wollen die meisten Leute die Meinungen und Tipps von echten Anwendern hören, die das Produkt in ihrem Alltag einsetzen. Eine Liste solcher Beiträge finden Sie unter: http://www.mathworks.com/company/user_stories/product.html. Klicken Sie einfach auf den MATLAB-Eintrag, um eine Liste von Firmen zu erhalten, die MATLAB in ihrem jeweiligen Umfeld nutzen. Beispielsweise zeigt Ihnen die Liste, dass die Zentren für Krankheitskontrolle (*centers for disease control* – CDC) MATLAB für die Sequenzierung des Poliovirus verwenden (siehe http://www.mathworks.com/user_stories/Centers-for-Diesase-Control-and-Prevention-Automates-Poliovirus-Sequencing-and-Tracking.html). Sie werden auch finden, dass die NASA (*National Aeronautic and Space Administration*) MATLAB verwendet hat, als sie das Modell für die X-43 entwarf, welche Mach 10 erreicht hat (mehr unter http://de.mathworks.com/company/user_stories/nasas-x-43a-scramjet-achieves-record-breaking-mach-10-speed-using-model-based-design.html). Die Liste von Unternehmen wird immer länger und bestätigt: MATLAB wird von vielen Unternehmen für wirklich relevante Themen eingesetzt. Mehr spannende Informationen zu diesem Thema finden Sie auch in Kapitel 18. Dort können Sie ohne Probleme hin- und anschließend wieder zurückspringen.

Das meiste aus MATLAB herausholen

An diesem Punkt haben Sie vielleicht entschieden, dass Sie ohne eine eigene MATLAB-Installation keinen Tag weiterleben wollen. Wenn das der Fall ist, sollten Sie auf jeden Fall etwas mehr über MATLAB in Erfahrung bringen, um den größten Gegenwert für Ihr Geld zu erhalten. In den folgenden Abschnitten erhalten Sie einen kurzen Überblick über nützliche Fähigkeiten für den Umgang mit MATLAB. Sie brauchen nicht jede Fähigkeit für jede Aufgabe und dennoch sind sie mehr als willkommen, wenn es darum geht, die Lernkurve leichter zu erklimmen und sich schneller mit MATLAB zurechtzufinden.

Grundlegende Fähigkeiten am Computer erwerben

Die meisten komplexen Aufgaben am Computer erfordern, dass Sie über grundlegendes Computerwissen verfügen: Sie können die Maus benutzen, mit Menüs arbeiten, verstehen, was eine Dialogbox ist, und können einfache Konfigurationsänderungen durchführen. MATLAB ist insofern den anderen Anwendungen auf Ihrem Computer sehr ähnlich. Es hat eine intuitive und konventionelle grafische Benutzeroberfläche (*Graphical User Interface* – GUI), welche MATLAB viel angenehmer macht als Block und Bleistift. Wenn Sie mit grafischen Betriebssystemen wie Windows oder Mac OS X zurechtkommen und mit Anwendungen wie Word oder Excel arbeiten können, sind Sie auch hier richtig.

Dieses Buch weist Sie auf Dinge hin, die in MATLAB besonders sind. Darüber hinaus lernen Sie Vorgehensweisen kennen, die Sie verwenden können, um Ihre Arbeiten noch einfacher ausführen zu können. Wenn Sie diese Hinweise beachten, tun Sie sich mit MATLAB bedeutend leichter, selbst wenn Sie kein Computer-Genie sind. Das Allerwichtigste in MATLAB ist, dass Sie nichts kaputt machen können, wenn Sie mit MATLAB arbeiten. In der Tat ermuntern wir Sie sogar zu einer Art *trial and error*, denn dies ist eine bewährte Lernmethode. Wenn Sie an einer Stelle bemerken, dass ein Beispiel nicht so funktioniert wie beabsichtigt, schließen Sie MATLAB und öffnen es wieder. Dann können Sie das Beispiel noch einmal versuchen. Sowohl MATLAB als auch Ihr Computer verzeihen viel mehr Fehler, als manche Sie glauben machen wollen.

Die mathematischen Anforderungen festlegen

Sie brauchen ein adäquates mathematisches Niveau, um MATLAB sinnvoll verwenden zu können. So wie SQL nahezu unmöglich ohne Wissen über Datenbanken eingesetzt werden kann, wird der Einsatz von MATLAB ohne entsprechende Kenntnisse in Mathematik schwierig. Die Vorteile von MATLAB erschließen sich deutlich besser für Anwender mit Kenntnissen in Trigonometrie, Exponentialfunktionen, Logarithmen und höherer Mathematik.

Dieses Buch geht davon aus, dass Sie über die nötigen Kenntnisse in Mathematik verfügen. Auf die Mathematik hinter den Übungen wird nicht näher eingegangen, es sei denn, Sie verstehen dadurch MATLAB als Programmiersprache besser. Auf der anderen Seite gibt es hervorragende Webseiten, die Wissen über Mathematik bereithalten, zum Beispiel http://www.analyzemath.com. Diese Tutorien und Übungen helfen Ihnen sicher, die Mathematik hinter den Beispielen in MATLAB besser zu verstehen.

Anwenden, was Sie schon von anderen prozeduralen Programmiersprachen wissen

Eines der signifikanteren Probleme beim Verständnis von Sprachen ist der Begriff der Prozedur. Ein Freund hat es auf den Punkt gebracht, indem er an seine Schulzeit erinnerte. Die Lehrerin hatte ihre Klasse nämlich gebeten, als Hausaufgabe eine Prozedur für die Zubereitung eines Toasts zu erstellen. Jeder Student hat sich gewissenhaft daran gemacht, eine Prozedur für das Zubereiten eines Toasts zu erstellen. Am Tag, als die Aufgaben eingesammelt wurden, brachte die Lehrerin ein Toastbrot und einen Toaster mit. Jetzt war es an ihr, gewissenhaft die Anweisungen ihrer Schüler auszuführen. Doch alle Kinder machten den gleichen Fehler: Sie vergaßen, das Brot aus der Verpackung zu nehmen. Stellen Sie sich mal vor, was es heißt, eine Scheibe Toast in den Toaster zu stecken, ohne es vorher aus der Verpackung zu nehmen!

Manchmal ist Programmieren genauso wie das Beispiel mit dem Toastbrot. Der Computer gehorcht aufs Wort und folgt Ihren Anweisungen buchstabengetreu. Zwar mag das Ergebnis nicht Ihren Erwartungen entsprechen, der Computer jedoch macht immer dasselbe. Kenntnisse über andere prozedurale Sprachen wie C, Java, C++ oder Python werden Ihnen dabei helfen, das prozedurale Programmieren auch mit MATLAB zu erlernen. Sie wissen nämlich schon, wie man Anweisungen in kleine Blöcke aufteilt und was man tun kann, wenn ein bestimmtes Teil fehlt. Sie können dieses Buch ohne jegliche vorherige Programmiererfahrung verwenden, aber Programmiererfahrung hilft aller Voraussicht nach dabei, Ihren Weg durch die Kapitel leichter und weniger von Fehlern geplagt zu gestalten.

Verstehen, wie Ihnen dieses Buch hilft

Dies ist ein Buch aus der *Für Dummies*-Reihe, es nimmt Sie also an der Hand und führt Sie durch das MATLAB-Land. Und zwar so einfach wie möglich. Das Ziel des Buches ist, Ihnen zu helfen, MATLAB für ein paar einfache mathematische Anwendungen einzusetzen. Es macht Sie nicht zum Mathematiker und es macht Sie nicht zum Software-Entwickler. Da lesen Sie besser andere Bücher. Wenn Sie mit dem Buch durch sind, können Sie MATLAB für MINT-Probleme verwenden.

 Besuchen Sie auch gern den Blog für dieses Buch auf `http://www.johnmueller books.com/categories/263/matlab-for-dummies.aspx`. Hier finden Sie neue und zusätzliche Informationen zum Buch. Darüber hinaus gibt der Blog Antworten auf häufig gestellte Fragen von Menschen wie Ihnen. Sie können sich mit Ihren Fragen und Anmerkungen zum Buch auch direkt an die Autoren wenden: John (`John@JohnMuellerBooks.com`) und Jim (`jsiz@tjc.edu`). Wir wollen, dass Ihnen dieses Buch Spaß macht und Sie das Maximum aus ihm herausholen!

Die Lernkurve erklimmen

Selbst einfache Programmiersprachen haben eine Lernkurve. Im besten Fall benötigen Sie die Techniken, die Entwickler verwenden, um Aufgaben in kleine Stücke aufzuteilen, sicherzustellen, dass auch wirklich alle Teile da sind, und dann alles in eine logische Reihenfolge zu bringen. Es mag zuweilen schwierig erscheinen, einen Ablauf von Schritten zu erstellen, dem der Computer folgen kann. Dieses Buch will Sie Schritt für Schritt durch diesen Prozess führen.

Damit Sie MATLAB noch besser verstehen können, vergleicht das Buch Lösungsansätze in MATLAB mit Verfahren in einer Tabellenkalkulation oder einem Taschenrechner. Sie lernen durch Mitmachen! Versuchen Sie sich an den Beispielen im Buch und erfinden Sie selbst welche. Versuchen Sie auch Variationen und experimentieren Sie. MATLAB ist nicht allzu schwierig – auch Sie können MATLAB lernen.

MATLAB installieren und verwenden

In diesem Kapitel ...

▶ MATLAB erwerben und installieren

▶ MATLAB starten und mit der Oberfläche arbeiten

*B*evor Sie mit MATLAB loslegen können, muss eine Version auf Ihrem Computer installiert sein. Zum Glück gibt es eine kostenlose Testversion für 30 Tage. Wenn Sie es darauf anlegen, schaffen Sie dieses Buch in dieser Zeit mit Leichtigkeit und wissen anschließend ziemlich sicher, ob und wie Sie mit MATLAB weiterarbeiten wollen. Wichtig ist allerdings, dass die Installation gut läuft. Dieses Buch hilft Ihnen dabei.

 Nachdem Sie MATLAB installiert haben, ist es wichtig, dass Sie sich mit der Benutzeroberfläche vertraut machen. In diesem Kapitel finden Sie einen Überblick über die Oberfläche, jedoch keine detaillierte Studie aller möglichen Eigenschaften. Dennoch ist ein Überblick wichtig, denn die Arbeit mit Details auf einer niedrigeren Ebene erfordert die Kenntnis der Zusammenhänge zwischen den Elementen. Vielleicht kennzeichnen Sie sich dieses Kapitel, damit Sie immer wieder leicht zu den Informationen über die Benutzeroberfläche zurückblättern können.

MATLAB installieren

Es kann jedem passieren, eine schlechte Produktinstallation zu erwischen oder einfach nicht die richtige Software installiert zu haben. Wenn Sie Ihre Software nicht angemessen einsetzen können, ist die gesamte Erfahrung mit dem Produkt unbefriedigend. Die folgenden Abschnitte führen Sie durch die Installation von MATLAB, damit die Arbeit damit auf jeden Fall Spaß macht!

Herausfinden, welche Plattformen MATLAB unterstützt

Bevor Sie irgendetwas unternehmen, sollten Sie prüfen, ob MATLAB auf Ihrem System überhaupt laufen *würde*. Als Minimum benötigen Sie 3GB Speicherplatz auf Ihrer Festplatte und 2GB Arbeitsspeicher, um mit MATLAB effektiv arbeiten zu können. Vielleicht läuft es auch mit weniger als dem jeweils angegebenen Speicherplatz, jedoch werden Sie damit nicht glücklich werden. Als Nächstes sollte Ihr Betriebssystem zu einem der folgenden gehören, damit MATLAB darauf läuft:

✔ Windows (3GB freier Festplattenspeicher, 2GB RAM)

   • Windows 8.1

   • Windows 8

- Windows 7 Service Pack 1
- Windows Vista Service Pack 2
- Windows XP Service Pack 3
- Windows XP x64 Edition Service Pack 2
- Windows Server 2012
- Windows Server 2008 R2 Service Pack 1
- Windows Server 2008 Service Pack 2
- Windows Server 2003 R2 Service Pack 2

✔ Mac OS X

- Mac OS X 10.9 (Mavericks)
- Mac OS X 10.8 (Mountain Lion)
- Mac OS X 10.7.4+ (Lion)

✔ Linux

- Ubuntu 12.04 LTS, 13.04 und 13.10
- Red Hat Enterprise Linux 6.x
- SUSE Linux Enterprise Desktop 11 SP3
- Debian 6.x

 Linux Anwender werden vielleicht herausfinden, dass auch andere Distributionen funktionieren. Dennoch gibt diese Liste die Systeme wieder, auf denen MATLAB getestet wurde. Wenn Sie MATLAB auf einem anderen System installiert haben und das gut funktioniert, geben Sie John unter `John@JohnMuellerBooks.com` Bescheid. Dann kann er Ihr System in einem Blogeintrag veröffentlichen. Der Punkt ist allerdings, dass Ihre Plattform zu MATLAB passen muss, damit Sie damit gute Ergebnisse erzielen. Die aktuellen Minimalanforderungen an das System für MATLAB finden Sie unter: `http://www.mathworks.com/support/sysreq/current_release/index.html`.

Ihr persönliches Exemplar von MATLAB erhalten

Bevor Sie mit MATLAB starten können, brauchen Sie eine Version auf Ihrem System. Dafür gibt es zum Glück mehrere verschiedene Möglichkeiten. Hier sind die meistbenutzen Wege zu MATLAB:

✔ Besorgen Sie sich die Testversion unter `https://www.mathworks.com/programs/trials/trial_request.html`.

✔ Besorgen Sie sich eine Studentenversion unter `https://www.mathworks.com/academia/student_version`.

✔ Kaufen Sie sich eine Lizenz unter `http://www.mathworks.com/pricing-licensing/index.html`.

In den meisten Fällen laden Sie sich MATLAB oder den MATLAB-Installer auf Ihr System herunter, nachdem Sie die entsprechenden Formulare auf der Webseite ausgefüllt haben. Manche Anwender bevorzugen, anstelle der Online-Version eine DVD aus Ihrem Briefkasten zu holen. Wie auch immer, am Schluss ist irgendwie eine Version von MATLAB auf Ihrem Computer gelandet und wartet auf die Installation.

Die Installation durchführen

Die Art der Installation von MATLAB auf Ihrem System hängt von der Version und vom Übertragungsmedium der Software ab. Es gibt zum Beispiel ein Vorgehen, um MATLAB von einer DVD zu installieren, und ein völlig verschiedenes, wenn Sie den MATLAB-Installer herunterladen und eine Internetverbindung für die Installation verwenden. Darüber hinaus nutzen Administratoren und »einfache« Benutzer unterschiedliche Installationsprozeduren. Werfen Sie mal einen Blick auf die Tabelle unter `http://www.mathworks.com/help/install/ug/choose-installation-procedure.html`, um die passende Vorgehensweise herauszufinden.

 MathWorks hält eine riesige Fülle an Hilfe für den Installationsprozess für Sie bereit. Bevor Sie auf irgendjemanden zugehen, sichten Sie bitte erst einmal das Material unter `http://www.mathworks.com/help/install/index.html`. Hilfe für die Installation erhalten Sie darüber hinaus auch unter `http://www.mathworks.com/support/install-matlab.html`. Nehmen Sie sich die Zeit, auf der MathWorks-Seite zu stöbern, bevor Sie den Panik-Knopf drücken. Es wird sicher Zeit und Nerven sparen.

MATLAB aktivieren

Nachdem Sie MATLAB installiert haben, müssen Sie das Produkt *aktivieren*. Aktivieren meint hier einen Verifikationsprozess und bedeutet, dass MathWorks überprüft, ob Sie eine gültige Version auf Ihrem System haben. Mit einer gültigen Lizenz erhalten Sie darüber hinaus Aktualisierungen der Software, wenn nötig.

Genau wie bei der Installation haben Sie mehrere Möglichkeiten, die Sie für die Aktivierung von MATLAB verwenden können. Wie bei der Installation hängt das von der Produktversion und von der Art ab, wie Sie das Produkt verwenden wollen. Die Tabelle unter `http://www.mathworks.com/help/install/license/activation-types.html` gibt Aufschluss über die verschiedenen Möglichkeiten und hilft Ihnen dabei, eine Auswahl zu treffen. Die Matrix unter `http://www.mathworks.com/help/install/license/license-option-and-activation-type-matrix.html` verrät Ihnen, welchen Aktivierungstyp Ihre spezielle Version von MATLAB unterstützt. Beispielsweise unterstützt die individuelle Lizenz nicht den *Network Named User* Aktivierungstyp.

MATLAB fragt nach der erfolgreichen Installation automatisch nach der Aktivierung. Sie müssen gar nichts Spezielles unternehmen. Dennoch bietet es sich an, die verschiedenen Aktivierungsarten zu kennen, da einige mehr und andere weniger geeignet sind für Ihre Bedürfnisse oder die Ihres Unternehmens oder Ihrer Organisation.

Die Benutzeroberfläche kennenlernen

Die meisten Anwendungen haben ähnliche Benutzeroberflächen. Zum Beispiel: Wenn Sie auf einen Button klicken, erwarten Sie, dass etwas passiert. Überwiegend enthält der Button einen Text, der Ihnen verrät, was passiert, wenn Sie darauf klicken, wie zum Beispiel das Schließen einer Dialogbox durch OK oder ABBRECHEN. Dennoch reichen die Ähnlichkeiten nicht aus, um Ihnen alles intuitiv klarzumachen, was Sie für die Anwendung des Programmes benötigen. In den folgenden Abschnitten erhalten Sie einen Überblick über die Benutzeroberfläche von MATLAB, damit Sie den kommenden Kapiteln besser folgen können. Die Abschnitte sagen Ihnen sicher nicht alles darüber, aber immerhin bekommen Sie genug Informationen, um sich mit MATLAB wohlzufühlen.

MATLAB das erste Mal starten

Wenn Sie MATLAB das erste Mal starten (nachdem Sie es aktiviert haben), sehen Sie zunächst nicht viel mehr als ein paar leere Fenster. Das ist zwar nicht besonders interessant, aber auch nicht verwunderlich – haben Sie doch auch noch nichts mit MATLAB gemacht. Dennoch hat jedes der Fenster einen speziellen Zweck und es bietet sich doch sehr an, zu wissen, welches Fenster wofür gut ist.

Zunächst mal haben Sie die Möglichkeit, die Fenster so anzuordnen, wie es Ihnen gefällt oder am meisten hilft. Die Abbildung 2.1 zeigt Ihnen, welche Anordnung der Fenster wir in diesem Buch durchgehend verwenden wollen. Das sieht möglicherweise nicht ganz so aus wie auf Ihrem Bildschirm. Im Abschnitt _Das Layout von MATLAB ändern_ erfahren Sie, wie Sie das Erscheinungsbild am besten Ihren Bedürfnissen anpassen können. Hier ist eine kurze Zusammenfassung der Fenster und ihrer Funktionen.

✔ **Home-Reiter:** Der Home-Reiter zeigt ein Band von Schaltflächen, welche den täglichen Umgang mit MATLAB begleiten. Dazu gehört: neue Skripte erzeugen, Daten importieren, MATLAB-Formeln erzeugen und verwenden. Diesen Reiter werden Sie am meisten verwenden. Daneben liegen der Plot-Reiter, mit der Sie grafische Darstellungen Ihrer Formeln und Berechnungen erzeugen, sowie der Apps-Reiter, mit der Sie neue Anwendungen für die Verwendung mit MATLAB erhalten können. Das Band mit den Schaltflächen wird in MATLAB _Toolstrip_ genannt, oder auf Deutsch _Werkzeugleiste_.

✔ **Schnellzugriffsleiste:** Hier befinden sich die Schaltflächen, die Sie am allermeisten verwenden. Hier finden Sie Schaltflächen für gewöhnlich schneller als in der Werkzeugleiste.

Aktuelles-Verzeichnis-Fenster

Werkzeugleiste minimieren

Home-Reiter | Adressfeld

Schnellzugriffsleiste | Arbeitsbereichsfenster

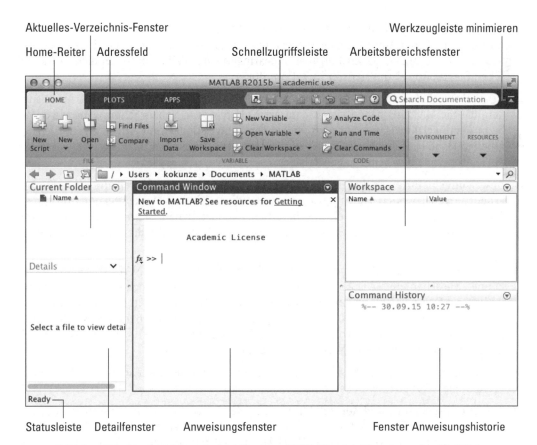

Statusleiste | Detailfenster | Anweisungsfenster | Fenster Anweisungshistorie

Abbildung 2.1: Die Ansicht nach dem Start von MATLAB zeigt überwiegend weiße Fläche.

Sie können die Schnellzugriffsleiste Ihren Bedürfnissen anpassen. Um der Leiste eine Schaltfläche hinzuzufügen, klicken Sie mit der rechten Maustaste auf seinen Eintrag in der Werkzeugleiste und wählen *Add to Quick Access Toolbar* im Kontextmenü. Wenn Sie eine Schaltfläche von der Schnellzugriffsleiste wieder entfernen wollen, klicken Sie mit der rechten Maustaste darauf und wählen *Remove from Quick Access Toolbar* im Kontextmenü.

✔ **Werkzeugleiste minimieren:** Wenn Sie finden, dass die Werkzeugleiste zu viel Platz wegnimmt, können Sie die Schaltfläche *Minimize Toolstrip* klicken, so dass sie verschwindet. Wenn Sie erneut darauf klicken, erscheint die Werkzeugleiste wieder.

Selbst wenn die Werkzeugleiste minimiert ist, sehen Sie die drei Reiter *Home*, *Plots* und *Apps*. Wenn Sie auf einen der Reiter klicken, so erscheint die Werkzeugleiste so lange, bis Sie eine Schaltfläche anklicken. Sobald Sie eine Auswahl getroffen haben, verschwindet die Leiste wieder. Auf diese Weise sparen Sie Platz auf dem Bildschirm und können trotzdem auf alle MATLAB-Funktionen zugreifen.

✔ **Anweisungsfenster:** In dieses Fenster geben Sie Formeln und Anweisungen ein. Nachdem Sie die Formel oder Anweisung eingegeben und Enter gedrückt haben, ermittelt MATLAB, was es mit der eingegebenen Information anfangen soll. Weiter hinten in diesem Kapitel sehen Sie das Anweisungsfenster in Aktion.

✔ **Arbeitsbereichsfenster:** Das Arbeitsbereichsfenster enthält die Ergebnisse aller Anweisungen, die Sie MATLAB geben. Es ist eine Art Notizblatt für Nebenrechnungen, wie Sie es beim Rechnen von Hand zuweilen verwenden. Anweisungs- und Arbeitsbereichsfenster arbeiten Hand in Hand daran, Ihnen immer einen Überblick über das zu geben, was Sie in MATLAB bereits bearbeitet haben.

✔ **Anweisungshistorie:** Es kommt bisweilen vor, dass Sie eine Anweisung oder Formel erneut eingeben wollen. Die Anweisungshistorie dient dabei als Merkzettel und hilft Ihnen, Anweisungen und Formeln, die Sie bereits verwendet haben, schnell aufzufinden und erneut ausführen zu lassen. Später in diesem Kapitel sehen Sie die Anweisungshistorie in Aktion.

✔ **Statusleiste:** Es ist wichtig, immer darüber informiert zu sein, was MATLAB gerade tut. So können Sie sehen, ob MATLAB bereit ist für neue Aufgaben oder noch nicht. Überwiegend enthält die Statusleiste nur ein einziges Wort: _Ready_. Dies bedeutet, dass MATLAB bereit ist, Ihre Anweisungen auszuführen und auf eine Eingabe wartet. Behalten Sie die Leiste jedoch im Auge, wenn Sie komplexere Aufgaben ausführen lassen. So können Sie sich immer ein Bild machen, was MATLAB gerade tut.

✔ **Detailfenster:** Das Detailfenster zeigt Informationen über die Datei an, welche Sie gerade im Aktuelles-Verzeichnis-Fenster ausgewählt haben.

✔ **Aktuelles Verzeichnis und Adressfeld:** Das Aktuelles-Verzeichnis-Fenster enthält eine Liste aller Dateien, die Sie im aktuellen Verzeichnis erzeugt haben. Das können Dateien sein, die Daten enthalten, welche Sie in MATLAB erzeugt haben, oder MATLAB-Skripte oder Funktionen, die Sie für die Verarbeitung Ihrer Daten benötigen. Das aktuelle Verzeichnis wird im Adressfeld angezeigt, welches direkt unter der Werkzeugleiste erscheint. Wenn Sie im Adressfeld das Verzeichnis wechseln, wird dies im Aktuelles-Verzeichnis-Fenster sofort übernommen.

Das Anweisungsfenster verwenden

Das Anweisungsfenster ist der Ort, wo Sie mit Ihren Daten, Formeln und Modellen herumexperimentieren. In diesem Kapitel lesen Sie, wie Sie eine Reihe von einfachen Aufgaben im Anweisungsfenster erledigen. Im weiteren Verlauf des Buches sehen Sie jedoch, dass das Anweisungsfenster weit mehr für Sie tun kann. Die folgenden Abschnitte zeigen Ihnen ein paar Wege, auf denen Sie das Anweisungsfenster verwenden können, um mehr über MATLAB herauszufinden.

Eine wirklich einfache Anweisung eingeben

Sie können jede gewünschte Formel oder Anweisung in das Anweisungsfenster eingeben und ein Ergebnis sehen. Lassen Sie uns mit etwas wirklich Einfachem anfangen, damit Sie ein

Gefühl dafür bekommen, wie dieses Fenster arbeitet. Geben Sie im Anweisungsfenster **2 + 2** gefolgt von **Enter** ein. Sie sehen das Ergebnis in Abbildung 2.2.

 Beachten Sie, dass sich nicht nur im Anweisungsfenster etwas tut, wenn Sie eine Formel oder Anweisung eingeben. Andere Fenster verändern sich auch. Hier sind alle Fenster, die von Ihrer Anweisung beeinflusst werden:

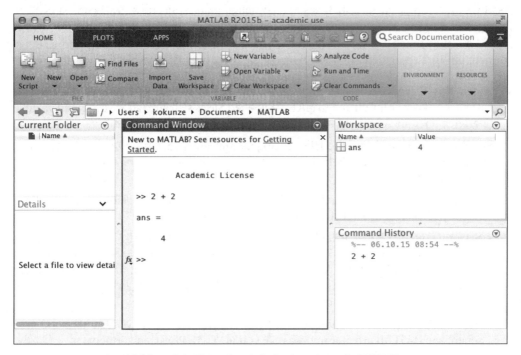

Abbildung 2.2: Eine sehr einfache Anweisung in MATLAB.

✔ **Anweisungsfenster:** Hier wird das Ergebnis der Berechnung 2 + 2, nämlich ans = 4, angezeigt. MATLAB weist die Ausgabe der Berechnung einer Variablen namens ans zu. *Variablen* können Sie sich als Schachteln (Abschnitte im Speicher) vorstellen, in denen Sie Daten ablegen können. In unserem Fall enthält die Schachtel die Nummer 4.

✔ **Arbeitsbereichsfenster:** Dieses Fenster enthält alle Variablen, die Sie mithilfe von Operationen im Anweisungsfenster erzeugt haben. In unserem Fall enthält das Arbeitsbereichsfenster eine Variable mit dem Namen ans, welche den Wert 4 enthält.

 Beachten Sie, dass neben der Spalte *Value* (Wert) auch die Spalten *Min* und *Max* im Arbeitsbereichsfenster erscheinen können. Diese würden dann jeweils den Wert 4 anzeigen. Wenn eine Variable mehrere Werte enthalten kann, erscheint in der Spalte *Min* das Minimum und in der Spalte *Max* das Maximum. In der Spalte *Value* erscheint immer der aktuelle Wert.

✔ **Anweisungshistorie:** Dieses Fenster zeigt die Folge von Anweisungen und Formeln zusammen mit dem Datum und der Uhrzeit an, zu denen sie eingegeben wurden. Sie können eine Anweisung oder Formel in diesem Fenster einfach erneut ausführen lassen. Wählen Sie einfach die Formel oder Anweisung, die Sie noch einmal verwenden wollen, um sie erneut aufzurufen.

Mehr Hilfe bekommen

Oben im Anweisungsfenster sehen Sie je nach Version einen (E) oder drei (D) Links, die Sie verwenden können, um schnell zusätzliche Hilfe beim Verwenden von MATLAB zu erhalten. Jeder Link hilft Ihnen auf unterschiedliche Weise, sodass Sie diese nach Belieben einsetzen können, um Ihre speziellen Anforderungen zu erfüllen. Hier ist ein Überblick über die Links:

✔ **Watch this Video (D):** Dieser Link öffnet ein Tutorial in Ihrem Browser. Dieses Video enthält eine kurze Einführung in MATLAB. Sehen Sie es sich einfach an, um einen visuellen Überblick über die Arbeit mit MATLAB zu erhalten.

✔ **See Examples (D):** Zeigt eine Hilfe-Dialogbox mit einer Auswahl von Beispielen an, die Sie ausprobieren können. Sehen Sie sich dazu Abbildung 2.3 an. Die Beispiele haben verschiedene Formate:

- **Video:** Zeigt eine Vorführung, wie eine bestimmte Aufgabe ausgeführt wird, in Ihrem Browser. Neben dem Titel steht jeweils die Länge des Videos.

- **Script:** Öffnet die Hilfe-Dialogbox in einer Seite, die ein Beispiel-Skript enthält. Dieses Skript stellt eine besondere Funktionalität von MATLAB vor und enthält eine Erklärung, wie das Skript arbeitet. Sie können das Skript öffnen und selbst ausprobieren. Ändern Sie das Skript hier und da und beobachten Sie die Veränderungen in der Ausgabe. Das ist eine sehr gute Lernmethode.

- **App:** Startet eine voll funktionstüchtige Anwendung, die Sie verwenden können, um zu sehen, wie MATLAB arbeitet und was Sie von MATLAB erwarten können.

✔ **Read Getting Started (D, E):** Zeigt eine Hilfe-Dialogbox an, die zusätzliche Informationen über MATLAB enthält. Dazu gehören beispielsweise Systemanforderungen, wie Sie in Abbildung 2.4 sehen können. Hier haben Sie auch Zugang zu einer Reihe von Tutorien.

Das Aktuelles-Verzeichnis-Fenster verwenden

Das Aktuelles-Verzeichnis-Fenster hilft Ihnen, präziser durch das aktuelle Verzeichnis zu navigieren. Hier ist eine Beschreibung jedes der Elemente der Leiste. Wir beginnen links und arbeiten uns dann nach rechts vor:

✔ **Zurück:** Bewegt Sie einen Schritt zurück in der Liste der Dateien, die Sie besucht haben. MATLAB speichert eine Historie Ihrer Bewegung durch die Verzeichnisse. Durch diese Historie können Sie vorwärts und zurück wandern.

✔ **Vorwärts:** Bewegt Sie einen Schritt in der Datei-Historie vorwärts.

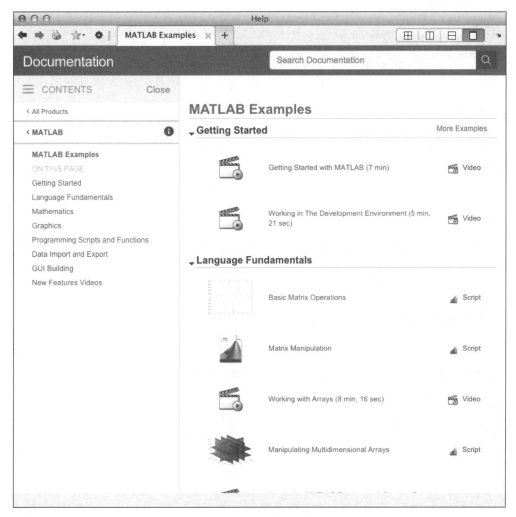

Abbildung 2.3: Die Beispiele geben Ihnen praktische Erfahrung in der Nutzung von MATLAB.

✔ **Eine Ebene höher:** Bewegt Sie eine Ebene höher in der Datei-Hierarchie. Wenn Sie Beispielsweise im Verzeichnis \MATLAB\Kapitel02 sind, bewegt Sie diese Schaltfläche in das Verzeichnis \MATLAB\ (siehe Abbildung 2.9).

✔ **Nach Verzeichnis durchsuchen:** Zeigt die Dialogbox *Select a new Folder*, mit der Sie sich den Inhalt der Festplatte anzeigen lassen können. Markieren Sie das gewünschte Verzeichnis und klicken Sie auf *Select*, um die Ansicht des Fensters mit dem aktuellen Verzeichnis auf das neue Verzeichnis zu wechseln.

✔ **Adressfeld:** Enthält den Pfad zum aktuellen Verzeichnis. Geben Sie hier einen neuen Wert ein und drücken Sie Enter, um das Verzeichnis zu wechseln.

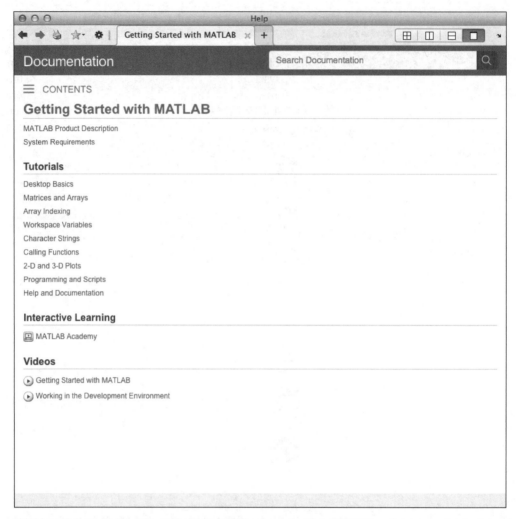

Abbildung 2.4: Die Getting Started - Seite hilft Ihnen, mehr über MATLAB zu lernen, und verweist auf weitere Tutorien.

✔ **Suchen** (Das Vergrößerungsglas rechts neben dem Adressfeld): Ändert die Ansicht des Adressfeldes in ein Suchfeld. Geben Sie die Suchkriterien ein, die Sie verwenden wollen, und drücken Sie Enter. MATLAB wird die Suchergebnisse im Aktuelles-Verzeichnis-Fenster ausgeben.

Das Fenster mit dem aktuellen Verzeichnis verwenden

Das Fenster mit dem aktuellen Verzeichnis gibt Ihnen in der Tat den Inhalt des Verzeichnisses an, welches im Adressfeld erscheint (siehe Abbildung 2.1). Im Moment sehen Sie nichts, weil im aktuellen Verzeichnis noch keine Dateien liegen. Sie können jedoch Dateien und Verzeichnisse hinzufügen, um Ihre MATLAB-Daten zu speichern.

Wenn Sie MATLAB das erste Mal starten, wird das aktuelle Verzeichnis immer ein Unterverzeichnis des Nutzerverzeichnisses sein, welches für Ihre Plattform vorgesehen ist. Für Windows-Nutzer ist dies: C:\Users\<Benutzername>\ Documents\MATLAB (wobei <Benutzername> Ihr Name ist). Während es für den Hersteller Ihres Betriebssystems angemessen erscheinen mag, Ihre Daten tief unten im Verzeichnisbaum zu vergraben, kann für Sie eine ganz andere Konfiguration praktikabel sein. Sie können das Verzeichnis Ihren Bedürfnissen anpassen. In den folgenden Abschnitten lesen Sie über verschiedene Techniken in MATLAB, um Ihre Daten und Speicherorte zu verwalten.

Das aktuelle Verzeichnis vorübergehend ändern

Zuweilen kommt es vor, dass Sie das aktuelle Verzeichnis ändern müssen. Vielleicht liegen Ihre Daten auf einem Netzlaufwerk, Sie wollen die Ergebnisse mit anderen teilen und besprechen oder Sie wollen einfach nur ein bequemeres Verzeichnis auf Ihrem Computer auswählen. Die folgenden Schritte zeigen Ihnen, wie Sie das aktuelle Verzeichnis ändern.

1. Klicken Sie auf *Set Path* in der Gruppe *Environment*, die sich rechts im Home-Reiter der Werkzeugleiste befindet.

   Sie können die Dialogbox *Set Path* in Abbildung 2.5 sehen.

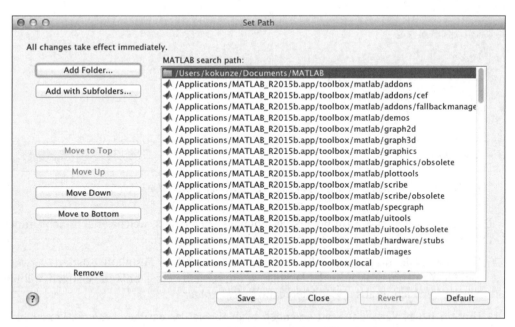

Abbildung 2.5: Die Dialogbox Set Path enthält die Liste der Verzeichnisse, die MATLAB nach Daten durchsuchen darf.

Diese Dialogbox listet alle Verzeichnisse auf, in denen MATLAB nach Daten sucht. Das Standardverzeichnis wird als Erstes angegeben. Sie können folgende Techniken anwenden, um mit bestehenden Verzeichnissen zu arbeiten (gehen Sie zu Schritt 3, wenn Sie fertig sind):

- Um ein bestehendes Verzeichnis als Standardverzeichnis festzulegen, wählen Sie das Verzeichnis in der Liste aus und klicken Sie auf *Move to Top*.

- Um ein bestehendes Verzeichnis nicht mehr zu verwenden, wählen Sie das Verzeichnis aus und klicken Sie auf *Remove*.

2. Klicken Sie auf *Add Folder*:

   Jetzt sehen Sie die Dialogbox *Add Folder to Path*, etwa so wie in Abbildung 2.6.

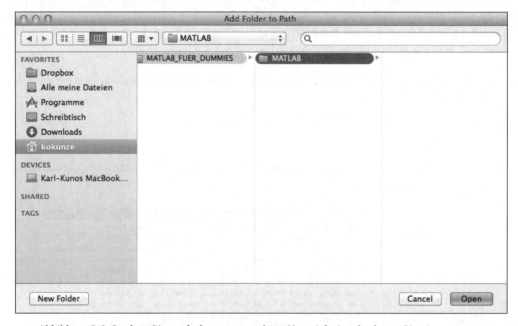

Abbildung 2.6: Suchen Sie nach dem gewünschten Verzeichnis oder legen Sie ein neues an.

Diese Dialogbox lässt Sie ein bereits bestehendes Verzeichnis, welches noch nicht in der Liste erscheint, auswählen oder ein neues Verzeichnis anlegen:

- Um ein Verzeichnis zu verwenden, welches bereits auf Ihrer Festplatte existiert, verwenden Sie die Baumstruktur in der Dialogbox, um zu dem Verzeichnis zu gelangen, wählen Sie das Verzeichnis aus und klicken dann *Select Folder*.

- Um ein neues Verzeichnis zu erzeugen, wählen Sie das darüber liegende Verzeichnis in der Baumstruktur der Dialogbox aus und klicken Sie *New Folder*. Geben Sie dann den Namen Ihres neuen Verzeichnisses ein, klicken Sie Enter und anschließend *Select Folder*.

3. Klicken Sie auf *Save*.

In diesem Moment legt MATLAB das von Ihnen ausgewählte Verzeichnis als Standardverzeichnis fest. Wenn Sie mit Windows arbeiten, erscheint möglicherweise eine Dialogbox der Benutzersteuerung. Klicken Sie auf Ja, um Windows diesen Schritt zu erlauben.

4. Klicken Sie auf *Close*.

Die Dialogbox *Set Path* schließt sich.

5. Geben Sie das neue Verzeichnis in das Adressfeld ein.

Die Anzeige des Fensters mit dem aktuellen Verzeichnis wechselt auf das neue Verzeichnis.

Das Standardverzeichnis dauerhaft ändern

Das Standardverzeichnis ist das Verzeichnis, welches MATLAB nach dem Öffnen verwendet. Es spart Ihnen Zeit, wenn Sie ein Standardverzeichnis festlegen, weil Sie nicht nach jedem Öffnen erneut das aktuelle Verzeichnis festlegen müssen. Wenn Sie Ihr Standardverzeichnis auf den Ort festlegen, wo Sie den überwiegenden Teil der Zeit arbeiten, können Sie nach dem Öffnen von MATLAB gleich loslegen und müssen sich nicht um Details wie Speicherorte auf der Festplatte kümmern.

Wenn Sie das Standardverzeichnis dauerhaft ändern wollen, sodass es nach jedem Öffnen von MATLAB gleich zur Verfügung steht, müssen Sie die Anweisung userpath() verwenden. Obwohl das jetzt vielleicht etwas zu fortgeschritten aussieht, ist es in Wirklichkeit nicht schwierig. Frisch ans Werk! Geben Sie einfach **userpath('C:\MATLAB')** in das Anweisungsfenster ein und drücken Sie Enter. Sie sollten den Pfad natürlich Ihren Gegebenheiten anpassen.

Um den aktuellen Suchpfad herauszufinden, geben Sie einfach **userpath** gefolgt von Enter ein. Jetzt zeigt MATLAB das aktuelle Verzeichnis an.

Ein neues Verzeichnis erzeugen

Es ist wichtig, dass Sie Ihre Dateien gut organisieren, damit Sie sie leicht wiederfinden, wenn Sie sie brauchen. Um ein Verzeichnis zum Fenster mit dem aktuellen Verzeichnis hinzuzufügen, klicken Sie mit der rechten Maustaste in irgendeinen freien Bereich des Fensters und wählen *New Folder* im Kontextmenü. MATLAB erzeugt das neue Verzeichnis für Sie. Geben Sie den Namen ein, den Sie Ihrem neuen Verzeichnis geben wollen, und drücken Sie Enter.

 Jedes Kapitel in diesem Buch verwendet ein eigenes Verzeichnis für die dazugehörigen Dateien. Wenn Sie die Quelldateien von der Webseite des Verlags herunterladen (http://www.downloads.fuer-dummies.de), finden Sie die Dateien für dieses Kapitel im Verzeichnis \MATLAB\Chapter02. Für die anderen Kapitel gilt dasselbe.

Eine Anweisung oder Formel als Skript speichern

Nachdem Sie Anweisungen oder Formeln erzeugt haben, die ein paar Berechnungen für Sie ausführen, sollten Sie diese auf der Festplatte speichern. Sie können natürlich alles speichern, auch die Formel von weiter vorn im Kapitel. Die folgenden Schritte helfen Ihnen, beliebige Anweisungen und Formeln auf der Festplatte zu speichern, damit Sie später darauf zurückgreifen können:

1. **Wählen Sie einen Speicherort im Adressfeld, wo Sie die Anweisung oder Formel speichern wollen.**

2. **Klicken Sie mit der rechten Maustaste auf die Anweisung oder Formel in der Anweisungshistorie und wählen Sie *Create Script* im Kontextmenü.**

   Jetzt sehen Sie das Editor-Fenster wie in Abbildung 2.7. Das Skript hat bisher noch keinen Namen, daher ist der Name des Skripts Untitled*. Abbildung 2.7 zeigt das Editor-Fenster angedockt, sodass Sie den Inhalt leichter lesen können. In Abschnitt *Das Layout von MATLAB ändern* weiter hinten in diesem Kapitel sehen Sie, wie Sie dieselbe Ansicht erzeugen können.

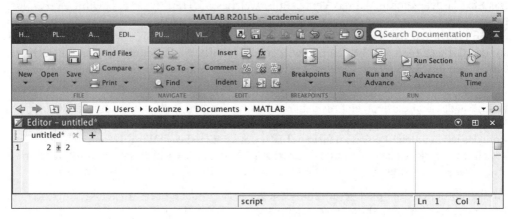

Abbildung 2.7: Der Editor verwandelt Ihre Formel oder Anweisung in ein Skript.

 Wenn Sie mehrere Anweisungen in einem Skript speichern wollen, können Sie diese dadurch auswählen, dass Sie zunächst die erste Anweisung auswählen und dann mit Strg + Klick die nächsten Anweisungen hinzunehmen. Jedes Mal, wenn Sie mit Strg + Klick auf eine Anweisung klicken, wird MATLAB diese Anweisung hervorheben. Die Anweisungen werden in derselben Reihenfolge im Skript erscheinen, wie sie in der Anweisungshistorie stehen. Die Reihenfolge, in der Sie sie auswählen, spielt keine Rolle.

3. **Klicken Sie auf *Save* im Editor-Reiter**

   Sie sehen die Dialogbox *Select File for Save as* wie in Abbildung 2.8.

4. **Wählen Sie ein Verzeichnis aus, in dem Sie die Datei speichern wollen.**

5. **Geben Sie einen Namen für das Skript im Feld des Dateinamen ein.**

   Im Beispiel haben wir ErstesSkript.m für den Namen gewählt. Wenn Sie Ihr Skript speichern, können Sie natürlich einen Namen Ihrer Wahl verwenden. Es bietet sich jedoch an, einen Namen zu nehmen, der Ihnen hilft, sich an den Inhalt des Skripts zu erinnern. Beschreibende Namen sind einfach zu merken und erleichtern es Ihnen später, das Skript zu finden.

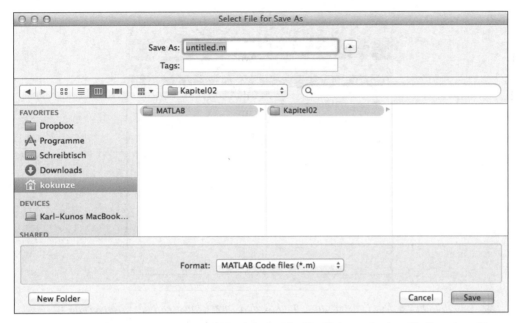

Abbildung 2.8: Wählen Sie einen geeigneten Speicherort für Ihr Skript und geben Sie ihm einen Namen.

 MATLAB Dateinamen dürfen nur Buchstaben und Zahlen verwenden. Leerzeichen sind nicht erlaubt in einem Dateinamen für MATLAB. Der Unterstrich ist jedoch zulässig, so dass Sie ein Leerzeichen durch einen Unterstrich ersetzen können.

6. **Klicken Sie auf *Save*.**

   Jetzt speichert MATLAB das Skript für Sie, damit Sie es später wiederverwenden können. Die Titelzeile ändert sich, sodass Sie Dateinamen und Verzeichnis des Skripts sehen können.

7. **Schließen Sie das Fenster mit dem Editor.**

   Jetzt zeigt das Fenster mit dem aktuellen Verzeichnis Ihr Verzeichnis und die Skriptdatei, welche Sie mit den vorhergehenden Schritten erzeugt haben. In Abbildung 2.9 sehen Sie, wie das aussieht.

Ein gespeichertes Skript ausführen

Sie können jedes Skript ausführen, indem Sie mit der rechten Maustaste auf seinen Eintrag im Aktuelles-Verzeichnis-Fenster klicken und *Run* im Kontextmenü auswählen. Wenn Sie ein Skript ausführen, sehen Sie seinen Namen im Anweisungsfenster, die Ausgabe im Arbeitsbereichsfenster und die ausgeführte Anweisung in der Anweisungshistorie. Das sehen Sie in Abbildung 2.10.

Abbildung 2.9: Das Fenster mit dem aktuellen Verzeichnis zeigt die Veränderungen, die Sie an Dateien vornehmen.

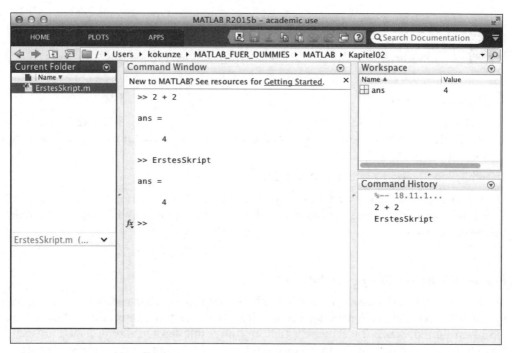

Abbildung 2.10: Nachdem Sie ein Skript ausgeführt haben, sehen Sie seinen Namen und das Ergebnis

Den aktuellen Arbeitsbereich speichern

Manchmal wollen Sie möglicherweise Ihren Arbeitsbereich speichern, um noch nicht abgeschlossene Arbeiten zu schützen. Noch ist die Zeit nicht reif für ein Skript, aber es gibt schon ein paar Ergebnisse und Sie wollen an dieser Stelle wieder einsetzen. Vielleicht wollen Sie ab hier auch etwas herumexperimentieren und das bisher Erreichte vor Fehlern schützen, die Sie dabei vielleicht machen.

Um einen Arbeitsbereich zu speichern, klicken Sie in der Gruppe *Variable* auf dem *Home*-Reiter in der Werkzeugleiste auf *Save Workspace*. Jetzt sehen Sie die Dialogbox *Save to MAT-File*, die der Dialogbox *Select File for Save As* sehr ähnlich sieht (vergleiche Abbildung 2.8). Geben Sie einen Dateinamen für Ihren Arbeitsbereich ein – zum Beispiel **ErsterArbeitsbereich.mat** – und klicken Sie *Save*, um zu speichern.

Arbeitsbereiche (*Workspaces*) verwenden die Dateierweiterung .mat, während Skripte mit .m enden. Achten Sie darauf, die beiden Endungen .m und .mat nicht zu verwechseln. Als Unterstützung verwenden Skripte und Arbeitsbereiche unterschiedliche Icons, damit Sie sie im Aktuelles-Verzeichnis-Fenster besser unterscheiden können.

Das Layout von MATLAB ändern

Das MATLAB-Layout ist dafür gemacht, Ihre Experimentierfreude nach Kräften mit Komfort und Einfachheit zu unterstützen. Nach einiger Zeit könnte sich jedoch herausstellen, dass Ihre Anforderungen sich von dem unterscheiden, was die MATLAB-Designer sich vorstellen. Glücklicherweise ist auch für diesen Fall vorgesorgt: Sie können die Konfiguration des Layouts von MATLAB nach Belieben verändern. In den folgenden Abschnitten erhalten Sie ein paar Ideen, wie Sie das MATLAB Layout verändern können.

Fenster minimieren und maximieren

Manchmal kommt es vor, dass Sie mehr oder weniger von einem bestimmten Fenster sehen wollen. Natürlich können Sie das Fenster mit der Maus auf eine andere Größe bringen, das Ergebnis kann jedoch immer noch hinter Ihren Wünschen zurückbleiben. In diesem Fall können Sie das Fenster einerseits minimieren, damit es zwar offen, aber darüber hinaus weitgehend unsichtbar bleibt. Auf der anderen Seite können Sie es maximieren, damit es praktisch den ganzen Bereich, der für MATLAB auf dem Bildschirm vorgesehen ist, einnehmen kann.

Auf der rechten Seite der Titelleiste jedes Fensters sehen Sie einen Pfeil, der nach unten weist. Wenn Sie auf diesen Pfeil klicken, sehen Sie ein Menü von Optionen für dieses Fenster, wie in Abbildung 2.11 für das Aktuelles-Verzeichnis-Fenster dargestellt. Um ein Fenster zu minimieren, wählen Sie die Option *Minimize* in diesem Menü. Nicht wirklich überraschend wählen Sie die Option *Maximize*, um ein Fenster zu maximieren.

Abbildung 2.11: Die Menüs für die Fenster enthalten auch Optionen für das Erscheinungsbild.

Irgendwann wollen Sie vielleicht die ursprüngliche Größe des Fensters wiederherstellen. Im minimierten oder maximierten Modus werden die Optionen *Minimize* und *Maximize* im Menü durch *Restore* ersetzt. Wählen Sie diese Option aus, um das Fenster wieder auf die ursprüngliche Größe zu bringen.

Fenster öffnen und schließen

Es kann vorkommen, dass Sie die Informationen in einem bestimmten Fenster nicht mehr benötigen. Wenn dies passiert, können Sie das Fenster schließen. MATLAB zerstört nicht wirklich den Inhalt des Fensters, es ist aber nicht mehr zugänglich. Um ein Fenster zu schließen, welches Sie nicht mehr benötigen, klicken Sie den Pfeil nach unten rechts oben im Fenster und wählen die Option *Close* im Menü.

Nachdem Sie ein Fenster geschlossen haben, ist natürlich auch der Pfeil nach unten nicht mehr vorhanden, so dass Ihnen das Kontextmenü von Abbildung 2.11 nicht mehr zur Verfügung steht. Um ein Fenster erneut zu öffnen, klicken Sie den Pfeil nach unten auf der *Layout*-Schaltfläche in der Gruppe *Environment* auf dem *Home*-Reiter. Sie sehen dann die Liste der Optionen wie in Abbildung 2.12.

Die Gruppe *Show* enthält eine Liste von Fenstern. Jedes Fenster mit einem Häkchen links daneben ist gerade in Gebrauch und wird angezeigt. Neben geschlossenen Fenstern gibt es kein Häkchen. Um ein Fenster zu öffnen, klicken Sie auf seinen Menüeintrag. Wenn Sie darauf klicken, erscheint einerseits das Häkchen neben dem Menüeintrag und andererseits öffnet sich das Fenster für Sie. Die Größe entspricht der Größe, die es hatte, als Sie das Fenster das letzte Mal geöffnet hatten.

Sie können mithilfe der Optionen im Menü *Layout* auch Fenster schließen. Klicken Sie einfach auf den Menüeintrag, um es zu schließen.

Abbildung 2.12: Das Menü Layout enthält die Optionen für das Layout in MATLAB.

Fenster von MATLAB abdocken und andocken

Viele Anwender haben mehrere Bildschirme an Ihre Systeme angeschlossen. Häufig ist es effizienter, die Hauptarbeit auf dem Hauptbildschirm zu erledigen und unterstützende Fenster auf einen Hilfsmonitor auszulagern. Das klappt jedoch nur, wenn Sie die Fenster vorher vom MATLAB-Fenster abgedockt haben (*undock*). Dann können Sie nämlich das Fenster beliebig auf dem Bildschirm herumschieben.

Um ein Fenster abzudocken, klicken Sie den Pfeil nach unten auf der rechten Seite seiner Titelleiste und wählen *Undock* vom Menü. Das Fenster wird jetzt eine separate Einheit, sehr ähnlich dem Aktuelles-Verzeichnis-Fenster in Abbildung 2.9. Sie können das abgedockte Fenster nach Belieben herumschieben, auch auf einen zweiten Bildschirm.

Irgendwann ist der Ausgang Ihrer abgedockten Fenster vielleicht mal beendet und Sie wollen, dass MATLAB alle Fenster in eine zusammenhängende Fläche vereint. In diesem Fall klicken Sie auf den Pfeil nach unten in der Titelleiste und wählen die Option *Dock*. MATLAB wird das Fenster genau an die Stelle setzen, an der es vor dem Abdocken war. Es kann jedoch passieren, dass das Fenster nicht seine ursprüngliche Größe erhält. Vielleicht müssen Sie seine Größe dann noch auf die ursprünglichen Abmessungen anpassen.

Ein bereits bestehendes Layout auswählen

Eines der möglichen Probleme damit, das Layout zu verändern, liegt darin, dass MATLAB dadurch praktisch unbenutzbar werden kann. Anstelle der Möglichkeit, viel Zeit zu investieren, um das ursprüngliche Layout wiederherzustellen, können Sie auch ein bestehendes Layout verwenden. Um das zu tun, klicken Sie auf den Pfeil nach unten auf der *Layout*-Schaltfläche in der Gruppe *Environment* auf dem *Home*-Reiter und wählen eine der Optionen in der Gruppe *Select Layout*. Der Standard-Eintrag verleiht MATLAB dasselbe Aussehen wie beim ersten Öffnen nach der Installation.

Ein neues Layout speichern

Nachdem Sie das für Sie perfekte Layout gefunden haben, wollen Sie es möglicherweise auf die Festplatte speichern, um es wiederherzustellen, falls das Erscheinungsbild von MATLAB etwas durcheinandergeraten ist (vielleicht haben Sie die Fenster auch nur einer bestimmten Aufgabe angepasst). Um das Layout zu speichern, klicken Sie auf den Pfeil nach unten auf der *Layout* Schaltfläche in der Gruppe *Environment* auf dem *Home*-Reiter und wählen *Save Layout*. Jetzt sehen Sie die Dialogbox *Save Layout*. Geben Sie den Namen des Layouts in das dafür vorgesehene Feld ein und klicken Sie *OK*. Jetzt wird das Layout in der Gruppe *Select Layout* des Menüs *Layout* sichtbar.

Mit MATLAB arbeiten

3

In diesem Kapitel ...

▶ Grundlegende Berechnungen durchführen

▶ Komplexere Berechnungen durchführen

▶ Mit Variablen arbeiten

▶ MATLAB-Funktionen verwenden

▶ Fehler überwinden

▶ Zusätzliche Hilfe erhalten

Sie können mit MATLAB auf ziemlich viele Arten arbeiten und werden einige von ihnen in diesem Buch kennenlernen. Es hat sich jedoch gezeigt, dass es sich auszahlt, Ihre Fähigkeiten Schritt für Schritt auszubauen. In diesem Kapitel lesen Sie einen Überblick über die Dinge, welche Sie mit MATLAB anstellen können. Verwenden Sie dieses Kapitel für die ersten Schritte mit einem Produkt, welches wirklich sehr komplexe Aufgaben bewältigen kann.

Obwohl Sie sicher MATLAB nicht angeschafft haben oder anschaffen werden, um es dann als Taschenrechner zu benutzen – nicht einmal für komplexe Berechnungen –, könnten Sie es dennoch dafür verwenden. Anstelle diese Art der Nutzung als völlige Zeitverschwendung zu sehen, könnten Sie sie auch als Mittel zum Üben und Experimentieren betrachten. Manchmal ergibt das Herumspielen mit einem Produkt ungeahnte Möglichkeiten, die Ihnen bei Ihrer täglichen Arbeit helfen können. Um den Weg für solche Eingebungen zu ebnen, zeigt Ihnen dieses Kapitel die Arbeit mit MATLAB als Taschenrechner.

Eine andere sehr wichtige Facette von MATLAB, welche in diesem Kapitel vorgestellt wird, ist der Gebrauch von Variablen. Stellen Sie sich eine *Variable* einfach als eine Art Aufbewahrungsschachtel vor. Wenn Sie einer Variablen einen Wert zuweisen, ist das so, wie wenn Sie etwas in die Schachtel legen – es bleibt dort für eine Weile. Später, wenn Sie die Daten wieder benötigen, nehmen Sie sie aus der Variablen heraus, machen etwas damit und legen sie später wieder zurück. An Variablen ist nichts Schwieriges oder Mystisches, tatsächlich verwenden Sie Variablen in Ihrem Alltag fast ununterbrochen. Beispielsweise könnten Sie Ihren Kühlschrank als eine Variable sehen. Sie legen eine Tüte Äpfel für eine kurze Zeit hinein, nehmen sie wieder heraus, um sich einen Apfel zu nehmen und zu essen, und legen anschließend die Tüte mit einem Apfel weniger wieder in den Kühlschrank zurück. Es ist nun einmal so, dass Entwickler einen großen Aufriss um abgefahrene Begriffe machen – und im Gespräch darauf bestehen, dass Sie sie benutzen. Am Schluss ist aber eigentlich nichts Abgefahrenes an ihnen. In diesem Kapitel erhalten Sie alle weiteren Erklärungen zu Variablen.

Wenn Sie MATLAB verwenden, werden Sie Fehler machen. Das ist völlig normal und zu erwarten, denn jeder macht Fehler. MATLAB wird sicher nicht explodieren, wenn Sie einen

Fehler machen, und Ihr Computer wird auch nicht aufspringen und davonlaufen, wenn Ihnen das passiert. Fehler gehören zum Lernprozess untrennbar dazu:Seien Sie ihnen wohlgesonnen. Die größten Geister der Geschichte haben Tonnen von Fehlern gemacht, siehe zum Beispiel *Defining the Benefits of Failure* unter `http://blog.johnmuellerbooks.com/2013/04/26/defining-the-benefits-of-failure/` (auf Englisch). In diesem Buch nehmen wir an, dass hin und wieder Fehler passieren. Daher widmen sich Teile des Kapitels diesem Thema und wie Sie in solch einem Fall weitermachen können. Wenn Sie das wissen, können Sie ganz entspannt herumexperimentieren, denn Sie können ja immer wieder neu (oder ab einem definierten Einstiegspunkt) anfangen.

Bevor wir das Kapitel beenden, haben Sie noch Gelegenheit, weitere Ressourcen für Hilfe kennenzulernen. Sie sollen ja weder das Rad neu erfinden, noch macht es Spaß, ewig an demselben Problem herumzuknabbern. Daher werden Sie sicher wissen wollen, wo Sie weitere Hilfe zu MATLAB erhalten. Zu diesem Zweck enthält der letzte Abschnitt des Kapitels Methoden, die Sie verwenden können, um an weitere Hilfe zu kommen. Natürlich ist es auch wichtig, ein paar Widerstände bei der Arbeit mit MATLAB selbst zu überwinden. So lernen Sie ja schließlich. Dennoch kann es nach einer Weile auch nicht schaden zu wissen, wo es Hilfe gibt.

MATLAB als Taschenrechner verwenden

Manchmal werden Leute so verführt von den tollen Möglichkeiten einer Anwendung, dass Sie die wichtigsten und interessantesten Eigenschaften, die im Kern der Anwendung liegen, aus den Augen verlieren. MATLAB zum Beispiel erledigt Matheaufgaben unglaublich gut. Die folgenden Abschnitte helfen Ihnen, MATLAB als Taschenrechner zu verstehen und es so als Plattform und Ausgangspunkt für Ihre Experimente zu verwenden.

Informationen an der Eingabeaufforderung eingeben

Schon in vorhergehenden Kapiteln haben wir uns hier und dort mit der Eingabeaufforderung beschäftigt, das Thema jedoch nie umfassend besprochen. Die *Eingabeaufforderung* (englisch *prompt*) ist die Stelle, wo Sie Formeln, Anweisungen oder Funktionen eingeben oder Aufgaben in MATLAB abarbeiten. Sie erscheint im Anweisungsfenster. Im Normalfall erscheint die Eingabeaufforderung als zwei »größer«-Zeichen (≫). In manchen Versionen von MATLAB sehen Sie jedoch möglicherweise EDU≫ für die Studentenversion oder Trial≫ für die Testversion. Egal welche Verzierung, hier ist die Stelle, wo Sie die Informationen eingeben, die Sie in diesem Buch mit der Maßgabe erhalten, sie an der Eingabeaufforderung einzugeben.

In Kapitel 2 haben Sie die Funktion `userpath()` kennengelernt, mit der Sie dauerhaft das Verzeichnis festlegen können, welches MATLAB nach dem Öffnen verwendet. In diesem Kapitel lernen Sie eine weitere Anweisung kennen: `clc`. Probieren Sie es aus: Geben Sie an der Eingabeaufforderung **clc** ein gefolgt von Enter. Wenn das Anweisungsfenster irgendwelche Informationen enthielt, sind sie jetzt verschwunden.

Die Funktion userpath() ist eine Funktion, weil Sie Klammern hat, um Daten – auch Argumente genannt – aufzunehmen und dann an MATLAB zu schicken. Die Anweisung clc ist deshalb eine *Anweisung* (und keine Funktion) weil Sie keine Klammern mit ihr verwenden. Ob etwas eine Anweisung oder eine Funktion ist, hängt davon ab, wie Sie es verwenden. Diese jeweilige Verwendung wird auch als Anweisungs- oder Funktions*syntax* bezeichnet, also die Grammatik, mit der Sie MATLAB mitteilen, was es für Sie tun soll. Es ist möglich, userpath() sowohl als Funktion als auch als Anweisung zu verwenden. Um Verwirrung zu vermeiden, verwenden wir im Buch immer Funktionssyntax, wenn Argumente übergeben werden müssen, und Anweisungssyntax, wenn nicht. Wenn Sie also Funktionssyntax sehen, sollten Sie mit dem *Funktionsaufruf* auch Argumente übergeben. Das Eingeben einer Funktion mit ihren Argumenten und das anschließende Enter-Drücken wird als Funktionsaufruf bezeichnet.

 MATLAB beachtet Groß- und Kleinschreibung. Das klingt erstmal gefährlich, aber heißt eigentlich nichts anderes, als dass »CLC« sich von »Clc« und »clc« unterscheidet. Geben Sie mal CLC an der MATLAB-Eingabeaufforderung ein und drücken Enter. Sie sehen eine Fehlermeldung wie die in Abbildung 3.1. MATLAB wird auch die korrekte Anweisung clc vorschlagen, aber das ignorieren wir für den Moment, indem wir es markieren und löschen. Geben Sie jetzt an der Eingabeaufforderung **Clc** ein und drücken Sie Enter. Jetzt sehen Sie dieselbe Fehlermeldung, weil Sie »denselben« Fehler gemacht haben – jedenfalls in den Augen von MATLAB. Wenn Sie die Fehlermeldung sehen, lassen Sie sich nicht verwirren, nur weil MATLAB keine klare Antwort auf Ihre Eingabe gegeben hat. Geben Sie die Anweisung einfach erneut ein und schauen Sie auf die Groß- und Kleinschreibung.

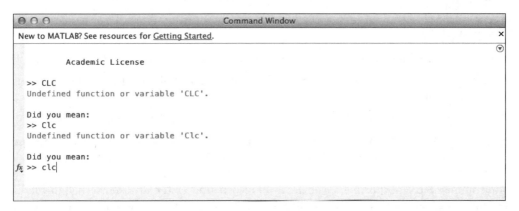

Abbildung 3.1: MATLAB beachtet die Groß- und Kleinschreibung, CLC, Clc und clc bedeuten also unterschiedliche Dinge.

Beachten Sie auch den Text _Did you mean:_ (»Meinten Sie:«) nach der Fehlermeldung. Normalerweise versucht MATLAB, Ihnen bei der Fehlersuche zu helfen. In manchen Fällen kommt auch MATLAB nicht darauf, was falsch sein könnte, dann schlägt es Ihnen auch nichts vor. In anderen Fällen findet MATLAB eine Alternative und Sie können an der Eingabeaufforderung nachsehen, ob für die eingegebene Anweisung eine Alternative vorgeschlagen wird. In unserem aktuellen Fall konnte MATLAB die richtige Anweisung ausfindig machen und Sie müssen nur noch Enter drücken, um das Anweisungsfenster zu leeren.

Schauen Sie sich die Anweisungshistorie an. Dort ist eine rote Linie neben jeder der falschen Anweisungen zu sehen. Diese rote Linie bedeutet, dass Sie die Anweisung nicht noch einmal verwenden sollten, da sie beim ersten Mal eine Fehlermeldung provoziert hat. Sie sollten auch vermeiden, fehlerhafte Anweisungen oder Funktionen in Ihren Skripten zu verwenden.

Eine Formel eingeben

Um eine Formel einzugeben, tippen Sie sie einfach ein. Wenn Sie zum Beispiel **2 + 2** eingeben und Enter drücken, erhalten Sie die Antwort 4. Sie können auch **2 * pi * 6378.1** gefolgt von Enter eingeben und erhalten den Umfang der Erde am Äquator in Kilometern (siehe zum Beispiel: `http://nssdc.gsfc.nasa.gov/planetary/factsheet/earthfact.html`). Die zweite Formel enthält eine vordefinierte Konstante `pi`, welche ungefähr gleich 3.1416 ist. MATLAB kennt eine Reihe von vordefinierten Konstanten, die Sie verwenden können, wenn Sie eine Formel eingeben:

✔ `ans`: Enthält die aktuellste temporäre Antwort von MATLAB. MATLAB legt diese spezielle temporäre Variable für Sie an, wenn Sie Ihr Ergebnis keiner Variablen zuweisen.

✔ `eps`: Legt die Genauigkeit der Fließkommapräzision (Epsilon) fest. Der Standardwert ist 2,2204e-16.

✔ `i`: Enthält die imaginäre Zahl 0.0000 + 1.0000 i.

✔ `Inf`: Legt unendlich fest, welches jede Zahl durch Null dividiert ergibt, wie zum Beispiel 1 / 0.

✔ `NaN`: Steht für _Not a Number_, also keine Zahl. Das Ergebnis ist also nicht definiert.

✔ `pi`: Steht für den Wert von _pi_, welcher ungefähr 3.1416 ist, was auch auf dem Bildschirm angezeigt wird. Intern wird _pi_ durch eine Zahl mit 15 Nachkommastellen dargestellt.

Wann immer Sie eine Formel in MATLAB eingeben und Enter drücken, erhalten Sie ein Resultat, welches den Wert der Variable `ans` aufs Neue festlegt. Somit enthält `ans` den temporären Wert mit der Antwort auf Ihre letzte Frage. Versuchen Sie zum Beispiel einmal, **2 * pi * 6378.1** gefolgt von Enter einzugeben. Jetzt sollten Sie den Wert des Erdumfanges am Äquator sehen, wie in Abbildung 3.2.

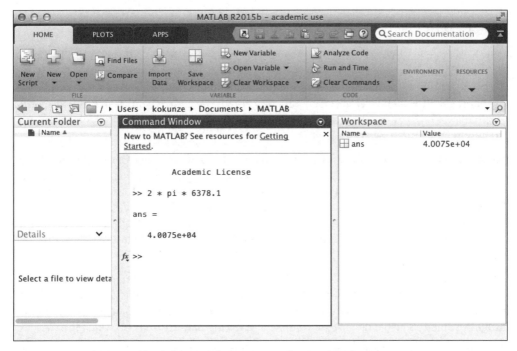

Abbildung 3.2: Jede Formel, die Sie eingeben, ändert den Wert von ans.

Formeln kopieren und einfügen

Mit MATLAB können Sie Ihre Formeln kopieren und in andere Dokumente (wie Skript- oder Funktionsdateien oder andere Anwendungen) einfügen. Zunächst wählen Sie die Information aus, die Sie kopieren wollen. Jetzt haben Sie mehrere Möglichkeiten:

✔ Klicken Sie auf *Copy* in der Schnellzugriffsleiste

✔ Klicken Sie mit der rechten Maustaste auf den ausgewählten Text und wählen Sie *Copy* aus dem Kontext-Menü.

✔ Verwenden Sie eine plattformabhängige Methode zum Kopieren des Texts, zum Beispiel Strg + C in Windows oder cmd + C beim Mac.

Jetzt ist der Text in die Zwischenablage kopiert worden und Sie können ihn einfügen, wo auch immer Sie wollen. Wenn Sie ihn in MATLAB irgendwo einfügen wollen, klicken Sie dorthin, wo der Text erscheinen soll, zum Beispiel nach der Eingabeaufforderung. Jetzt können Sie wieder zwischen drei Methoden wählen, um den Text einzufügen:

✔ Klicken Sie auf *Paste* in der Schnellzugriffsleiste.

✔ Klicken Sie mit der rechten Maustaste auf die Stelle, wo der Text hinsoll, und wählen Sie *Paste* aus dem Kontext-Menü.

✔ Verwenden Sie eine plattformabhängige Methode zum Einfügen des Texts, zum Beispiel Strg + V in Windows oder cmd + V beim Mac.

Ganze Zahlen und Fließkommazahlen verstehen

Durch das ganze Buch ziehen sich die beiden Begriffe Ganzzahl (*integer*) und Fließkommazahl (*floating point number*). Die beiden Begriffe bezeichnen Arten von Zahlen. Wenn die meisten Menschen auf die Zahlen 3 und 3.0 schauen, sehen sie dieselbe Zahl: drei. Der Computer sieht jedoch zwei unterschiedliche Zahlen. Die erste ist eine Ganzzahl, also ohne Dezimalanteil. Die zweite ist eine Fließkommazahl – also mit Dezimalanteil, obwohl dieser in diesem Fall keinen Beitrag leistet.

Sie sehen die beiden Begriffe in diesem Buch deshalb so oft, weil der Computer die Zahlen auf unterschiedliche Art speichert und verarbeitet. Was da genau vor sich geht, ist für uns jetzt gar nicht so wichtig, einzig, dass es einen Unterschied gibt, zählt jetzt. MATLAB bemüht sich sehr, an der Oberfläche so zu tun, als gäbe es keinen Unterschied, es sei denn, der Unterschied spielt eine Rolle, zum Beispiel beim ganzzahligen Rechnen, wo Sie ja nur mit ganzen Zahlen arbeiten wollen. In ganzzahliger Mathematik liefert 4 geteilt durch 3 das Ergebnis 1 mit Rest 1.

Menschen beachten auch die Größe einer Zahl kaum. Der Computer muss diese jedoch berücksichtigen, denn er muss ja Speicherplatz bereithalten, um die Zahl zu speichern. Eine größere Zahl (oder genauer: größere Präzision) benötigt mehr Speicher. Bei manchen Aufgaben spielt es also eine gewisse Rolle, wie groß die Zahl ist und von welcher Art.

Zum Abschluss muss der Computer auch noch damit umgehen können, dass eine Zahl ein Vorzeichen haben kann. Dieses Vorzeichen nimmt nämlich beim Speichern auch Platz ein. Wenn Sie kein Vorzeichen brauchen, kann der Computer diesen Platz für die Darstellung einer noch größeren Zahl verwenden. Mit diesen drei Aspekten ausgerüstet schauen wir uns jetzt die verschiedenen Arten von Zahlen an, die MATLAB versteht:

✔ `double`: 64-bit Fließkommazahl, doppelte Präzision

✔ `single`: 32-bit Fließkommazahl, einfache Präzision

✔ `int8`: 8-bit Ganzzahl mit Vorzeichen

✔ `int16`: 16-bit Ganzzahl mit Vorzeichen

✔ `int32`: 32-bit Ganzzahl mit Vorzeichen

✔ `int64`: 64-bit Ganzzahl mit Vorzeichen

✔ `uint8`: 8-bit Ganzzahl ohne Vorzeichen

✔ `uint16`: 16-bit Ganzzahl ohne Vorzeichen

✔ `uint32`: 32-bit Ganzzahl ohne Vorzeichen

✔ `uint64`: 64-bit Ganzzahl ohne Vorzeichen

Manchmal weiß MATLAB nicht, was Sie meinen, wenn Sie »3« eintippen. Im Hinblick auf die Liste oben könnte 3 alles heißen. MATLAB entscheidet daher für Sie, dass alle Werte vom Typ double sind, es sei denn, Sie legen etwas anderes fest. Um die Art der Zahl bei der Definition festzulegen, geben Sie den Typ ein, gefolgt vom Wert in Klammern. Zum Beispiel ist double(3) eine 64-bit Fließkommazahl mit dem Wert 3. Hingegen ist int32(3) eine 32-bit Ganzzahl mit Vorzeichen und Wert 3.

Die Formatierung des Anweisungsfensters ändern

Das Anweisungsfenster hält Möglichkeiten für Sie bereit, das Format von Ausgaben von MATLAB zu verändern. Wenn Sie zum Beispiel den zusätzlichen Raum nicht benötigen, den MATLAB standardmäßig zwischen Zeilen platziert, können Sie **format compact** gefolgt von Enter eingeben, um das zu verhindern. Probieren Sie es doch gleich mal aus. Wenn Sie **format compact** und Enter eingeben, sehen Sie zunächst einmal gar keinen Rückgabewert. Die nächste Formel jedoch zeigt den Unterschied. Geben Sie **2 + 2** gefolgt von Enter ein. Jetzt sehen Sie, dass der zusätzliche Platz zwischen den Zeilen verschwunden ist, wie in Abbildung 3.3.

Abbildung 3.3: Mithilfe von Format-Anweisungen können Sie das Erscheinungsbild des Anweisungsfensters anpassen.

In MATLAB finden Sie einige Format-Anweisungen. Jede von Ihnen beginnt mit dem Schlüsselwort format, gefolgt von einer zusätzlichen Angabe. Hier ist eine Liste der Möglichkeiten:

✔ **short**: Alle Fließkommazahlen haben mindestens eine ganze Zahl, einen Dezimalpunkt und dann vier Nachkommastellen, wie 4.2000.

✔ **long**: Alle Fließkommazahlen haben mindestens eine ganze Zahl, einen Dezimalpunkt und 15 Nachkommastellen, wie 4.200000000000000.

✔ **shorte**: Alle Fließkommazahlen haben Exponentialformat mit vier Nachkommastellen, wie beispielsweise 4.2000e+00.

✔ **longe**: Alle Fließkommazahlen haben Exponentialformat mit 15 Nachkommastellen, wie beispielsweise 4.200000000000000e+00.

✔ **shortg**: Alle Ausgaben verwenden das Format *short general*: Zahlen haben maximal 5 Stellen insgesamt und werden rechtsbündig untereinander geschrieben. Beispiel: 4.2.

✔ **longg**: Alle Ausgaben verwenden das Format *long general*: Zahlen haben maximal 15 Stellen insgesamt und werden rechtsbündig untereinander geschrieben. Beispiel: 4.2.

✔ **shorteng**: Alle Fließkommazahlen werden im Exponentialformat ausgegeben und haben vier Nachkommastellen sowie drei Stellen für den Exponenten, wie zum Beispiel 4.2000e+000.

✔ **longeng**: Alle Fließkommazahlen werden im Exponentialformat ausgegeben und haben 14 Nachkommastellen sowie drei Stellen für den Exponenten, wie zum Beispiel 4.20000000000000e+000.

✔ **hex**: Alle Zahlen werden im Hexadezimalformat ausgegeben, wie zum Beispiel 4010cccc-cccccccd.

✔ **+**: Bei allen Ausgabewerten wird überprüft, ob sie positiv oder negativ sind, sodass das Ergebnis nur ein + oder - ist. Wenn Sie also **2 * 2.1** eingeben, erhalten Sie lediglich ein + zurück.

✔ **bank**: Alle Ausgabewerte werden mit zwei Nachkommastellen ausgegeben (wie auf Ihrem Kontoauszug), aus **4.2** wird also 4.20.

✔ **rat**: Alle Ausgabewerte werden als Verhältnis möglichst kleiner ganzer Zahlen dargestellt, wie 21/5 für **4.2**.

✔ **compact**: Alle Ausgaben werden einzeilig ausgegeben.

✔ **loose**: Alle Ausgaben werden zweizeilig (eine Leerzeile dazwischen) ausgegeben.

Ausgaben des Anweisungsfensters unterdrücken

Häufig, wenn Sie mit MATLAB herumexperimentieren, wollen Sie das Ergebnis Ihrer Eingaben wissen. Manchmal jedoch wollen Sie vielleicht keine Ausgabe im Anweisungsfenster sehen, da die Ergebnisse ja sowieso im Arbeitsbereichsfenster noch einmal stehen. In diesem Fall lassen Sie der Eingabe einfach ein Semikolon (;) folgen, bevor Sie Enter drücken. Dann wird die Ausgabe unterdrückt. Versuchen Sie beispielsweise mal die Eingabe **2 + 2;** gefolgt von Enter (achten Sie auf das Semikolon am Ende der Anweisung). Jetzt sehen Sie eine Ausgabe, die der von Abbildung 3.4 ähneln müsste.

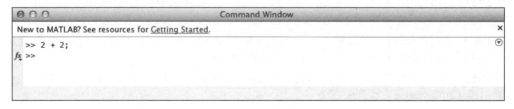

Abbildung 3.4: Verwenden Sie ein Semikolon, um die Ausgabe im Anweisungsfenster zu unterdrücken.

Sehen Sie sich nun das Arbeitsbereichsfenster an. Die Ergebnisse sind dort zu sehen, genau wie Sie es erwarten würden. Diese Technik wenden Sie immer dann an, wenn Sie mehrere komplexe Formeln haben und die Zwischenergebnisse oder Ausgabe großer Matrizen nicht sehen wollen, weil das von Ihrer eigentlichen Arbeit ablenkt. Diese Möglichkeit können Sie auch verwenden, wenn Sie Skripte schreiben, damit der Anwender des Skripts nicht mit Zwischenergebnissen bombardiert wird, während das Skript läuft. Wo immer Sie aufhören, das Semikolon zu verwenden, wird die normale Ausgabe wieder sichtbar sein.

Die mathematische Syntax von MATLAB verstehen

Die MATLAB-Syntax ist eine Menge von Regeln, die Sie verwenden, um MATLAB zu sagen, was es tun soll. Diese ist ziemlich ähnlich einer menschlichen Sprache, außer dass sie viel leichter zu erlernen ist. Um mit MATLAB zu kommunizieren, müssen Sie seine Sprache verstehen, eine etwas abgewandelte Form von Mathematik. Da Sie wahrscheinlich schon ein paar mathematische Regeln kennen, sind Sie auch mit MATLAB schon besser vertraut, als Sie vielleicht denken. Die folgenden Abschnitte vermitteln Ihnen die Grundlagen für ein Verständnis der MATLAB-Sprache. Sie werden überrascht sein, wie viel Sie intuitiv schon darüber wissen. Weitere Regeln sind eigentlich nur Weiterentwicklungen dieser Vorkenntnisse.

Addieren, Subtrahieren, Multiplizieren und Dividieren

MATLAB ist eine auf Mathematik basierende Sprache, sodass es sich lohnt, die Grundregeln dafür vorzustellen, wie man MATLAB anweist, einfache mathematische Operationen auszuführen. Wenig überraschend ist MATLAB in der Lage, folgende einfache mathematische Operationen auszuführen:

✔ **+ oder** `plus()`: Addiere zwei Zahlen. Beispielsweise können Sie 3 + 4 oder `plus(3,4)` verwenden, um das Ergebnis 7 zu erhalten.

✔ **- oder** `minus()`: Subtrahiere die zweite Zahl von der ersten. Beispielsweise können Sie 3 - 4 oder `minus(3,4)`verwenden, um das Ergebnis -1 zu erhalten.

✔ *** oder** `times()`: Multipliziert zwei Zahlen miteinander. Beispielsweise können Sie 3 * 4 oder `times(3,4)` verwenden, um das Ergebnis 12 zu erhalten.

✔ **/ oder** `rdivide()`: Rechts-Division oder Division der ersten Zahl durch die zweite. Das ist die normale Form der Division, die Sie in der Schule gelernt haben. Zum Beispiel können Sie 3 / 4 oder `rdivide(3,4)` verwenden, um das Ergebnis 0.75 zu erhalten.

✔ **\ oder** `ldivide()`: Links-Division oder »Wie oft passt die linke in die rechte Zahl?«. Beispielsweise können Sie diese Frage mit 3 \ 4 oder `ldivide(3,4)` stellen, um 1.3333 zu erhalten.

Die meisten MATLAB-Operatoren sind binär, das heißt, sie verwenden zwei Werte. Zum Beispiel hat 3 + 4 zwei Werte, nämlich 3 und 4. Andere Operatoren sind unär, benötigen also nur einen Wert. Hier sind grundlegende unäre Operatoren:

✔ **+ oder** `uplus()`: Gibt den unveränderten Wert einer Variablen zurück. Beispielsweise ist +1 oder `uplus(1)` immer noch gleich 1.

✔ **- oder uminus()**: Gibt den Wert der übergebenen Variable mit umgekehrtem Vorzeichen zurück. Zum Beispiel ergibt -1 oder uminus(1) den Wert -1. Wie erwartet, ergibt -1 oder uminus(-1) den Wert 1 (Minus mal Minus ergibt Plus).

Manchmal wollen Sie als Ergebnis einer Division eine ganze Zahl. Zu diesem Zweck führen Sie eine ganzzahlige Division durch. Dafür benötigen Sie spezielle Funktionen. Leider können Sie nicht einfach Operatoren dafür verwenden, weil es keine gibt. Hier sind die Funktionen, die Sie für ganzzahlige Mathematik benutzen können:

✔ **idivide()**: Ganzzahlige Division. Sie übergeben zwei Werte oder Variablen als Eingabe und zusätzlich einen optionalen Parameter, der MATLAB sagt, wie es runden soll.

Um die Funktion idivide() nutzen zu können, müssen Sie festlegen, dass die Eingangswerte ganze Zahlen sind (siehe den Kasten *Ganze Zahlen und Fließkommazahlen verstehen* in diesem Kapitel für mehr Details). Beispielsweise liefert idivide(int32(5), int32(3)) das Ergebnis 1. Hier ist eine Liste der Parameter, die Sie für die verschiedenen Rundungsmethoden verwenden können:

- ceil: Rundet in Richtung positiv unendlich. Beispielsweise ergibt idivide(int32(5), int32(3), 'ceil') den Wert 2 und idivide(int32(5), int32(-3), 'ceil') den Wert -1.

- fix: Rundet in Richtung null. Beispielsweise ergibt idivide(int32(5), int32(3), 'fix') den Wert 1 und idivide(int32(5), int32(-3), 'fix') den Wert -1.

- floor: Rundet in Richtung negativ unendlich. Beispielsweise ergibt idivide (int32(5), int32(3), 'floor') den Wert 1 und idivide(int32(5), int32 (-3), 'floor') den Wert -2.

- round: Rundet zur nächsten ganzen Zahl. Beispielsweise ergibt idivide(int32(5), int32(3), 'round') den Wert 2 und idivide(int32(5), int32(-3), 'round') den Wert -2.

✔ **mod()**: Ergibt den Modulo nach der Division. Beispielsweise ist mod(5,3) durch 2 und mod(5,-3) durch -1 gegeben.

✔ **rem()**: Ergibt den Rest nach der Division. Beispielsweise ergibt rem(5,3) eine Ausgabe von 2 und rem(5, -3) ergibt -2.

Die Rundung kann eine wichtige Eigenschaft einer Anwendung werden, weil sie die Näherungswerte festlegt, welche der Nutzer sieht oder weiterverwendet. Sie können jede beliebige Formel verwenden und daraus ein ganzzahliges Ergebnis liefern. Hier sind die Rundungsfunktionen:

✔ **ceil()**: Rundet in Richtung positiv unendlich. Beispielsweise liefert ceil(5 / 3) das Ergebnis 2 und ceil(5 / -3) liefert -1.

✔ **fix()**: Rundet in Richtung null. Beispielsweise liefert fix(5 / 3) das Ergebnis 1 und fix(5 / -3) liefert -1.

✔ **floor()**: Rundet in Richtung negativ unendlich. Beispielsweise liefert floor(5 / 3) das Ergebnis 1 und floor(5 / -3) liefert -2.

✔ **round()**: Rundet zur nächsten ganzen Zahl. Beispielsweise liefert round(5 / 3) das Ergebnis 2 und round(5 / -3) liefert -2.

Mit Exponenten arbeiten

Sie verwenden den Zirkumflex (^), um eine Zahl mit einem bestimmten Exponenten zu potenzieren. MATLAB kann negative, gebrochene und komplexe Zahlen als Exponenten verkraften. Hier sind ein paar Beispiele für Potenzen:

✔ $10^3 = 1000$

✔ $2^{10} = 1024$

✔ $2.5 \char94 2.5 = 9.8821$

✔ $2^{-4} = 0.0625$

✔ $2^i = 0.7692 + 0.6390i$

✔ $i^i = 0.2079$

Warum wir den Buchstaben E (oder e) für die wissenschaftliche Notation verwenden

In den Anfangszeiten des Computers hatte eine Anzeige sieben lichtemittierende Dioden (LED) oder Flüssigkristallelemente (LCD für *liquid crystal display*), welche an oder aus beziehungsweise transparent oder schwarz geschaltet werden konnten. Selbst heute noch nutzen viele Digitaluhren diese Technologie. Die folgende Abbildung zeigt, wie eine Anzeige mit sieben Elementen funktioniert:

Als die Entwickler Taschenrechner mit wissenschaftlicher Notation entwarfen, dachten sie an den Buchstaben *E*, der immerhin an *Exponent* erinnert und darauf hinweisen soll, dass ein solcher folgt. Darüber hinaus konnten Sie diesen Buchstaben mithilfe von sieben Elementen darstellen, wie hier dargestellt.

Dann wurden die Entwickler faul und anstatt nur ein großes E für wissenschaftliche Notation stehen zu lassen, wiesen sie auch dem kleinen e diese Bedeutung zu. Heutzutage können Entwickler alle Pixel der verschiedenen Anzeigen verwenden, um diese Information ohne den Buchstaben E zu vermitteln. Jedoch blieb es dabei, e beziehungsweise E für die wissenschaftliche Notation zu verwenden und so müssen wir es eben verwenden. Hinzu kommt, dass es immer noch viele Anzeigen aus sieben Elementen gibt, wie zum Beispiel in Uhren, Taschenrechnern und anderen Geräten.

Aufbewahrungsboxen verwenden

Computer brauchen Speicherplatz, so wie Ihr Gehirn Speicherplatz benötigt. Der Speicher Ihres Computers speichert die Informationen, die Sie mithilfe von MATLAB erzeugen. Speicher wie eine Art Aufbewahrungsbox zu sehen, kann ganz hilfreich sein. Sie machen sie auf, legen etwas hinein und machen sie wieder zu, bis Sie den Inhalt wieder benötigen. Wenn dieser Zeitpunkt gekommen ist, öffnen Sie einfach die Box und nehmen den Inhalt wieder heraus. Sie sehen: Der Begriff Speicher muss nicht komplex oder schwierig zu verstehen sein.

Wann immer Sie MATLAB bitten, etwas im Speicher abzulegen, verwenden Sie eine *Variable*. Entwickler verwenden den Begriff Variable, weil ihr Inhalt nicht auf ewig festgelegt ist, sondern sich verändern kann. Die folgenden Abschnitte zeigen Ihnen die Aufbewahrungsboxen von MATLAB, welche den Namen Variable tragen.

Die Variable ans verwenden – die Standardaufbewahrungsbox

MATLAB braucht immer einen Platz, wo es das Ergebnis einer Berechnung ablegen kann. Wenn Sie zum Beispiel 2 + 2 gefolgt von Enter eingeben, sagt Ihnen MATLAB, dass das Ergebnis 4 ist. Genau genommen sagt es Ihnen, dass ans = 4 gilt. MATLAB verwendet ans als Aufbewahrungsbox, wenn Sie nicht eine andere Aufbewahrungsbox festlegen.

 MATLAB verwendet ans als temporäre Aufbewahrungsbox. Der Inhalt bleibt Ihnen nur so lange erhalten, wie Sie MATLAB geöffnet lassen und keine neue Berechnung anstellen, die ihre Ausgabe in ans schreibt. Wenn Sie das Ergebnis einer Berechnung für weitere Schritte verwenden wollen, müssen Sie es in einer anderen Variable ablegen.

Ihre eigenen Aufbewahrungsboxen erzeugen

Wann immer Sie das Ergebnis einer Berechnung in weiterführenden Schritten verwenden wollen, müssen Sie Ihre eigene Aufbewahrungsbox basteln, um die Informationen abzulegen; nur mit der Variable ans werden Sie nicht weit kommen. Zum Glück ist das Erzeugen neuer Variablen mehr als einfach. In den folgenden Abschnitten lesen Sie, wie Sie Ihre eigenen Variablen erzeugen, um Sie dann später zum Speichern von beliebigen Informationen verwenden zu können.

Einen gültigen Variablennamen auswählen

Der Name einer MATLAB-Variable muss bestimmte Anforderungen erfüllen, so wie die Namen anderer Dinge auch. Hier sind die Regeln, die Sie beim Benennen von Variablen beachten müssen:

✔ Beginnen Sie mit einem Buchstaben

✔ Fügen Sie hinzu:

- Buchstaben

- Ziffern

- Unterstriche (»_«)

Mit diesen Regeln würde ein Name wie 7terHimmel nicht funktionieren, weil er mit einer Ziffer beginnt – Variablennamen müssen aber mit einem Buchstaben anfangen. Ganz ähnlich würde Ohm'scherWiderstand nicht funktionieren, weil das Apostroph in einem Variablennamen nicht zulässig ist. Doch genug mit dem, was nicht klappt. Wenden wir uns Namen zu, die funktionieren:

✔ MeineVariable

✔ Meine_Variable

✔ Meine7Sachen

 In allen drei Beispielen beginnt der Name mit einem Buchstaben, gefolgt von einem Buchstaben, einer Ziffer oder einem Unterstrich. Wenn Sie eine der Regeln missachten, erhalten Sie folgende Fehlermeldung:

```
Error: Unexpected MATLAB expression.
```

 Wählen Sie möglichst immer sprechende Variablennamen. Während es recht einfach ist, den Variablennamen x zu vergeben und zu tippen, ist es weit weniger einfach, sich an den Inhalt der Variable x zu erinnern. Ein Name wie CosWinkel ist weit einfacher mit einem Inhalt zu verbinden, weil er an sich schon eine Bedeutung hat. Es liegt immerhin nahe, dass eine solche Variable den Cosinus eines Winkels enthält. Je mehr Ihre Variablennamen »sprechen«, desto einfacher wird es Ihnen später fallen, dem Verlauf einer Berechnung zu folgen.

Um Ihre eigenen Variablen zu erzeugen, geben Sie zunächst den Variablennamen ein. Anschließend geben Sie ein Gleichheitszeichen ein und zum Schluss den Wert, den Sie der Variable zuweisen wollen. Um beispielsweise eine Variable mit dem Namen MeinName und dem Inhalt »Amy« zu erzeugen, geben Sie **MeinName = 'Amy'** ein, gefolgt von Enter. Die einfachen Anführungszeichen bewirken, dass *Amy* als Wert gesehen wird und nicht als neue Variable mit dem Namen Amy.

Groß- und Kleinschreibung beachten

Im Abschnitt *Informationen an der Eingabeaufforderung eingeben* weiter vorn im Kapitel haben wir bereits darüber berichtet, dass Anweisungen und Funktionsnamen genauso eingegeben werden müssen, wie in der MATLAB-Dokumentation beschrieben, da MATLAB Groß- und Kleinschreibung beachtet. Für Variablennamen gilt das auch und damit haben wir auch schon eine schier unerschöpfliche Quelle von Fehlern aufgetan, die sich beim Erstellen eines Skripts einschleichen können. Die Variable `meineVariable` ist jedenfalls eine andere als `MeineVariable`, weil der erste Buchstabe einmal klein und einmal groß geschrieben wurde.

Bestehende Variablennamen vermeiden

Es ist praktisch lebenswichtig, MATLAB-Namen wie `pi`, `i`, `j`, `sin`, `cos`, `log` und `ans` zu vermeiden. Wenn Sie nicht wissen, ob ein bestimmter Name schon in Gebrauch ist, geben Sie `exist('Variablenname')` ein und drücken Enter. Probieren wir es gleich mal aus mit `pi`. Geben Sie **exist('pi')** ein, gefolgt von Enter. MATLAB liefert als Antwort den Wert 5, welcher bedeutet, dass die Variable bereits in Verwendung ist. Geben Sie jetzt einmal **exist('MeineVariable')** ein und dann Enter. Die Ausgabe ist jetzt 0. Dieser Wert bedeutet, dass die Variable noch nicht existiert.

 MATLAB hindert Sie nicht daran, Variationen von bereits existierenden Variablen zu bilden, die sich nur durch Groß- und Kleinschreibung unterscheiden. Geben Sie zum Beispiel einmal **Ans = 'Hallo'** ein und drücken Sie dann Enter. Jetzt sehen Sie, dass im Arbeitsbereichsfenster die Variablen Ans und ans erscheinen, wie in Abbildung 3.5 dargestellt. Eine Variable in MATLAB mit nur unwesentlich verändertem Namen (wie zum Beispiel andere Groß- und Kleinschreibung) kann zu einiger Verwirrung führen. Machen Sie es sich leicht und vermeiden Sie bereits bestehende Namen, egal ob groß oder klein geschrieben.

Name ▲	Value
⊞ ans	0
abc Ans	'Hallo'

Abbildung 3.5: Verwenden Sie möglichst eindeutige Namen für Ihre Variablen, damit Sie zum Beispiel Tippfehler erkennen und vermeiden.

Über MATLAB als Taschenrechner hinausgehen

Die Zeit ist gekommen für Ihre ersten Schritte über MATLAB als einfachen Taschenrechner hinaus. In den folgenden Abschnitten lernen Sie ein paar MATLAB-Funktionen kennen, denen Sie auch in weit komplexeren Aufgabenstellungen immer wieder begegnen.

Die Wahrheit lernen

Festzustellen, ob etwas wahr ist, stellt häufig einen beträchtlichen Teil der meisten Aufgaben dar. Jeden Tag prüfen Sie – quasi im Automatik-Modus – den Wahrheitsgehalt tausender Informationen, die auf Sie einprasseln. Das ist eine der Domänen von Computern: feststellen, ob etwas *wahr* (zwei Werte sind gleich) oder eben *falsch* ist (zwei Werte sind nicht gleich). Ein Mann namens George Boole (Sie finden ihn leicht in Wikipedia) hat sich ausgiebig mit dem Thema befasst und eine Methode erfunden, mit der der Wahrheitswert einer Information quantifiziert werden kann: die Boole'sche Logik.

Die grundlegende Idee ist, den Computer zu bitten, einen Vergleich zwischen zwei Variablen durchzuführen. Abhängig vom Wert der Variablen wird der Computer feststellen, dass es entweder wahr ist, dass eine bestimmte Relation zwischen den Variablen besteht, oder falsch ist, dass diese besteht. Tabelle 3.1 listet auf, wie die Boole'sche Logik in MATLAB funktioniert (wobei ein Ausgabewert von 1 bedeutet, dass die Aussage wahr ist, und ein Ausgabewert von 0 bedeutet, dass die Aussage falsch ist).

Bedeutung	Operator	Beispiel
Kleiner als	A < B	A = 2; B = 3; A < B ans = 1
Kleiner oder gleich	A <= B	A = 2; B = 3; A <= B ans = 1
Gleich	A == B	A = 2; B = 3; A == B ans = 0
Größer oder gleich	A >= B	A = 2; B = 3; A >= B ans = 0
Größer als	A > B	A = 2; B = 3; A > B ans = 0
Nicht gleich	A ~= B	A = 2; B = 3; A ~= B ans = 1

Tabelle 3.1: Relationale Operatoren

Es ist äußerst wichtig, dass Sie immer die Bedeutung von »=« und »==« auseinanderhalten. Das einfache Gleichheitszeichen »=« ist ein Zuweisungsoperator. Es weist den von Ihnen angegebenen Wert einer Variablen zu. Das doppelte Gleichheitszeichen »==« ist der eigentliche »Gleichheitsoperator«. Es prüft, ob die Werte zweier Variablen gleich sind.

Eingebaute Funktionen verwenden

Schon in vorangegangenen Abschnitten dieses Kapitels haben wir immer mal wieder das Thema Funktionen in MATLAB gestreift, aber eben nur gestreift. MATLAB hält eine Fülle von eingebauten Funktionen für Sie bereit, wie zum Beispiel `sin()`, `cos()`, `tan()`, `asin()`, `acos()`, `atan()`, `log()` und `exp()`. Viele dieser Funktionen kommen in späteren Kapiteln des Buches noch vor.

Eine umfassende Liste mit Funktionen finden Sie in Anhang A. Ja, es sind tatsächlich so viele! Sie finden im Anhang eine kurze Beschreibung für jede Funktion. Darüber hinaus erhalten Sie zusätzliche Informationen in MATLAB selbst, indem Sie `help('Funktions_Name')` gefolgt von Enter eingeben. Versuchen Sie es jetzt einmal. Geben Sie **help('sin')** ein und danach Enter. Jetzt sollten Sie eine Ausgabe wie in Abbildung 3.6 sehen.

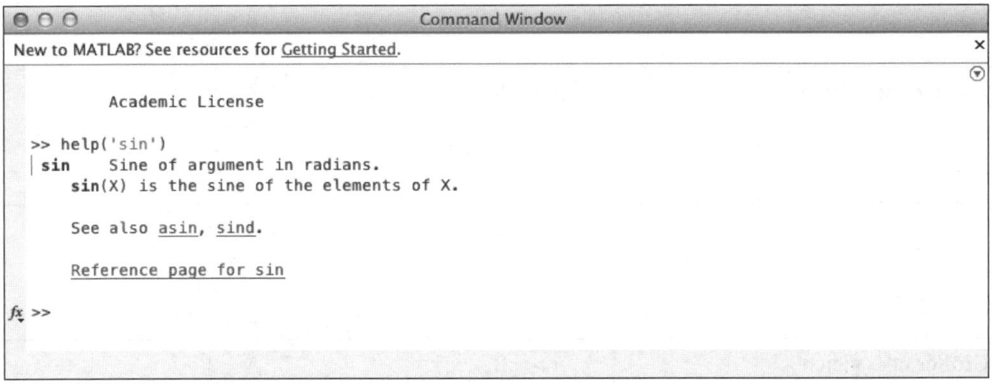

```
⊙ ⊙ ⊙                          Command Window
New to MATLAB? See resources for Getting Started.                        ×
                                                                         ⊙
        Academic License

>> help('sin')
| sin    Sine of argument in radians.
    sin(X) is the sine of the elements of X.

    See also asin, sind.

    Reference page for sin

fx >>
```

Abbildung 3.6: MATLAB macht es Ihnen leicht, neue Funktionen näher kennenzulernen.

Beachten Sie, dass die Hilfeseite Verknüpfungen zu anderen Seiten enthält. Klicken Sie einfach darauf, um Näheres zum jeweiligen Thema zu erfahren.

Den Funktions-Browser benutzen

Bei all den Funktionen, die MATLAB enthält, werden Sie es für unmöglich halten, diese alle im Gedächtnis zu behalten. Das müssen Sie zum Glück auch nicht. Hilfe ist näher, als Sie denken. Sehen Sie sich das Anweisungsfenster einmal genau an. Gleich neben der Eingabeaufforderung steht ein etwas geschwungenes »fx«. Wenn Sie jetzt den darunter liegenden Pfeil nach unten drücken, erscheint eine Dialogbox, wie in Abbildung 3.7 dargestellt. Der offizielle Name dieser Box ist »Funktions-Browser«. Damit können Sie Funktionen nach Kategorien durchforsten und die benötigte Funktion herausfinden.

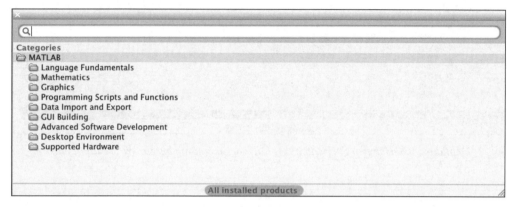

Abbildung 3.7: Verwenden Sie den Funktions-Browser zum schnellen Nachschlagen.

Den Funktions-Browser können Sie auch auf folgende Weise öffnen:

✔ Klicken Sie mit der rechten Maustaste in das Anweisungsfenster und wählen Sie *Function Browser* im Kontextmenü.

✔ Drücken Sie Shift+F1.

Jetzt wissen Sie ja schon ein bisschen mehr, worum es sich beim Funktions-Browser handelt. Daher können wir ihn etwas detaillierter untersuchen. In den folgenden Abschnitten erfahren Sie Weiteres über den Funktions-Browser.

Die Funktionskategorien durchstöbern

Der Funktions-Browser wurde entwickelt, damit Sie sich leicht anhand von Kategorien zu Ihrer gewünschten Funktion vortasten können. Wenn Sie zum Beispiel den Ordner *Mathematics* öffnen, stehen Ihnen sofort weitere Unterkategorien wie *Elementary Math*, *Linear Algebra* und *Interpolation* zu Verfügung. Wenn Sie jetzt *Elementary Math* klicken, sehen Sie weitere Unterkategorien, wie *Arithmetic*, *Trigonometry* und *Polynomials*. Dass Sie dann irgendwann endlich auf der Ebene der Funktionen angekommen sind, sehen Sie am »fx«-Zeichen neben jedem Eintrag, wie in Abbildung 3.8 zu sehen ist.

Eine spezielle Funktion suchen

Manchmal haben Sie schon eine recht konkrete Vorstellung von dem, was Sie finden wollen. In solch einem Fall können Sie Teile oder den ganzen Namen der Funktion in das Suchfeld im oberen Bereich des Funktions-Browsers eingeben. Geben Sie zum Beispiel einmal **sin** ein, um sich alle Funktionen anzeigen zu lassen, die etwas mit dem Sinus zu tun haben. Das Suchergebnis sollte in etwa so aussehen wie Abbildung 3.9.

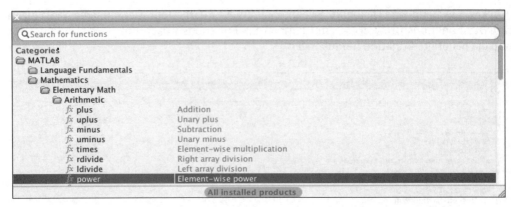

Abbildung 3.8: Hangeln Sie sich an den Kategorien entlang bis zur Wunschfunktion.

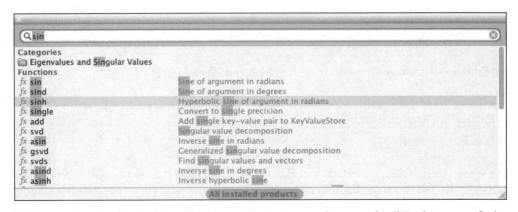

Abbildung 3.9: Geben Sie Suchbegriffe ein, um über Kategorien hinweg schnell Funktionen zu finden.

Sich von Fehlern erholen

Jeder macht Fehler. Sie denken vielleicht, dass Experten keine Fehler machen. Sollte Ihnen ein Experte jemals sagen, dass er keine Fehler macht, ist er allerdings alles, nur kein Experte. Fehler zu machen ist ein wesentlicher Bestandteil jedes Lernprozesses. Es ist auch Bestandteil des Weges zu Entdeckungen. Wenn Sie also etwas Nennenswertes mit MATLAB zustande bringen wollen, werden Sie Fehler machen. In den folgenden Abschnitten lesen Sie, was zu tun ist, wenn Fehler passieren.

Die Fehlermeldungen von MATLAB verstehen

MATLAB möchte Sie nach Kräften unterstützen, wenn Sie Fehler machen. Das klappt nicht immer und manchmal werden Sie die Fehlermeldung nicht verstehen, aber immerhin versucht es sein Bestes. In den meisten Fällen sehen Sie eine Fehlermeldung, die ausreichende

Informationen enthält, um Sie auf die richtige Fährte zu bringen. Wenn Sie beispielsweise die Anweisung clc verwenden wollen, jedoch CLC (große Buchstaben) eintippen, wird Folgendes angezeigt:

```
Undefined function or variable 'CLC'.
```

Die Fehlermeldung ist genug, um Sie auf die Spur zur Lösung des Problems zu bringen, auch wenn das Problem noch nicht völlig klar ist. Manchmal bietet Ihnen MATLAB sogar die (aus seiner Sicht) passende und korrekte Anweisung an. Alles, was Sie dann noch tun müssen, ist Enter drücken und los geht's.

Es gibt Fehler, die etwas schwieriger zu durchschauen sind als andere. In Abbildung 3.10 sehen Sie, was passiert, wenn Sie die Anweisung idivide() eingeben, ohne die Argumente als ganze Zahlen (Integer) zu kennzeichnen.

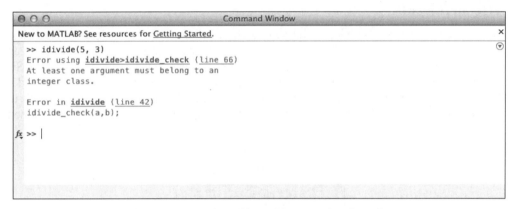

Abbildung 3.10: Manche Fehlermeldungen sehen komplex aus.

In diesem Fall können Sie die Verweise und das restliche Kauderwelsch überlesen. Wichtig ist einzig der Satz *At least one argument must belong to an integer class*, was nichts anderes heißt als »Mindestens ein Argument muss eine ganze Zahl (Integer) sein«. Sicher erinnern Sie sich, dass standardmäßig alle Zahlen als Double angelegt werden – also auch ganze. Daher müssen die Zahlen hier als Integer gekennzeichnet werden. Wenn Sie die Fehlermeldung also selektiv lesen, können Sie etwas leichter herausbekommen, was gerade nicht so gut funktioniert hat.

MATLAB anhalten, wenn es sich aufgehängt hat

In der überwiegenden Zahl der Fälle ist MATLAB sehr fehlertolerant. Sie können die merkwürdigsten Fehler machen und MATLAB wird stoisch mit einer Nachricht an Sie herantreten, die es für hilfreich hält. Kaputt geht dabei nichts. Manchmal jedoch muss sich MATLAB erst durch eine beträchtliche Menge an Daten oder Code beißen, bevor es den Fehler findet. Das kommt zum Beispiel bei großen Datenfeldern vor. Dass MATLAB wirklich etwas tut, können Sie an der Statusleiste erkennen, welche *Busy* und nicht etwa *Ready* anzeigt. In diesem Fall können Sie mal schauen, ob Sie jemanden auf dem Flur für einen Schwatz finden, sich einen Kaffee holen oder ein gutes Buch lesen. Sie können aber auch Strg + C eingeben, damit MATLAB sofort anhält.

 Wenn Sie Strg + C eingeben, hört MATLAB sofort mit der Ausführung weiterer Anweisungen auf. Die Statusleiste zeigt *Ready* an, sobald MATLAB wieder bereit ist. Beachten Sie, dass Sie diese Möglichkeit wirklich nur im Notfall verwenden, denn MATLAB hört wirklich mitten in der Ausführung der Anweisungen auf. Dies bedeutet für Sie, dass das, was auch immer Sie gerade gemacht haben, in einen möglicherweise undefinierten Zustand gerutscht ist. Dennoch ist es immer gut, diese Notbremse im Hinterkopf zu haben.

Hilfe erhalten

Jeder macht hin und wieder Fehler und so braucht auch jeder hin und wieder Hilfe. Selbst Experten haben nicht immer alles parat, was MATLAB kann und wie es das tut. Notizen decken auch nur einen schmalen Bereich ab. Wenn Sie also Hilfe benötigen, denken Sie nicht, Sie seien der einzige Mensch auf Erden, der das braucht. Der überwiegende Teil der MATLAB-spezifischen Hilfe ist in der Gruppe *Resources* in der Werkzeugleiste zu finden, wie in Abbildung 3.11 zu sehen. Die folgenden Abschnitte versorgen Sie mit weiteren Informationen rund um das Thema Hilfe in MATLAB.

Abbildung 3.11: In der Gruppe Resources finden Sie leicht die benötigte Hilfe.

Die Dokumentation erforschen

Die Dokumentation von MATLAB ist recht komplex und man kann leicht das Gefühl bekommen, sich in den unendlichen Weiten zu verirren. Hier sind ein paar Tipps, wie man sich darin leichter zurechtfindet:

✔ Klicken Sie auf _Help_ ➪ _Documentation_ in der Gruppe _Resources_ im _Home_-Reiter der Werkzeugleiste, wenn Sie allgemeine Informationen über MATLAB suchen und sich weiter über die Software informieren wollen.

 Wenn Sie auf der Suche nach etwa Speziellem sind, können Sie einfach Suchbegriffe in das Suchfeld eingeben, welches oben im Hilfefenster erscheint. Während Sie schreiben, zeigt MATLAB schon passende Themen an, sodass Sie Ihre Suche besser eingrenzen können.

✔ Geben Sie im Anweisungsfenster **help('Hilfe_Thema')** gefolgt von Enter ein, um sich Hilfe zu einem bestimmten Thema anzeigen zu lassen.

✔ Markieren Sie ein Wort oder einen Funktionsnamen und drücken Sie anschließend F1, um zu diesem Thema weitere Informationen zu erhalten.

✔ Klicken Sie auf Verweise in Hilfe- und Fehlermeldungen sowie anderen MATLAB-Ausgaben.

Sich durch die Beispiele arbeiten

Sie können sich zum besseren Lernen auch durch Beispiele arbeiten. Klicken Sie dazu auf _Help_ ➪ _Examples_ in der Gruppe _Resources_ im _Home_-Reiter der Werkzeugleiste. In Kapitel 2 lesen Sie mehr zur Verwendung von Beispielen.

Sich auf Mitstreiter verlassen

MATLAB erfreut sich einer großen Gemeinde von Nutzern. Sie können sich auch gern bei diesen Mitstreitern nach Hilfe umsehen. Vielleicht hat ein anderer Nutzer ein sehr ähnliches Problem, wie Sie es gerade haben, bereits gelöst und die Lösung publiziert. Das wäre doch hervorragend. Um auf diese Art Unterstützung zuzugreifen, klicken Sie auf die Schaltfläche _Community_ in der Gruppe _Resources_ im _Home_-Reiter der Werkzeugleiste. Wie in Abbildung 3.12 gezeigt, öffnet sich ein Browserfenster und Sie sehen die Seite MATLAB Central.

Der Inhalt auf MATLAB Central ändert sich zwar regelmäßig, die Struktur der Seite bleibt jedoch gleich: Es gibt Links für Dateiaustausch, Antworten von MATLAB auf häufig gestellte Fragen, Blogs und weitere nützliche Bereiche auf der Seite. MATLAB Central ist wahrscheinlich der beste Einstiegspunkt für Ihre Suche. Wenn das nicht hilft, bleibt Ihnen natürlich auch die Suche im restlichen Internet, falls Sie auf MATLAB Central nicht fündig werden.

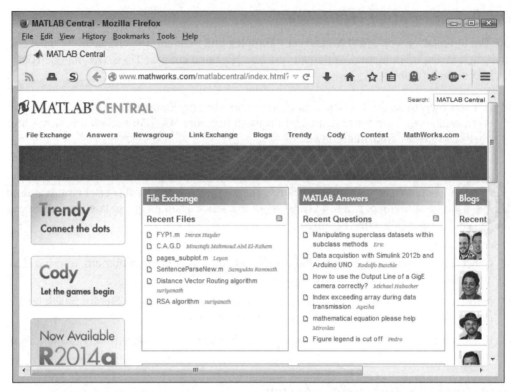

Abbildung 3.12: Hilfe in der Nutzergemeinde lässt sich häufig leicht und schnell finden.

Schulungen erhalten

MATLAB bietet Schulungen sowohl in Spezialgebieten als auch ganz allgemein im Umgang mit MATLAB. Wenn Sie *Help* ➪ *MATLAB Academy* auf der Schaltfläche *Community* in der Gruppe *Resources* im *Home*-Reiter der Werkzeugleiste klicken, werden Sie auf die entsprechende Internet-Seite geleitet. Hier können Sie die verschiedenen Kursangebote durchstöbern, sich für ein Unterrichtsmedium entscheiden und Kurse buchen. Die Kurse werden meist online, als öffentliche oder auch als Inhouse-Seminare angeboten. Bei den Online-Kursen gibt es zwei Arten, entweder mit Kursleiter und vorgegebener Zeitschiene oder ohne Kursleiter und mit eigener Geschwindigkeit.

Unterstützung durch MathWorks anfragen

Wenn sich Ihr Problem hartnäckig gegen jeden Lösungsversuch wehrt, können Sie auch direkt bei MATLAB Hilfe anfordern. Wenn Sie *Help* ➪ *Request Support* auf der Schaltfläche *Community* in der Gruppe *Resources* im *Home*-Reiter der Werkzeugleiste klicken, öffnet sich eine Dialogbox, die Ihre MathWorks-Zugangsdaten abfragt. Geben Sie hier die angeforderten Informationen ein und folgen Sie den Anweisungen, um zu direkter Hilfe durch das MathWorks-Team zu gelangen.

MATLAB-Dateien erzeugen, bearbeiten und speichern

In diesem Kapitel ...

▶ Die MATLAB-Dateistruktur verstehen

▶ Mit MATLAB-Dateien arbeiten

▶ Daten speichern

Computer haben für gewöhnlich zweierlei Arten von Speicher: flüchtigen Arbeitsspeicher (*random access memory* – RAM) und permanenten Speicher wie zum Beispiel eine Festplatte. Damit Ihre Arbeit in MATLAB vom flüchtigen zum permanenten Objekt wird, müssen Sie sie auf der Festplatte speichern. Doch Festplatten sind riesig und wenn Sie Ihre Schätze später wieder heben wollen, müssen Sie wissen, wo Sie sie vergraben, sprich gespeichert haben. Und deshalb ist es ganz nützlich, etwas über die Dateistruktur von MATLAB zu erfahren. Diese verwenden Sie nämlich, um einen Platz für Ihre Daten zu finden und sie später wiederzufinden.

Daten sind in Dateien abgelegt, während Verzeichnisse oder Ordner (*Apple*) verwendet werden, um die Daten zu organisieren. Um Ihre Daten in MATLAB zu laden, müssen Sie zunächst den richtigen Ordner finden, öffnen und dann die entsprechende Datei öffnen. Das funktioniert ziemlich ähnlich wie eine Hängeregistratur. Wenn die Schublade zu und der Hängeordner darin ist, kann man auf die Daten nicht zugreifen. Sie finden das Beispiel vielleicht merkwürdig, aber lassen Sie uns den Spaß: In ein paar Jahren erklärt man eher eine Hängeregistratur anhand der Begriffe Datei und Verzeichnis als umgekehrt. Etwas weniger elementar ist die Frage nach dem Format. Dies kann nämlich für die Verwendung in MATLAB falsch sein. Wenn das Format nicht passt, müssen Sie die Daten in MATLAB so importieren, dass es damit etwas anfangen kann. Das gilt umgekehrt auch für andere Anwendungen. Wenn Sie Ihre Ergebnisse mit anderen Programmen weiter bearbeiten wollen, müssen Sie sie aus MATLAB in das richtige Format exportieren.

Im letzten Abschnitt dieses Kapitels lesen Sie, wie Sie Ihre Arbeit für die spätere Verwendung speichern. Mit dem Speichern verschieben – oder besser: kopieren - Sie eine Momentaufnahme Ihrer Arbeit vom flüchtigen Arbeitsspeicher in den permanenten Speicher der Festplatte. Wenn Sie dann später wieder auf die Daten zugreifen wollen, öffnen Sie die Datei, was nichts anderes bedeutet, als dass Sie wiederum eine Kopie der Daten auf der Festplatte in den Arbeitsspeicher laden. Daran ist nichts Mystisches. Dieselbe Art von Tätigkeit üben Sie jeden Tag aus. Denken Sie nur an die Hängeregistratur. Oder besser nicht – wenn Sie gar nicht wissen, was das ist.

Die Dateistruktur von MATLAB untersuchen

Um Ihre Daten permanent zu behalten, müssen Sie sie auf der Festplatte speichern. Sie könnten die Datei natürlich irgendwo auf der Festplatte speichern, damit machen Sie sich aber das Leben ziemlich schwer, weil Sie möglicherweise lange nach Ihren Daten suchen müssen. Bei der Kapazität aktueller Festplatten fällt das Wiederfinden Ihrer Daten möglicherweise mit Ihrer Pensionierung zusammen. Es ist also durchaus von Vorteil, nach einer – wie auch immer gearteten – organisierten Methode vorzugehen.

Anwendungen verwenden häufig einen speziellen Dateityp zum Speichern der anwendungstypischen Daten. Einer der Gründe für ein spezielles Dateiformat mit entsprechender Dateiendung ist, dass das Programm dann die zu ihm gehörenden Daten besser von den anderen Dateien auf der Festplatte unterscheiden kann. Stellen Sie sich das Chaos vor, wenn jede Anwendung die Dateiendung `.txt` verwenden würde. Nicht nur Sie wären verwirrt, Ihr Computer auch. Auch für Sie als Anwender erleichtern die Endungen die Arbeit. So können Sie mit einem Blick sehen, welche Art von Informationen die Datei enthält.

In MATLAB können Sie die verschiedenen Arten von Informationen an der jeweiligen Dateiendung erkennen. Zum Beispiel sind Skripte und Funktionen in Dateien mit der Endung `.m` gespeichert. Variablen werden in Dateien mit der Endung `.mat` gespeichert und Grafik wird in Dateien mit der Endung `.fig` gespeichert. Darüber hinaus können Sie Ihre Dateien mithilfe einer Dateistruktur organisieren. Sie können all diese Verwaltungsaufgaben aus MATLAB heraus durchführen, indem Sie entweder die Benutzeroberfläche der Anwendung verwenden oder Anweisungen in der Eingabeaufforderung. In den folgenden Abschnitten lesen Sie, wie das alles funktioniert.

MATLAB-Dateien und ihre Aufgaben verstehen

MATLAB verwendet unterschiedliche Dateiendungen für unterschiedliche Aufgaben. In der folgenden Liste sehen Sie die verschiedenen Typen und deren Anwendungsbereiche:

✔ `.fig`: Erlaubt den Zugriff auf sämtliche Diagramme oder andere Grafiken, die Sie erzeugt haben. Behalten Sie im Hinterkopf, dass die Datei zwar alle Informationen enthält, um Ihre Grafik in MATLAB zu rekonstruieren, jedoch nicht die Grafik selbst. Auf diese Weise können Sie die Grafik auf allen Plattformen verwenden, die MATLAB unterstützen.

Viele MATLAB-Anwender haben gefragt, ob sie Dateien mit der Endung `.fig` öffnen können, ohne die Grafik anzuzeigen. Wenn man dieser Frage nachgeht, stellt sich heraus, dass `.fig`-Dateien eigentlich verkleidete `.mat`-Dateien sind. Das Dateiformat der beiden Typen ist dasselbe, obwohl der Inhalt beider Dateiarten sich unterscheidet. Im Artikel `http://undocumentedmatlab.com/blog/fig-files-format` wird beschrieben, wie Sie `.fig`-Dateien in Textformat anzeigen können, sodass Sie sie öffnen können, ohne die zugehörige Grafik zu sehen.

✔ `.m`: Eine Datei mit dieser Endung enthält ein MATLAB-Skript. Dieses Dateiformat ist plattformunabhängig, sodass Sie es mit jeder Installation von MATLAB, egal auf welchem Betriebssystem, verwenden können. Daher müssen Sie sich auch keine Gedanken machen, wenn Sie Ihr Skript auf einer Plattform entwickeln und dann Kollegen zur Verfügung stellen, die mit einem anderen System arbeiten. MATLAB-Skripte werden immer in der MATLAB-Programmiersprache geschrieben.

✔ `.mat`: Mit diesem Format haben Sie Zugang zu allen Daten, die Sie auf der Festplatte gespeichert haben. Wenn Sie diese Datei öffnen, wird MATLAB den Import-Assistenten verwenden, um die Daten in den MATLAB-Arbeitsbereich zu laden.

✔ `.mdl`: Diese Dateiendung gehört zu älteren Versionen eines Simulink-Modells (siehe `.slx` weiter unten für Details zu Simulink-Modellen). MATLAB empfiehlt, diese Dateien in das `.slx`-Format zu konvertieren. Eine mögliche Vorgehensweise finden Sie unter: `http://www.mathworks.com/help/simulink/examples/converting-from-mdl-to-slx-model-file-format-in-a-simulink-project.html`.

✔ `.mex*`: Dateien mit dieser Endung enthalten ausführbaren Code, der MATLAB um bestimmte Funktionalitäten erweitert. Diese Dateien führen Sie genauso aus, als wären sie normale Skript-Programme. Der Originalcode ist in FORTRAN oder C++ geschrieben und dann für eine bestimmte Plattform kompiliert. Jede Plattform hat eine eindeutige Dateierweiterung, wie in folgender Liste angegeben:

- .mexa64: Linux

- .mexmaci64: Mac OS X

- .mexw32: 32-bit Windows

- .mexw64: 64-bit Windows

✔ `.p`: Eine solche Datei tut dasselbe wie eine `.m`-Datei, mit der Ausnahme, dass jemand anderes sie nicht einsehen oder verändern kann. Auf diese Weise können Sie ihre Skripte an andere Menschen weitergeben, ohne dass Ihre Programmier- oder Geschäftsgeheimnisse offenbart werden.

✔ `.slx`: Eine Datei mit dieser Endung enthält ein Simulink-Modell. Simulink ist eine Zusatzsoftware für MATLAB, die eine Blockdiagramm-Umgebung für Simulationen zur Verfügung stellt. Unter `http://www.mathworks.com/help/simulink/gs/product-description.html` lesen Sie mehr zu diesem Produkt. Dieses Buch hält keine weiteren Informationen zu Simulink bereit, weil es sich dabei um ein Produkt für Spezialisten handelt.

Verzeichnisse mit der Benutzeroberfläche (GUI) erforschen

Die GUI-Methode zum Verwalten von Verzeichnissen erfordert das *Current Folder*-Fenster, welches in Abbildung 4.1 zu sehen ist. Um dieses Fenster anzuzeigen, wählen Sie *Layout* ➪ *Current Folder* in der Gruppe *Environment* des *Home*-Reiters. Im abgebildeten Fall ist die Werkzeugleiste des aktuellen Verzeichnisses oben im *Current Folder*-Fenster zu sehen. Sie können sie auch unterhalb der allgemeinen Werkzeugleiste platzieren. Wählen Sie dafür

Layout ➪ *Current Folder Toolbar* ➪ *Below Toolstrip* in der Gruppe *Environment* des Reiters *Home*. Für die Abbildungen im Rest des Buches wurde jeweils die Option *Inside Current Folder* ausgewählt.

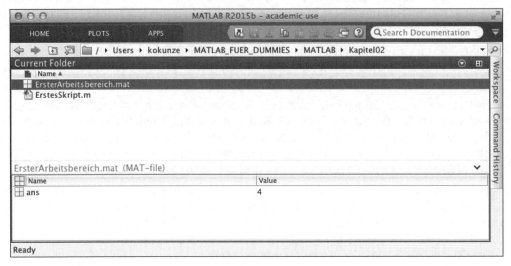

Abbildung 4.1: Das Fenster Current Folder ermöglicht den Zugriff auf Verzeichnisse über die MATLAB-Benutzeroberfläche.

Die Werkzeugleiste des *Current Folder*-Fensters zeigt das aktuelle Verzeichnis, welches das *Current Folder*-Fenster anzeigt. Um das Verzeichnis zu wechseln, geben Sie einfach seinen Namen im entsprechenden Feld ein. Sie können das neue Verzeichnis auch durch Klicken des

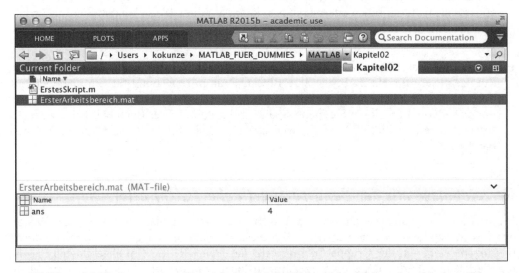

Abbildung 4.2: Sie können neue Verzeichnisse durch Klick auf den Pfeil nach rechts auswählen.

Rechtspfeiles neben jeder Ebene im Dateipfad auswählen, wie in Abbildung 4.2 dargestellt. Der Pfeil ändert sich in einen nach unten weisenden Pfeil mit einer Liste von möglichen Verzeichnissen darunter. Wenn Sie auf die Lupe klicken, ändert sich das Feld in ein Suchfeld, in dem Sie auf die Suche nach der gewünschten Datei gehen können.

Die Werkzeugleiste des Fensters mit dem aktuellen Verzeichnis enthält vier Schaltflächen. Jede dieser Schaltflächen ermöglicht Ihnen, durch die Verzeichnisse auf der Festplatte zu navigieren. Hier sind die Möglichkeiten:

✔ **Back:** Bewegt Sie eine Position in der Verzeichnishistorie zurück. In der Verzeichnishistorie legt MATLAB alle bisher besuchten Verzeichnisse ab.

✔ **Forward:** Bewegt Sie eine Position in der Verzeichnishistorie nach vorn.

✔ **Up One Level:** Bewegt Sie eine Ebene höher in der Verzeichnishierarchie.

✔ **Browse for Folder:** Öffnet die Dialogbox *Select New Folder*, welche Sie zum Auffinden weiterer Verzeichnisse auf der Festplatte verwenden können, wie in Abbildung 4.3 dargestellt. Wenn Sie den gewünschten Ordner gefunden haben, markieren Sie den Eintrag und klicken auf *Select Folder*, um ihn auszuwählen.

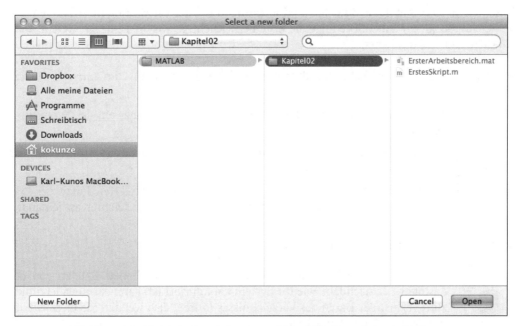

Abbildung 4.3: Die Dialogbox Select New Folder hilft Ihnen beim Auffinden von Verzeichnissen auf der Festplatte.

Das *Current Folder*-Fenster verschafft Ihnen Zugang zu allen Verzeichnissen, die Sie angelegt haben. In unserem Fall sehen Sie das Unterverzeichnis `Kapitel02` des Verzeichnisses `C:\MATLAB`. Das Verzeichnis `Kapitel02` enthält zwei Dateien. Wenn Sie mit der rechten Maustaste auf den Eintrag `Kapitel02` klicken, sehen Sie das – oder ein ähnliches – Kontextmenü wie in Abbildung 4.4.

Abbildung 4.4: Das Kontextmenü eines Verzeichnisses mit seinen verschiedenen Möglichkeiten.

Beachten Sie, dass nicht alle Einträge im Kontextmenü mit der Verwaltung Ihrer Dateien und Verzeichnisse zu tun haben. Die folgende Liste berücksichtigt nur die Einträge, welche auch wirklich damit zu tun haben:

✔ **Open:** Öffnet ein Verzeichnis, sodass es das aktuelle Verzeichnis im *Current Folder*-Fenster wird.

✔ **Show in Finder (Mac):** Öffnet den Finder, damit Sie direkt darüber auf das Verzeichnis zugreifen können.

✔ **Show in Explorer (Windows):** Öffnet den Explorer, damit Sie direkt darüber auf das Verzeichnis zugreifen können.

✔ **Create Zip File:** Erzeugt eine neue `.zip`-Datei, die den komprimierten Inhalt des Verzeichnisses enthält. Auf diese Weise können Sie ein Verzeichnis leichter an jemanden versenden.

✔ **Rename:** Das Verzeichnis umbenennen.

 Delete: Entfernt das Verzeichnis und die darin enthaltenen Dateien von der Festplatte. Je nachdem, wie Ihr System konfiguriert ist, kann das unwiderruflich zum Verlust der Daten des Verzeichnisses führen, also wenden Sie diese Option mit der gebotenen Vorsicht an.

✔ **New Folder:** Erzeugt ein neues Verzeichnis innerhalb des ausgewählten Verzeichnisses.

✔ **New File:** Erzeugt eine neue Datei innerhalb des ausgewählten Verzeichnisses. Sie können wählen zwischen folgenden Typen:

- Skript
- Funktion

- Beispiel
- Klasse
- Zip-Datei

✔ **Compare Against:** Vergleicht den Inhalt des aktuellen Verzeichnisses mit einem anderen von Ihnen vorgegebenen Verzeichnis und klärt Sie über die Unterschiede auf.

✔ **Cut:** Markiert das Verzeichnis zum Löschen und kopiert es in die Zwischenablage. Wenn Sie es daraus an einer anderen Stelle in Ihrem Verzeichnisbaum einfügen, wird das ursprüngliche Verzeichnis endgültig gelöscht.

✔ **Copy:** Kopiert das Verzeichnis und seinen Inhalt in die Zwischenablage und gibt Ihnen so die Möglichkeit, es an anderer Stelle wieder einzufügen.

✔ **Paste:** Fügt den Inhalt der Zwischenablage an der von Ihnen vorgegebenen Stelle ein.

✔ **Refresh:** Überprüft, ob die im *Current Folder*-Fenster angezeigten Dateien noch den aktuellen Stand auf der Festplatte widerspiegeln. Diese könnten durch andere Anwendungen oder Anwender verändert worden sein. Mithilfe dieser Funktion synchronisieren Sie MATLAB mit der gespeicherten Version.

Verzeichnisse mit der Kommandozeile erforschen

Viele Anwender ziehen es vor, nicht mit der Maus zu arbeiten. Wenn Sie zu dieser Gruppe gehören, freut es Sie sicherlich zu erfahren, dass die meisten in der Benutzeroberfläche möglichen Methoden des Zugriffs auf das *Current Folder*-Fenster auch als Kommandozeilen-Version verfügbar sind. Um zu sehen wie das funktioniert, versuchen Sie einmal folgende Schritte. Ihre Verzeichnisstruktur kann dabei durchaus von der abgebildeten abweichen, Sie sollten allerdings die entsprechenden Veränderungen durch die Anweisungen nachvollziehen können.

1. **Geben Sie** cd \MATLAB **ein und dann Enter.**

   Das *Current Folder*-Fenster ändert sich und zeigt nun den Inhalt des Verzeichnisses MATLAB an, welches wir für dieses Buch verwenden. Dies wird in Abbildung 4.5 dargestellt. Möglicherweise müssen Sie die Informationen über das konkrete Verzeichnis anpassen, wenn Sie eine andere Verzeichnisstruktur gewählt haben als wir.

 Zwar lässt es dieses Schwarz-Weiß-Buch nur erahnen, aber MATLAB verwendet einen Farbcode in den Anweisungen, damit Sie den Umgang damit besser erlernen. Der Anweisungsanteil der Zeile ist in schwarzen Buchstaben gehalten, während das Argument in lila erscheint. Mithilfe dieser Farbstruktur können Sie den Aufbau von Anweisungen und ihre Struktur besser erkennen.

2. **Geben Sie** mkdir Kapitel04 **ein und dann Enter.**

   MATLAB erzeugt eine neues Verzeichnis für das Material zu Kapitel 4, wie in Abbildung 4.6 dargestellt. Beachten Sie, dass Sie keinen Schrägstrich (*Backslash* oder *Slash*) verwenden, um das Verzeichnis anzulegen.

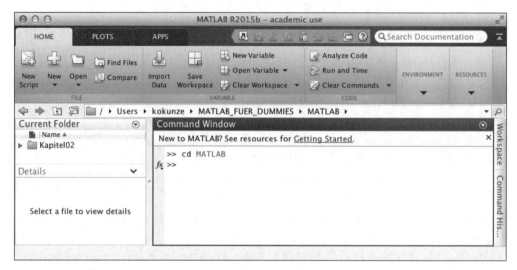

Abbildung 4.5: Wechseln Sie zu dem Verzeichnis, welches Sie als Speicherort für dieses Buch gewählt haben.

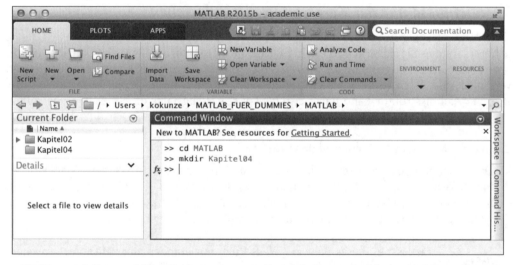

Abbildung 4.6: Erzeugen Sie mit mkdir _ein neues Verzeichnis zum Speichern von Informationen._

3. **Geben Sie** cd Kapitel04 **ein und dann Enter.**

   Das angezeigte Verzeichnis wechselt in das für Kapitel 4 vorgesehene Verzeichnis. Beachten Sie (wieder), dass Sie keinen Schrägstrich (_Backslash_ oder _Slash_) verwenden, um das Verzeichnis zu wechseln.

4. Geben Sie copyfile ..\Kapitel02\ErstesSkript.m **ein und dann Enter.**

Sie sehen die kopierte Datei im Verzeichnis, wie in Abbildung 4.7 dargestellt.

   a. Die Anweisung copyfile stellt die Funktionalität zum Kopieren einer Datei zur Verfügung.

   b. Die beiden Punkte ». .« weisen copyfile an, ein Verzeichnis höher in der Hierarchie nachzuschauen. Dies ist das Verzeichnis MATLAB.

   c. Der Abschnitt Kapitel02 in der Pfadangabe weist copyfile an, in das Unterverzeichnis Kapitel02 zu gehen, also MATLAB\Kapitel02.

   d. Der Teil ErstesSkript.m in der Pfadangabe ist der Name der Datei, welche Sie in das aktuelle Verzeichnis kopieren wollen.

Auf dem Mac werden die *Backslash*-Zeichen \ zu *Slash*-Zeichen /, siehe Abbildung 4.7.

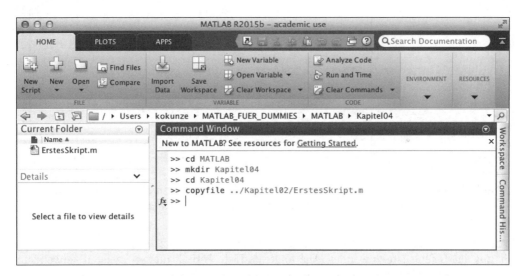

Abbildung 4.7: Kopieren Sie Dateien mit der Anweisung copyfile*.*

5. Geben Sie exist ErstesSkript.m **ein und dann Enter.**

Die hier verwendete Anweisung antwortet auf verschiedene Weise: In unserem Fall gibt MATLAB den Wert 2 zurück, was bedeutet, dass die Datei vorhanden ist. Dieser letzte Schritt hilft ihnen zu verifizieren, dass alle vorangehenden Schritte korrekt ausgeführt wurden. Wenn einer der Schritte nicht wie gewünscht geklappt hätte, wäre entweder vorher eine Fehlermeldung erschienen oder – auf jeden Fall – bei diesem Schritt ein anderer Wert als 2 herausgekommen, wie im nächsten Schritt beschrieben.

6. Geben Sie exist MeinSkript.m **ein und dann Enter.**

In diesem Fall zeigt der Ausgabewert 0 an, dass `MeinSkript.m` nicht existiert, wie in Abbildung 4.8 zu sehen. Wir haben `MeinSkript.m` ja auch gar nicht angelegt, sodass dieses Verhalten mehr als zu erwarten ist.

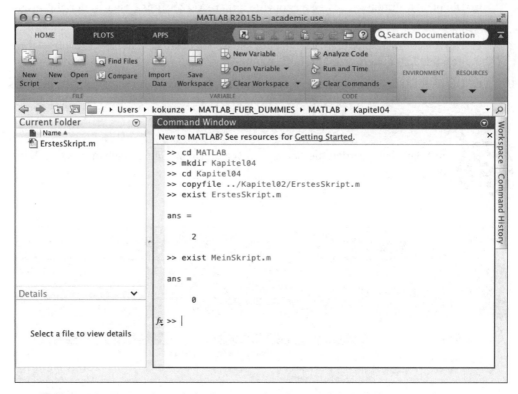

Abbildung 4.8: MATLAB ermöglicht Ihnen mit der Kommandozeile nicht nur, Einfluss auf die Dateistruktur zu nehmen, sondern auch, sie zu validieren.

Jetzt, wo Sie wissen, wie die Anweisungen in der Kommandozeile funktionieren, können wir uns der Befehlsliste zuwenden. Die folgende Liste enthält die am meisten verwendeten Anweisungen zur Manipulation von Dateien und Verzeichnissen. Detailliertere Informationen finden Sie unter `http://www.mathworks.com/help/matlab/file-operations.html`.

✔ `cd`: Wechselt das Verzeichnis zur angegebenen Stelle.

✔ `copyfile`: Kopiert die angegebene Datei oder das Verzeichnis an eine andere Stelle.

✔ `delete`: Entfernt die angegebene Datei oder das Objekt.

✔ `dir`: Listet den Inhalt des Verzeichnisses auf.

✔ `exist`: Findet heraus, ob eine Datei, Funktion, Klasse, Variable oder ein Verzeichnis existieren.

✔ `fileattrib`: Zeigt die Attribute des Verzeichnisses oder der Datei an (wie zum Beispiel Lese- und Schreiberechte), wenn ohne Argumente verwendet. Mit Argumenten verwendet setzt es bestimmte Attribute.

✔ `ls`: Listet den Inhalt des Verzeichnisses auf.

✔ `isdir`: Stellt fest, ob es sich beim übergebenen Objekt um ein Verzeichnis handelt.

✔ `mkdir`: Erzeugt ein neues Verzeichnis.

✔ `movefile`: Bewegt die angegebene Datei oder das Verzeichnis an eine andere Stelle.

✔ `open`: Öffnet die angegebene Datei mit der dafür standardmäßig hinterlegten Anwendung. (Manche Dateitypen können mit mehreren Anwendungen geöffnet werden.)

✔ `pwd`: Zeigt den aktuellen Verzeichnispfad inklusive Laufwerksbuchstabe an.

✔ `recycle`: Legt fest, ob Dateien oder Verzeichnisse durch den delete-Befehl in den Papierkorb verschoben oder unwiderruflich gelöscht werden.

✔ `rmdir`: Löscht das angegebene Verzeichnis.

✔ `type`: Gibt den Inhalt der angegebenen Datei als Text aus.

 Manche Anweisungen, wie zum Beispiel `type`, können mit anderen Anweisungen, zum Beispiel `disp`, kombiniert werden, damit die Ausgabe schön formatiert wird. Die Anweisung `disp` zeigt Text, Variablen oder Felder an. Über die Anwendung lesen Sie weiter hinten im Buch (beginnend mit Kapitel 8) etwas. Alles, was wir hier sagen wollen, ist, dass Sie manchmal mehrere Anweisungen kombinieren müssen, um ein gewünschtes Ergebnis zu erzielen.

✔ `visdiff`: Vergleicht zwei Dateien des folgenden Typs:

- Text
- MAT-Dateien
- Binärdateien
- Zip-Dateien
- Verzeichnisse

✔ `what`: Listet die für MATLAB spezifischen Dateien im aktuellen Verzeichnis nach Kategorien auf. Beispielsweise werden alle Dateien mit der Erweiterung `.m` in der Kategorie »Quelldateien« angezeigt.

✔ `which`: Hilft Ihnen dabei, Dateien und Funktionen mithilfe des Datei- oder Funktionsnamens oder anderen Kriterien zu finden.

✔ `winopen`: Nur für Windows. Öffnet die angegebene Datei mit der dafür hinterlegten Standardanwendung. (Manche Dateitypen können mit mehreren Anwendungen geöffnet werden.)

In MATLAB mit Dateien arbeiten

Verzeichnisse helfen beim Organisieren, aber Dateien enthalten die eigentlichen Daten. Die Arbeit mit Dateien ist ein wesentlicher Bestandteil, wenn man lernt, mit MATLAB zu arbeiten. Wenn Sie Ihre Daten nicht finden, können Sie auch nichts damit anfangen. Das Verwalten Ihrer Daten auf eine Weise, dass sie sicher, vor Zugriffen Unberechtigter geschützt und zuverlässig zugänglich sind, ist wichtig. Die folgenden Abschnitte beschreiben, wie man die häufigsten Aufgaben mit Dateien durchführt.

Die rechte Maustaste zu Ihrem Vorteil nutzen

Zu jeder Datei und jedem Verzeichnis im *Current Folder*-Fenster gehört ein Kontextmenü. Ein Kontextmenü enthält nur die Anweisungen, die im Umgang mit dem betreffenden Objekt zur Verfügung stehen. Indem Sie mit der rechten Maustaste auf verschiedene Dateien oder Verzeichnisse klicken, können Sie die verschiedenen Kontextmenüs erforschen und vielleicht entdecken Sie ja einen neuen Streich, den Sie Ihrer Datei spielen können.

Mit der rechten Maustaste auf eine Datei oder ein Verzeichnis zu klicken, kann sie oder es niemals beschädigen. Sie könnten höchstens Schäden hervorrufen, wenn Sie eine der Möglichkeiten aus dem Kontextmenü wählen. Um ein Kontextmenü nach dem Öffnen wieder zu schließen, klicken Sie einfach in einen leeren Bereich außerhalb des Kontextmenüs.

Je nach der von Ihnen verwendeten Plattform sehen Sie möglicherweise auch Tastaturkürzel im Kontextmenü. Beispielsweise können Sie in Windows eine Datei markieren und anschließend mit Strg + C in die Zwischenablage kopieren – völlig ohne das Kontextmenü zu verwenden. Das anschließende Einfügen ist genauso einfach. Wählen Sie das Verzeichnis aus, in das Sie die Datei speichern wollen und drücken Sie Strg + V. Wie bereits erwähnt, sind diese Kürzel plattformabhängig. Daher gehen wir in diesem Buch nicht näher darauf ein.

Kopieren und Einfügen

Das Kopieren und Einfügen erzeugt eine Kopie einer bestehenden Datei und fügt sie an einer anderen Stelle wieder ein. Diesen Vorgang verwenden Sie in zahlreichen Varianten. Beispielsweise könnten Sie eine Sicherungskopie einer Datei anlegen, bevor Sie sie verändern oder einem Freund schicken oder sie auf einen Wechseldatenträger (USB, externe Festplatte) kopieren, um daran zu Hause weiterzuarbeiten. Obwohl die folgenden Schritte eine spezielle Datei und spezielle Verzeichnisse verwenden, können Sie den Vorgang für jede Datei und jedes Verzeichnis durchführen. In unserem folgenden Beispiel kopieren Sie `ErsterArbeitsbereich.mat` aus dem Verzeichnis `Kapitel02` in das Verzeichnis `Kapitel04`.

1. **Öffnen Sie das Verzeichnis** \MATLAB\Kapitel02 **im *Current Folder*-Fenster.**

   Sie sehen zwei Dateien: ErsterArbeitsbereich.mat und ErstesSkript.m, wie in Abbildung 4.9 dargestellt.

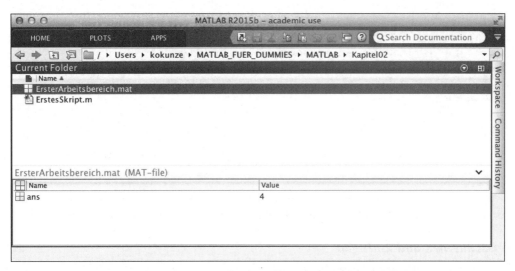

Abbildung 4.9: Das Verzeichnis Kapitel02 *enthält zwei Dateien.*

2. **Klicken Sie mit der rechten Maustaste auf** ErsterArbeitsbereich.mat **und wählen Sie** *Copy* **im Kontextmenü.**

Mit dieser Aktion kopieren Sie die Datei in die Zwischenablage. Davon sehen Sie im MATLAB-Fenster genau genommen nichts.

3. **Klicken Sie auf die Schaltfläche** *Up One Level* **in der Werkzeugleiste des** *Current Folder*-**Fensters.**

Auf diese Weise kehren Sie zum MATLAB-Verzeichnis zurück. Dieses Verzeichnis sollte zwei Unterverzeichnisse enthalten: Kapitel02 und Kapitel04, wie in Abbildung 4.10 dargestellt. Wenn Sie nicht beide Unterverzeichnisse sehen, gehen Sie noch einmal zurück zum Abschnitt *Verzeichnisse mit der Kommandozeile erforschen* weiter vorn in diesem Kapitel und legen Sie das Verzeichnis Kapitel04 an.

 Es kann sein, dass das neue Verzeichnis Kapitel04 oder beide Verzeichnisse bei Ihnen nicht in sattem Schwarz wie in Abbildung 4.10, sondern eher grau dargestellt werden. Das liegt daran, dass eines oder beide Verzeichnisse noch nicht im MATLAB-Pfad hinterlegt sind. Um dem MATLAB-Pfad beispielsweise Kapitel04 hinzuzufügen, klicken Sie mit der rechten Maustaste auf den Namen und wählen anschließend *Add to Path* ➪ *Selected Folders* oder *Add to Path* ➪ *Selected Folders and Subfolders* im Kontextmenü.

4. **Öffnen Sie das Verzeichnis** Kapitel04 **durch Doppelklick auf den Namen.**

Dieses Verzeichnis sollte eine Datei mit Namen ErstesSkript.m enthalten.

5. **Klicken Sie mit der rechten Maustaste in das Verzeichnis und wählen Sie** *Paste*.

Auf diese Weise kopiert MATLAB die Datei in das neue Verzeichnis. An dieser Stelle sollte das Verzeichnis Kapitel04 genauso aussehen wie das Verzeichnis Kapitel02 in Abbildung 4.9.

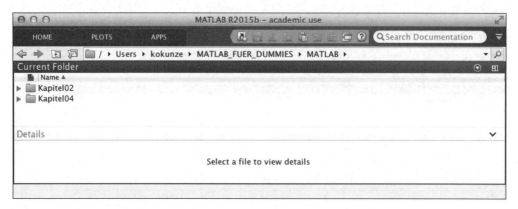

Abbildung 4.10: Das Verzeichnis MATLAB sollte zwei Unterverzeichnisse enthalten.

Ausschneiden und Einfügen

Die Vorgehensweise zum Ausschneiden und Einfügen ist fast dieselbe wie beim Kopieren und Einfügen. Details dazu lesen Sie im vorhergehenden Abschnitt. Der einzige Unterschied besteht darin, dass Sie *Cut* anstelle von *Copy* im Kontextmenü wählen. Das Ergebnis ist jedoch ein anderes. Wenn Sie ausschneiden und einfügen, wird die Datei genau genommen vom alten zum neuen Ort verschoben und nicht kopiert. Wählen Sie Ausschneiden und Einfügen, wenn Sie nicht mehrere Versionen derselben Datei haben wollen, sondern dieselbe Datei einfach nur verschieben wollen.

Eine Datei ziehen

Wenn Sie eine Datei oder ein Verzeichnis mit der Maus von einem Verzeichnis in ein anderes ziehen, bewegen Sie es von der alten zur neuen Stelle.

 Wenn am Ziel Ihrer Dateiverschiebung schon eine Datei mit diesem Namen existiert, zeigt MATLAB eine entsprechende Meldung an und fragt, ob Sie die Datei wirklich verschieben wollen. Bevor MATLAB weitermacht, müssen Sie diese Nachfrage bestätigen. Die neue Datei ersetzt dann die alte, sodass Sie Daten verlieren können.

Auf MATLAB-Dateien zugreifen und sie teilen

Damit Daten brauchbar sind, müssen Sie in der Lage sein, die entsprechenden Dateien zu öffnen. Wenn das nicht der Fall ist, brauchen Sie sie gar nicht erst zu speichern oder gar zu sammeln. Ähnlich geht es Ihren Kollegen. Nicht alle haben wahrscheinlich Zugang zu MATLAB oder manche wollen eine andere Anwendung verwenden, um mit den MATLAB-Daten zu arbeiten. Damit Sie ihre Daten verwenden können, müssen Sie Daten, die von anderen Anwendungen gespeichert wurden, *importieren* können. Wenn Sie Daten an andere weitergeben wollen, müssen Sie in der Lage sein, diese aus MATLAB in ein anderes Format zu *exportieren*, damit andere Anwendungen die Daten verstehen können. MATLAB bietet Unterstützung für beide Richtungen und sehr viele Formate.

Dateien öffnen

Der schnellste Weg, um eine Datei zu öffnen, ist der Doppelklick auf den zugehörigen Eintrag im *Current Folder*-Fenster. Sie können auch mit der rechten Maustaste darauf klicken und dann *Open* im Kontextmenü wählen. MATLAB öffnet die Datei automatisch mithilfe der hinterlegten Standardanwendung für das Format oder der entsprechenden Methode.

 Es ist wichtig, dass Sie sich klar machen, dass MATLAB eine Datei immer mithilfe der Standardanwendung oder -methode öffnet. Dateien sind zuweilen mit anderen Anwendungen verknüpft. Hinzu kommt, dass manche Dateien mit mehr als einer Anwendung geöffnet werden können.

Wenn Sie eine alternative Methode wählen möchten, um eine Datei zu öffnen, müssen Sie dafür die von der Plattform bereitgestellten Methoden verwenden. Wenn Sie zum Beispiel mit Windows arbeiten, klicken Sie mit der rechten Maustaste auf den Dateieintrag im *Current Folder*-Fenster und wählen *Show in Explorer*. Daraufhin wird sich der Windows Explorer öffnen und Sie können die Datei mit anderen Anwendungen öffnen. Klicken Sie mit der rechten Maustaste auf den Dateieintrag im Windows Explorer und wählen Sie eine der im Kontextmenü unter *Öffnen mit* angebotenen Anwendungen, um die Datei zu öffnen. Analog funktioniert das mit dem MAC, hier öffnen Sie entsprechend den *Finder*. Diese Variante ist in Abbildung 4.11 dargestellt.

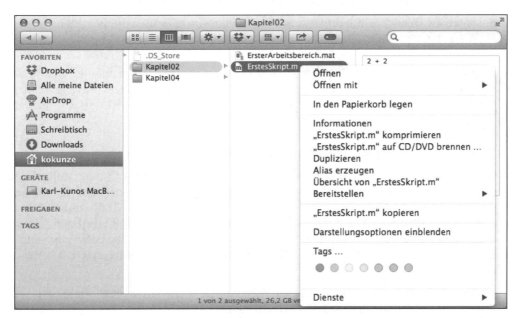

Abbildung 4.11: Verwenden Sie eine plattformspezifische Methode, um eine Datei mit Ihrer Wunschanwendung zu öffnen.

Wenn Sie mit Anweisungen im Anweisungsfenster arbeiten, um mit Dateien zu arbeiten, stehen Ihnen zwei leicht unterschiedliche Methoden zur Verfügung. Die Standardmethode für eine Datei mit der Endung .mat ist, sie in MATLAB zu *laden* (*load*) und nicht zu *öffnen* (*open*). Es gibt jedoch beide Möglichkeiten, je nachdem, was gerade benötigt wird. Hier sind die beiden Anweisungen, die Sie verwenden (wir nehmen an, dass Sie mit ErsterArbeitsbereich.mat arbeiten wollen):

✔ `open('ErsterArbeitsbereich.mat')`

✔ `load('ErsterArbeitsbereich.mat')`

Die erste Anweisung öffnet den Arbeitsbereich, sodass Sie das Ergebnis im Anweisungsfenster sehen können. Die Ergebnisse werden jedoch nicht in das Arbeitsbereichsfenster geladen, wie es normalerweise der Fall ist, wenn Sie den Arbeitsbereich mit Doppelklick öffnen. Um denselben Effekt wie beim Doppelklick zu erreichen, verwenden Sie die zweite Anweisung, die den Arbeitsbereich in MATLAB lädt.

Dateien importieren

MATLAB macht es Ihnen leicht, Daten verschiedenster Art von einer externen Quelle zu importieren. Die folgenden Schritte zeigen Ihnen, wie:

1. **Klicken Sie auf *Import Data* in der Gruppe *Variable* auf dem Reiter *Home*.**

   Sie sehen die Dialogbox Import Data, wie in Abbildung 4.12 dargestellt. Beachten Sie, dass MATLAB standardmäßig alle Dateien anzeigt, die es auch importieren kann.

    Wenn Sie finden, dass die Dateiliste zu lang ist, können Sie auf die Schaltfläche *Recognized Data Files* klicken und im Auswahlmenü einen Dateityp wählen. Dann wird die Liste nur noch Dateien dieses Typs anzeigen, was die Auswahl möglicherweise vereinfacht.

2. **Wählen Sie die zu importierende Datei aus und klicken Sie auf *Open*.**

   MATLAB zeigt die Dialogbox zum Importieren, wie in Abbildung 4.13 dargestellt. Diese enthält Informationen zur Datei und die Stellschrauben, mit denen Sie den Import der Daten beeinflussen und sicherstellen können, dass sie in MATLAB nutzbar sind. Abbildung 4.13 zeigt die Einstellmöglichkeiten für eine kommaseparierte Datei (.csv). Die nächsten Schritte gehen davon aus, dass die zu importierende Datei eine solche kommaseparierte Datei ist. Im Wesentlichen ist der Prozess jedoch für andere Dateitypen ähnlich.

3. **(Optional) Modifizieren Sie die Einstellungen wie benötigt, sodass die Daten wie gewünscht im Fenster der Dialogbox erscheinen.**

   Sie können die importierte Datenmenge beschränken, indem Sie den Bereich verändern. Sie können auch mit unterschiedlichen Feldtrennzeichen experimentieren (Komma, Semikolon, Tab, Leerzeichen und so weiter), wenn die Daten nicht auf Anhieb den richtigen Spalten zugeordnet sind.

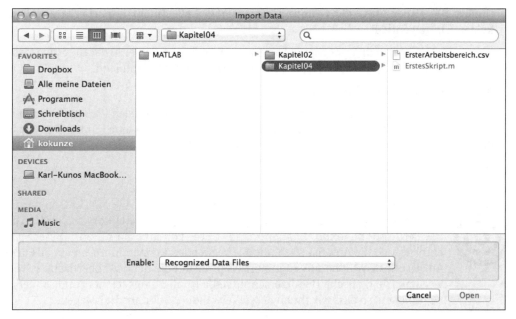

Abbildung 4.12: In der Dialogbox Import Data wählen Sie die gewünschte Datei aus.

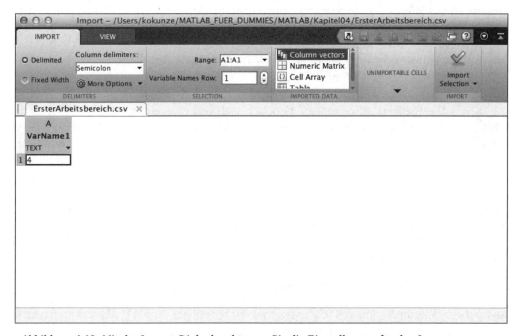

Abbildung 4.13: Mit der Import-Dialogbox können Sie die Einstellungen für den Import anpassen.

4. **Stellen Sie sicher, dass die Gruppe *Unimportable Cells* (nicht importierbare Zellen) keinen Eintrag enthält.**

   Zellen, die MATLAB nicht importieren kann, können auf einen Fehler in der Ursprungsdatei hinweisen oder bedeuten, dass ein paar Einstellungen falsch gewählt sind.

5. **Klicken Sie auf *Import Selection*.**

   MATLAB importiert die Daten. Alternativ können Sie per Klick auf den Pfeil nach unten in der *Import Selection*-Schaltfläche auch auswählen, ein Skript oder eine Funktion auf Basis der Daten erzeugen zu lassen, anstatt sie in den Arbeitsbereich zu laden.

6. **Schließen Sie das Importfenster.**

Wenn Sie mehr über die Datenformate erfahren wollen, die MATLAB importieren kann, sehen Sie sich gern die Seite `https://de.mathworks.com/help/matlab/import_export/supported-file-formats.html` an. Diese Seite enthält auch die Anweisungen, die Sie verwenden können, um Dateien aus dem Anweisungsfenster heraus zu importieren, anstatt die Benutzeroberfläche zu verwenden. Die grafische Benutzerschnittstelle ist allerdings leichter und schneller zu bedienen, so dass wir Ihnen deren Verwendung sehr ans Herz legen.

Dateien exportieren

Um Dateien aus MATLAB zu exportieren, verwenden Sie Anweisungen im Anweisungsfenster anstelle von Mausklicks. Die Liste der unterstützten Dateiformate unter `https://de.mathworks.com/help/matlab/import_export/supported-file-formats.html` enthält in der entsprechenden Spalte auch die Anweisungen zum Export von Daten in die Formate, welche MATLAB unterstützt.

Die meisten Anweisungen beziehen sich auf eine einzige Variable. Wenn Sie zum Beispiel die Informationen der Variable ans in eine .csv-Datei exportieren wollen, geben Sie ein: `csvwrite('ErsterArbeitsbereich.csv', ans)`. Hier ist `csvwrite()` die Funktion, `'ErsterArbeitsbereich.csv'` ist der Name der Datei und ans ist der Name der Variable, die Sie exportieren wollen.

Neben `csvwrite()` sind die am häufigsten verwendeten Funktionen zum Export von Daten `xlswrite()`, mit der Sie eine Excel-Datei erzeugen, sowie `dlmwrite()`, mit der Sie eine Textdatei mit Feldtrennzeichen (Tab, Leerzeichen und so weiter) erzeugen. Beide Funktionen arbeiten im Wesentlichen wie `csvwrite()`.

Manche Dateiformate erfordern allerdings eine ziemliche Extrameile bei der Anwendung. Um beispielsweise eine XML-Datei (*eXtensible Markup Language*) zu erzeugen, müssen Sie zunächst ein Dokumentenmodell (*document model*) schreiben, das MATLAB verwenden kann. Wie das im Detail vor sich geht, können Sie sich unter `http://www.mathworks.com/help/matlab/ref/xmlwrite.html` ansehen.

Ihre Arbeit sichern

Ein wesentlicher Teil einer Sitzung mit MATLAB besteht darin, Ihre Arbeit zu sichern. Wenn Sie das nicht tun, könnten Sie alles verlieren, was Sie sich mühevoll erarbeitet haben. In der Tat speichern erfahrene Nutzer ihre Arbeit in relativ kurzen Abständen, um bei Stromausfällen, Systemabstürzen und dergleichen mehr keine oder nur begrenzte Verluste zu erleiden. Wie oft Sie speichern, hängt von Ihren persönlichen Vorlieben und dem (Wiederbeschaffungs-)Wert Ihrer Arbeit ab. Unabhängig davon, wie oder wann Sie etwas speichern, lernen Sie in den nächsten Abschnitten, diesen wichtigen Punkt einer Sitzung zu beherrschen.

Variablen mit der Benutzeroberfläche speichern

In Kapitel 2 haben Sie gelesen, wie Sie den gesamten Arbeitsbereich speichern. Manchmal wollen Sie jedoch nur eine Variable speichern. Diese Aufgabe können Sie mithilfe der Benutzeroberfläche und der folgenden Schritte durchführen:

1. **Klicken Sie im Arbeitsbereichsfenster mit der rechten Maustaste auf die Variable, welche Sie speichern wollen, und wählen Sie *Save As* im Kontextmenü.**

   Daraufhin erscheint die Dialogbox *Save to MAT-File*, wie Sie in Abbildung 4.14 sehen.

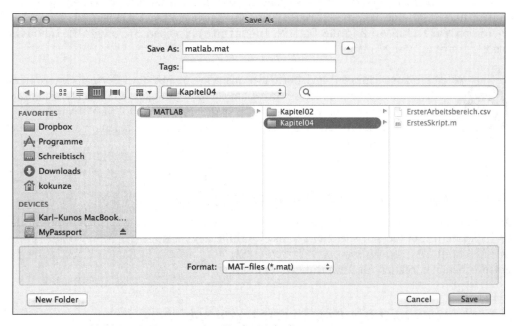

Abbildung 4.14: Verwenden Sie die Dialogbox Save to MAT-File *zum Speichern von individuellen Variablen.*

2. **Geben Sie im Feld *File Name* einen Namen für die Datei ein.**

   Wählen Sie am besten einen sprechenden Namen, damit Sie sich an Zweck und Inhalt der Variable erinnern können.

Mithilfe der Baumstruktur auf der linken Seite der Dialogbox können Sie das Verzeichnis wechseln, in das Sie die Datei mit den Daten der Variablen speichern.

3. Klicken Sie auf *Save*.

MATLAB speichert die Variable in die gewünschte Datei.

Variablen mit Anweisungen speichern

Sie können auch Anweisungen im Anweisungsfenster verwenden, um Ihre Variablen auf die Festplatte zu speichern. In der Tat ist die Kommandozeilenversion etwas flexibler als die Benutzeroberfläche. Die Basisanweisung zum Speichern ist `save('Dateiname')`, wobei `Dateiname` der Name der Datei ist.

Wenn Sie bestimmte Variablen speichern wollen, müssen Sie eine Liste der Namen hinter den Dateinamen stellen. Zum Beispiel würde `save('MeineDaten.mat','ans')` die Variable namens ans in die Datei `MeineDaten.mat` im aktuellen Verzeichnis speichern. Wenn Sie die Datei in ein anderes Verzeichnis speichern wollen, erweitern Sie den Dateinamen um die Pfadinformationen. Beispielsweise würde `save('C:\Temp\MeineDaten.mat','ans')` die Datei in das Verzeichnis `C:\Temp` speichern. Wenn Sie mehrere Variablen speichern wollen, fügen Sie eine kommaseparierte Liste der gewünschten Variablen an. Zum Speichern von `Var1` und `Var2` in die Datei `MeineDaten.mat` geben Sie `save('MeineDaten.mat','Var1','Var2')` ein.

Diese Anweisungen speichern die Ausgabe im MATLAB-Format. Sie können allerdings auch ein anderes Format angeben. Die möglichen Formate sind unter `http://www.mathworks.com/help/matlab/ref/save.html#inputarg_fmt` zu finden. Um beispielsweise die oben genannten Variablen im ASCII-Format zu speichern, geben Sie `save('MeineDaten.mat','Var1','Var2','-ASCII')` ein.

Anweisungen mithilfe der Benutzeroberfläche speichern

Anweisungen, die Sie direkt in das Anweisungsfenster eingeben, können Sie nicht mithilfe der GUI speichern. Stattdessen speichern Sie sie mithilfe des Fensters der Anweisungshistorie. Der Abschnitt *Eine Anweisung oder Formel als Skript speichern* in Kapitel 2 beschreibt das entsprechende Vorgehen für Anweisungen und Formeln.

Anweisungen mithilfe von Anweisungen speichern

Sie können in MATLAB Anweisungen mithilfe von Anweisungen speichern. Dazu verwenden Sie die Anweisung `diary`. Ein `diary` (Tagebuch) ist einfach eine auf die Festplatte geschriebene Historie der von Ihnen in das Anweisungsfenster eingegebenen Anweisungen und des resultierenden Outputs. Später können Sie die Datei öffnen, durchstöbern und bearbeiten wie ein Skript. Die `diary`-Anweisung hat mehrere Ausprägungen:

✔ `diary`: Erzeugt eine Tagebuchdatei mit dem Namen `diary`. Da diese Datei keine Erweiterung hat, ist sie nicht mit einer Anwendung verknüpft. Die Ausgabe ist im ASCII Format und Sie können die Datei mit jedem Editor öffnen.

✔ `diary('Dateiname')`: Erzeugt eine Tagebuchdatei mit dem Namen Dateiname. Sie können der Datei die Erweiterung `.m` geben, dann können Sie sie als MATLAB-Skript mit dem MATLAB-Editor öffnen. Dieser Weg ist besser, als nur `diary` zu verwenden, da Sie mit der resultierenden Datei leichter arbeiten können.

✔ `diary off`: Schaltet die Tagebuchfunktion aus, sodass keine Anweisungen mehr in die Tagebuchdatei geschrieben werden. Wenn Sie das Tagebuch ausschalten, können Sie besser herumexperimentieren, ohne dass jede Anweisung gleich in das Tagebuch geschrieben wird.

✔ `diary on`: Schaltet die Tagebuchfunktion wieder ein.

Teil II

Daten in MATLAB bearbeiten und grafisch darstellen

In diesem Teil ...

✔ Lernen Sie den Umgang mit Vektoren, Matrizen und höheren Dimensionen.

✔ Führen Sie mathematische Operationen mit Vektoren und Matrizen durch.

✔ Entdecken Sie grundlegende grafische Möglichkeiten.

✔ Erzeugen Sie komplexere Grafiken, die Sie bei der Dokumentation Ihrer Arbeit unterstützen.

Vektoren, Matrizen und höhere Dimensionen verarbeiten

5

In diesem Kapitel ...

▶ Mit Vektoren und Matrizen arbeiten

▶ Addieren und Subtrahieren

▶ Multiplizieren und Dividieren

▶ Mit mehr als zwei Dimensionen arbeiten

▶ Hilfe zu Matrixoperationen erhalten

*I*n den vorangegangenen Kapiteln dieses Buches haben Sie Grundlagen über MATLAB als Programm und seine Benutzeroberfläche kennengelernt. Von diesem Kapitel an werden wir etwas mehr in mathematische Details eintauchen, damit wir über Dinge wie 2 + 2 hinaus kommen. In der nun folgenden »höheren Mathematik« spielen Vektoren und Matrizen eine herausragende Rolle, sodass diese Objekte einen guten Einstiegspunkt bieten. Dieses Kapitel hilft Ihnen zu verstehen, wie Vektoren und Matrizen in MATLAB dargestellt werden und wie Sie elementare Operationen mit ihnen ausführen. Im Anschluss daran nimmt Sie das Kapitel von zweidimensionalen Matrizen mit auf die Reise zu Matrizen höherer Dimension. Mit diesem Material sollten Sie einen guten Überblick haben, wie Sie Vektor- und Matrixprobleme mit MATLAB lösen können.

Natürlich werden Sie immer noch Fragen haben. Es ist nicht schwierig zu erraten, dass ein einziges Kapitel in einem Buch kaum eine Chance hat, jede Frage zu diesem Thema zu beantworten. Daher ist es immer gut zu wissen, wo man zusätzliche Hilfe und Informationen bekommt. Im letzten Abschnitt des Kapitels erfahren Sie, wo Sie zusätzliche Hilfe von MATLAB bekommen und wie Sie noch komplexere Probleme mit Matrizen und Vektoren lösen können. Denn MATLAB soll ja Probleme lösen und nicht neue schaffen.

Mit Vektoren und Matrizen arbeiten

Ein Vektor ist einfach eine Zeile mit Zahlen. Die Länge der Zeile, also Anzahl der Elemente, ist unbegrenzt und zwischen den Zahlen braucht kein Zusammenhang zu bestehen. Eine Matrix ist eine zweidimensionale Tabelle mit Zahlen. Wie schon bei Vektoren gibt es keine Begrenzung für die Anzahl der Elemente der Matrix, also Länge von Zeilen und Spalten. Auch hier braucht kein Zusammenhang zwischen den Zahlen zu bestehen. Matrizen und Vektoren sind unter Mathematikern und Ingenieuren wohlbekannt und der Umgang mit ihnen alltäglich. Die Strukturen werden in MATLAB ausgiebig verwendet und helfen dabei, Berechnungen auszuführen, die mit den Datenstrukturen herkömmlicher Programmiersprachen sehr komplex werden können.

In den folgenden Abschnitten lesen Sie, wie MATLAB Vektoren und Matrizen verwendet, um das Programmieren für die Anwender einfacher zu machen. Darüber hinaus stellen wir Ihnen ein paar Wege vor, wie MATLAB die Strukturen anwendet. Beachten Sie, dass wir in diesem Kapitel davon ausgehen, dass Sie sich ein bisschen mit linearer Algebra, Matrizen und Vektoren auskennen. Sollten Sie da auf etwas wackeligen Füßen stehen, empfehlen wir Ihnen einen Blick in die Box *Material zu linearer Algebra finden*.

MATLABs Sicht auf lineare Algebra verstehen

Lineare Algebra beschäftigt sich mit Vektorräumen und linearen Abbildungen zwischen diesen Räumen. Sie verwenden lineare Algebra, wenn Sie mit Geraden, Ebenen, Unterräumen und ihren Schnitten arbeiten oder beim Lösen von Gleichungssystemen. Bei der Arbeit mit linearer Algebra werden Vektoren als Koordinaten von Punkten im entsprechenden Raum dargestellt und Operationen darauf definiert.

MATLAB unterteilt die lineare Algebra in folgende Bereiche:

✔ Matrizenkalkül

- Matrixoperationen
- Matrixdekomposition

✔ Lineare Gleichungssysteme

✔ Eigenwerte und Eigenvektoren

✔ Singulärwerte

✔ Matrixfunktionen

- Logarithmus
- Exponenten
- Faktorzerlegung

Dieses Kapitel deckt zwar nicht alle Bereiche ab, Sie kommen jedoch mit genügend linearer Algebra in Berührung, um die häufigsten Arbeiten effizient mithilfe von MATLAB durchführen zu können. Im weiteren Verlauf des Buches sehen Sie dann zusätzliche Beispiele, wie lineare Algebra in MATLAB verwendet werden kann – und das mit unerreichter Geschwindigkeit und Genauigkeit.

Material zu linearer Algebra finden

Dieses Kapitel enthält kein Tutorium zur linearen Algebra. Wahrscheinlich würden Sie sich sowieso nur langweilen, weil Sie alle Mathe-Genies sind. Dennoch wird möglicherweise nicht jeder sich vollständig an die Vorlesungen zum Thema erinnern, weil man dieses Wissen auch nicht alle Tage braucht. Vielleicht wollen Sie daher nach Online-Ressourcen stöbern oder können einen guten Buchtipp zum Thema gebrauchen.

Wenn Ihr Englisch ausreicht, können Sie sich folgende Seiten mal genauer ansehen. Sie alle bieten einen mehr oder weniger schnellen Durchgang durch lineare Algebra und liegen dem einen mehr und dem anderen weniger. Die Adressen sind:

✔ **Khan Academy:** `http://www.khanacademy.org/math/linear-algebra`

✔ **Minireference:** `http://minireference.com/blog/linear-algebra-tutorial/`

✔ **Kardi Teknomo:** `http://people.revoledu.com/kardi/tutorial/LinearAlgebra/`

Die Seiten der Khan Academy sind auch auf Deutsch abrufbar unter `http://de.khanacademy.org/math/linear-algebra`. Die Übersetzung scheint jedoch automatisch erstellt worden zu sein und die Heiterkeit über die zahlreichen Stilblüten und sinnentstellenden Übersetzungen könnte vom eigentlichen Thema ablenken. Die *Minireference* stellt lineare Algebra auf knackigen vier Seiten vor. Für manche etwas zu viel (oder wenig) des Guten. Das Angebot von Kardi Teknomo erscheint − wohlwollend ausgedrückt − altbacken, hat jedoch den Vorteil, interaktive Lektionen anzubieten. Die Wikipedia bietet ausgesucht hochwertige Artikel rund um das Thema, sowohl auf Englisch als auch auf Deutsch. Ein guter Einstieg mit zahlreichen Verweisen ist der Eintrag `http://de.wikipedia.org/wiki/Lineare_Algebra`.

Wer auf Bücher und insbesondere die Dummies schwört, dem seien die folgenden drei Titel ans Herz gelegt.

✔ E.-G. Haffner: Lineare Algebra für Dummies

✔ E.-G. Haffner: Übungsbuch Lineare Algebra für Dummies

✔ Marco Schreck: Vektor- und Matrizenrechnung für Dummies

Alle drei Publikationen sind relativ jung und von der bisherigen Leserschaft durchaus wohlwollend aufgenommen worden.

Neben den Klassikern zum Thema, die in jeder wissenschaftlichen Buchhandlung zu finden sind, ist auch ein Blick in *Schaum's Outlines* sicher die Mühe wert. Hier werden im Wesentlichen Aufgaben durch- und vorgerechnet. Wer am Rechnen mit Papier und Bleistift Spaß hat (wie zum Beispiel der Übersetzer), wird es lieben. Sie können ja alles mit MATLAB noch einmal nachrechnen.

Daten eingeben

In Kapitel 3 haben Sie gelesen, wie Sie Daten von einer Tabellenkalkulation oder anderen Datenquelle importieren. Das ist natürlich prima, wenn Sie eine vordefinierte Datenquelle haben. Nicht selten werden Sie jedoch Ihre Daten erst einmal selbst erzeugen müssen. Dann ist es ganz nützlich zu wissen, wie man das macht.

Wenn Sie darüber nachdenken, wie Sie Daten in der Mathematik verwenden, dann realisieren Sie, dass es sich dabei im Wesentlichen um Listen von Zahlen oder Text handelt. MATLAB sieht das ähnlich. Es arbeitet auch mit Listen von Zahlen oder Text, die Sie auf verschiedene Arten erzeugen können. In den folgenden Unterabschnitten lesen Sie, wie Sie Daten als Listen mit den unterschiedlichen Methoden eingeben.

Werte in eckigen Klammern eingeben

Mit der linken eckigen Klammer ([) fangen Sie eine Liste von Zahlen oder Text an. Eine rechte eckige Klammer (]) beendet diese Liste. Die Einträge in der Liste werden durch ein Komma (,) voneinander getrennt. Um das einmal selbst auszuprobieren, öffnen Sie MATLAB und geben im Anweisungsfenster **b=[5,6]** gefolgt von Enter ein. Sie sehen:

```
b =
    5    6
```

Die Information wird als eine Liste mit zwei Zahlen gespeichert. Jede Zahl wird als ein separater Wert angesehen. Mit einem Doppelklick auf b im Arbeitsbereichsfenster können Sie sich davon überzeugen, dass es tatsächlich zwei unterschiedliche Werte sind, wie in Abbildung 5.1 zu sehen. Beachten Sie, dass das Arbeitsbereichsfenster die Werte tatsächlich als 1×2 Matrix, also als horizontale Liste anzeigt.

 Mit der Eingabe von **format compact** und Enter können Sie Platz in der Anzeige sparen. Wenn Sie das Anweisungsfenster leeren wollen, geben Sie **clc** gefolgt von Enter ein. Mehr dazu, wie Sie die Ausgabe von MATLAB konfigurieren können, erfahren Sie in Kapitel 3.

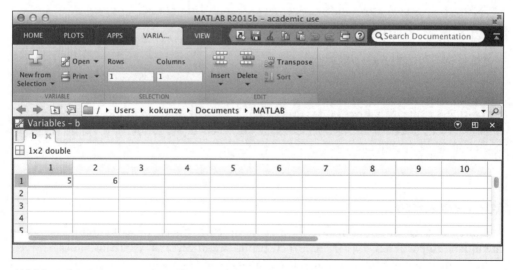

Abbildung 5.1: Kommaseparierte Werte zwischen eckigen Klammern erzeugen eine Liste mit genau diesen Werten in einer Zeile.

Eine neue Zeile anfangen mit dem Semikolon

Das Komma erzeugt separate Einträge in derselben Zeile. Um die Einträge in separate Zeilen zu schreiben, verwenden Sie das Semikolon (;). Um auch dies einmal selbst auszuprobieren, geben Sie **e=[5;6]** im Anweisungsfenster ein und dann Enter. Sie sehen:

```
e =
     5
     6
```

Wie im vorigen Unterabschnitt wird die Information als Liste von zwei Zahlen gespeichert. Jetzt sind die Zahlen jedoch anders angeordnet. Mit Doppelklick auf die Variable e im Arbeitsbereichsfenster können Sie sich auch davon überzeugen, wie in Abbildung 5.2 dargestellt. Die Werte sind spaltenweise, also als 2×1-Matrix, angeordnet.

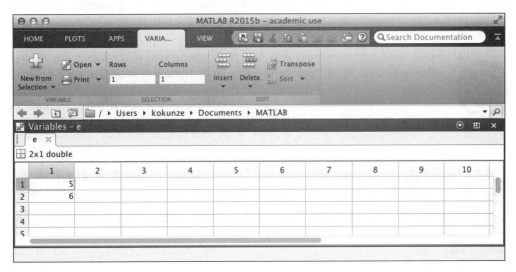

Abbildung 5.2: Durch Semikolon separierte Werte zwischen eckigen Klammern erzeugen eine Liste mit genau diesen Werten, jedoch in einer Spalte.

Werte mit Komma oder Semikolon separieren

Wenn Sie Kommata und Semikola als Trennzeichen kombinieren, können Sie eine Matrix erzeugen. Die Kommata stehen zwischen Einträgen in einer Zeile und die Semikola erzeugen neue Zeilen. Um das mit eigenen Augen zu sehen, tippen Sie **a=[1,2;3,4]** in das Anweisungsfenster ein, gefolgt von Enter. Sie sehen:

```
a =
     1     2
     3     4
```

Beachten Sie, wie ähnlich die Ausgabe dem sieht, was Sie von der linearen Algebra gewohnt sind. MATLAB scheut keine Mühen, Ihnen ein Schriftbild zu bieten, was Ihnen vom bisherigen Umgang mit Mathematik vertraut ist, damit Sie sich möglichst wenig Gedanken machen müssen, wie Sie die Daten interpretieren. Wenn die Ausgabe von MATLAB nicht Ihren Erwartungen entspricht, könnte es demnach durchaus sein, dass Sie gar nicht die erwartete Information erzeugt haben.

Die Dimensionen einer Matrix mit der Spalte Size ermitteln

Figure 5.2 und Abbildung 5.3 zeigen Ihnen eine Möglichkeit, die Größe einer numerischen Liste zu erhalten (über der Spaltenbeschriftung der ersten Spalte, oben links). Sie können aber auch eine einfachere Methode verwenden. Klicken Sie mit der rechten Maustaste (Strg + Klick beim Mac) auf die Spaltenbeschriftungen im Arbeitsbereichsfenster. Sie können auch mit der rechten Maustaste in die Titelleiste des Fensters klicken (wo *Workspace* steht oder einfach auf das Wort *Workspace*) und dann *Choose Columns* ⇨ *Size* im Kontextmenü wählen.

Sicher haben Sie gesehen, dass Sie im Kontextmenü noch weit mehr Spalten wählen können. Zum Beispiel können die Spalten *Min* und *Max* ganz hilfreich sein, wenn Sie große Vektoren oder Matrizen haben und nicht alle Werte mit einem Blick erfasst werden können. Um diese zusätzlichen Informationen zu erhalten, wählen Sie *Columns* ⇨ *Min* und anschließend *Columns* ⇨ *Max*.

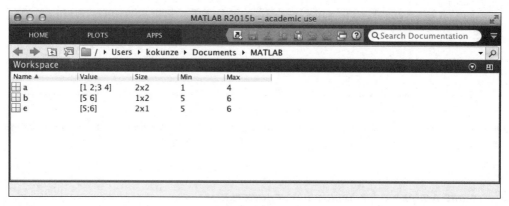

Abbildung 5.3: Die Spalten Size, Min und Max enthalten weitere Informationen über den Inhalt von Variablen.

Je nach Größe Ihres Bildschirms müssen Sie eventuell den Blick auf die zusätzlichen Spalten erst ermöglichen, indem Sie die Spaltenbreite mit der Maus verringern. Sie können auch das Arbeitsbereichsfenster mit der Maus entsprechend vergrößern. In Abbildung 5.3 sehen Sie alle Variablen, die Sie in diesem Abschnitt erzeugt haben.

Eine Folge von Werten mithilfe des Doppelpunktes erzeugen

Jeden Wert einer Folge einzeln einzugeben, wäre erstens zeitaufwendig und zweitens ziemlich anfällig für Fehler, nicht zuletzt, weil es unendlich langweilig ist. Glücklicherweise gibt es den Doppelpunkt, mit dem Sie Folgen von Zahlen bequem in MATLAB eingeben können. Die Zahl auf der linken Seite markiert den Startpunkt der Folge und die Zahl auf der rechten Seite markiert den Endpunkt der Folge. Probieren Sie es gern einmal aus, indem Sie Folgendes eingeben: **g=[5:10]**, gefolgt von Enter. Sie sehen:

```
g =
     5     6     7     8     9    10
```

Eine Folge von Werten mithilfe der Funktion `linspace()` erzeugen

Die Verwendung des Doppelpunktes zum Erzeugen von Folgen birgt ein Problem. MATLAB setzt voraus, dass die Schrittweite zwischen zwei Werten immer 1 ist. Es kann jedoch vorkommen, dass Sie einen anderen Wert dafür benutzen wollen. Vielleicht wollen Sie zum Beispiel 11 Werte zwischen 5 und 10 erzeugen und nicht nur sechs.

Die Funktion `linspace()` löst dieses Problem. Sie geben den Startwert und den Endwert vor sowie die Anzahl der Zahlen, welche Sie zwischen Anfangs- und Endwert sehen wollen. Damit Sie genauer sehen, wie das mit `linspace()` funktioniert, geben Sie **g = linspace(5,10,11)** ein und dann Enter. Hier ist, was Sie sehen:

```
g =
  Columns 1 through 5
    5.0000    5.5000    6.0000    6.5000    7.0000
  Columns 6 through 10
    7.5000    8.0000    8.5000    9.0000    9.5000
  Column 11
   10.0000
```

In diesem Fall ist die Schrittweite 0.5. Jede Zahl ist um 0.5 größer als ihr Vorgänger und es gibt 11 Werte in der Ausgabe. Kleinste und größte Zahl sind wieder 5 und 10 wie im vorangegangenen Beispiel mit dem Doppelpunkt. Kurz gesagt: Der Doppelpunkt ist einfacher und mit weniger Schreibarbeit anzuwenden; die Funktion `linspace()` jedoch ist flexibler, wenn auch etwas komplexer in der Anwendung.

Der Methode mit dem Doppelpunkt eine Schrittweite hinzufügen

Ganz so unbedarft ist der Doppelpunkt allerdings auch nicht, mit einer Schrittweite kommt er schon zurecht. Wenn Sie in diesem Fall eine Folge von Zahlen erzeugen wollen, geben Sie zunächst die erste Zahl, dann die Schrittweite und zum Schluss die größte Zahl ein. Alle Angaben werden durch Doppelpunkt voneinander getrennt. Um auch diese Methode selbst auszuprobieren, geben Sie ein **g = [5:0.5:10]**, gefolgt von Enter. Sie sehen:

```
g =
  Columns 1 through 5
     5.0000      5.5000      6.0000      6.5000      7.0000
  Columns 6 through 10
     7.5000      8.0000      8.5000      9.0000      9.5000
  Column 11
    10.0000
```

 Das ist exakt dieselbe Ausgabe wie im Beispiel mit der Funktion `linspace()`. Hier jedoch geben Sie die Schrittweite ein und lassen sich von der Anzahl der Zahlen überraschen. Wenn Sie `linspace()` verwenden, geben Sie die gewünschte Anzahl von Werten ein und MATLAB berechnet die Schrittweite aus kleinstem und größtem Wert sowie der Anzahl der gewünschten Zahlen. Jede der Techniken hat ihre Vor- und Nachteile, am besten wägen Sie bei jedem potenziellen Einsatz ab, welche besser zu Ihrem speziellen Problem passt.

Matrizen mit einem Apostroph (Hochkomma: ') transponieren

Wenn Sie den Doppelpunkt verwenden, erzeugen Sie Zeilenvektoren. Manchmal benötigen Sie jedoch Spaltenvektoren. Um solch einen Spaltenvektor zu erzeugen, stellen Sie an das Ende Ihrer Eingabe einen Apostroph. Um das wieder mit eigenen Händen nachzuvollziehen, geben Sie h = [5:0.5:10]' und dann Enter ein. Der Apostroph steht auf der Tastatur sozusagen als Großbuchstabe über dem Doppelkreuz (#). Sie sehen:

```
h =
     5.0000
     5.5000
     6.0000
     6.5000
     7.0000
     7.5000
     8.0000
     8.5000
     9.0000
     9.5000
    10.0000
```

Wenn Sie jetzt in das Arbeitsbereichsfenster schauen, sehen Sie, dass g ein 1×11-Vektor ist, während h ein 11×1-Vektor ist. Der erste Eintrag ist ein Zeilenvektor und der zweite ein Spaltenvektor.

Sie können auch Matrizen transponieren. Wenn Sie das tun, vertauschen Sie Zeilen und Spalten. Ein paar Unterabschnitte weiter oben haben Sie zum Beispiel **a=[1,2;3,4]** in das Anweisungsfenster und dann Enter eingegeben. Sie sahen:

```
a =
     1     2
     3     4
```

Um dieselbe Matrix transponiert zu sehen, geben Sie zum Beispiel **i=[1,2;3,4]'** in das Anweisungsfenster und dann Enter. Sie sehen:

```
i =
    1    3
    2    4
```

Addieren und Subtrahieren

Nachdem Sie gelernt haben, wie Sie Vektoren und Matrizen in MATLAB eingeben, ist es Zeit für weitere Abenteuer. Führen wir also ein paar mathematische Operationen mit unseren neuen Objekten durch und am besten eignen sich für den Anfang Addition und Subtraktion.

DIE wesentliche Regel beim Addieren und Subtrahieren von Vektoren und Matrizen lautet: Sie müssen dieselbe Größe haben. Sie können keine Vektoren oder Matrizen mit unterschiedlichen Größen addieren oder subtrahieren, weil MATLAB dies nicht zulässt und eine Fehlermeldung ausgibt. Hier unterscheidet sich MATLAB übrigens von anderen Herangehensweisen wie zum Beispiel in der Sprache R, bei der solche Probleme – manchmal stillschweigend – durch das sogenannte *Recycling* gelöst werden.

Krempeln wir wieder die Arme hoch und rechnen ein bisschen in MATLAB. Los geht's:

1. **Geben Sie** a = [1,2;3,4] **ein und dann Enter.**

   Sie sehen:

   ```
   a =
       1    2
       3    4
   ```

2. **Geben Sie** b = [5,6;7,8] **ein und dann Enter.**

   Sie sehen:

   ```
   b =
       5    6
       7    8
   ```

3. **Geben Sie** c = a + b **ein und dann Enter.**

   In diesem Schritt addieren Sie Matrix a zu Matrix b. Sie sehen:

   ```
   c =
        6    8
       10   12
   ```

4. **Geben Sie** d = b – a **ein und dann Enter.**

   In diesem Schritt subtrahieren Sie Matrix b von Matrix a. Sie sehen:

   ```
   d =
        4    4
        4    4
   ```

5. **Geben Sie** e = [1,2,3;4,5,6] **ein und dann Enter.**

   Sie sehen

   ```
   e =
        1    2    3
        4    5    6
   ```

   Wenn Sie versuchen, die Matrix e zu Matrix a oder b zu addieren oder von einer der Matrizen zu subtrahieren, werden Sie eine Fehlermeldung erhalten. Probieren wir es aus.

6. **Geben Sie** f = e + a **ein und dann Enter.**

   Wie erwartet sehen Sie die folgende Fehlermeldung:

   ```
   Matrix dimensions must agree.
   ```

   Die Fehlermeldungen für Addition und Subtraktion unterscheiden sich ein bisschen, aber wollen im Wesentlichen dasselbe sagen: Damit man die Matrizen addieren oder subtrahieren kann, müssen sie dieselben Dimensionen haben. (Ab MATLAB 2015 sind die Fehlermeldungen identisch.)

Die vielen Wege der Multiplikation und Division verstehen

Nach dem Addieren und Subtrahieren kommen Multiplikation und Division. MATLAB ist diesem Bedarf genauso gut gewachsen wie allen anderen Feldern. In den folgenden Abschnitten lernen Sie die vielen Wege kennen, die Sie zum Multiplizieren und Dividieren in MATLAB gehen können.

Skalare Multiplikation und Division betreiben

Das Wort *Skalar* ist Fachchinesisch für nichts anderes als eine ganz normale Zahl. Wenn Sie Vektoren oder Matrizen mit einer normalen Zahl – oder eben einem Skalar – multiplizieren, erhalten Sie als Resultat die Ursprungsmatrix, bei der jedes Element mit der Zahl multipliziert wurde. Um das einmal selbst auszuprobieren, geben Sie **a = [1,2;3,4] * 3** und dann Enter ein. Sie sehen das folgende Ergebnis:

```
a =
     3     6
     9    12
```

Das Beispiel beginnt mit der Matrix [1, 2; 3, 4]. Sogleich wird jedes Element mit 3 multipliziert und das Ergebnis in der Variable a gespeichert.

Die Division funktioniert ziemlich genauso. Um sich das genauer anzusehen, geben Sie **b = [6,9;12,15] / 3** und dann Enter ein. Sie sehen das folgende Ergebnis:

```
b =
     2     3
     4     5
```

Hier wie im vorigen Beispiel beginnt die kleine Übung mit einer Matrix [6,9;12,15] und teilt jedes Element durch 3. Das Ergebnis wird schließlich in der Variable b gespeichert.

MATLAB unterstützt sowohl Rechtsdivision, bei der die linke Seite durch die rechte Seite geteilt wird – was für die meisten Menschen wohl der normale Weg ist, eine Division durchzuführen – als auch Linksdivision, bei der die rechte Seite durch die linke dividiert wird (den Operator könnte man mit »passt wie oft in« in die Umgangssprache übersetzen, beispielsweise »3 passt wie oft in 9? «). Wenn Sie mit Skalaren arbeiten, spielt es keine Rolle, ob Sie Rechts- oder Linksdivision verwenden.

Um mit eigenen Augen zu sehen, wie Linksdivision mit einen Skalar funktioniert, geben Sie **c = 3 \ [6,9;12,15]** und dann Enter ein. Achten Sie auf den Rückwärts-Schrägstrich (*Backslash*). Jetzt erhalten Sie das gleiche Ergebnis wie vorher:

```
c =
     2     3
     4     5
```

Matrixmultiplikation anwenden

Multiplikation erscheint auf verschiedenen Ebenen in MATLAB. In den folgenden Abschnitten brechen wir die Matrixmultiplikation auf die verschiedenen Ebenen herunter, damit Sie jede Ebene mit fortschreitendem Schwierigkeitsgrad kennenlernen können.

Zwei Vektoren multiplizieren

Vektoren sind im Grunde Matrizen mit nur einer Zeile oder Spalte. Erinnern Sie sich, dass Sie einen Zeilenvektor mithilfe von Kommata als Trennzeichen zwischen den Elementen erzeugen, wie zum Beispiel [1, 2]. Für Spaltenvektoren verwenden Sie ein Semikolon als Trennzeichen, wie zum Beispiel in [3;4]. Sie können auch das Hochkomma (oder Strich, wie in »f Strich« für die Ableitung von f) verwenden. Dann ist [3, 4]′ äquivalent zu [3;4]. Da das Ganze leicht verwirrend werden kann und damit eine potenzielle Fehlerquelle, werden Sie sich am besten irgendwann einmal klar, welchen Weg Sie durchgehend verwenden wollen. Dann verheddern Sie sich nicht so leicht. Auch die Fehlersuche macht sich dann besser.

Wenn Sie einen Vektor mit einem anderen multiplizieren wollen, brauchen Sie einen Zeilen- und einen Spaltenvektor. Probieren Sie es mal aus, indem Sie **d = [1,2] * [3;4]** und Enter eingeben. Als Ergebnis erhalten Sie 11. Wenig überraschend ist das Kochrezept, die beiden Vektoren miteinander zu multiplizieren, das folgende. Das erste Element im Zeilenvektor wird mit dem ersten Element im Spaltenvektor multipliziert. Dann wird das Produkt aus zweitem Element des Zeilenvektors und zweitem Element des Spaltenvektors hinzugerechnet. Dies ergibt folgende Summe: $d = 1 * 3 + 2 * 4$. Diese Form der Multiplikation wird *inneres Produkt* oder auch *Skalarprodukt* genannt. Letzterer Begriff kommt daher, dass das Ergebnis immer ein Skalar ist.

Wo ein inneres Produkt ist, sucht man das *äußere Produkt* – oder *Kronecker-Produkt* – nicht lange. Und natürlich ist MATLAB darauf vorbereitet. Beim äußeren Produkt wird jedes Element des ersten Vektors mit jedem Element des zweiten Vektors multipliziert und anschließend jedes Produkt als eigenes Element einer neuen Matrix geschrieben. In unserem Beispiel würden Sie die 2 × 2-Matrix [1*3, 2*3; 1*4; 2*4] erhalten. Schauen wir mal nach, ob MATLAB das auch kann, indem wir **e = bsxfun(@times, [1,2],[3;4])** und Enter eingeben. Sie sehen:

```
e =
     3      6
     4      8
```

Die Funktion bsxfun( ) führt elementweise Operationen durch. Sie übergeben der Funktion den Namen der Funktion, die auf jedes Elementpaar angewendet werden soll, auch *Handle* genannt. Wir benutzen die Funktion @times, welche die Multiplikation ausführt. Dazu kommen die beiden Objekte, deren Elemente jeweils paarweise miteinander verknüpft werden sollen, in unserem Fall sind das Vektoren: ein Zeilenvektor und ein Spaltenvektor. Das Ergebnis ist eine 2 × 2-Matrix, in der das Element der ersten Zeile und ersten Spalte den Wert 1 * 3 (oder das Produkt aus dem ersten Element des Zeilenvektors und dem ersten Element des Spaltenvektors) hat. Ganz ähnlich ist das Element in der ersten Spalte und zweiten Zeile der Ergebnismatrix 2 * 3 oder das Produkt aus dem zweiten Element des Zeilenvektors und dem ersten Element des Spaltenvektors. Für die zweite Zeile der Ergebnismatrix läuft das genauso.

Eine weitere Möglichkeit, das äußere Produkt zu berechnen, besteht darin, den Spaltenvektor zuerst zu schreiben und erst an zweiter Stelle den Zeilenvektor. Geben Sie dazu einfach ein **e = [3;4] * [1,2]**, gefolgt von Enter. Sie werden Ihren Augen nicht trauen, denn Sie erhalten:

```
e =
     3      6
     4      8
```

Eine Matrix mit einem Vektor multiplizieren

Wenn Sie eine Matrix mit einem Vektor multiplizieren wollen, ist die Reihenfolge wichtig, in der Sie die beiden Operanden schreiben. Zeilenvektoren stehen vor der Matrix und Spaltenvektoren hinter der Matrix. Um zu sehen, wie das mit einem Zeilenvektor funktioniert, geben Sie f = [1,2] * [3,4;5,6] und dann Enter ein. Sie sehen das folgende Ergebnis:

```
f =
    13    16
```

Das erste Element wird berechnet aus 1 * 3 + 2 * 5. Das zweite Element wird berechnet aus 1 * 4 + 2 * 6. Jedoch muss die Anzahl der Zeilen der Matrix mit der Anzahl der Elemente des Vektors übereinstimmen. Wenn der (Zeilen-)Vektor beispielsweise drei Elemente enthält, dann muss die Matrix drei Elemente in einer Spalte haben. Um das an einem Beispiel zu sehen, geben Sie g = [1,2,3] * [4,5;6,7;8,9] und dann Enter ein. Das Ergebnis ist:

```
g =
    40    46
```

In diesem Fall wird die Anzahl der Elemente des Ergebnisvektors von der Matrix gesteuert. Wenn die Matrix nämlich beispielsweise drei Elemente in jeder Zeile hätte, würde das Ergebnis auch drei Elemente enthalten. Um auch dieses Prinzip an einem Beispiel zu sehen, tippen Sie mal g = [1,2,3] * [4,5, 6; 7, 8, 9; 10, 11, 12] gefolgt von Enter ein. Sie sehen:

```
g =
    48    54    60
```

Mit einem Spaltenvektor arbeiten Sie ganz ähnlich, sie vertauschen lediglich die Position von Matrix und Vektor bei der Multiplikation. Wenn Sie zum Beispiel i = [4,5, 6; 7, 8, 9; 10, 11, 12] * [1; 2; 3] und dann Enter eingeben, sehen Sie:

```
i =
    32
    50
    68
```

Beachten Sie, dass das Ergebnis ein Spaltenvektor ist und die Elemente sich von dem oben »vertauschten« Produkt unterscheiden. Die Elemente werden im letzten Ergebnis wie folgt berechnet:

```
 4 * 1 +  5 * 2 +  6 * 3
 7 * 1 +  8 * 2 +  9 * 3
10 * 1 + 11 * 2 + 12 * 3
```

Die Paare von multiplizierten Elementen unterscheiden sich hier vom vorhergehenden Fall, weil Sie einen Spalten- anstelle eines Zeilenvektors verwenden. MATLAB berechnet dasselbe Ergebnis, wie Sie auch mit anderen Mitteln erzielen würden, wichtig ist jedoch, dass Sie den Einfluss der Dateneingabe auf das Ergebnis verstehen.

Zwei Matrizen multiplizieren

Wenn Sie zwei Matrizen miteinander multiplizieren, muss die Anzahl der Zeilen in der ersten Matrix mit der Anzahl der Spalten in der zweiten Matrix übereinstimmen. Wenn beispielsweise die erste Matrix zwei Zeilen mit jeweils drei Einträgen enthält, muss die zweite Matrix drei Zeilen mit zum Beispiel zwei Einträgen enthalten. Um dies selbst zu sehen, geben Sie ein: **j = [1, 2, 3; 4, 5, 6] * [7, 8; 9, 10; 11, 12]**. Sie sehen:

```
j =
    58    64
   139   154
```

Das Ergebnis des Elements der ersten Spalte und ersten Zeile wird durch 1 * 7 + 2 * 9 + 3 * 11 bestimmt. Auf dieselbe Art wird das Element in der zweiten Spalte der ersten Zeile berechnet: 1 * 8 + 2 * 10 + 3 * 12. Sie sehen: Matrixalgebra funktioniert in MATLAB genauso wie erwartet.

Die Reihenfolge ist bei der Matrizenmultiplikation wichtig – genau wie bei der Multiplikation mit Vektoren. Sie können dieselben beiden Matrizen erzeugen, jedoch je nach Reihenfolge ein unterschiedliches Ergebnis erzielen. Wenn Sie die Reihenfolge der Matrizen im vorangegangenen Beispiel vertauschen, indem Sie **k = [7, 8; 9, 10; 11, 12] * [1, 2, 3; 4, 5, 6]** eingeben, erhalten Sie ein völlig anderes Ergebnis:

```
k =
   39    54    69
   49    68    87
   59    82   105
```

Auch hier ist es ganz hilfreich, sich den Werdegang des Ergebnisses mal anzusehen. In diesem Fall wird das Element der ersten Zeile und ersten Spalte berechnet als 7 * 1 + 8 * 4. Auf gleiche Weise wird das zweite Element in der ersten Zeile der Ergebnismatrix berechnet als 7 * 2 + 8 * 5.

Vektoren dividieren

MATLAB wird ein Ergebnis liefern, wenn Sie versuchen, zwei Vektoren zu dividieren. Wenn Sie beispielsweise **l = [2, 3, 4]/[5, 6, 7]** und Enter eingeben, erhalten Sie:

```
l =
    0.5091
```

Sie erhalten auch ein Ergebnis, wenn Sie **l = [2, 3, 4]\[5, 6, 7]** und dann Enter eingeben. Das Ergebnis sieht anders aus:

```
l =
         0          0          0
         0          0          0
    1.2500     1.5000     1.7500
```

Zwar erhalten Sie dieselben Ergebnisse, wenn Sie diese Eingaben beliebig oft wiederholen – sie sind also reproduzierbar –, aber mehr als interessant sind die Ergebnisse leider nicht. Das liegt daran, dass die Division von Vektoren generell nicht besonders nützlich ist. Das können Sie zum Beispiel unter http://van.physics.illinois.edu/qa/listing.php?id=24304 und an anderen Stellen nachlesen. Dennoch versucht MATLAB ein reproduzierbares Ergebnis zu erzeugen, obwohl es nicht besonders hilfreich ist.

Matrizen dividieren

Ähnlich wie bei der Matrixmultiplikation findet die Matrixdivision auf unterschiedlichen Ebenen statt. In den folgenden Unterabschnitten erkunden wir die verschiedenen Aspekte.

Einen Vektor durch einen Skalar teilen

Es ist durchaus möglich, einen Vektor durch einen Skalar zu teilen und ein sinnvolles Ergebnis zu erhalten. Geben Sie beispielsweise mal ein **m = [2, 4, 6] / 2** und dann Enter. Sie sehen das folgende Ergebnis:

```
m =
     1     2     3
```

Es wird einfach jedes Element des Vektors durch den Skalar geteilt. Beachten Sie, dass es sich hier um Rechtsdivision handelt. Die Linksdivision (**m = [2, 4, 6] \ 2**) würde ein unbrauchbares Ergebnis liefern. Umgekehrt würde der Ausdruck **m = 2 \ [2, 4, 6]** jedoch dasselbe Ergebnis wie vorher erzeugen. Im Fall der unbrauchbaren Ergebnisse erkennt man wieder das Prinzip von MATLAB: Es tut sein Bestes, um Ihnen irgendein Ergebnis präsentieren zu können, nur sinnvoll ist es eben nicht immer. Siehe dazu auch den Kasten *Vektoren dividieren* für weitere Details.

Eine Matrix durch einen Vektor teilen

Wenn Sie eine Matrix durch einen Vektor teilen, ist es wichtig, vorher festzulegen, welche Art Ergebnis Sie erhalten möchten. Die meisten Anwender wollen Element für Element dividieren. In diesem Fall verwenden Sie die Funktion bsxfun() mit @rdivide als Namen der Verknüpfungsfunktion – @rdivide für Rechtsdivision. Um zu sehen, wie das funktioniert, geben Sie **n = bsxfun(@rdivide, [2, 4; 6, 8], [2,4])** gefolgt von Enter ein. Sie sehen das folgende Ergebnis:

```
n =
     1     1
     3     2
```

In diesem Fall ist das Element in Spalte 1 und Zeile 1 durch 2 / 2 definiert. Auf gleiche Weise wird das Element in der ersten Spalte und zweiten Zeile als 6 / 2 berechnet.

Zwei Matrizen dividieren

Wenn Sie zwei Matrizen dividieren wollen, müssen deren Dimensionen aufeinander abgestimmt sein. Zum Beispiel können Sie keine 3 × 2-Matrix durch eine 2 × 3-Matrix dividieren – beide Matrizen müssen dieselben Dimensionen haben. Um zu sehen, wie das funktioniert, geben Sie **o = [2, 4; 6, 8] / [1, 2; 3, 4]** und dann Enter ein. Sie werden Folgendes sehen:

```
o =
   2   0
   0   2
```

Auch die Linksdivision von zwei Matrizen ist möglich. Um das Ergebnis einer Linksdivision mit denselben Matrizen zu sehen, geben Sie **p = [2, 4; 6, 8] \ [1, 2; 3, 4]** gefolgt von Enter ein. Hier ist das Ergebnis:

```
p =
    0.5000         0
         0    0.5000
```

Behalten Sie immer im Blick, dass Matrixdivision eigentlich keine Division im gemeinhin verstandenen Sinne ist. In Wirklichkeit multiplizieren Sie die erste Matrix mit dem Inversen der zweiten Matrix. Beispielsweise können Sie mit den beiden Matrizen dieses Unterabschnittes dasselbe Ergebnis wie bei der Rechtsdivision erzielen, indem Sie **q = [2, 4; 6, 8] * inv([1, 2; 3, 4])** und dann Enter eingeben. Um Linksdivision durchzuführen, invertieren Sie einfach die erste Matrix. Sie geben also ein **r = inv([2, 4; 6, 8]) * [1, 2; 3, 4]**. Die Funktion inv( ) gibt Ihnen immer das Inverse der übergebenen (quadratischen) Matrix zurück, weshalb Sie sie dafür verwenden können, besser zu verstehen, was MATLAB da eigentlich genau tut. Auf der anderen Seite ist die Verwendung der Funktion inv( ) im Hinblick auf die Geschwindigkeit ineffizient. Um also Ihre Skripte zu beschleunigen, sollten Sie immer die Division verwenden.

Sie können die Funktion inv( ) auf verschiedene Art und Weise einsetzen. Zum Beispiel können Sie jede quadratische Matrix mit ihrer Inversen multiplizieren. Beispiel gefällig? Hier ist es: Geben Sie **s = [1,2;3,4] * inv([1,2;3,4])** ein und Sie erhalten die Einheitsmatrix.

Auch hier sind manche Anwender eher an einer elementweisen Division interessiert. Um diese durchzuführen, verwenden Sie wieder die Funktion bsxfun( ). Um beispielsweise eine Linksdivision mit den beiden vorangegangenen Matrizen durchzuführen, geben Sie **t = bsxfun(@ldivide, [2, 4; 6, 8], [1, 2; 3 ,4])** gefolgt von Enter ein. Das Ergebnis dieser Operation ist:

```
t =
    0.5000    0.5000
    0.5000    0.5000
```

Ganz ähnlich können Sie Rechtsdivision anwenden. Um zu sehen, wie das funktioniert, geben Sie **u = bsxfun(@rdivide, [2, 4; 6, 8], [1, 2; 3 ,4])** und dann Enter ein. Sie sehen das folgende Ergebnis:

```
u =
    2    2
    2    2
```

Potenzen von Matrizen berechnen

Manchmal benötigen Sie eine Potenz oder Wurzel einer Matrix. In MATLAB führen viele verschiedene Wege zu diesem Ziel. Am gebräuchlichsten ist der Zirkumflex (^), mit dem man die Matrix vom Exponenten trennt. Um sich das genauer anzusehen, geben Sie **v = [1, 2; 3, 4]^\2** und anschließend Enter ein. Das Ergebnis ist das Quadrat der ursprünglichen Matrix, wie hier vorgeführt:

```
v =
     7    10
    15    22
```

Dasselbe Ergebnis erhalten Sie, wenn Sie die Funktion mpower() verwenden. Versuchen Sie es, indem Sie **mpower([1, 2; 3, 4])** und Enter eingeben. Sie sehen dasselbe Ergebnis wie bei der Methode mit dem Zirkumflex.

Um die Wurzel einer Matrix zu berechnen, verwenden Sie einen gebrochenen Exponenten. Um zum Beispiel die Quadratwurzel des vorigen Beispiels zu berechnen, verwenden Sie den Wert 0.5. Dies setzen wir gleich mal in die Tat um. Geben Sie **x = [7, 10; 15, 22]^(0.5)** ein und dann Enter. Sie erhalten:

```
x =
    1.5667    1.7408
    2.6112    4.1779
```

 Das sieht ja gar nicht aus wie die Ursprungsmatrix [1, 2; 3, 4], sagen Sie. Stimmt, sagen wir. Neben der Möglichkeit, keine Wurzel zu haben, kann eine Matrix unendlich viele Wurzeln haben. Quadrieren Sie x gern mal und sie kommen auch beim Ergebnis von [1, 2; 3, 4]^2 an.

Es ist auch möglich, die Inverse einer Matrix mithilfe negativer Exponenten zu berechnen. Versuchen Sie beispielsweise einmal, **z = [1, 2; 3, 4]^(−1)** und Enter einzugeben. Achten Sie auf die Klammern um die -1. Sie sehen folgendes Ergebnis:

```
z =
    -2.0000    1.0000
     1.5000   -0.5000
```

 MATLAB stellt auch die Mittel für eine elementweise Potenzierung oder Wurzel einer Matrix zur Verfügung. Wie Sie mittlerweile sicher selbst erraten können, verwenden Sie dazu die Funktion bsxfun(), jedoch diesmal mit der Funktion @power. Um zu sehen, wie dies funktioniert, geben Sie **aa = bsxfun(@power, [1, 2; 3, 4], 2)** ein und dann Enter. Sie sehen folgende Ausgabe, in der jedes Element der ursprünglichen Matrix mit sich selbst multipliziert ist:

```
aa =
     1     4
     9    16
```

Elementweise arbeiten

In einigen vorangehenden Unterabschnitten wird beschrieben, wie Sie mithilfe der Funktion bsxfun() Operationen elementweise ausführen. Um zum Beispiel das Quadrat der Matrix [1, 2; 3, 4] zu berechnen, geben Sie **aa = bsxfun(@power, [1, 2; 3, 4], 2)** und dann Enter ein. Sie können der Funktion bsxfun() alle möglichen Operationen übergeben, die diese dann elementweise ausführt. Um zu sehen, welche konkreten Operationen das sind, geben Sie **help('bsxfun')** gefolgt von Enter ein.

Der Nachteil der Funktion bsxfun() ist, dass sie ziemlich viel Schreibarbeit erfordert, weshalb Sie sie möglicherweise nicht so gern einsetzen. Es gibt jedoch eine Alternative zu dieser Schreibweise. Das ist der Punkt(.)-Operator. Um zum Beispiel das Quadrat der vorigen Matrix elementweise mithilfe des Punkt-Operators zu berechnen, geben Sie **ab = [1, 2; 3, 4].^2** ein und dann Enter. Die Ausgabe ist nicht überraschend:

```
ab =
     1     4
     9    16
```

Vergleichsoperationen für Matrizen kennenlernen

In diesem Kapitel lernen Sie verschiedene Methoden kennen, um arithmetische Operationen mit Skalaren, Vektoren und Matrizen durchzuführen. Beispielsweise können Sie die Inverse einer Matrix mithilfe der Funktion inv() berechnen oder sie einfach mit dem Exponenten -1 potenzieren. Bisher mussten Sie uns diese Aussage einfach glauben, da Sie keine entsprechenden Vergleiche anstellen konnten. Diese Zeit ist ab jetzt vorbei. Ab sofort wissen Sie, dass die Funktion bsxfun() auch hierfür zuständig ist. Sie wird ja auch für viele andere Zwecke eingesetzt, warum also nicht auch für den Vergleich zweier Objekte. Um jetzt einmal selbst zu sehen, dass inv() und der Exponent -1 dasselbe Ergebnis produzieren, geben Sie einfach Folgendes ein und dann Enter: `bsxfun(@eq, inv([1, 2; 3, 4]), [1, 2; 3, 4]^(-1))`. Sie sehen:

```
ans =
    1    1
    1    1
```

Das Argument `@eq` sagt der Funktion `bsxfun()`, dass sie elementweise auf Gleichheit prüfen soll. Jedes Element wird also mit dem korrespondierenden Element der anderen Matrix verglichen. Wenn die Elemente gleich sind, ist das Ergebnis 1. Wenn eine Matrix mit lauter Einsen ausgegeben wird, stimmen also alle Elemente jeweils paarweise überein. Sie können auch andere Vergleiche anstellen. Dafür verwenden Sie die Funktion `bsxfun()` mit dem jeweils zugehörigen Funktionsargument:

✔ `@eq`: Gleichheit

✔ `@ne`: Ungleichheit

✔ `@lt`: Kleiner als

✔ `@le`: Kleiner oder gleich

✔ `@gt`: Größer als

✔ `@ge`: Größer oder gleich

Beachten Sie, dass der Punkt zwischen Matrix und Zirkumflex steht. Auch in anderen Zusammenhängen können Sie den Punkt-Operator in MATLAB dazu verwenden, alle Operationen Element für Element auszuführen. Um zum Beispiel elementweise Multiplikation auszuführen, stellen Sie den Punkt-Operator vor den Multiplikationsoperator. Um das einmal auszuprobieren, geben Sie **ac = [1, 2; 3, 4].*[5, 6; 7, 8]** gefolgt von Enter ein. Jetzt sollten Sie in MATLAB Folgendes sehen:

```
ac =
     5    12
    21    32
```

 Der Punkt-Operator steht immer direkt vor dem »Hauptoperator«, den Sie verwenden wollen. Zwar darf zwischen Matrix und Operator(en) ein Leerzeichen stehen, zwischen Punkt- und Hauptoperator darf jedoch keines sein. Für die Multiplikation verwenden Sie also: `.*`.

Komplexe Zahlen verwenden

Komplexe Zahlen bestehen aus einem Real- und einem Imaginärteil. Für einen Überblick zum Thema komplexe Zahlen bietet sich die Seite `https://de.wikipedia.org/wiki/Komplexe_Zahl` an. In MATLAB wird der Imaginärteil einer Zahl durch die Buchstaben i oder j gekennzeichnet. Wenn Sie zum Beispiel die Quadratwurzel der Matrix [1, 2; 3, 4] berechnen, erhalten Sie eine Ausgabe mit imaginären Zahlen. Um das mit eigenen Augen zu sehen, tippen Sie Folgendes ein: **ad = [1, 2 ; 3, 4]^0.5**. Nachdem Sie Enter gedrückt haben, sehen Sie Folgendes:

```
ad =
   0.5537 + 0.4644i    0.8070 - 0.2124i
   1.2104 - 0.3186i    1.7641 + 0.1458i
```

Das Element in der ersten Spalte und ersten Zeile enthält den Realteil 0.5537 und den Imaginärteil 0.4644i. Das i, welches nach dem Wert 0.4644 erscheint, weist darauf hin, dass es sich um eine imaginäre Zahl handelt. Die Konstante j bedeutet dasselbe wie die Konstante i, j wird allerdings in der Elektrotechnik verwendet, weil dort das i bereits für Stromstärke reserviert ist.

Sie können in MATLAB mit komplexen Zahlen genauso arbeiten, als wären es ganz normale (reelle) Zahlen. Zum Beispiel können Sie die Matrix ad quadrieren, indem Sie **ae = ad^2** eingeben. Nachdem Sie Enter gedrückt haben, sind Sie möglicherweise etwas überrascht, da das Ergebnis zunächst einmal ungewöhnlich aussieht:

```
ae =
   1.0000 + 0.0000i    2.0000 + 0.0000i
   3.0000 - 0.0000i    4.0000 - 0.0000i
```

Wenn eine Matrix imaginäre Zahlen enthält, muss sie auch als solche gespeichert und dann angezeigt werden. Um die Ausgabe wieder zu verschlanken, müssen wir die Matrix also wieder umwandeln in ein weniger komplexes Format. Geben Sie zum Beispiel **af = int32(ad^2)** gefolgt von Enter ein und erfreuen Sie sich am folgenden Ergebnis:

```
af =
      1           2
      3           4
```

Die Funktion int32() übernimmt die gewünschte Umwandlung für Sie. Achten Sie jedoch immer darauf, dass diese Funktion und ihre Verwandten zum falschen Zeitpunkt oder an der falschen Stelle eingesetzt zu Datenverlust führen können. Wenn Sie zum Beispiel **ag = int32([1, 2; 3, 4]^0.5)** gefolgt von Enter eingeben, verlieren Sie nicht nur den imaginären Anteil der Matrix, sondern auch die Nachkommastellen. Das Ergebnis sieht dann so aus:

```
ag =
      1           1
      1           2
```

MATLAB geht an dieser Stelle davon aus, dass Sie wissen, was Sie tun, und fragt bei einer Konvertierung nicht nach oder warnt Sie. Dies kann zu kritischen Fehlfunktionen Ihrer Programme und Berechnungen führen.

Die Konvertierungsfunktionen sind:

✔ double( )

✔ single( )

✔ int8( )

✔ int16( )

✔ int32( )

✔ int64( )

✔ uint8( )

✔ uint16( )

✔ uint32( )

✔ uint64( )

Mit der Exponentialfunktion arbeiten

Neben der Exponentialfunktion für normale Skalare gibt es diese auch für Matrizen. Der Kalkül mit Exponentialfunktionen für Matrizen wird zum Beispiel beim Lösen von Differentialgleichungen eingesetzt. Mehr zu dem Thema finden Sie online unter https://de.wikipedia.org/wiki/Matrixexponential. MATLAB bietet zwei unterschiedliche Funktionen für die Exponentialfunktion mit Matrizen an. Die erste ist das gewöhnliche Matrixexponential, das Sie mithilfe der Funktion expm( ) aufrufen. Wenn Sie zum Beispiel **ah = expm([1, 2; 3, 4])** und dann Enter eingeben, sehen Sie dieses Resultat:

```
ah =
   51.9690    74.7366
  112.1048   164.0738
```

Die zweite Funktion arbeitet elementweise und wird durch exp( ) aufgerufen. Um zu sehen, wie das funktioniert, geben Sie **ai = exp([1, 2; 3, 4])** und dann Enter ein. Sie sehen folgende Ausgabe:

```
ai =
    2.7183     7.3891
   20.0855    54.5982
```

 Oben links in der Ergebnismatrix sehen Sie die Euler'sche Zahl e = 2,71828 18284 59045 23536 … Diese erhalten Sie, indem Sie e^1 (oder exp(1) in MATLAB) berechnen.

In höheren Dimensionen arbeiten

Ein Vektor ist eindimensional: Er hat nur eine Zeile oder Spalte. Eine Matrix ist eine zweidimensionale Tabelle, sehr ähnlich einem Excel-Arbeitsblatt, wo die Zeilen die eine Dimension darstellen und die Spalten die andere. Das können Sie natürlich weitertreiben. Wenn eine Matrix wie eine Seite in einem Buch ist (eine Tabelle mit zwei Dimensionen), dann entsprechen drei Dimensionen dem Buch selbst. Mit vier Dimensionen wird es schwierig, sich etwas vorzustellen. Für unsere Zwecke könnte die vierte Dimension das Buchregal sein, in dem alle Bücher stehen. Die Zahl der Dimensionen ist grundsätzlich unbegrenzt. Die Umsetzung im Computer setzt allerdings Grenzen, die wir aber hoffentlich gar nicht bemerken.

Bilder können ein anderes Beispiel für Computerobjekte sein, welche durch mehr als zwei Dimensionen dargestellt werden:

✔ Die erste Dimension ist die x-Koordinate eines Pixels.

✔ Die zweite Dimension ist die y-Koordinate eines Pixels.

✔ Die dritte Dimension ist die Pixelfarbe.

Mit diesen Beispielen haben Sie einen Eindruck gewonnen, wie man mehr als zwei Dimensionen in seiner Arbeit anwenden kann. Jetzt können wir uns ansehen, wie Sie das konkret implementieren können. Die folgenden Abschnitte beschreiben, wie Sie in MATLAB mit höherdimensionalen Objekten umgehen. Manchmal wird eine mehrdimensionale Matrix auch mehrdimensionales Feld (*array*) genannt. Wir verwenden die Begriffe in diesem Buch synonym.

Eine mehrdimensionale Matrix erzeugen

MATLAB bietet Ihnen mehrere verschiedene Möglichkeiten an, mehrdimensionale Felder zu erzeugen. Die erste Methode besteht darin, MATLAB mitzuteilen, dass Sie ein Feld mit bestimmten Dimensionen haben möchten. MATLAB wird dieses dann erzeugen und jedes Element auf den Wert null setzen. Dazu verwenden Sie die Funktion zeros( ). Um eine 2 × 3 × 3-Matrix zu erzeugen, geben Sie **aj = zeros(2, 3, 3)** ein und dann Enter. Jetzt sehen Sie folgende Ausgabe:

```
aj(:,:,1) =
     0     0     0
     0     0     0
aj(:,:,2) =
     0     0     0
     0     0     0
aj(:,:,3) =
     0     0     0
     0     0     0
```

Diese Ausgabe zeigt Ihnen drei übereinander gestapelte 2×3-Matrizen, deren sämtliche Elemente den Wert null haben. Vielleicht wollen Sie jedoch gar keine Matrix, bei der jeder Wert mit null gefüllt ist. Dann verwenden Sie eine andere Methode. In den folgenden Schritten erzeugen wir eine $2 \times 3 \times 3$-Matrix, die von vornherein mit Daten gefüllt ist:

1. **Geben Sie** ak(:,:,1) = [1, 2, 3; 4, 5, 6] **und danach Enter ein.**

   Sie sehen folgendes Ergebnis:

   ```
   ak =
       1      2      3
       4      5      6
   ```

   In diesem Schritt erzeugen Sie die erste Seite einer dreidimensionalen Matrix. Da Sie am Schluss drei Seiten haben möchten, müssen Sie diesen Schritt insgesamt drei Mal ausführen.

2. **Geben Sie** ak(:,:,2) = [7, 8, 9; 10, 11, 12] **gefolgt von Enter ein.**

   MATLAB fügt der bestehenden Matrix ak eine weitere Seite hinzu, etwa so:

   ```
   ak(:,:,1) =
       1      2      3
       4      5      6
   ak(:,:,2) =
       7      8      9
      10     11     12
   ```

   Wenn Sie jetzt in das Arbeitsbereichsfenster sehen, stellen Sie fest, dass in der Spalte mit der Größe (*Size*) bei ak jetzt $2 \times 3 \times 2$ steht. Erst jetzt wurde die dritte Dimension (das »x 2«) in der Spalte hinzugefügt. Bevor Sie diese zweite Seite hinzugefügt haben, hat MATLAB ak einfach als normale 2×3-Matrix angesehen. Ab jetzt brauchen wir jedoch die dritte Dimension.

3. **Geben Sie** ak(:,:,3) = [13, 14, 15; 16, 17, 18] **ein und dann Enter.**

   Jetzt sieht die Ausgabe der von aj schon recht ähnlich, jedoch haben die Elemente Werte, wie hier zu sehen:

   ```
   ak(:,:,1) =
       1      2      3
       4      5      6
   ak(:,:,2) =
       7      8      9
      10     11     12
   ak(:,:,3) =
      13     14     15
      16     17     18
   ```

Sie brauchen nicht mehrere Einzelschritte, um eine solche Matrix zu erzeugen. Mit der Funktion cat( ) können Sie die gesamte dreidimensionale Matrix in einem Schritt erzeugen. Das erste Argument, welches Sie der Funktion cat( ) übergeben, ist die Anzahl der Dimensionen. Dann übergeben Sie die Daten jeder Dimension, getrennt durch Kommata. Um zu sehen, wie das funktioniert, geben Sie **al = cat(3, [1, 2, 3; 4, 5, 6], [7, 8, 9; 10, 11, 12], [13, 14, 15; 16, 17 ,18])** gefolgt von Enter ein. Daraufhin sehen Sie folgende Ausgabe, die im Übrigen der von ak erstaunlich ähnlich sieht:

```
al(:,:,1) =
     1     2     3
     4     5     6
al(:,:,2) =
     7     8     9
    10    11    12
al(:,:,3) =
    13    14    15
    16    17    18
```

 Wenn Sie zwar keine Nullen in Ihrer Matrix haben wollen, jedoch auch nicht so viel tippen wollen, gibt es noch eine andere Möglichkeit. In diesem Fall können Sie nämlich die Funktion randn( ) verwenden, die den einzelnen Elementen normalverteilte Zufallsvariablen zuweist, oder die Funktion rand( ), welche gleichverteilte Zufallsvariablen verwendet. Die Funktionen arbeiten im Prinzip genauso wie zeros( ), aber verwenden Zufallsdaten für die Elemente.

Um sich das mal genauer anzusehen, geben Sie **am = randn(2, 3, 3)** und dann Enter ein. Sie sehen ein dreidimensionales Feld, gefüllt mit Zufallszahlen. Das Resultat sieht dann in etwa so aus:

```
am(:,:,1) =
    0.5377   -2.2588    0.3188
    1.8339    0.8622   -1.3077
am(:,:,2) =
   -0.4336    3.5784   -1.3499
    0.3426    2.7694    3.0349
am(:,:,3) =
    0.7254    0.7147   -0.1241
   -0.0631   -0.2050    1.4897
```

Auf eine mehrdimensionale Matrix zugreifen

Egal, wie Sie Ihre Matrix erzeugt haben, irgendwann wollen Sie sicherlich mal auf die Daten zugreifen. Um sich die gesamte Matrix anzeigen zu lassen, verwenden Sie einfach den Matrixnamen, was Sie sicher nicht überrascht. Vielleicht wollen Sie aber gar nicht auf alle

Elemente gleichzeitig zugreifen. Zum Beispiel benötigen Sie vielleicht nur eine Seite. Die Beispiele in diesem Abschnitt gehen davon aus, dass Sie ak aus dem vorhergehenden Abschnitt erfolgreich erzeugt haben. Um sich nur die zweite Seite der Matrix ak anzeigen zu lassen, geben Sie **ak(:, :, 2)** und dann Enter ein. Wenig überraschend sehen Sie jetzt die zweite Seite der Matrix, wie hier vorgeführt:

```
ans =
     7     8     9
    10    11    12
```

Der Doppelpunkt (:) sagt MATLAB, dass Sie auf den gesamten Bereich des Matrixelementes zugreifen wollen. Die Werte sind in diesem Falle Zeilen, Spalten und Seiten. Die Anfrage, die Sie an MATLAB gestellt haben, zielte also auf den gesamten Bereich von Seite 2. Sie können den Zugriff natürlich auch weiter einschränken. Um nur die zweite Zeile von Seite 2 zu erhalten, geben Sie **ak(2, :, 2)** ein – Enter nicht vergessen. Dann erhalten Sie:

```
ans =
    10    11    12
```

Die Elemente der zweiten Spalte der zweiten Seite lassen Sie sich genauso einfach anzeigen. In diesem Fall geben Sie **ak(:, 2, 2)** und dann Enter ein. Das Ergebnis hat jetzt Spaltenformat:

```
ans =
     8
    11
```

Wenn Sie nur auf einen einzelnen Wert einer Matrix zugreifen wollen, geben Sie für alle Dimensionen einen Wert vor. Geben Sie mal **ak(2, 2, 2)** und dann Enter ein. Das Ergebnis wird der Wert 11 sein, weil dies der Wert in Zeile 2, Spalte 2 auf Seite 2 der Matrix ak ist.

Sie können auch Auswahlbereiche für multidimensionale Matrizen festlegen. In diesem Fall geben Sie für eine der Dimensionen einen Bereich vor. Wenn Sie beispielsweise Zugang zu Zeile 2 und Spalten 1 und 2 auf Seite 2 von Matrix ak erhalten wollen, geben Sie **ak(2, [1:2], 2)** und dann Enter ein. Beachten Sie, dass der Bereich zwischen eckigen Klammern steht sowie Start und Ende des Bereichs durch einen Doppelpunkt voneinander getrennt sind. Hier ist die Ausgabe, die Sie für dieses Beispiel erhalten:

```
ans =
    10    11
```

 Sie können Bereiche überall angeben, wo Sie sie brauchen. Beispielsweise können Sie sagen, dass Sie Zeilen 1 und 2 sowie Spalten 1 und 2 der zweiten Seite benötigen. In diesem Fall geben Sie **ak([1, 2], [1, 2], 2)** ein und dann Enter. Das Ergebnis sieht dann so aus:

```
ans =
     7     8
    10    11
```

Einzelne Elemente einer Matrix ersetzen

Beim Lösen von Problemen und Meistern möglicher Schwierigkeiten werden Sie möglicherweise auch Daten in Ihren Matrizen verändern müssen. Sicher wollen Sie nicht die ganze Matrix von Grund auf neu erzeugen, nur um einen einzigen Wert zu verändern. Zum Glück können Sie in MATLAB einzelne Werte einer Matrix verändern, wie wir uns gleich genauer ansehen werden. Die Beispiele in diesem Abschnitt gehen davon aus, dass Sie die Matrix ak im Abschnitt *Eine mehrdimensionale Matrix erzeugen* weiter vorn in diesem Kapitel erzeugt haben.

Im vorigen Abschnitt haben Sie gesehen, wie Sie auf Matrixelemente zugreifen. Dieselbe Methode verwenden Sie, um Werte zu verändern. Beispielsweise hat das Element in Zeile 2, Spalte 2 und Seite 2 der Matrix ak den Wert 11. Vielleicht haben Sie eine Abneigung gegen die Zahl 11 und wollen sie durch die Zahl 44 ersetzen. Um das in die Tat umzusetzen, geben Sie **ak(2, 2, 2) = 44** ein und dann Enter. Sie sehen das folgende Ergebnis:

```
ak(:,:,1) =
     1     2     3
     4     5     6
ak(:,:,2) =
     7     8     9
    10    44    12
ak(:,:,3) =
    13    14    15
    16    17    18
```

 Beachten Sie, dass MATLAB die gesamte Matrix anzeigt. Wahrscheinlich werden Sie nicht bei jedem veränderten Wert die gesamte Matrix sehen wollen. In diesem Fall stellen Sie einfach ein Semikolon an das Ende Ihrer Anweisung. Wenn Sie **ak(2, 2, 2) = 44;** eingeben und dann Enter, wird die Veränderung vorgenommen, jedoch nicht mehr auf dem Bildschirm angezeigt. Für den Moment ist es jedoch ganz ratsam, sich das jeweilige Resultat einer Operation noch einmal genau anzusehen, um zu überprüfen, ob Sie die Anweisungen korrekt eingegeben haben und das gewünschte Ergebnis erzielen konnten.

Mehrere Elemente einer Matrix als Bereich ersetzen

Wenn Sie gleich mehrere Werte in einer Matrix auf einmal verändern müssen, wäre es ziemlich langweilig, sie einen nach dem anderen zu verarbeiten. Vielleicht noch wichtiger ist, dass mit der Zeit die Anfälligkeit für Fehler steigt und am Ende nicht die Ergebnisse herauskommen, welche Sie erwartet haben. Am besten wäre es in diesem Fall, Sie ändern mehrere Werte mit einer einzigen Anweisung. Die Beispiele in diesem Abschnitt gehen davon aus, dass Sie die Matrix ak im Abschnitt *Eine mehrdimensionale Matrix erzeugen* weiter vorn im Kapitel erzeugt haben.

Es gibt mehrere verschiedene Wege, einen Bereich von Werten in einer bestehenden Matrix zu verändern. Natürlich müssen Sie, bevor Sie die Werte verändern können, wissen, wie man darauf zugreift. Wenn Sie dazu eine Auffrischung brauchen, lesen Sie gern im Abschnitt *Auf eine mehrdimensionale Matrix zugreifen* noch einmal nach.

Sie können einen einzelnen Wert vorgeben, der an mehreren Stellen eingefügt wird. Nehmen wir an, Sie wollen Reihe 2, Spalten 1 und 2 der zweiten Seite durch den Wert 5 ersetzen. Um das in die Tat umzusetzen, geben Sie **ak(2, [1:2],2) = 5** ein und dann Enter. Der Wert erscheint an beiden Stellen, wie hier zu sehen:

```
ak(:,:,1) =
       1     2     3
       4     5     6
ak(:,:,2) =
       7     8     9
       5     5    12
ak(:,:,3) =
      13    14    15
      16    17    18
```

Auf die Dauer kann es recht langweilig werden, wenn man nur einen einzelnen Wert eintragen kann – wenn auch an mehreren Stellen. Deshalb können Sie auch Bereiche ersetzen und jedem Element einen unterschiedlichen neuen Wert zuweisen. Vielleicht wollen Sie zum Beispiel Zeile 2, Spalte 1 auf Seite 2 durch den Wert 22 ersetzen und Zeile 2, Spalte 2 auf Seite 2 durch den Wert 33. Um diese Aufgabe auszuführen, geben Sie **ak(2, [1:2], 2) = [22, 33]** gefolgt von Enter ein. Hier ist die Ausgabe, welche Sie sehen werden:

```
ak(:,:,1) =
       1     2     3
       4     5     6
ak(:,:,2) =
       7     8     9
      22    33    12
ak(:,:,3) =
      13    14    15
      16    17    18
```

Spaltenweise Ersetzungen funktionieren auf die gleiche Weise. In unserem Beispiel könnten Sie Zeile 1, Spalte 3 von Seite 2 mit dem Wert 44 ersetzen und Zeile 2, Spalte 3 auf Seite 2 mit dem Wert 55. Um das in die Tat umzusetzen, geben Sie **ak([1:2], 3, 2) = [44, 55]** gefolgt von Enter ein. Der Vektor mit den neuen Werten muss übrigens kein Spaltenvektor sein. Hier ist, was herauskommt:

```
ak(:,:,1) =
       1     2     3
       4     5     6
ak(:,:,2) =
       7     8    44
      22    33    55
ak(:,:,3) =
      13    14    15
      16    17    18
```

Wenn Sie einen Matrixausschnitt ersetzen wollen, benötigen Sie eine Matrix von passender Größe mit den Ersetzungswerten. Beispielsweise wollen Sie vielleicht die Teilmatrix mit Zeilen 1 und 2 sowie Spalten 1 und 2 von Seite 1 durch die Werte 11, 22, 33 und 44 ersetzen. Um das durchzuführen, geben Sie **ak([1:2], [1:2], 1) = [11, 22; 33, 44]** und dann Enter ein. Hier ist das Ergebnis, welches Sie wahrscheinlich sehen:

```
ak(:,:,1) =
    11    22     3
    33    44     6
ak(:,:,2) =
     7     8    44
    22    33    55
ak(:,:,3) =
    13    14    15
    16    17    18
```

Die Matrixgröße verändern

Vielleicht kommt es Ihnen unmöglich vor, die Matrixgröße nachträglich zu verändern, MATLAB hat damit jedoch kein Problem. Sie können die Matrix größer oder kleiner machen. Die Technik, eine Matrix zu verkleinern, hat etwas von einem Zaubertrick. Sie funktioniert aber gut und sicherlich werden Sie irgendwann einmal Verwendung dafür haben. Die Beispiele in diesem Abschnitt gehen davon aus, dass Sie die Matrix ak im Abschnitt *Eine mehrdimensionale Matrix erzeugen* weiter vorn im Kapitel erzeugt haben.

Wie beim Ersetzen mehrerer Werte auf einmal müssen Sie auch hier wissen, wie Sie auf Bereiche einer Matrix zugreifen, bevor Sie sich in dieses Abenteuer stürzen. Wenn Sie dazu eine Auffrischung brauchen, lesen Sie gern im Abschnitt *Auf eine mehrdimensionale Matrix zugreifen* noch einmal nach.

Die Matrix ak hat gegenwärtig die Dimensionen $2 \times 3 \times 3$. Vielleicht wollen Sie ja eine weitere Zeile hinzufügen, selbst wenn diese nur Nullen enthält. Dann ist die Matrix quadratisch und Sie können mit ihr ein paar Operationen durchführen, die nur für quadratische Matrizen zulässig sind. Das Beispiel hat also praktische Relevanz. Um zur Matrix ak jetzt eine weitere Zeile hinzuzufügen, geben Sie **ak(3, :, :) = 0** ein und dann Enter. Sie sehen folgendes Ergebnis:

```
ak(:,:,1) =
    11    22     3
    33    44     6
     0     0     0
ak(:,:,2) =
     7     8    44
    22    33    55
     0     0     0
```

```
ak(:,:,3) =
    13    14    15
    16    17    18
     0     0     0
```

 Jetzt wurde auf allen drei Seiten eine weitere Zeile hinzugefügt. Es könnte jedoch sein, dass Sie diese nun loswerden wollen. Und jetzt kommt der Trick. Sie löschen genau genommen nichts, sondern weisen der Zeile den Wert NULL (also nichts) zu, indem Sie eine leere Matrix verwenden. Um zu sehen, wie das funktioniert, geben Sie **ak(3, :, :) = []** ein und dann Enter. Jetzt sollte das vom Ende des letzten Abschnitts bekannte Ergebnis wieder erscheinen:

```
ak(:,:,1) =
    11    22     3
    33    44     6
ak(:,:,2) =
     7     8    44
    22    33    55
ak(:,:,3) =
    13    14    15
    16    17    18
```

Jetzt fragen Sie sich vielleicht, was passiert, wenn Sie nur auf einer Seite eine Spalte oder Zeile hinzufügen und die anderen Seiten ignorieren. Für die Antwort geben Sie **ak(:, 4, 1) = [88, 99]** und dann Enter ein. Diese Anweisung möchte auf Seite 1 eine vierte Spalte hinzufügen und diese mit den Werten 88 beziehungsweise 99 befüllen. MATLAB erzeugt die folgende Ausgabe:

```
ak(:,:,1) =
  11  22   3  88
  33  44   6  99
ak(:,:,2) =
   7   8  44   0
  22  33  55   0
ak(:,:,3) =
  13  14  15   0
  16  17  18   0
```

Beachten Sie, dass die anderen Seiten jetzt auch eine vierte Spalte haben. Diese sind zwar jeweils mit Nullen gefüllt, MATLAB fügt sie aber dennoch hinzu, um eine ordentliche Struktur der Matrix beizubehalten.

Die Datenstrukturen cell array und structure verwenden

Alle Matrizen, die Sie bisher erzeugt haben, enthalten immer denselben Datentyp für alle Elemente, wie zum Beispiel double oder uint8. Jede Matrix, die Sie erzeugen, wird für alle

Elemente denselben Datentyp haben – in einer Matrix können Sie kein Gemisch von Typen haben. Für solche Spezialaufgaben stehen Ihnen jedoch zwei andere Datenstrukturen zur Verfügung:

✔ Ein *cell array* (Zellenfeld) funktioniert ähnlich wie ein Arbeitsblatt einer Tabellenkalkulation.

✔ Eine *structure* (Struktur) funktioniert ähnlich wie ein Datenbankeintrag.

Diese beiden Datenbehälter erlauben Ihnen neben Zahlen weitere Datentypen zu speichern und sogar, diese untereinander zu mischen. Theoretisch können Sie damit sogar eine kleine Datenbank oder andere Speicherstrukturen aufbauen, ohne andere Anwendungen verwenden zu müssen. Als typischer Anwender von MATLAB werden Sie davon jedoch wahrscheinlich keinen Gebrauch machen. Dennoch zahlt es sich aus, zu wissen, was man damit anstellen kann. In den folgenden Unterabschnitten lernen Sie die Grundlagen kennen und erfahren, wo Sie sich gegebenenfalls mehr Hilfe holen können.

Cell arrays (Zellenfelder) verstehen

Zellenfelder sind wie Tabellenblätter, weil jede einzelne Zelle in einem Zellbereich genauso funktioniert wie eine Zelle in einer Tabellenkalkulation. In der Tat werden Arbeitsblätter beim Importieren in MATLAB in ein MATLAB-Zellenfeld umgewandelt. Da Tabellenkalkulationen so beliebt sind, werden Sie Zellenfeldern wahrscheinlich auch eher begegnen als Strukturen (*structures*).

Einen neuen Zellbereich erzeugen Sie mit der Funktion cell(). Um zum Beispiel einen 2 × 2 × 2-zu erzeugen, geben Sie **an = cell(2, 2, 2)** ein und dann Enter. Sie sehen folgendes Ergebnis:

```
an(:,:,1) =
    []    []
    []    []
an(:,:,2) =
    []    []
    []    []
```

Zu diesem Zeitpunkt sind alle Zellen leer. Um auf einzelne Elemente zugreifen zu können, verwendet MATLAB andere Klammern als die eckigen, nämlich geschweifte Klammern ({}). Um aus dem Zellenfeld an etwas Sinnvolles zu machen, geben Sie folgende Codezeilen ein und drücken Enter nach jeder Zeile. Vergessen Sie nicht die Semikola.

```
an{1,1,1} = 'Georg';
an{1,2,1} = 'Schmidt';
an{2,1,1} = rand();
an{2,2,1} = uint16(1953);
an{1,1,2} = true;
```

```
an{1,2,2} = false;
an{2,1,2} = 14.551 + 2.113i;
an{2,2,2} = 'Ende!'
```

Da Sie in jeder Zeile – außer der letzten – ein Semikolon hinter die Anweisung gesetzt haben, war keine Ausgabe zu sehen. Nachdem Sie die letzte Zeile eingegeben haben, sollten Sie ungefähr folgendes Ergebnis von MATLAB sehen:

```
an(:,:,1) =
    'Georg'        'Schmidt'
    [0.1270]       [    1953]
an(:,:,2) =
    [               1]    [      0]
    [14.5510 + 2.1130i]    'Ende!'
```

Die Ausgabe sieht aus wie bei einer normalen mehrdimensionalen Matrix. Sie können auf die Elemente auf die gleiche Weise zugreifen, benutzen jedoch geschwungene Klammern. Geben Sie zum Beispiel **an{1, :, 2}** ein und dann Enter, um die erste Zeile von Seite 2 zu sehen. Das Ergebnis sieht so aus:

```
ans =
    1
ans =
    0
```

In MATLAB werden die Werte `true` (wahr) und `false` (falsch) durch 1 und 0 dargestellt. Um das selbst auszuprobieren, geben Sie **true** ein und dann Enter. Sie sehen, dass der Wert 1 ausgegeben wird. Wenn Sie **false** eingeben und dann Enter, wird der Wert 0 ausgegeben.

 Jedes der Elemente wird wie ein eigenständiges Objekt behandelt. Sie können jedoch Bereiche auswählen und mit individuellen Werten arbeiten, genau wie bei einer mehrdimensionalen Matrix. Achten Sie jedoch darauf, immer geschweifte Klammern zu verwenden, wenn Sie mit Zellenfeldern arbeiten.

 Sie können Zellenfelder und Matrizen im Arbeitsbereichsfenster unterscheiden, indem Sie auf die Icons achten. Das Icon für Zellenfelder enthält geschweifte Klammern, sodass es sich leicht unterscheiden lässt vom Icon für Matrizen, welches aussieht wie eine Mini-Tabelle. In der *Value*-Spalte steht auch nochmal explizit, dass es sich um ein Zellenfeld handelt (`cell`) und nicht um einen anderen Datentyp wie zum Beispiel `double`.

Strukturen (structures) verstehen

Strukturen sind enger mit den Tabellen einer SQL-Datenbank verwandt als mit den Arbeitsblättern einer Tabellenkalkulation. Jeder Eintrag besteht aus einem Wertepaar: dem Feldnamen und einem Wert. Die Feldnamen sind grundsätzlich beschreibende Zeichenketten, aber die Werte können alles sein, was zu diesem Feldnamen gehören kann. Um etwas besser in den Griff zu bekommen, wie eine Struktur aufgebaut ist, geben Sie **myStruct = struct('Vorname', 'Erika', 'Nachname', 'Mustermann', 'Alter', 32, 'Verheiratet', false)** und dann Enter ein. Sie sehen folgende Ausgabe:

```
myStruct =
        Vorname: 'Erika'
       Nachname: 'Mustermann'
          Alter: 32
     Verheiratet: 0
```

Beachten Sie, wie Feldnamen und Werte jeweils Paare bilden. Eine Struktur wurde dazu entworfen, im Speicher zu existieren wie eine Datenbank. Im Moment enthält *myStruct* einen Datensatz. Auf diesen können Sie zugreifen, indem Sie **MyStruct(1)** und dann Enter eingeben. Das Ergebnis sieht so aus:

```
ans =
        Vorname: 'Erika'
       Nachname: 'Mustermann'
          Alter: 32
     Verheiratet: 0
```

Vielleicht wollten Sie aber gar nicht mit einem ganzen Datensatz arbeiten. Um auf ein bestimmtes Feld des Datensatzes zugreifen zu können, geben Sie einen Punkt gefolgt von dem Feldnamen ein. Beispielsweise können Sie **myStruct(1).Nachname** eingeben und dann Enter. Sie sehen die folgende Antwort:

```
ans =
Mustermann
```

Eine Struktur mit nur einem Datensatz ist auch nicht so spannend. Es wäre viel realitätsnäher, mehrere Datensätze in einer Struktur zu haben. Um jetzt einen weiteren Datensatz einzugeben, geben Sie **myStruct(2) = struct('Vorname', 'Udo', 'Nachname', 'Unbescholten', 'Alter', 35, 'Verheiratet', true)** ein und dann Enter. Das Ergebnis mag jetzt etwas überraschend sein. Sie sehen nämlich:

```
myStruct =
1x2 struct array with fields:
    Vorname
```

```
Nachname
Alter
Verheiratet
```

Die Ausgabe sagt Ihnen, wie viele Datensätze myStruct enthält. Sie können sich den zweiten Datensatz anzeigen lassen, indem Sie **myStuct(2)** und dann Enter eingeben. Jetzt entspricht die Ausgabe wieder Ihren Erwartungen:

```
ans =
       Vorname: 'Udo'
      Nachname: 'Unbescholten'
         Alter: 35
    Verheiratet: 1
```

 Sie müssen sich bei den Elementen einer Struktur nicht auf die einfachen Datentypen wie double oder int16 beschränken. Strukturen können Matrizen, sogar mehrdimensionale Matrizen, enthalten, und Sie können die Dimensionen der Objekte mischen. Hinzukommt, dass Strukturen und Zellenfelder sich gegenseitig enthalten können. Ein Element eines Zellenfeldes kann eine Struktur sein und ein Element einer Struktur ein Zellenfeld. Wichtig ist, dass die beiden Typen äußerst flexible Datencontainer darstellen, wenn Sie diese benötigen. Sie sollten die Dinge aber nicht unnötig kompliziert machen, indem Sie diese Datenstrukturen nutzen, wenn Sie sie nicht unbedingt benötigen. Wenn Sie zum Beispiel nur Daten eines bestimmten Typs speichern, ist eine Matrix das Mittel der Wahl.

Dies war nur ein kurzer Überblick über Strukturen (*structures*). Gehen Sie auf die Hilfeseiten von MATLAB und klicken Sie MATLAB ⇨ *Language Fundamentals* ⇨ *Data Types* ⇨ *Structures* für zusätzliches Material zu diesem Thema.

Die Matrix-Hilfe verwenden

Bei der Arbeit mit Matrizen wird es vorkommen, dass Sie Ihren Code testen müssen. Dafür hält MATLAB Hilfe bereit in Form von verschiedenen Möglichkeiten, Matrizen (Tabelle 5.1) und Testmatrizen (Tabelle 5.2) zu erzeugen sowie Probleme mit Matrizen zu diagnostizieren (Tabelle 5.3). Die Tabellen in diesem Abschnitt helfen Ihnen dabei, Ihre Produktivität im Umgang mit Matrizen deutlich zu steigern.

In den Tabellen steht nur eine Auswahl besonders verbreiteter und nützlicher Anweisungen. MATLAB hat bedeutend mehr zu bieten. An den folgenden Stellen im MATLAB-Hilfesystem können Sie noch weit mehr Informationen finden:

✔ *Help Home* ⇨ MATLAB ⇨ *Language Fundamentals* ⇨ *Matrices and Arrays*

✔ *Help Home* ⇨ MATLAB ⇨ Mathematics ⇨ *Elementary Math* ⇨ *Constants and Test Matrices*

Funktion	Was sie tut	Aufruf	Beispiel

zeros()	Erzeugt eine Matrix mit Nullen.	zeros(<mat_size>), wobei mat_size eine positive Zahl, zwei positive Zahlen oder ein Vektor sein kann.	» zeros(3)
			ans =
			  0 0 0
			  0 0 0
			  0 0 0

ones()	Erzeugt eine Matrix mit Einsen.	ones(<mat_size>), wobei mat_size eine positive Zahl, zwei positive Zahlen oder ein Vektor sein kann.	» ones(3)
			ans =
			  1 1 1
			  1 1 1
			  1 1 1

eye()	Erzeugt eine Einheitsmatrix mit eins auf der Diagonalen und null sonst.	eye(<mat_size>), wobei mat_size eine positive Zahl, zwei positive Zahlen oder ein Vektor (mit höchstens Länge 2) sein kann. Dieser Aufruf erlaubt Ihnen nicht, N-dimensionale Felder (_arrays_) zu erzeugen.	» eye(3)
			ans =
			  1 0 0
			  0 1 0
			  0 0 1

rand()	Erzeugt eine Matrix von gleichverteilten Zufallszahlen.	rand(<mat_size>), wobei mat_size wie bei ones() funktioniert.	» rand(3)
			ans =
			  0.8147 0.9134 0.2785
			  0.9058 0.6324 0.5469
			  0.1270 0.0975 0.9575

randn()	Erzeugt eine Matrix von standardnormal verteilten Zufallszahlen.	randn(<mat_size>), wobei mat_size wie bei ones() funktioniert.	» randn(3)
			ans =
			  2.7694 0.7254 -0.2050
			  -1.3499 -0.0631 -0.1241
			  3.0349 0.7147 1.4897

blkdiag()	Erzeugt eine blockdiagonale Matrix.	blkdiag(a, b, c, ...), wobei a, b, c, ... Matrizen sind.	» blk-
			diag(ones(2), ones(2))
			ans =
			  1 1 0 0
			  1 1 0 0
			  0 0 1 1
			  0 0 1 1

Tabelle 5.1: Matrizen erzeugen

Funktion	Was sie tut	Aufruf	Beispiel
magic()	Erzeugt eine magische quadratische Matrix: Die Zeilen- und Spaltensummen sind gleich.	magic(n), wobei n die Anzahl Zeilen und Spalten ist.	» magic(3) ans = 　8　1　6 　3　5　7 　4　9　2
gallery()	Erzeugt eine Vielzahl von Testmatrizen zum Testen Ihres Codes.	gallery('<option>', <mat_size>, j), wobei <option> eine Zeichenkette ist, die festlegt, welche Art Matrix zu erzeugen ist. Zum Beispiel erzeugt 'binomial' eine Matrix mit binomialverteilten Zufallszahlen. Das Argument mat_size ist eine positive Zahl, zwei positive Zahlen oder ein Vektor. Jede unterschiedliche positive Zahl j resultiert in einer unterschiedlichen Matrix.	» gallery('normaldata', 3, 3) ans = 　0.9280 -0.7230　0.2673 　0.1733 -0.5744　1.3345 -0.6916 -0.3077 -1.3311

Tabelle 5.2: Testmatrizen erzeugen

Funktion	Was sie tut	Aufruf	Beispiel
rng()	Steuert den Zufallszahlengenerator.	rng(<my_seed>, '<my_option>'), wobei <my_seed> ein numerischer Wert ist, mit dem der Startwert in der Reihe der (Pseudo-) Zufallsvariablen festgelegt wird. Mit dem Argument '<my_option>' wird der konkrete Zufallszahlengenerator (Algorithmus) ausgewählt.	rng('default') setzt den Zufallsgenerator zurück auf einen definierten Wert. Diese Anweisung ist sinnvoll, wenn Sie reproduzierbare Zufallszahlen oder -matrizen brauchen.

Tabelle 5.3: Diagnostik

Funktion	Was sie tut	Aufruf	Beispiel
size()	Gibt die Größe (Dimensionen) einer Matrix zurück.	size(<Ihre_Matrix>)	» si-ze(zeros(2,3,4)) ans = 2 3 4
length()	Gibt die Länge eines Vektors zurück.	length(<Ihre_Matrix>)	» length(0:50) ans = 51
spy()	Erzeugt eine grafische Darstellung der Matrix, in der Nullen weiß abgebildet sind.	spy(<Ihre_Matrix>)	» spy(blkdiag(ones (100), ones(200), ones(100)))

Tabelle 5.3: Diagnostik (Fortsetzung)

Schreiben Sie zunächst die gesamte Anweisung der Beispiele in eine Zeile. Wenn Sie Zeilenumbrüche verwenden wollen, müssen Sie ans Ende jeder Zeile drei Punkte setzen: . . .. Dadurch weiß MATLAB, dass die Anweisung in der folgenden Zeile weitergeht.

Die Grundlagen der Grafik verstehen

In diesem Kapitel ...

▶ Grafiken definieren und verstehen

▶ Mit Grafikfunktionen arbeiten

▶ Eigenschaften einer Grafik verändern

▶ Zweidimensionale Grafiken erzeugen

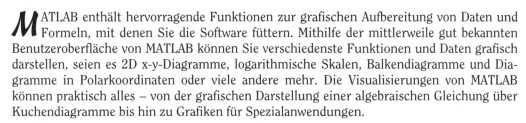

*M*ATLAB enthält hervorragende Funktionen zur grafischen Aufbereitung von Daten und Formeln, mit denen Sie die Software füttern. Mithilfe der mittlerweile gut bekannten Benutzeroberfläche von MATLAB können Sie verschiedenste Funktionen und Daten grafisch darstellen, seien es 2D x-y-Diagramme, logarithmische Skalen, Balkendiagramme und Diagramme in Polarkoordinaten oder viele andere mehr. Die Visualisierungen von MATLAB können praktisch alles – von der grafischen Darstellung einer algebraischen Gleichung über Kuchendiagramme bis hin zu Grafiken für Spezialanwendungen.

In diesem Kapitel erfahren Sie, wie Sie die Funktionen für 2D-Grafik verwenden, um funktionale Zusammenhänge oder Daten darzustellen. Darüber hinaus lernen Sie, wie dieselben Prozesse auch für andere Grafikroutinen in MATLAB zur Anwendung kommen. Sie lernen auch, welche Arten von Grafiken für welche Arten von Daten häufig verwendet werden, wie Sie Diagramme kombinieren und wie Sie Ihre Grafiken an konkrete Daten anpassen.

Mit MATLAB können Sie Grafiken erzeugen, die ausschließlich auf einer von Ihnen vorgegebenen Formel beruhen. Obwohl dieses Kapitel sich im Wesentlichen auf die häufig verwendeten Eingangsdaten wie Vektoren und Matrizen konzentriert, lesen Sie in Anhang B eine Auflistung aller Grafiktypen, die MATLAB unterstützt. Besuchen Sie zu diesem Thema auch die Online-Ressourcen zu diesem Buch (wie in der Einleitung näher erläutert) und die Blogeinträge unter `http://blog.johnmuellerbooks.com/`, um zu sehen, wie Sie mit weiteren Grafiktypen arbeiten.

Grafik in MATLAB verstehen

Ein *Diagramm* ist einfach eine Visualisierung von Daten. Die meisten Menschen sehen die Daten einer Tabelle, ohne dass sie daraus einen Zusammenhang herstellen oder Schlüsse ziehen können. Die Interpretation von Daten ist schwierig, ohne das Verhältnis der Datenpunkte untereinander zu erfassen. Ein Diagramm verdeutlicht dem Betrachter die Relationen zwischen Datenpunkten besser und hilft ihm dabei, Muster zu erkennen. In den folgenden Abschnitten entdecken Sie den besonderen Reiz von MATLAB-Grafiken und erfahren, wie Sie die grafische Darstellung Ihrer Daten interessant und hilfreich gestalten können.

Was Sie mit Grafiken tun können

Menschen sind visuell orientiert. Sie könnten eine normale Tabelle mit den Werten einer Sinuskurve füllen und niemand würde darauf kommen, dass die Werte einem bestimmten *Muster* folgen, geschweige denn einer Sinusfunktion entstammen. Wenn Sie die Daten jedoch grafisch darstellen, wird schlagartig klar, dass die Daten einem bestimmten charakteristischen Muster folgen. Die Sinusfunktion wird grafisch sichtbar und verständlich.

Eine Sinusfunktion besteht aus einer besonders gut bekannten Abfolge von Datenpunkten, sodass manche Betrachter der Tabelle doch darauf kommen können, was die Daten repräsentieren. Mit größerer Komplexität Ihrer Daten wird es jedoch immer schwieriger, die Muster zu erkennen und zuzuordnen. Ab einem bestimmten Komplexitätsgrad werden die meisten Leute nicht mehr verstehen können, was sie in einer einfachen Datentabelle sehen. Das erste Ziel eines Diagramms ist also, Muster in den Daten leicht erfassbar zu machen.

Grafiken werden auch eingesetzt, um bestimmte Aussagen zu stützen. Sie können dieselben Daten verwenden und verschiedene Ansichten aus ihnen erzeugen, um bestimmte Schlüsse zu untermauern: »Die Firma hat gar nicht so viel Geld durch schlechte Produkte verloren« könnte eine Aussage sein oder »Das Unternehmen hat eine ganze Menge Kunden durch eine neue Methode gewonnen«. Eine Grafik für Ihre Daten legt auch immer einen bestimmten Blickwinkel fest. Die Grafik unterstützt Sie dabei, Ihre spezielle Aussage zu erhärten.

Grafiken können auch Hinweise geben, wie gegenwärtige Situationen verändert werden können oder wie sich bestimmte Parameter auswirken können. Betrachter sehen ja nicht nur Muster, die darin enthalten sind, sondern auch diejenigen, welche darin enthalten sein *könnten*, wenn die Voraussetzungen dafür gegeben sind. Es ist dieses kreative Wechselspiel, welches grafische Darstellungen für Wissenschaftler und Ingenieure so essenziell werden lässt. Die Möglichkeit, die Grafik durch die Fantasie lebendig werden zu lassen, ist ein sehr wichtiger Aspekt des ganzen Themas »Grafik«.

MATLAB-Grafik mit den Diagrammen einer Tabellenkalkulation vergleichen

Die Aussage mag Ihnen vielleicht trivial vorkommen, aber die Diagramme von Tabellenkalkulationsprogrammen sind im Wesentlichen für den Einsatz im geschäftlichen Bereich vorgesehen. Daraus resultiert, dass die Funktionalitäten besser geeignet sind, eine Geschäftsentwicklung darzustellen, wie zum Beispiel die Verkaufszahlen des Quartals oder die Produktionsrate in einer Fabrik. Die Grafikfunktion einer Tabellenkalkulation enthält die im geschäftlichen Bereich wesentlichen Funktionen, wie zum Beispiel Trendlinien verschiedenster Art, um zu sehen, wie sich Zahlen über die Zeit verändern.

Die Grafiken von MATLAB eignen sich mehr für die Anwendung im wissenschaftlichen Bereich oder dem Ingenieurwesen. Natürlich enthält eine MATLAB-Grafik auch die Möglichkeiten einer geschäftlichen Grafik. Zum Beispiel können Sie ein Kuchendiagramm sowohl in der Tabellenkalkulation als auch in MATLAB erstellen und die Daten in ähnlicher Weise einlesen. Es gibt jedoch in MATLAB grafische Darstellungsmöglichkeiten, die Sie in einer Tabellenkalkulation vergeblich suchen, wie zum Beispiel eine halblogarithmische Darstellung (um logarithmische Daten zu visualisieren). Ein geschäftlicher Nutzer wird wahrscheinlich auch wenig Verwendung für ein Stamm-Blatt-Diagramm haben – eine Grafik, die die Häufigkeit darstellt, mit der bestimmte Werte vorkommen.

Auch die Art, wie beide Systeme Informationen darstellen, unterscheidet sich. Die Grafik einer Tabellenkalkulation soll vor allem gefallen und einen guten Überblick über die Zusammenhänge geben. Die Idee dahinter ist, den Betrachter von der Gültigkeit der Daten zu überzeugen, indem grobe Trends aufgezeigt werden. Geschäftsleute haben eher nicht die Zeit, ins Detail zu gehen; sie müssen schnell Entscheidungen treffen und stützen sich dabei auf Trends. MATLAB hingegen lebt von Details. Das bedeutet, Sie können in eine Grafik hinein*zoomen*, einzelne Datenpunkte genauer untersuchen und mit der Grafik auf verschiedenste Weise arbeiten, die für eine geschäftliche Nutzung eher überflüssig ist.

 Es gibt nicht *den* besten Weg, wie man Informationen grafisch aufbereiten kann oder sollte. Alles, was zählt, ist der Erfolg bei der Betrachterin oder dem Betrachter. Der wesentliche Unterschied zwischen einer Tabellenkalkulation und MATLAB ist, dass Erstere dem Entscheider schnelle Entscheidungen ermöglicht und MATLAB eher für akkurate Entscheidungen steht.

Eine Grafik mithilfe von Anweisungen erstellen

MATLAB macht es Ihnen leicht, eine Grafik zu erstellen. Bevor Sie ein Diagramm erstellen, benötigen Sie natürlich die entsprechenden Daten. In den folgenden Schritten erzeugen Sie zunächst einen Satz Daten und verwenden diesen anschließend, um eine Grafik zu erzeugen. Obwohl der Grafikprozess in MATLAB ziemlich simpel aussieht, ist er doch sehr mächtig für praktisch alle Daten, die Sie schnell grafisch darstellen wollen. Hinzu kommt, dass Sie dafür noch nicht einmal die grafische Benutzeroberfläche von MATLAB verwenden müssen.

1. **Geben Sie im Anweisungsfenster** x = -pi:0.01:pi; **ein und dann Enter.**

    MATLAB erzeugt einen Vektor x und füllt ihn mit Datenpunkten auf. Die Daten beginnen bei ❑pi und enden bei pi, wobei die Schrittweite 0,01 beträgt. Indem Sie das Semikolon verwenden, unterdrücken Sie die Ausgabe des Vektors im Anweisungsfenster. Wenn Sie jedoch in das Arbeitsbereichsfenster sehen, stellen Sie fest, dass der Vektor 629 Datenpunkte hat.

2. **Geben Sie** plot(x, sin(x)), grid on **ein und drücken Sie Enter.**

    Sie sehen die Grafik, welche in Abbildung 6.1 dargestellt ist. Es ist eine Sinuskurve, die von MATLAB auf Basis Ihrer Anweisung erzeugt wurde.

    Die Funktion plot() akzeptiert die Menge von Datenpunkten, die Sie übergeben haben, als gültige Eingabe. Der Vektor x enthält eine Folge von Werten von ❑pi bis pi. Mithilfe der Funktion sin() berechnen Sie für jeden einzelnen Wert den Sinus, und somit die Werte, die für den Graphen benötigt werden. In dieser Anwendung der Funktion plot() sehen Sie die kleinste Menge an Eingangsinformationen, mit der man die Funktion plot() aufrufen

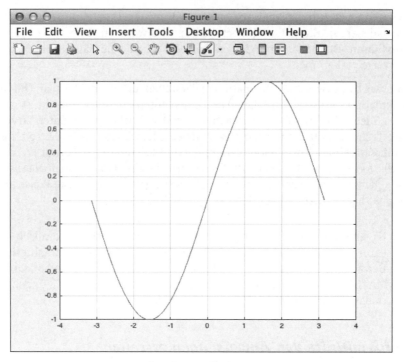

Abbildung 6.1: Das Diagramm verwendet alle Standardeinstellungen für Grafik, bis auf das Raster.

kann. Der x-Wert, den Sie zuerst angeben, enthält die Informationen für die x-Achse der Kurve. Der Wert sin(x), den Sie als zweiten angeben, enthält die Informationen für die y-Achse der Grafik.

Sie können jede Art von Grafik mithilfe von Anweisungen im Anweisungsfenster erzeugen, genauso können Sie allerdings auch die Benutzeroberfläche (siehe Abbildung 6.1) von MATLAB verwenden. Geben Sie zum Beispiel einmal **area(x, sin(x)), grid** ein und dann Enter. Sie sehen das Diagramm, welches in Abbildung 6.2 dargestellt ist. In diesem Fall ist die Kurve allerdings als Flächendiagramm dargestellt. Sie können in MATLAB die Erscheinung von Grafiken auch durch Anweisungen im Anweisungsfenster beeinflussen.

Eine Grafik mithilfe des Arbeitsbereichsfensters erstellen

Das Arbeitsbereichsfenster zeigt Ihnen alle Variablen an, die Sie erzeugt haben – ungeachtet des Typs. Was Sie vielleicht noch nicht wussten, ist, dass Sie mit der rechten Maustaste jede dieser Variablen anklicken können und ein Diagramm davon erzeugen. Wenn Ihr gewünschter Diagrammtyp nicht angezeigt wird, wählen Sie die *Plot Catalog*-Option, um eine vollständige

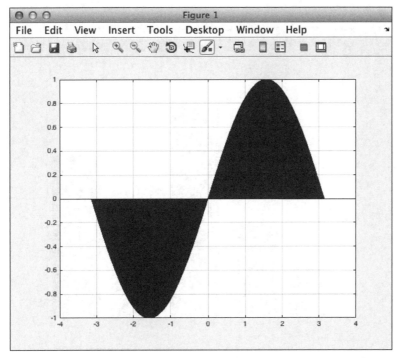

Abbildung 6.2: Alles, was Sie über die grafische Oberfläche erreichen können, erreichen Sie auch mit Anweisungen im Anweisungsfenster.

Liste der möglichen Diagramme zu sehen. Die folgenden Schritte helfen Ihnen, eine Variable zu erzeugen und diese anschließend mit der Funktionalität des Arbeitsbereichsfensters grafisch darzustellen.

1. **Geben Sie im Anweisungsfenster** y = [5, 10, 22, 6, 17]; **ein und dann Enter.**

   Jetzt sehen Sie die Variable y im Arbeitsbereichsfenster.

2. **Klicken Sie mit der rechten Maustaste auf die Variable** y **und wählen Sie** bar(y) **im Kontextmenü.**

   MATLAB erzeugt ein Balkendiagramm unter Verwendung der Standardeinstellungen. Das Ergebnis sehen Sie in Abbildung 6.3.

 Obwohl diese Methode wirklich ziemlich eingeschränkt aussieht, ist sie doch ein hervorragendes Hilfsmittel, um eine schnelle Visualisierung von Daten zu erzeugen, mit der Sie Muster erkennen können oder verstehen, wie die Datenpunkte zueinander in Beziehung stehen. Der Vorteil dieser Methode ist, dass sie sehr schnell ein brauchbares Ergebnis liefert.

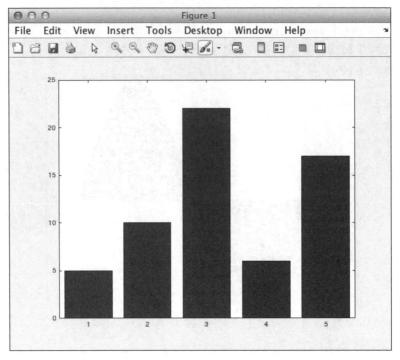

Abbildung 6.3: Balkendiagramme eignen sich am besten für wenige diskrete Werte, die Sie miteinander vergleichen wollen.

MATLAB überschreibt das vorangegangene Diagramm, wenn Sie ein neues Diagramm erstellen. Wenn Sie das verhindern wollen, verwenden Sie die Anweisung `hold`, welche später im Kapitel noch näher beschrieben wird. Wenn Sie die Beispiele im vorigen Abschnitt erzeugt haben, ist Ihnen sicher aufgefallen, dass alle Diagramme im selben Fenster – dem von Abbildung 6.1 – erzeugt wurden und nicht jedes Mal ein neues Fenster geöffnet wurde. Ihr altes Diagramm wird sofort überschrieben, wenn Sie ein neues erzeugen, es sei denn, Sie speichern die alte Grafik in eine Datei oder verwenden die Anweisung `hold`.

Eine Grafik mithilfe des Reiters Plots erstellen

Wenn Sie sich den Reiter *Plots* näher ansehen, erkennen Sie eine ganze Galerie von möglichen Diagrammarten. Auf den ersten Blick sehen Sie nur ein paar der erhältlichen Grafiken. Wenn Sie jedoch den nach unten weisenden Pfeil rechts von der Galerie anklicken, sehen Sie die Auswahl von Grafiken wie in Abbildung 6.4.

Um diesen Weg zu einem Diagramm zu beschreiten, wählen Sie eine Variable im Arbeitsbereichsfenster aus und wählen anschließend eine der Diagrammarten, die Ihnen in der Galerie angezeigt werden. Das ist das Mittel der Wahl, wenn Sie nicht von vornherein wissen,

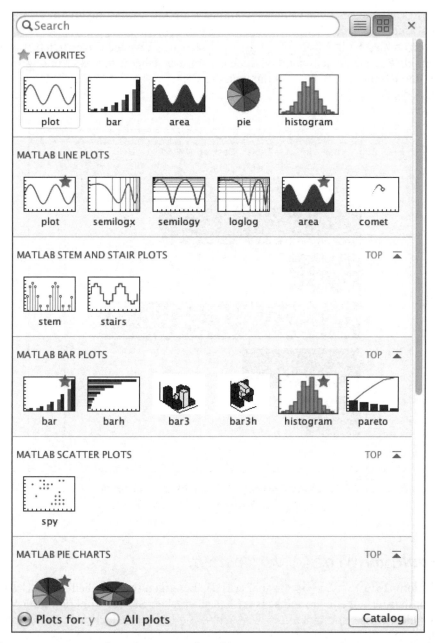

Abbildung 6.4: MATLAB verfügt über eine große Zahl an Diagrammtypen, die Sie verwenden können.

welche Art Grafik Sie erzeugen wollen – womit eine direkte Anweisung im Anweisungsfenster wegfällt – und Ihnen die Angebote im Kontextmenü nicht zusagen. Vielleicht wollen Sie ja ein horizontales Balkendiagramm mit den Daten der Variablen y erstellen. Um das zu erreichen, klicken Sie einfach auf die Variable y im Arbeitsbereichsfenster und wählen dann barh im Bereich mit den Balkendiagrammen der Galerie. Das Ergebnis sieht in etwa aus wie in Abbildung 6.5.

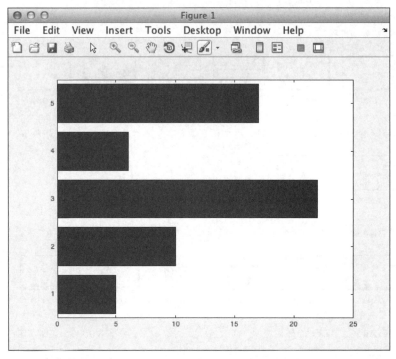

Abbildung 6.5: Der Reiter Plots enthält Möglichkeiten, die im Kontextmenü des Arbeitsbereichsfensters nicht erscheinen.

Die Funktion plot() verwenden

Die Funktion plot() ist äußerst flexibel, was das Erzeugen und Bearbeiten von Grafiken im Anweisungsfenster angeht. Im einfachsten Fall übergeben Sie der Funktion zwei Vektoren: einen für die x-Achse und einen für die y-Achse. Sie können jedoch weit mehr Argumente übergeben, um das Erscheinungsbild des resultierenden Diagramms anzupassen. Die folgenden Abschnitte versorgen Sie mit weiteren Details über die Arbeit mit der Funktion plot() und wie Sie sie dazu bringen, Ihren Wünschen entsprechende Diagramme zu erzeugen.

Mit Linienfarbe, Symbolen und Linientyp arbeiten

Die Funktion plot()erwartet Ihre Argumente in Dreiergruppen. Die x-Achse, die y-Achse und eine Zeichenkette, die aus bis zu vier Zeichen besteht und die Linienfarbe, das Symbol sowie den Linientyp festlegt.

Tabelle 6.1enthält die möglichen Werte für die Zeichenkette. Zum Bearbeiten eines Diagramms verändern Sie eines oder mehrere der drei Argumente x-Achse, y-Achse und Zeichenkette.

Linienfarbe		Symbol		Linientyp	
Code	Farbe	Code	Symbol	Code	Linientyp
b	blau	.	Punkt	-	durchgezogen
g	grün	o	Kreis	:	gepunktet
r	rot	x	Kreuz	-.	Punkt-Strich
c	zyanblau	+	Plus	--	gestrichelt
g	magenta	*	Sternchen	(nichts)	keine Linie
y	gelb	s	Quadrat		
k	schwarz	d	Diamant		
w	weiß	v	Dreieck nach unten		
		^	Dreieck nach oben		
		<	Dreieck nach links		
		>	Dreieck nach rechts		
		p	Stern mit 5 Spitzen		
		h	Stern mit 6 Spitzen		
		(nichts)	kein Symbol		

Tabelle 6.1: Linienfarbe, Symbol für Datenpunkte und Linientyp

Sie können die Einträge in allen möglichen Kombinationen verwenden. Geben Sie als Beispiel mal **plot(1:5, y, 'r+--')** gefolgt von Enter ein, dann sollten Sie etwa das Diagramm von Abbildung 6.6 erhalten. Es kommt zwar im Buch nicht heraus, die Linie soll jedoch rot sein. Die Symbole für die Datenpunkte sind Plus-Zeichen und die Linie ist gestrichelt.

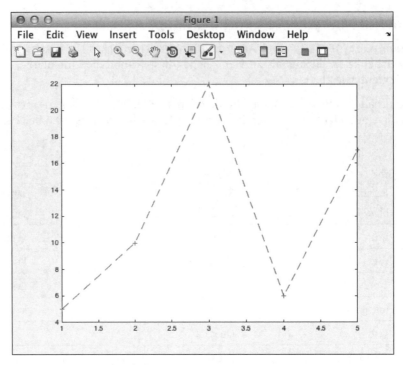

Abbildung 6.6: Hübschen Sie Ihre Diagramme mit Styles auf.

Mehrere Grafiken mit einer Anweisung erzeugen

Es kommt häufig vor, dass Sie mehrere Datenmengen in einem Diagramm darstellen wollen. Die Funktion plot() kann so viele Kurven wie von Ihnen benötigt verarbeiten und anzeigen. Vielleicht wollen Sie zum Beispiel sowohl den Cosinus als auch den Sinus von x darstellen, um sie zu vergleichen. Um das in die Tat umzusetzen, geben Sie **plot(x, sin(x), 'g-', x, cos(x),'b--')** und dann Enter ein. Den Vektor x hatten Sie ja schon mit x = -pi:0.01:pi; definiert. In Abbildung 6.7 sehen Sie das Ergebnis.

In diesem Fall erscheint der Sinus als eine durchgezogene grüne Linie. Der Cosinus erscheint als blaue gestrichelte Linie. Beachten Sie, dass jede Kurve mithilfe von drei Werten festgelegt wird: x-Achse, y-Achse und Formatierung. Sie können beliebig viele weitere Kurven eingeben, wenn Sie wollen.

Grafiken verändern

Irgendwann wollen Sie vielleicht einmal den Inhalt Ihrer Grafik verändern. Vielleicht wollen Sie eine Legende hinzufügen oder die Darstellung verändern. Wenn die Darstellung der Kurven als Ganzes Ihre Erwartungen erfüllt und Sie damit zufrieden sind, wollen Sie vielleicht bestimmte Punkte auf der Kurve beschriften oder die Ausgabe noch etwas hübscher machen.

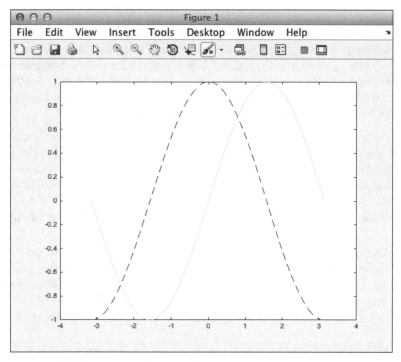

Abbildung 6.7: Stellen Sie mehrere Graphen dar, wenn nötig.

Wie Sie es sicher inzwischen schon erwarten, können Sie Ihre Grafiken mithilfe der grafischen Benutzeroberfläche oder mithilfe von Anweisungen im Anweisungsfenster modifizieren.

 Welche Methode Sie zum Verändern Ihrer Grafiken benutzen, ist völlig Ihnen überlassen. Manchen Menschen fällt die Arbeit mit der Tastatur leichter, anderen die mit der Maus und wieder anderen eine Kombination von beidem. Die Arbeit mit der Tastatur ist am schnellsten; damit Sie das voll ausnutzen können, müssen Sie jedoch einige Tastaturkürzel oder Anweisungen auswendig kennen. Die grafische Benutzeroberfläche hilft Ihrem Gedächtnis sehr gut auf die Sprünge, die Arbeit mit der Maus ist jedoch bedeutend langsamer und es kann etwas mühsam werden, eine bestimmte Funktionalität in irgendeinem entlegenen Menü aufzuspüren. In den folgenden Abschnitten beschreiben wir ein paar Methoden zum Modifizieren eines Diagramms.

Einfache Veränderungen vornehmen

Es gibt zahlreiche einfache Veränderungen, die Sie an Ihrem Diagramm vornehmen können, die nicht mehr erfordern, als dass Sie die entsprechende Anweisung eintippen. Um zum Beispiel Ihrer Grafik ein Raster zu spendieren, geben Sie einfach **grid on** und dann Enter ein. MATLAB verfügt im Übrigen über einige Anweisungen mit `grid` im Namen. Beispielsweise schaltet `grid minor` ein noch feineres Raster an und wieder aus.

Wenn Sie zu Ihrer Grafik eine Legende hinzufügen, geben Sie im Wesentlichen nur einen Namen für die jeweilige Kurve ein. Wenn Sie Ihrer Grafik in Abbildung 6.7 zum Beispiel eine Legende hinzufügen wollen, geben Sie **legend('Sinus','Kosinus')** und dann Enter ein. Sie können auch Dinge wie die Orientierung der Legende verändern. Die Standardeinstellung ist vertikal, Sie können sie aber in horizontal ändern, indem Sie **legend('orientation','horizontal')** und dann Enter eingeben. Beachten Sie, dass der Name der zu ändernden Eigenschaft zuerst kommt. Danach kommt die konkrete Ausprägung, die Sie wünschen.

Mit MATLAB können Sie auch Überschriften für verschiedene Teile der Grafik erstellen. Um beispielsweise der gesamten Grafik einen Namen zu geben, geben Sie **title('Sinus und Kosinus')** und dann Enter ein. Sie können auch Beschriftungen für die x-Achse mithilfe von `xlabel()` und für die y-Achse mit `ylabel()` hinzufügen. Sie sehen, MATLAB gibt Ihnen die volle Kontrolle über das Erscheinungsbild der Grafik. In Abbildung 6.8 sehen Sie die Auswirkungen der bisher probierten Anweisungen – vergleichen Sie sie mit Abbildung 6.7.

Wenn Sie einen Fehler machen, können Sie die aktuelle Grafik mithilfe der Anweisung `clf` jederzeit löschen. Die Anweisung `clf` tut bei der Grafik das, was die Anweisung `clc` im Anweisungsfenster bewirkt. Sie sollten die Anweisung jedoch mit der gebotenen Vorsicht einsetzen, da es keine Möglichkeit gibt, ein einmal gelöschtes Diagramm per Knopfdruck wiederherzustellen.

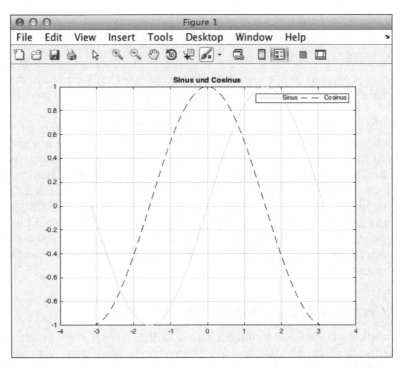

Abbildung 6.8: Ändern Sie das Erscheinungsbild Ihrer Diagramme mithilfe von Anweisungen im Anweisungsfenster.

Einer Grafik eine weitere hinzufügen

Im Laufe der Zeit könnten Sie sich entscheiden, Ihrer bestehenden Grafik eine weitere hinzuzufügen. Vielleicht wollen Sie zum Beispiel zu den bestehenden Graphen noch das Quadrat von x für die in den vorigen Beispielen erzeugten x-Werte hinzufügen. Um das ins Werk zu setzen, benötigen Sie den im Folgenden vorgestellten Prozess aus drei Schritten:

1. **Geben Sie** hold on **ein und dann Enter.**

   Wenn Sie ohne die Anweisung hold on versuchen, eine neue Grafik zu erstellen, erzeugt MATLAB eine neue Grafik und überschreibt damit die bestehende. Mit der Anweisung hold on behalten Sie die bestehende Grafik und fügen weitere Kurven oder Diagramme hinzu.

2. **Geben Sie** newplot = plot(x, power(x,2), 'm:') **und dann Enter ein.**

   Diese Anweisung erzeugt eine neue Grafik und legt einen Zeiger (*handle*) darauf in newplot ab. Ein Zeiger ist das, wonach es klingt. Es verweist auf die gerade erzeugte Grafik, damit Sie später darauf zugreifen können. Das englische Wort *handle* (= Griff) bedeutet dasselbe. Wenn Sie den Zeiger auf die Grafik nicht irgendwo ablegen, können Sie später nicht mehr zugreifen. Jetzt sieht die Ausgabe aus wie in Abbildung 6.9.

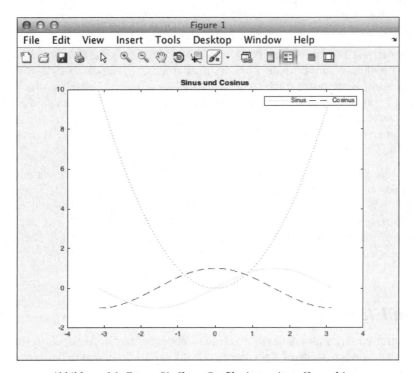

Abbildung 6.9: Fügen Sie Ihrer Grafik eine weitere Kurve hinzu.

Beachten Sie, dass die Legende noch nicht auf den neuesten Stand gebracht wurde. Um das nachzuholen, müssen Sie die Funktion *legend()* erneut aufrufen. Die Kurven von Sinus und Cosinus haben nach wie vor dieselben Werte, jedoch hat die neue Kurve viel größere Werte, sodass der Maßstab verkleinert wurde. Das können Sie gut sehen, wenn Sie Abbildung 6.9 mit Abbildung 6.8 vergleichen.

3. **Geben Sie** hold off **ein und dann Enter.**

   Die Anweisung hold off schließt gewissermaßen die Abbildung. Um weitere Kurven oder Diagramme in diese Grafik zu schreiben, müssen Sie sie mit hold on wieder öffnen.

Die Funktion figure() verwenden

In diesem Kapitel konzentrieren wir uns auf die Funktion plot(), weil wir damit Ausgaben am Bildschirm erzeugen. Wenn Sie jedoch anfangen, Skripte zu schreiben, wird die Funktion figure() einen wichtigen Teil Ihrer Werkzeuge darstellen. Sie verwenden die Funktion figure() – ohne weitere Angaben –, um eine leere Grafik zu erstellen. Der Vorteil ist, dass Sie jetzt nach und nach die gewünschten Informationen hinzufügen können. Darüber hinaus erzeugt die Funktion figure() eine neue Grafik, ohne die bestehende zu überschreiben. Die Funktion figure() gibt Ihnen einen Zeiger auf die gesamte Grafik zurück und nicht nur auf die einzelnen Kurven darin. Wenn Sie mehrere Kurven innerhalb einer Grafik haben, können Sie den Zeiger auf die Abbildung verwenden, um alle Kurven auszuwählen – und nicht nur einzelne.

Sie verwenden die Funktion figure() mit einem Zeiger als Argument, um aus dieser speziellen Abbildung die aktuelle Abbildung zu machen – etwa so, wie Sie auf dem Schreibtisch ein Blatt oben auf legen, um daran zu arbeiten. Beispielsweise macht die Anweisung figure(meineGrafik) die Grafik, auf die meineGrafik zeigt, zur aktuellen Grafik. Wenn Sie mit mehreren Abbildungen arbeiten, benötigen Sie ein Mittel, um zwischen ihnen hin und her zu schalten – genau dafür ist figure() mit einem Zeiger als Argument da.

Sie hätten die Grafik natürlich auch mithilfe der Funktion plot() erzeugen können. Jedoch funktioniert der Zeiger, den die Funktion plot() erzeugt, nicht mit der Funktion figure(). Um die Welten zu harmonisieren, verwenden Sie die Funktion gcf() (get current figure), welche Ihnen den Zeiger zurückliefert, auf den Sie mit der Funktion figure() zugreifen können. Diesen neuen Zeiger können Sie einer Variablen zuweisen, um ihn später zu verwenden.

Eine Grafik löschen

Vielleicht kommt irgendwann die Zeit, in der Sie sich von einer Grafik wieder trennen wollen. In diesem Fall benötigen Sie den Zeiger, der zur Grafik gehört. In unserem Beispiel wäre das der Zeiger newplot, den wir im zweiten Schritt erzeugt haben. Um die Grafik zu entfernen, geben Sie **delete(newplot)** ein und dann Enter. Jetzt entfernt MATLAB die entsprechende Grafik.

Beachten Sie: Nur die Kurve mit dem Zeiger `newplot` wurde entfernt. Der Rest ist noch da. Auf diese Weise können Sie eine Grafik schrittweise aufbauen und im Falle eines Falles einfach Teile davon wieder löschen.

Mit Untergrafiken arbeiten

In Abbildung 6.9 sehen Sie drei Kurven – übereinander. Sie müssen die Kurven jedoch nicht auf diese Weise darstellen. Stattdessen können Sie sie nebeneinander oder sogar in einem Raster platzieren. Um das in die Tat umzusetzen, verwenden Sie die Funktion `subplot()` von MATLAB. Damit erzeugen Sie ein Diagramm, welches nur einen Teil des für Grafiken zur Verfügung gestellten Rahmens ausnutzt.

Eine Untergrafik erstellen

Der beste Weg, Untergrafiken zu verstehen, ist, mal selbst eine zu basteln. In den folgenden Schritten lesen Sie, wie Sie die bisher erzeugten drei Kurven hübsch nebeneinander platzieren.

1. **Geben Sie** clf **ein und dann Enter.**

   Damit beseitigt MATLAB alle bisher erzeugten Grafiken.

2. **Geben Sie** subplot(1,3,1) **ein und dann Enter.**

   Diese Funktion erzeugt ein Raster mit einer Zeile und drei Spalten. Darüber hinaus sagt sie MATLAB, dass es an der ersten Stelle des Rasters ein leeres Diagramm erzeugen und dieses Diagramm aktivieren soll. Sie sehen die leere Fläche in Abbildung 6.10.

3. **Geben Sie** p1 = plot(x, sin(x), 'g-') **ein und dann Enter.**

   Sie sehen die erste Kurve, welche im leeren Diagramm in der ersten Stelle des Rasters erscheint, wie in Abbildung 6.11 dargestellt.

   Beachten Sie, dass Sie die Kurven nacheinander eingeben müssen. Sie können mit `subplot()` nicht gleichzeitig alle Stellen im Raster mit Diagrammen belegen. Darüber hinaus brauchen Sie einen Zeiger für jede Untergrafik, damit Sie diese später noch konfigurieren können.

4. **Geben Sie** subplot(1, 3, 2) ein **und dann Enter.**

   MATLAB aktiviert die zweite Stelle im Raster der Grafik für das nächste Diagramm und erzeugt an dieser Stelle zunächst ein leeres Diagramm.

5. **Geben Sie** p2 = plot(x, cos(x), 'b--') **ein und dann Enter.**

   Sie sehen, dass die zweite Kurve in die zweite Spalte geschrieben wurde.

6. **Geben Sie** subplot(1, 3, 3) **ein und dann Enter.**

   MATLAB aktiviert die dritte Stelle im Raster der Grafik für das nächste Diagramm und erzeugt an dieser Stelle zunächst ein leeres Diagramm.

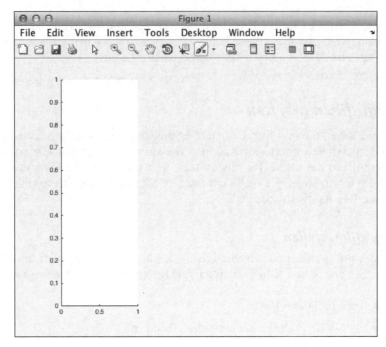

Abbildung 6.10: Verwenden Sie die Funktion subplot( )*, um Untergrafiken zu erstellen.*

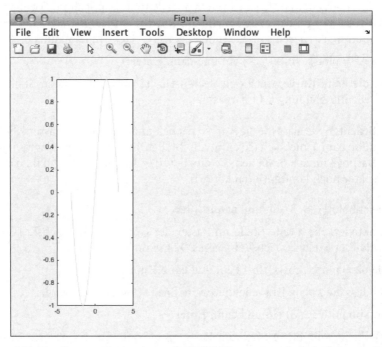

Abbildung 6.11: Für die erste Kurve verwendet MATLAB nur etwa ein Drittel der zur Verfügung stehenden Fläche.

7. Geben Sie p3 = plot(x, power(x,2), 'm:') **ein und dann Enter.**

Jetzt sehen Sie, dass die dritte Kurve in die Grafik eingefügt wurde. Das sieht etwa so aus wie in Abbildung 6.12.

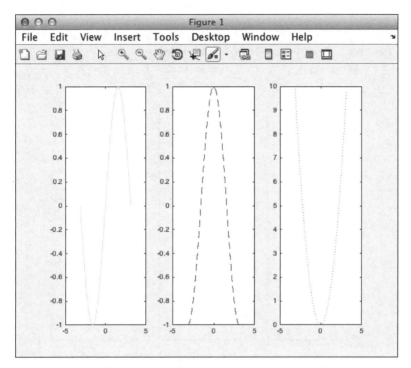

Abbildung 6.12: Jede Kurve hat ihr eigenes Abteil.

 Jede Grafik lebt ziemlich unabhängig von den anderen in Ihrer Fläche. Achten Sie daher immer auf die Skalierung, wenn Sie Diagramme vergleichen. MATLAB optimiert die Skala nämlich unabhängig von den benachbarten Graphen. Dennoch hat die Methode durchaus ihre Vorteile, zum Beispiel, dass Sie jede Kurve klar verfolgen und erkennen können.

Informationen in Untergrafiken verändern

Die Funktion subplot() verändert genau genommen gar nichts (außer beim ersten Zugriff auf eine Stelle des Rasters). Sie wählt nur aus. Beispielsweise fehlen in Abbildung 6.12 die Überschriften. Um der ersten Teilgrafik eine Überschrift zu geben, führen Sie folgende Schritte durch:

1. Geben Sie subplot(1,3,1) **ein und dann Enter.**

MATLAB wählt die erste Teilgrafik aus.

2. Geben Sie title('Sinus') **ein und dann Enter.**

Jetzt sehen Sie, dass über der ersten Teilgrafik tatsächlich eine Überschrift erscheint, wie in Abbildung 6.13 zu sehen.

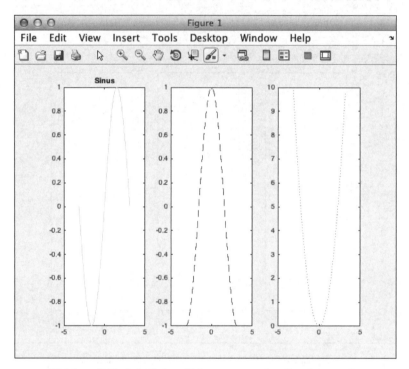

Abbildung 6.13: Jede Teilgrafik kann separat konfiguriert werden.

Individuelle Teilgrafiken ansteuern

Um sinnvoll mit Untergrafiken arbeiten zu können, müssen Sie einen Zeiger auf jede Teilgrafik verwenden. Im nächsten Beispiel beschreiben wir, wie Sie die Farbe und Linienart der zweiten Teilgrafik verändern:

1. Geben Sie subplot(1,3,2) **ein und dann Enter.**

MATLAB wählt die zweite Teilgrafik aus. Obwohl im folgenden Schritt die Kurve noch einmal explizit aufgerufen wird (nämlich mit p2 in der set()-Anweisung, siehe dort), haben wir diesen Schritt eingefügt, damit Sie sehen, dass MATLAB wirklich die zweite Teilgrafik ausgewählt hat. In manchen Fällen ist diese Auswahl als eigenständiger Schritt sehr hilfreich, damit alle folgenden Aufrufe die korrekte Teilgrafik verwenden, insbesondere, wenn diese Aufrufe keinen Zeiger verwenden. Wenn Sie später dazu übergehen, eigene Skripte zu schreiben, ergibt sich eine schier nie versiegende Fehlerquelle daraus, dass Sie zwar vermuten, welche Grafik gerade aktuell ist, jedoch dies nicht explizit wissen, indem Sie zum Beispiel die gewünschte Grafik explizit auswählen.

2. **Geben Sie** set(p2,'color','r') **ein und dann Enter.**

   Die Linienfarbe ist nun rot. Die Funktion set() erwartet als erstes Argument einen Zeiger auf eine Kurve oder ein anderes MATLAB-Objekt. Als zweites erwartet sie den Namen der Eigenschaft und als drittes den gewünschten neuen Wert der Eigenschaft. In unserem Fall weisen wir MATLAB an, die Eigenschaft color der Kurve mit dem Zeiger p2 auf r(ot) zu setzen.

3. **Geben Sie** set(p2,'LineStyle','-.') **ein und dann Enter.**

   Die Eigenschaft LineStyle der Kurve mit dem Cosinus ist jetzt auf Strichpunkt gesetzt, wie Sie in Abbildung 6.14 nachprüfen können.

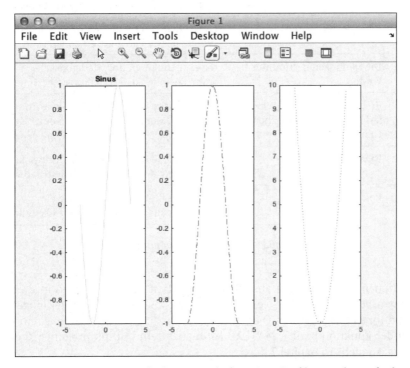

Abbildung 6.14: Kurvenspezifische Eigenschaften einer Grafik zu ändern erfordert den Zeiger auf die jeweilige Kurve.

Zweidimensionale Informationen darstellen

MATLAB verfügt über eingebaute Grafikroutinen, die zu vielen Arten von Daten und verschiedensten Anwendungen passen. In Tabelle 6.2 finden Sie einen Überblick über die unterschiedlichen 2D-Grafikfunktionen inklusive dessen, was Sie tun, und typischen Anwendungen.

Funktion	Was sie darstellt	Typische Anwender
plotyy()	Daten mit zwei y-Achsen	Geschäftsanwender, die zwei Kurven mit unterschiedlichen Einheiten darstellen wollen, wie zum Beispiel Verkaufszahlen und Umsätze.
loglog()	Daten mit logarithmischer Skala auf beiden Achsen	Wissenschaftliche Anwender, die das Vorliegen eines Potenzgesetzes feststellen und den Exponenten eines Potenzgesetzes schätzen wollen.
semilogx()	Daten mit logarithmischer Skala auf der x-Achse	Wissenschaftliche Anwender, die eine logarithmische Abhängigkeit der Variable y von x erwarten.
semilogy()	Daten mit logarithmischer Skala auf der y-Achse	Wissenschaftliche Anwender, die eine exponentielle Abhängigkeit der Variable y von x erwarten, zum Beispiel das Wachstum von Populationen.
scatter()	Daten in x-y-Paaren	Experimentatoren und Statistiker, die Muster zwischen zwei Variablen erkennen wollen.
hist()	Die Häufigkeit bestimmter Werte	Experimentatoren und Statistiker, die Wahrscheinlichkeitsverteilungen bestimmen wollen.
area()	Eine oder mehrere Kurven mit farbigen Flächen zwischen den Graphen	Geschäftliche und wissenschaftliche Anwender, die die Entwicklung von Anteilen an einer Gesamtheit beispielsweise über die Zeit nachvollziehen wollen.
pie()	Kuchendiagramme	Geschäftliche Anwender, die die Entwicklung von Anteilen an einer Gesamtheit darstellen wollen.
ezpolar()	Polardiagramme	Wissenschaftliche Anwender, die die Winkelabhängigkeit einer Größe darstellen wollen.

Tabelle 6.2: MATLAB-Diagrammfunktionen

Diese Funktionen verwenden Sie anstelle der Funktion plot(), welche in diesem Kapitel zum Erzeugen von Diagrammen verwendet wurde. Die Ausgabe der jeweiligen Funktion wird den von Ihnen ausgewählten Diagrammtyp enthalten, wie zum Beispiel ein Kuchendiagramm mit der Funktion pie(). MATLAB kann auch sehr gut mit dreidimensionaler Grafik umgehen – dazu mehr in Kapitel 7.

Komplexe Grafikfunktionen verwenden

7

In diesem Kapitel ...

▶ Mit 3D-Grafiken arbeiten

▶ Grafiken aufwerten

In Kapitel 6 haben Sie gesehen, wie Sie zweidimensionale Informationen grafisch darstellen können. Mithilfe von solchen Grafiken können Sie Ihre Informationen auf eine Weise darstellen, die die meisten Menschen besser verstehen als abstrakte Zahlen. Visuelle Darstellungen sind in gewisser Weise konkreter fassbar und helfen dem Betrachter, Muster zu erkennen, die sonst möglicherweise verborgen bleiben. Dreidimensionale Diagramme, wie wir sie im aktuellen Kapitel kennenlernen werden, dienen im Wesentlichen demselben Zweck, nur eben nicht mit zwei-, sondern mit dreidimensionalen Daten. Wenn Sie dreidimensionale Daten verwenden, können Sie den Informationsgehalt für den Nutzer oder Betrachter erheblich steigern. Beispielsweise könnte ein dreidimensionales Diagramm die Veränderung eines Datensatzes über die Zeit veranschaulichen.

Beim Durcharbeiten von Kapitel 6 haben Sie sich vorwiegend auf kleinere Veränderungen konzentriert, mit denen Sie das Erscheinungsbild Ihrer Grafik verändert haben. In diesem Kapitel richten wir den Blick auf etwas komplexere ästhetische Eingriffe, die Ihr Diagramm noch weiter aufwerten. In vielen Fällen benötigen nichtspezialisierte Betrachter Ihrer Grafiken solche Hilfestellungen, um den Inhalt Ihrer Daten besser zu erfassen. Die Daten so spannend wie möglich zu präsentieren wird sich positiv auf Ihre Präsentationen auswirken und dabei helfen, Ihre Zuhörer und Zuschauer von Ihrer Interpretation der Daten zu überzeugen.

Dieses Kapitel konzentriert sich auf die am häufigsten verwendeten dreidimensionalen Diagramme. In Anhang B können Sie sich einen Überblick über diese und weitere mögliche Diagrammarten verschaffen, die MATLAB unterstützt. Schauen Sie sich auch die Online-Materialien zu diesem Buch an – wie in der Einleitung detailliert erläutert – und statten Sie gern dem Blog http://blog .johnmuellerbooks.com wieder einmal einen Besuch ab. MATLAB hat im Bereich Grafik so viel zu bieten, dass man dazu wahrscheinlich ein ganzes Buch füllen könnte.

Dreidimensionale Informationen darstellen

Ein 3D-Diagramm hat eine x-, eine y- und eine z-Achse (oder Breite, Höhe und Tiefe, wenn Sie wollen). Durch die Hinzunahme der Tiefe können Sie dem Zuschauer mehr Informationen als nur mit einem 2D-Diagramm präsentieren. Beispielsweise können Sie mit einem 3D-Diagramm eine historische Entwicklung darstellen, die z-Achse würde dann verschiedene

Zeitpunkte darstellen. Natürlich kann die z-Achse alle möglichen Informationen darstellen, wie auch schon die x- und die y-Achse. Mit 3D-Diagrammen verfügen Sie einfach über eine weitere Methode, dem Betrachter Informationen zu präsentieren.

 Behalten Sie auch im Kopf, dass Sie auch 3D-Grafiken letztendlich auf einer zweidimensionalen Oberfläche darstellen – sei es der Computerbildschirm oder ein Blatt Papier. Manche Anwender vergessen das und stellen am Ende fest, dass manche ihrer Daten hinter anderen Diagrammobjekten versteckt sind, die höher oder breiter sind. Wenn Sie also mit dreidimensionalen Informationen arbeiten, müssen Sie die Darstellung so anordnen, dass alles auf dem Bildschirm oder Blatt zu sehen ist.

Die folgenden Abschnitte beschreiben verschiedene Arten von Diagrammen und wie man sie erzeugen kann. Jede Diagrammart hat ihren speziellen Anwendungsbereich und gehört zu bestimmten Paradigmen, Daten darzustellen. Natürlich hängt die Art der Grafik auch davon ab, wie Sie die Daten darstellen wollen.

Mit der Funktion bar( ) *ein flaches 3D-Balkendiagramm erzeugen*

Das ist die Standardform, welche im geschäftlichen Bereich vorwiegend verwendet wird. Ein Balkendiagramm können Sie sowohl für zwei- als auch für dreidimensionale Daten verwenden. Wenn Sie einen Vektor darstellen wollen, verwenden Sie ein zweidimensionales Diagramm. Wollen Sie hingegen eine Matrix darstellen, verwenden Sie ein dreidimensionales Diagramm. Mit den folgenden Schritten erzeugen Sie ein dreidimensionales Diagramm.

1. **Geben Sie** DatenErhebung = [8, 7, 6; 13, 21, 15; 32, 27, 32] **ein und dann Enter.**

   MATLAB erzeugt eine neue Matrix mit dem Namen DatenErhebung, welche im weiteren Verlauf des Kapitels noch häufig zur Verwendung kommt. Sie sehen folgende Ausgabe:

   ```
   DatenErhebung =
         8      7      6
        13     21     15
        32     27     32
   ```

2. **Geben Sie** bar(DatenErhebung) **ein und dann Enter.**

   Sie sehen eine flache Darstellung von DatenErhebung, wie in Abbildung 7.1. Auf der x-Achse sind die Zeilen der Matrix dargestellt. Die Spalten der Matrix werden durch Farbcodierung unterschieden. Wenn im Buch Farben zu sehen wären, würden Sie sehen, dass die jeweils erste Säule blau, die zweite grün und die dritte gelb ist. Die y-Achse steht für den Wert, der in der jeweils zugehörigen Zelle vorliegt (zum Beispiel 8, 7, 6 in der ersten Zeile von DatenErhebung). Die z-Achse wird in diesem Diagramm durch Farbcodierung ersetzt und auf die x-Achse abgebildet, indem die Gruppen von Säulen, die normalerweise in die Bildebene hineinreichen würden (jede Zeile entspricht einer Gruppe), einfach auf einen geringfügig höheren oder kleineren Wert auf der x-Achse versetzt werden. Damit

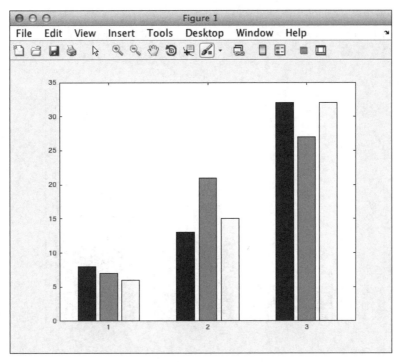

Abbildung 7.1: Eine flache Darstellung der x-, y- und z-Achse von DatenErhebung.

kann das Diagramm flach bleiben. Die Zeilen werden mit Zahlen von 1 bis 3 nummeriert. Um diese herum sind dann die Spalten gruppiert.

3. **Geben Sie** Bar1 = bar(DatenErhebung, 'stacked') **ein und dann Enter.**

Sie sehen dieselbe Matrix DatenErhebung, diesmal jedoch als gestapeltes Balkendiagramm, wie in Abbildung 7.2 zu sehen. In diesem Diagramm sind die Elemente, die vorher auf der x-Achse nebeneinander versetzt waren, übereinander gestapelt.

In dem Beispiel erfahren Sie auch etwas über Zeiger auf Balkendiagramme (ein Mittel, um auf Balkendiagramme zuzugreifen). Die Werte mögen bei Ihnen unterschiedlich sein, es sollten jedoch drei Zeiger angezeigt werden, jeder von ihnen mit dem Namen Bar. Frühere Versionen von MATLAB haben Zahlen für die Zeiger verwendet:

```
Bar1 =
  1x3 Bar array:

    Bar    Bar    Bar
```

Jedes der Elemente der z-Achse (also jeweils die Balken mit einer einheitlichen Farbe) hat seinen eigenen Zeiger, mit dem Sie darauf zugreifen können. Das ist ein wichtiges Werkzeug im Umgang mit Balkendiagrammen, wenn Sie sie später einmal verändern wollen.

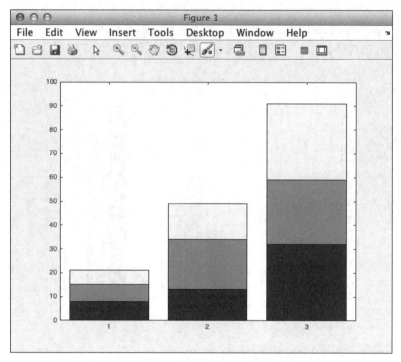

Abbildung 7.2: Eine gestapelte Darstellung der Matrix DatenErhebung.

In Abbildung 7.1 und Abbildung 7.2 sehen Sie zwei unterschiedliche Darstellungen derselben Daten. Die Funktion bar() können Sie mit verschiedenen Optionen für die resultierenden Diagramme aufrufen:

- grouped: Dies ist die Standardeinstellung aus Abbildung 7.1.

- hist: Die Darstellung ähnelt der von Abbildung 7.1, doch gibt es zwischen den Balken innerhalb einer Gruppe keine Zwischenräume. Zwischen den Gruppen bleibt ein Abstand bestehen.

- hisc: Die Gruppen sind so positioniert, dass jede Gruppe an einer Zahl auf der x-Achse beginnt und nicht darauf zentriert ist.

- stacked: Dies ist die gestapelte Variante aus Abbildung 7.2.

4. **Geben Sie** get(Bar1(1)) **ein und dann Enter.**

Mithilfe der Funktion get() können Sie sich alle Eigenschaften einer Grafik anzeigen lassen, die Sie für ein bestimmtes Objekt bearbeiten können. In unserem Beispiel fragen wir die Eigenschaften von Bar1(1) ab, welche die erste Gruppe von Balken mit identischer Farbe (also die blauen Balken) in Abbildung 7.2 darstellt. Dies ist mit anderen Worten das erste Mitglied der z-Achse. Sie sehen die folgende Ausgabe:

```
           Annotation: [1x1 matlab.graphics.eventdata.Annotation]
             BarLayout: 'stacked'
              BarWidth: 0.8000
              BaseLine: [1x1 Baseline]
             BaseValue: 0
         BeingDeleted: 'off'
            BusyAction: 'queue'
        ButtonDownFcn: ''
              Children: [0x0 GraphicsPlaceholder]
              Clipping: 'on'
             CreateFcn: ''
             DeleteFcn: ''
           DisplayName: ''
             EdgeAlpha: 1
             EdgeColor: [0 0 0]
             FaceAlpha: 1
             FaceColor: 'flat'
     HandleVisibility: 'on'
               HitTest: 'on'
            Horizontal: 'off'
         Interruptible: 'on'
             LineStyle: '-'
             LineWidth: 0.5000
                Parent: [1x1 Axes]
         PickableParts: 'visible'
              Selected: 'off'
    SelectionHighlight: 'on'
          ShowBaseLine: 'on'
                   Tag: ''
                  Type: 'bar'
         UIContextMenu: [0x0 GraphicsPlaceholder]
              UserData: []
               Visible: 'on'
                 XData: [1 2 3]
             XDataMode: 'auto'
           XDataSource: ''
                 YData: [40 40 40]
           YDataSource: ''
```

Nachdem Sie die Eigenschaften kennengelernt haben, die Sie an einem MATLAB-Objekt verändern können, haben Sie die Möglichkeit, diese in Ihre Skripte einzubauen. Ihr erstes Skript haben Sie ja bereits in Kapitel 2 erzeugt. Objekte erst einmal zu erzeugen und anschließend damit zu spielen, ist eine gute Möglichkeit, die vielen Angebote von MATLAB zu erkunden. Viele dieser Angebote erscheinen Ihnen sicher auf den ersten Blick fremd, das muss Sie aber nicht weiter kümmern. Konzentrieren wir uns für den Moment auf die Eigenschaft YData, welche einen Vektor mit den drei y-Werten für diesen Teil der Grafik enthält.

Es ist auch möglich, sich die Werte einzelner Eigenschaften anzeigen zu lassen. Beispielsweise können Sie sich mit dem Aufruf get(Bar1(1), 'YData') die drei y-Werte der ersten Gruppe von Balken mit identischer Farbe anzeigen lassen.

5. **Geben Sie** set(Bar1(1), 'YData', [40, 40, 40]) **und dann Enter ein.**

Mithilfe der Funktion set() können Sie die Eigenschaften verändern, die Sie sich mit der Funktion get() anzeigen lassen. In unserem Beispiel verändern Sie die Eigenschaft YData für die erste Gruppe von Balken – die blauen Säulen, wenn Sie das Diagramm auf Ihrem Bildschirm ansehen. In Abbildung 7.3 sehen Sie das Ergebnis Ihres Eingriffs.

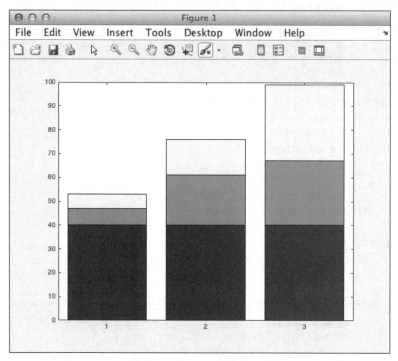

Abbildung 7.3: Bevor Sie eine Grafik völlig von Neuem erzeugen, können Sie auch Einfluss auf einzelne Eigenschaften nehmen.

Mit der Funktion bar3() *ein räumliches 3D-Diagramm erzeugen*

Die flache Form eines Diagramms mit dreidimensionalen Daten ist zwar nett, doch fehlt irgendwie der Pepp. Wenn Sie Ihre Informationen vor Wissenschaftlern oder Ingenieuren präsentieren, werden diese dankbar sein für ein aufgeräumtes und akkurates Diagramm. Jeder kann die dreidimensionalen Daten klar sehen und produktiv damit arbeiten. Ein geschäftlicher Anwender hat da vielleicht etwas andere Vorstellungen. In diesem Fall ist ein (pseudo-)räumliches dreidimensionales Diagramm besser, weil man die Daten insgesamt besser erfassen und in Relation setzen kann. Präzise Messungen sind nicht so hilfreich in diesem Fall – schon eher die grobe Richtung, wie sich die Daten (untereinander) verhalten. Um eine räumliche Grafik der dreidimensionalen Daten aus dem letzten Abschnitt zu erhalten, geben Sie **Bar2 = bar3(DatenErhebung)** und dann Enter ein. Sie sehen ein Ergebnis, das Abbildung 7.4 ähnlich sehen müsste.

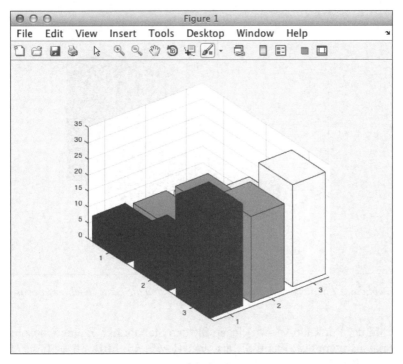

Abbildung 7.4: Dreidimensionale Grafiken stellen die Zusammenhänge zwischen Daten gut dar.

Die beiden Probleme mit der Darstellung in Abbildung 7.4 sind, dass einerseits manche Datenpunkte verdeckt sind und andererseits die »Story« des Diagramms nicht gut herauskommt. Für solche Fälle gibt es zum Glück Abhilfe in MATLAB. Um das Bild zu drehen, verwenden Sie die Funktion view(), mit der Sie den Standpunkt festlegen, von dem Sie auf das dreidimensionale Objekt schauen. Die Funktion view() akzeptiert entweder x-, y- und z-Rotation, also den Standpunkt in Koordinaten, von wo aus Sie auf das Objekt schauen, oder – was äquivalent ist – Azimut und Neigung der Sichtachse. Um jetzt das Diagramm so zu drehen, dass man alle Informationen leichter sehen kann, geben Sie **view([–45, 45, 30])** ein und dann Enter. In Abbildung 7.5 sehen Sie das Ergebnis.

 Wie kann es sein, dass die drei Informationen x-, y- und z-Koordinate äquivalent sind zu den zwei Informationen Neigung (Drehung um horizontale Achse) und Azimut (Drehung um vertikale Achse)? Ganz einfach: Die Länge des Vektors, der vom Ursprung zum Standpunkt weist, ist egal. Damit bleibt nur die Richtung und die ist mit zwei Winkeln eindeutig bestimmt. Sie würden die gleiche Perspektive erhalten, wenn Sie view([-3, 3, 2]) eingeben. Das ist ein Vektor mit gleicher Richtung, aber fünfzehnmal kürzer. Probieren Sie es aus, es klappt bestimmt.

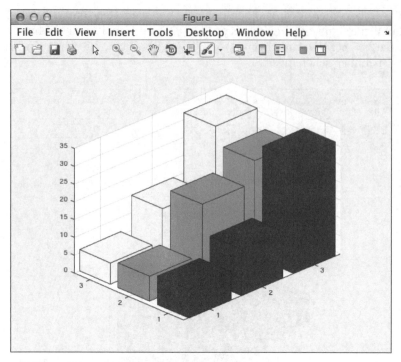

Abbildung 7.5: Aus einer anderen Perspektive sind die Daten leichter fassbar.

Mit der Funktion view( ) legen Sie den Standpunkt in einem absoluten Koordinatensystem fest. Wenn Sie also **view([−45, 45, 30])** ein weiteres Mal eingeben und dann Enter, passiert – nichts. Erst mit einem neuen Koordinatensatz für den Standpunkt erhalten Sie auch eine neue Perspektive.

Alternativ zur Verwendung der Funktion view( ) können Sie auch die Rotations-Schaltfläche verwenden, die in Abbildung 7.5 abgebildet ist. Das ist die Schaltfläche gleich rechts von der mit der Hand darauf. Auf der Rotations-Schaltfläche sehen Sie einen Würfel und einen Pfeil um diesen herum. Zwar ist view( ) präziser und komplett von der Tastatur aus steuerbar, die Schaltfläche ist jedoch schneller und einfacher zum Herumprobieren.

Die Funktion barh( ) und weitere verwenden

Mit MATLAB steht Ihnen eine ganze Reihe von dreidimensionalen Grafik-Funktionen zur Verfügung, mit denen Sie die unterschiedlichsten Effekte erzielen können. Die Funktionen barh( ), bar3( ) und bar3h( ) funktionieren ganz ähnlich wie die Funktion bar( ) und stellen die Diagramme nur etwas unterschiedlich dar. Eng verwandt sind die Funktionen hist( ), histc( ), rose( ), polar( ) und pareto( ). In Tabelle 7.1 sehen Sie die verschiedenen Funktionen, die Ihnen zur Verfügung stehen, eine kurze Beschreibung sowie ein Beispiel.

Funktion	Was sie tut	Beispiel
bar()	Erstellt ein flaches Balkendiagramm, welches Farben und Gruppierung für die Darstellung der z-Achse einsetzt.	`bar(DatenErhebung)` `bar(DatenErhebung, 'stacked')`
bar3()	Erstellt ein Balkendiagramm, welches Farben und Perspektive für die Darstellung der z-Achse verwendet.	`bar3(DatenErhebung)` `bar3(DatenErhebung, 'stacked')`
bar3h()	Erstellt ein horizontales Balkendiagramm, welches Farben und Perspektive für die Darstellung der z-Achse verwendet.	`bar3h(DatenErhebung)` `bar3h(DatenErhebung, 'stacked')`
barh()	Erstellt ein flaches horizontales Balkendiagramm, welches Farben und Gruppierung für die Darstellung der z-Achse einsetzt.	`barh(DatenErhebung)` `barh(DatenErhebung, 'stacked')`

hist()	Erstellt ein Histogramm (Häufigkeitsverteilung) für eine vorgegebene Anzahl von Körben oder optional um eingegebene Werte zentrierte Körbe.	`hist(randn(1,100), 5)`
		Erzeugt 100 normalverteilte Datenpunkte und ordnet sie fünf gleich großen Körben zu.
		`hist(randn(1,100), [-3.5, -2.5, -1.5, -.5, .5, 1.5, 2.5, 3.5])`
		Erzeugt 100 normalverteilte Werte und ordnet sie den vorgegebenen Körben zu.

histc()	Erstellt die Häufigkeitsverteilung für eine vorgegebene Anzahl von Körben und gibt die Informationen als Tabelle aus (und nicht als Grafik). Bei dieser Funktion können Sie die Ecken der Körbe festlegen.	`histc(randn(1,100), [-4:1:4])`
		Gibt Körbe vor, die eine Einheit breit sind und von -4 bis 4 reichen. Das Ergebnis könnten Sie in einem Diagramm wie diesem verwenden:
		`bar([-4:1:4], ans, 'histc')`

pareto()	Erzeugt ein Balkendiagramm, bei dem die Balken absteigend nach Größe geordnet sind. Wird häufig in der Geschäftswelt verwendet, um Faktoren mit dem größten Effekt zu identifizieren.	`histc(randn(1,100), [-4:1:4])` `pareto(ans)`
polar()	Erzeugt ein Polardiagramm, bei dem die Werte durch den Abstand vom Ursprung visualisiert werden.	`histc(randn(1,100), [-4:1:4])` `polar(ans)`
rose()	Erzeugt ein polares Balkendiagramm. Wie bei hist() können Sie die Mittelpunkte der Körbe selbst festlegen.	`rose(randn(1,100), 5)` Erzeugt 100 normalverteilte Werte und verteilt sie auf fünf gleich große Körbe.

Tabelle 7.1: Balkendiagramme und ihre Verwandten

Ihre Grafiken aufwerten

Damit visuelle Informationen Bedeutung erlangen können und ausreichend informativ sind, sollten Sie – egal ob 2D oder 3D – Überschriften, Beschriftungen, Legenden und weitere Hilfestellungen für den Leser hinzufügen. Die größere visuelle Attraktivität Ihrer 3D-Abbildungen macht diese erstmal nur ansprechender, nicht unbedingt informativer. Die folgenden Abschnitte machen sicher keinen Grafik-Designer aus Ihnen, aber erlauben Ihnen, ansprechendere Diagramme zu erstellen, die Sie besser darin unterstützen, andere von Ihren Daten und Ergebnissen zu überzeugen. Die Beispiele in den kommenden Abschnitten gehen davon aus, dass Sie die dreidimensionale Grafik erzeugt haben, welche im Abschnitt *Mit der Funktion* bar3() *ein räumliches 3D-Diagramm erzeugen* besprochen wurde.

Einen Zeiger auf die Achsen erhalten

Bevor Sie irgendetwas tun können, brauchen Sie einen Zeiger auf die aktuellen Achsen. Am besten erreichen Sie dies, indem Sie **Bar2Axes = gca()** (*Get Current Axes* = Hole aktuelle Achsen) und dann Enter eingeben. Die Funktion gca() holt einen Zeiger auf die aktuelle Grafik. Wenn Sie **get(Bar2Axes)** gefolgt von Enter eingeben, erhalten Sie die Eigenschaften, die zu diesem Diagramm gehören.

Tricks für die Arbeit mit Grafiken

Es kann nicht schaden, ein paar Tricks im Umgang mit Grafiken zu kennen. Diese Tricks helfen Ihnen dabei, Ihre Arbeit schneller und effizienter zu erledigen. Darüber hinaus macht es damit mehr Spaß, mit Grafiken zu arbeiten.

✔ Fangen Sie immer mit der Anweisung clf an, was für *Clear Figure* (= lösche Grafik) steht. Genau das tut die Funktion nämlich.

✔ Organisieren Sie Ihre Grafiken, indem Sie sich einen Zeiger auf die Grafik (als Ganzes) besorgen, mit dem Sie Zugriff auf das gesamte Objekt haben. Den Zeiger besorgen Sie sich mit der Funktion gcf() (*Get Current Figure* = Hole aktuelle Grafik). Verwechseln Sie diesen Zeiger nicht mit dem Zeiger auf einzelne Diagramme (= Kurven, Graphen) in Ihrer Grafik, den wir im Zusammenhang mit der Funktion plot() besprochen haben.

✔ Machen Sie eine spezielle Grafik zu Ihrer aktuellen Grafik. Verwenden Sie dazu die Funktion figure() mit der Variablen als Argument, die den Zeiger auf die Grafik (*figure handle*) enthält.

✔ Setzen Sie die Eigenschaften der Grafik auf Standardwerte zurück, indem Sie die Funktion reset() mit der Variablen als Argument aufrufen, die den Zeiger auf die Grafik enthält. Das bietet sich zum Beispiel an, wenn die bisherigen Veränderungen eher unerwünschte Resultate erzielt haben.

✔ Sehen Sie sich die aktuellen Eigenschaften der aktuellen Grafik mithilfe der Funktion get() an, der Sie als Argument die Variable übergeben, welche den Zeiger auf die Grafik enthält. MATLAB zeigt Ihnen eine Liste von Eigenschaften und ihre aktuellen Werte an. Wenn einer Eigenschaft kein Wert zugeordnet ist, bleibt das entsprechende Feld leer.

Achsenbeschriftungen verändern

MATLAB erzeugt automatisch Beschriftungen für einige der Achsen eines Diagramms. Diese Beschriftungen sind jedoch eher generisch und kaum informativ. Um die Beschriftungen der Achsen zu verändern, benötigen Sie den Zeiger auf die Achsen, den wir uns im vorigen Abschnitt besorgt haben.

Nachdem Sie den Zeiger geholt haben, verwenden Sie die entsprechenden Eigenschaften, um das Erscheinungsbild der Achsen zu bearbeiten. Um beispielsweise die x-Achse neu zu beschriften, geben Sie **xlabel(Bar2Axes, 'x-Achse')** ein und dann Enter. Genauso läuft das für die y-Achse. Geben Sie dazu **ylabel(Bar2Axes, 'y-Achse')** und dann Enter ein. Für die z-Achse könnten Sie die Funktion zlabel() verwenden.

Die Achseneinteilungen können auch unterschiedliche Beschriftungen haben. Standardmäßig werden ihnen einfach fortlaufende Zahlen zugeordnet. Wenn Sie den Einteilungsstrichen jeder Achse jedoch bedeutungsvolle Namen zuweisen wollen, können Sie zum Beispiel **set(Bar2Axes, 'XTickLabel', {'Gestern', 'Heute', 'Morgen'})** und dann Enter eingeben. Beachten Sie, dass Sie die Namen in einem Zellenfeld (*cell array*) übergeben, und daher geschweifte Klammern verwenden ({}). Auf die gleiche Weise können Sie die Einteilungsstriche der y-Achse benennen, indem Sie **set(Bar2Axes, 'YTickLabel', {'Bereich 1', 'Bereich 2', 'Bereich 3'})** und dann Enter eingeben. Sie können auf diese Art auch die Eigenschaft ZTickLabel modifizieren.

Bisher haben wir die Achseneinteilung von MATLAB übernommen und lediglich die Striche beschriftet. Jetzt nehmen wir auch Einfluss darauf, *wo* die Striche sind. Dabei beschränken wir uns auf die z-Achse. Geben Sie **set(Bar2Axes, 'ZTick', [0, 5, 10, 15, 20, 25, 30, 35, 40])** und dann Enter ein. Mit der x- und y- Achse würde das genauso funktionieren, die Eigenschaft wäre dann XTick beziehungsweise YTick. Um alle neuen Striche zu sehen, muss die z-Achse jetzt noch etwas verlängert werden. Das erledigen wir mithilfe der Eingabe **set(Bar2Axes, 'ZLim', [0, 45])** und dann Enter.

 Viele Konstruktionen mit der Funktion set() haben Alternativen. Beispielsweise können Sie die Eigenschaft ZLim auch mithilfe der Funktion zlim() verändern. Der alternative Aufruf zu unserem Beispiel ist zlim(Bar2Axes, [0, 45]). Wenn Sie set() verwenden, haben Sie den Vorteil, dass Sie sich nur einen Funktionsnamen merken müssen und sich damit möglicherweise die Arbeit etwas erleichtern. Das Ergebnis ist jedoch dasselbe, unabhängig von der verwendeten Funktion. Am Schluss ist es also eine Geschmackssache.

Verwenden Sie die Funktion get() immer dann, wenn Sie zusätzliche interessante Eigenschaften Ihrer Grafik beeinflussen wollen. Mit den Eigenschaften können Sie praktisch jeden Aspekt der Achsendarstellung ändern. Wenn Sie zum Beispiel die Farbe der Achsenbeschriftung ändern wollen, können Sie dies mithilfe der Eigenschaften XColor, YColor und ZColor tun. Die Ergebnisse unserer Bemühungen in diesem Abschnitt können Sie in Abbildung 7.6 bestaunen.

Viele Eigenschaften können von MATLAB automatisch eingestellt werden. Um zum Beispiel die Eigenschaft ZLim auf Automatik zu stellen, geben Sie **zlim(Bar2Axes, 'auto')** ein und dann Enter. Alternativ erzielen Sie dasselbe Ergebnis, indem Sie **set(Bar2Axes, 'ZLimMode', 'auto')** und dann Enter eingeben. Beachten Sie, dass Sie mit der Funktion zlim() sowohl die Werte eingeben als auch den Modus einstellen können. Wenn Sie die Funktion set() verwenden, nutzen Sie für die Werte die Eigenschaft ZLim und für den Modus die Eigenschaft ZLimMode. Nichtsdestotrotz ist letztlich nur wichtig, dass MATLAB im Modus auto Eigenschaften automatisch einstellt.

Wenn Sie Anweisungen im Anweisungsfenster verwenden, um Eigenschaften zu verändern, ist dies schnell und präzise, da Ihre Hände nie die Tastatur verlassen müssen und Sie nicht in der grafischen Benutzeroberfläche und Menüstruktur nach dem richtigen Klick für Ihre Eigenschaft suchen müssen. Dennoch können Sie natürlich auch die grafische Oberfläche verwenden, um Eigenschaften Ihren Wünschen anzupassen. Klicken Sie auf die Schaltfläche *Edit Plot* – das ist der Pfeil rechts neben dem Druckersymbol – in Abbildung 7.5, um die Abbildung in den Bearbeitungsmodus zu versetzen. Klicken Sie jetzt auf das gewünschte Element, um es auszuwählen. Klicken Sie nun mit der rechten Maustaste auf das ausgewählte Element und wählen Sie *Show Property Editor*, um die Eigenschaften, die zu diesem Element gehören, zu modifizieren.

Eine Überschrift hinzufügen

Jede Grafik sollte eine Überschrift haben, welche beschreibt, worum es sich bei ihr überhaupt handelt. Sie verwenden die Funktion title(), um eine Überschrift hinzuzufügen. Mit dieser Funktion können Sie alle möglichen Eigenschaften verändern, damit die Überschrift genauso aussieht, wie Sie es gern haben möchten. Um zu sehen, wie die Funktion title() funktioniert, geben Sie **title(Bar2Axes, 'Beispielgrafik', 'FontName', 'Times', 'FontSize', 22, 'Color', [.5, 0, .5], 'BackgroundColor', [1, 1, 1], 'EdgeColor', [0, 0, 0], 'LineWidth', 2, 'Margin', 4)** ein und dann Enter. MATLAB fügt nun eine Überschrift hinzu und weist ihr die gewünschten Eigenschaften zu. Das Ergebnis sehen Sie in Abbildung 7.7.

Interessanterweise haben fast alle Grafikobjekte diese Eigenschaften, jedoch werden sie von der Überschrift am meisten verwendet. Hier sind die Eigenschaften, die Sie verändert haben, noch einmal hübsch der Reihe nach:

✔ FontName: Hier geben Sie den Namen der gewünschten Schriftart ein. Das kann der Name jeder Schriftart sein, die auf Ihrem System installiert ist.

✔ FontSize: Die gewünschte Schriftgröße in Punkten (Standard). Je größer die Zahl, desto größer die Schrift.

✔ Color: Legt die Farbe des Textes in der Überschrift fest. Diese Eigenschaft erwartet drei Werte für den jeweiligen Anteil von rot, grün und blau. Die Werte müssen zwischen 0 und 1 liegen. Sie können Dezimalbrüche

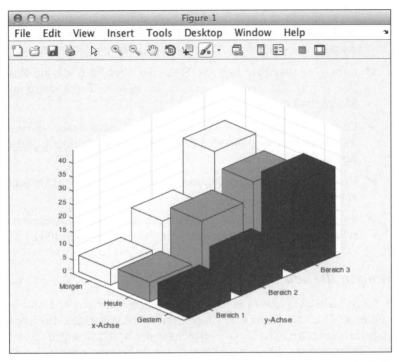

Abbildung 7.6: Mit Eigenschaften können Sie die Achsen Ihres Diagramms beeinflussen.

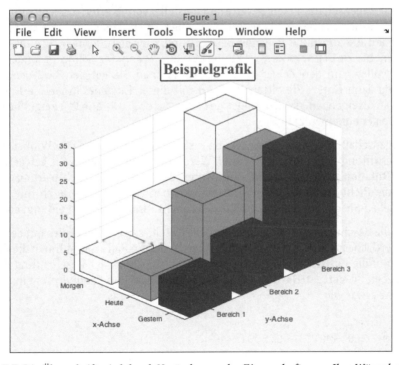

Abbildung 7.7: Die Überschrift wird durch Veränderung der Eigenschaften an Ihre Wünsche angepasst.

verwenden und damit beliebige Farben zusammenmischen. Wenn Sie nur Nullen eingeben, erhalten Sie schwarz, wenn Sie alle Werte auf eins setzen, erhalten Sie weiß.

✔ `BackgroundColor`: Legt die Farbe des Hintergrundes im Kasten mit der Überschrift fest. Dazu verwenden Sie dieselbe Farbkodierung wie bei der Eigenschaft `Color`.

✔ `EdgeColor`: Legt die Farbe der Linien des Kastens (*edge*) um die Überschrift fest. Auch hier wird dieselbe Farbkodierung wie bei der Eigenschaft `Color` verwendet.

✔ `LineWidth`: Erzeugt eine Linie um die Überschrift mit vorgegebener Linienbreite in Punkten (Standard).

✔ `Margin`: Fügt einen Zwischenraum, standardmäßig angegeben in Punkten, zwischen den Kasten (*edge*) und den Text der Überschrift ein.

Beschriftungen drehen

In manchen Fällen sieht der Text in einer Grafik einfach nicht passend aus, weil er nicht wirklich die Rotation des Diagramms oder Graphen selbst widerspiegelt. Die Überschrift sieht insoweit passabel aus, jedoch passen die Orientierungen der Beschriftungen von x- und y-Achse nicht wirklich. Sie können sie jedoch verändern, damit sie besser aussehen.

Wenn Sie sich die Ausgabe der Funktion `get()` noch einmal genauer ansehen, fallen Ihnen bei manchen Eigenschaften Zeigerwerte auf anstelle von Werten im eigentlichen Sinne. Beispielsweise sehen Sie bei der Eigenschaft `XLabel` einen Zeiger, mithilfe dessen Sie etwas detaillierter auf die zugrunde liegende Beschriftung zugreifen können. Um diesen Wert zu sehen, geben Sie `get(Bar2Axes, 'XLabel')` ein. Wenn Sie keine gesonderte Variable verwenden wollen, um den Zeiger zu verwalten, können Sie **get(get(Bar2Axes, 'XLabel'))** eingeben und dann Enter. Sie bitten MATLAB mit dieser Eingabe, Ihnen die Eigenschaften des Objekts anzuzeigen, auf das der Zeiger `get(Bar2Axes, 'XLabel')` zeigt. Sie verwenden also einen Zeiger auf einen Zeiger.

Eine der Eigenschaften innerhalb von `XLabel` ist `Rotation`, welche den Winkel enthält, um den die Beschriftung gedreht ist. Um diesen Wert zu verändern, geben Sie **set(get(Bar2Axes, 'XLabel'), 'Rotation', −30)** ein und dann Enter. Jetzt weist die Beschriftung der x-Achse in etwa in die Richtung der x-Achse. Dasselbe können Sie natürlich auch mit der y-Achse anstellen. Geben Sie dazu **set(get(Bar2Axes, 'YLabel'), 'Rotation', 30)** ein und dann Enter.

Sie können die Beschriftungen auch an eine andere Stelle setzen, wobei dies mit der grafischen Benutzeroberfläche möglicherweise besser gelingt. In jedem Fall erlaubt Ihnen die Eigenschaft `Position`, auf die Position zuzugreifen. Um die Startposition der Beschriftung der x-Achse zu sehen, geben Sie **get(get(Bar2Axes, 'XLabel'), 'Position')** und dann Enter ein. In unserem Beispiel sollte etwas wie

```
ans =
    1.9910    0.3097    -5.5801
```

angezeigt werden. Das können wir ja einmal auf eine Stelle nach dem Komma runden. Geben Sie dazu **set(get(Bar2Axes, 'XLabel'), 'Position', [2.0 0.3 −5.6])** ein und dann Enter. Vielleicht müssen Sie beim Nachbauen des Beispiels ein bisschen mit den Zahlen herumspielen, damit es in etwa so herauskommt wie bei uns. Vielleicht treffen Sie das Bild aus dem Buch auch nicht ganz. Nach Ihren Anpassungen sollte es jedoch ungefähr so aussehen wie in Abbildung 7.8.

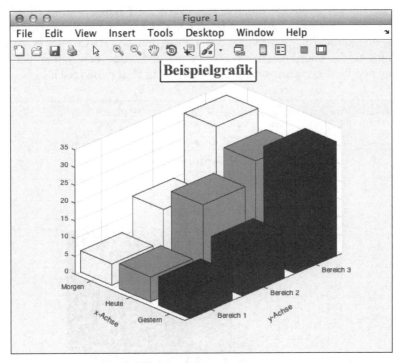

Abbildung 7.8: Sie können fast jedes Objekt neu positionieren und drehen.

Anmerkungen hinzufügen

Mit Anmerkungen können Sie Ihrer Grafik zusätzliche Informationen hinzufügen. Vielleicht wollen Sie zum Beispiel einen Kreis um einen speziellen Datenpunkt legen oder mit einem Pfeil auf einen speziellen Balken zeigen, um Ihre Präsentation noch klarer zu machen. Unabhängig davon, ob und mit welchen Elementen für Anmerkungen Sie arbeiten wollen, sind hier die Möglichkeiten von MATLAB:

✔ Linie

✔ Pfeil

✔ Textpfeil

✔ Doppelpfeil

✔ Kasten mit Text

✔ Rechteck

✔ Ellipse

Um Ihrer Grafik Anmerkungen hinzuzufügen, verwenden Sie die Funktion annotation(). Nehmen wir an, Sie wollen herausstellen, dass Bereich 3 in Abbildung 7.8 der beste Bereich der Gruppe ist. Um das in die Tat umzusetzen, geben Sie **TArrow = annotation('textarrow', [.69 .56], [.9 .83], 'String', 'Bereich 3 ist der beste!')** und dann Enter ein. Das Ergebnis sehen Sie in Abbildung 7.9. Diese Version der Funktion annotation() erwartet den Typ der Anmerkungen, die Koordinaten von Pfeilanfang und -ende, den Namen der Eigenschaft (String) und den Wert der Eigenschaft (Bereich 3 ist der beste!).

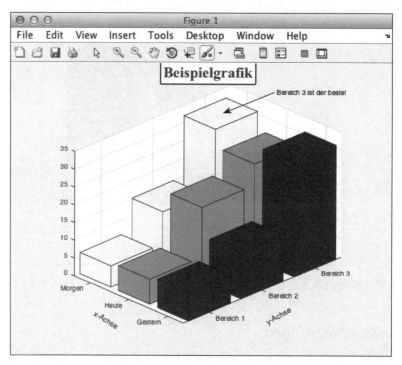

Abbildung 7.9: Fügen Sie Ihrer Abbildung Anmerkungen als Hilfestellung für den Betrachter hinzu.

Nicht alle Anmerkungen werden mit demselben Format der Anweisung annotation() erzeugt. Wenn Sie zum Beispiel einen Kasten mit Text einfügen wollen, geben Sie die Koordinaten einer Ecke, die Höhe und die Breite des Kastens in einem Vektor an. Um diese Version von annotation() in Aktion zu sehen, geben Sie **TBox = annotation('textbox', [.1, .8, .2, .1], 'string', 'Bereichsreport', 'HorizontalAlignment', 'center', 'VerticalAlignment', 'middle')** ein und dann Enter. In diesem Beispiel zentrieren wir den Text im Kasten und setzen den Kasten in die obere linke Ecke. Ein Kasten mit Text zeigt auf gar nichts – er stellt nur Informationen dar, wie in Abbildung 7.10 zu sehen.

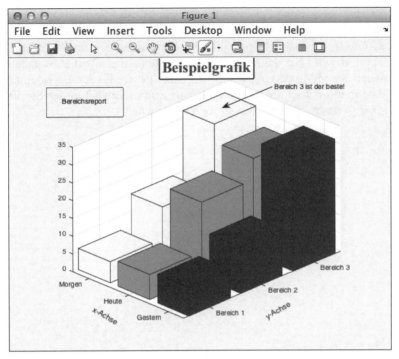

Abbildung 7.10: Der Funktionsaufruf `annotation()` *hat keinen durchgängig gleichen Aufbau.*

Ihre Grafik ausdrucken

Möglicherweise wollen Sie Ihr Diagramm irgendwann auch einmal ausdrucken. Dazu steht Ihnen eine ganze Menge an Möglichkeiten zur Verfügung. Die folgende Liste enthält einen kleinen Überblick über die Optionen, zwischen denen Sie wählen können:

✔ Wählen Sie *File* ➪ *Print* im Fenster mit der Grafik, um die Dialogbox für das Drucken anzuzeigen. Hier können Sie die Optionen für Ihren Ausdruck festlegen und anschließend drucken.

✔ Geben Sie die Tastenkombination Strg + P (cmd + P beim MAC) bei aktivem Grafikfenster ein, um die Dialogbox für das Drucken anzuzeigen. Hier können Sie die Optionen für Ihren Ausdruck festlegen und anschließend drucken.

✔ Aktivieren Sie das Anweisungsfenster (durch Anklicken) und geben Sie **print()** gefolgt von Enter ein.

 • Wenn Sie `print()` ohne weitere Argumente verwenden, druckt MATLAB die gesamte Abbildung inklusive eventueller Untergrafiken.

 • Wenn Sie `print()` einen Zeiger übergeben wie zum Beispiel in `print(Bar2)`, druckt MATLAB nur die Elemente der Grafik, auf die der Zeiger verweist.

Es mag vorkommen, dass Sie Ihre Grafik in einer Form ausgeben wollen, in der Sie sie woanders ausdrucken können. In diesem Fall wählen Sie die Option *Print to File* in der Dialogbox für das Drucken, wenn Sie im Grafikfenster arbeiten. MATLAB wird Sie dann bitten, einen Dateinamen für die Ausgabe einzugeben. Wenn Sie im Anweisungsfenster arbeiten, geben Sie den Dateinamen als zweites Argument in der Funktion `print()` an. Zum Beispiel könnten Sie die Anweisung `print(Bar2, 'MeineDatei.prn')` eingeben.

Teil III

MATLAB effizient nutzen

In diesem Teil ...

✔ Mit Skripten Aufgaben automatisieren.

✔ Für komplexe Aufgaben Funktionen verwenden.

✔ Die Anwendung von Inline- und anonymen Funktionen kennenlernen.

✔ Mit Kommentaren Skripte und Funktionen dokumentieren.

✔ Sehen, wie Skripte und Funktionen selbständig Entscheidungen treffen können.

✔ Skripte und Funktionen entwickeln, die Aufgaben mehr als einmal ausführen.

Abläufe automatisieren

In diesem Kapitel ...

▶ Den Zweck von Skripten beschreiben.

▶ Skripte schreiben.

▶ Skripte verändern.

▶ Skripte in MATLAB verwenden.

▶ Die Ausführung von Skripten beschleunigen.

▶ Fehler in Skripten finden.

*E*inen Computer dazu zu bekommen, für Sie zu arbeiten, ist wahrscheinlich einer der besten Gründe überhaupt, einen Computer zu haben. Jedes Mal, wenn Sie banale oder sich wiederholende Aufgaben automatisieren, befreien Sie sich, um sich interessanteren Dingen zuzuwenden. MATLAB ist ein hervorragendes Werkzeug, um damit kreativ zu arbeiten, aber es gibt auch einiges an banalen und sich wiederholenden Tätigkeiten. Zum Beispiel erzeugen Sie möglicherweise jede Woche dieselbe Grafik für einen Report. Diese Aufgabe zu automatisieren, würde Ihnen zu mehr Zeit verhelfen, in der Sie ein Heilmittel für Krebs entdecken oder eine Rakete auf den Mars senden könnten. Im Ernst, Sie haben Besseres mit Ihrer Zeit zu tun und MATLAB ist nur zu gern bereit, Ihnen freie Zeit zu verschaffen, damit Sie es auch wirklich tun können. Im Wesentlichen ist das der Zweck davon, Skripte zu schreiben – dafür müssen Sie kein verrückter und genialer Computer-Hacker sein, es geht nur darum, Dinge zu automatisieren, damit Sie mehr Zeit für interessantere Dinge haben.

Ein Skript schreiben ist nichts anderes, als eine *Prozedur* oder einen festgelegten Ablauf niederzuschreiben, also dem Computer Schritt für Schritt zu sagen, was er tun soll. Man kann das mit einem Dreh beim Film vergleichen. Der Drehbuchautor schreibt die Wörter auf, die die Schauspieler sagen sollen, und legt die Handlungen fest, die sie ausführen sollen. Wahrscheinlich haben Sie schon einige Prozeduren für die verschiedensten Adressaten niedergeschrieben. In der Tat haben Sie sicher auch schon Prozeduren für sich selbst aufgeschrieben, um nicht zu vergessen, wie Sie eine Aufgabe ausführen (wollen). Ein Skript für MATLAB unterscheidet sich praktisch nicht von jeder anderen Prozedur, die Sie in der Vergangenheit schon einmal erstellt haben, außer dass Sie die Prozedur jetzt so schreiben müssen, dass MATLAB sie versteht.

Dieses Kapitel hilft Ihnen dabei, einfache MATLAB-Skripte zu schreiben, Sie auf die Festplatte zu speichern, damit Sie später wieder Zugriff darauf haben, und sie dann bei Bedarf aus-zuführen. Sie werden auch entdecken, wie Sie die Ausführung Ihrer Skripte beschleunigen können, damit Sie nicht zu lange auf MATLAB warten müssen, während es die Aufgaben abarbeitet. Zum Schluss lernen Sie in diesem Kapitel noch, welche Arten von Fehlern in Skripten entstehen können und wie Sie ihnen auf die Spur kommen.

Verstehen, was Skripte tun

Ein Skript ist nichts anderes als ein Mittel, um Prozeduren aufzuschreiben, die MATLAB verwenden kann, um sinnvolle Arbeit zu verrichten. Es heißt Skript und nicht Prozedur, weil ein Skript ein spezielles Format einhält. Im Wesentlichen spricht MATLAB ein spezielles Englisch, welches Sie verwenden müssen, damit MATLAB Sie versteht. Das Interessante ist, dass Sie diese Sprache in den bisherigen Kapiteln bereits benutzt haben. Ein Skript tut eigentlich nicht viel mehr, als die verschiedenen Anweisungen miteinander zu verknüpfen, die Sie bisher einzeln verwendet haben, um eine Aufgabe von Anfang bis Ende durchzuführen. In den nächsten Abschnitten lesen Sie etwas mehr im Detail, was ein Skript tut.

Ihr Arbeitspensum reduzieren

Der Zweck eines Skripts ist, Ihre Arbeitsbelastung zu reduzieren. Diese Aussage mag Ihnen im Moment sofort einleuchten, aber manche Anwender werden so vom Prozess des Erzeugens eines Skripts verschlungen, dass Sie den eigentlichen Zweck eines Skripts vergessen, nämlich weniger Arbeit zu verursachen und nicht mehr. In der Tat soll ein Skript einige – wenn nicht alle – der folgenden Eigenschaften aufweisen:

✔ Die Zeit zum Abarbeiten einer Aufgabe verkürzen.

✔ Den Aufwand zum Durchführen einer Aufgabe verringern.

✔ Ermöglichen, die Aufgabe von weniger gut ausgebildeten Helfern ausführen zu lassen.

✔ Ermöglichen, die Aufgabe mit wenigeren Fehlern zu absolvieren – ein Computer langweilt sich eben nie oder lässt sich ablenken.

✔ Standardisierte und konsistente Ausgaben erzeugen.

✔ Eine geschützte Umgebung für die Ausführung einer Aufgabe bieten, da die Details nicht so leicht eingesehen werden können.

Beachten Sie, dass keines der Ziele in dieser Liste beinhaltet, dass der Computer merkwürdige Dinge tun soll, die er sonst nicht tut, oder Ihre Zeit verschwenden soll, indem Sie Skripte für Aufgaben schreiben, die es vorher gar nicht gab. Die besten Skripte führen Arbeiten aus, die Sie bereits sehr gut kennen, weil Sie sie in der Vergangenheit schon ausreichend oft »manuell« ausgeführt haben. Es ist natürlich grundsätzlich möglich, dass Sie mit einem Skript eine völlig neue Aufgabe lösen, aber selbst in diesem Fall sollte diese Aufgabe wenigstens auf Teilaufgaben aufbauen, die Sie bereits gut kennen und gelöst haben. Die meisten Anwender kommen dann in Schwierigkeiten, wenn sie Skripte für Dinge schreiben, die sie nicht richtig verstanden oder klar definiert haben.

Festlegen, wann Sie ein Skript verwenden

Skripte sind nur für banale und sich wiederholende Arbeiten sinnvoll. Manchmal ist es die schlechteste Idee, ein Skript für eine Aufgabe zu schreiben. Es gibt in der Tat Fälle, in denen Sie sich in einer Situation wiederfinden, in der Ihr Skript echten – und manchmal irreparablen – Schaden anrichtet. Die folgende Liste gibt Ihnen Richtlinien an die Hand, wann es sinnvoll ist, ein Skript zu verwenden:

✔ Die Aufgabe wird oft genug wiederholt, dass Sie mit dem Skript wirklich Zeit sparen. Die Zeit, das Skript zu schreiben, muss sich amortisieren.

✔ Die Aufgabe ist wohldefiniert, so dass Sie genau wissen, was Sie tun müssen.

✔ Die Art, wie die Aufgabe ausgeführt wird, hängt nur von wenigen Variablen ab, sodass der Computer nicht viele Entscheidungen treffen muss. Die Entscheidungen selbst sollten nur eine kleine Zahl von eindeutigen Antworten zulassen.

✔ Zur Ausführung der Aufgabe sind weder Kreativität noch spezielle Fähigkeiten in der Lösung von Problemen nötig.

✔ Der Computer kann auf alle Ressourcen zugreifen, die für die Ausführung des Skripts nötig sind.

✔ Der Computer kann die Aufgabe durchführen, ohne ständig Bestätigungen und Erlaubnisse abfragen zu müssen.

✔ Alle Eingabedaten für das Skript sind wohldefiniert, sodass das Skript und MATLAB sie erwarten und verstehen können.

Ob Sie es glauben oder nicht, wahrscheinlich führen Sie regelmäßig eine riesige Anzahl von Aufgaben durch, die all diese Anforderungen erfüllen. Wichtig ist allerdings, die Tätigkeiten hiervon auszunehmen, die Sie wirklich selbst ausführen müssen. Automatisierung funktioniert nur, wenn Sie korrekt auf eine spezielle Sorte von Aufgaben angewendet wird.

Ein Skript erstellen

Ein Skript erstellen bedeutet häufig nichts anderes, als Anweisungen aufzuschreiben. In den nächsten Abschnitten lernen Sie mehrere Wege kennen, auf die Sie einfache Skripte schreiben können, ohne irgendetwas über das Skriptschreiben zu wissen. Es berührt Sie vielleicht auch merkwürdig, dass das Skriptschreiben sich kaum davon unterscheidet, Anweisungen im Anweisungsfenster einzugeben. Der einzige Unterschied ist, dass die Anweisungen nicht sofort und unmittelbar ausgeführt werden. Die Botschaft der nächsten Abschnitte ist: Skripte schreiben muss nicht schwierig oder kompliziert sein. Es ist eigentlich nicht viel mehr, als die Probleme zu lösen, die Sie sowieso lösen wollen.

Ihr erstes Skript schreiben

MATLAB stellt Ihnen viele Möglichkeiten zur Verfügung, Skripte zu erstellen. Manche von ihnen erfordern nicht einmal, dass Sie irgendetwas schreiben! Dennoch: Der traditionelle

Weg, ein Skript in einer Anwendung zu erstellen, ist, es zu schreiben. Das ist genau, was wir jetzt tun wollen – ein kleines Skript schreiben. Das am meisten verwendete erste Skript in jeder Computersprache der Welt ist das »Hallo Welt!«-Beispiel. Die folgenden Schritte demonstrieren, wie Sie solch ein Skript in MATLAB erstellen.

1. **Klicken Sie New Script auf dem Home-Reiter des Menüs.**

   Sie sehen, dass das Editor-Fenster auf dem Bildschirm erscheint, wie in Abbildung 8.1 zu sehen. Dieses Fenster erlaubt Ihnen, Skripte auf verschiedene Weise zu bearbeiten. Den Reiter *Editor* im Menü verwenden Sie am häufigsten, wenn Sie neue Skripte erstellen.

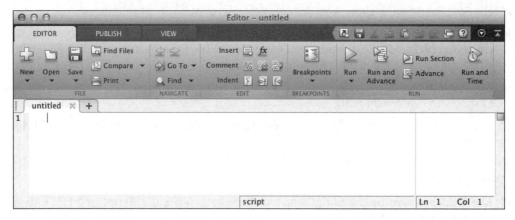

Abbildung 8.1: Verwenden Sie das Editor-Fenster, um ein Skript manuell zu erstellen.

2. **Geben Sie 'Hallo Welt' ein.**

   Der Text wird mit einem hellen Orange markiert und mit einer geschwungenen Linie unterstrichen. Wenn Sie die Maus darüber bewegen, sehen Sie eine Meldung wie in Abbildung 8.2.

   In diesem Fall ignorieren Sie die Warnmeldung, weil Sie die Ausgabe sehen wollen. Wenn Sie jedoch das Problem (im Sinne der MATLAB-Warnmeldung) beheben wollten, könnten Sie einfach das Semikolon eintippen oder auf *Fix* klicken, um den Fehler automatisch beheben zu lassen. MATLAB wird sich immer melden, wenn es einen Fehler wittert, manchmal ist es jedoch ein bisschen zu sensibel – wie in unserem Fall.

3. **Klicken Sie auf *Run* im *Editor*-Reiter des *Editor*-Fensters.**

   Sie sehen die Dialogbox *Select File for Save As*, wie in Abbildung 8.3 dargestellt. MATLAB lässt Sie ein Skript immer erst speichern, bevor Sie es ausführen können. Damit geht es sicher, dass es nicht verloren geht oder verändert wird, sollte während der Ausführung etwas passieren.

4. **Erzeugen oder wählen Sie das Verzeichnis** MATLAB\Kapitel08**, geben Sie den Dateinamen** ErstesSkript.m **ein und klicken Sie auf *Save*.**

   MATLAB speichert Ihr Skript auf die Festplatte. Alle Ihre Skriptdateien haben die Endung `.m`.

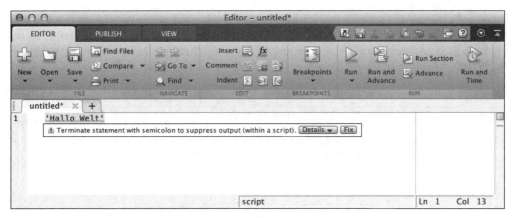

Abbildung 8.2: Der Editor gibt eine Meldung aus, wenn er vermutet, dass Sie einen Fehler im Skript haben.(»Beenden Sie einen Ausdruck mit einem Semikolon, um die Ausgabe in einem Skript zu unterdrücken.«)

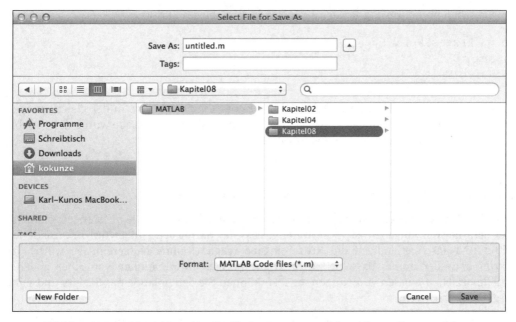

Abbildung 8.3: MATLAB bittet Sie, Ihr Skript zuerst zu speichern, bevor Sie es ausführen.

An dieser Stelle könnte eine Dialogbox erscheinen, wie in Abbildung 8.4 zu sehen. Wenn das passiert, klicken Sie einfach auf die *Add to Path*-Schaltfläche und die Dialogbox wird verschwinden. Wenn die Meldung nicht erscheint, gehen Sie einfach zu Schritt 5 weiter.

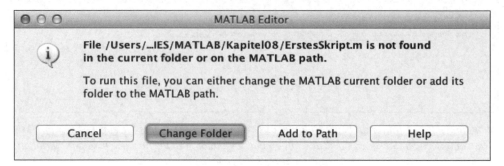

Abbildung 8.4: Das Verzeichnis, in welches Sie das Skript speichern, muss entweder das aktuelle Verzeichnis sein oder im MATLAB-Dateipfad (Path) angemeldet sein.

5. Wählen Sie das MATLAB-Fenster aus.

Sie sehen im Anweisungsfenster die folgende Ausgabe des Skripts:

```
>> ErstesSkript
ans =
Hallo Welt
```

Die Ausgabe sagt Ihnen, dass MATLAB das Skript `ErstesSkript` in der gleichnamigen Datei ausgeführt hat und die Ausgabe `Hallo Welt` ist. Diese Ausgabe wurde der Variable `ans` zugewiesen, welche die Standardvariable für Ausgaben ist.

Anweisungen für Benutzereingaben verwenden

Manche Skripte arbeiten wunderbar ohne jegliche Benutzereingabe, die meisten jedoch nicht. Bei den meisten Aufgaben ist es notwendig, dass das Skript den Nutzer um Informationen bittet und anschließend auf die Nutzereingabe reagiert. Ohne Nutzereingabe würde das Skript entweder immer dasselbe tun oder die nötigen Informationen von einer anderen Quelle beziehen müssen. Mit Nutzereingaben können Sie den Ablauf eines Skripts und seine Ergebnisse variieren.

In Listing 8.1 sehen Sie ein Beispiel für ein Skript, welches den Nutzer um eine Eingabe bittet. Dieses Skript steht auch unter dem Namen `NutzerFragen.m` zum Herunterladen bereit.

```
Name = input('Wie ist Dein Name? ', 's');
disp(['Hallo ', Name]);
```

Listing 8.1: Den Nutzer um Eingaben bitten.

Die Funktion `input()` bittet den Nutzer um Eingaben. Sie geben zunächst eine Aufforderung aus, die den Nutzer um eine bestimmte Information bittet. Wenn Sie die Eingabe einer Zeichenkette erwarten, fügen Sie das Argument `'s'` hinzu, welches MATLAB mitteilt, dass Sie hier eine Zeichenkette (*string*) erwarten und nicht etwa eine Zahl. Wenn der Nutzer dann einen Namen und dann Enter eingibt, wird dieser in der Variablen `Name` gespeichert.

 Die Funktion `disp()` gibt Text aus, ohne ihn einer Variablen zuzuordnen. Sie akzeptiert jedoch nur ein Argument. Wir wollen aber zwei verschiedene Zeichenketten ausgeben, nämlich »Hallo« und den Namen. Um dieses Problem zu lösen, verwenden wir den Verkettungsoperator (`[]`). Verkettung (englisch *concatenation* – von con- (lat.) = zusammen- und catena (lat.) = Kette) bedeutet einfach nur die Kombination von zwei Zeichenketten zu einer einzigen. Die Zeichenketten werden durch Komma getrennt, wie im Beispiel zu sehen ist.

Jedes Mal, wenn Sie das Skript ausführen, bittet es Sie, Ihren Namen einzugeben. Geben Sie **Ihren Namen** ein und dann Enter. In diesem Fall verwenden wir John als Namen, Sie können natürlich einen Namen Ihrer Wahl eingeben. Nachdem Sie Enter gedrückt haben, gibt das Skript das Ergebnis aus. Hier ist die typische Ausgabe des Beispiels:

```
>> NutzerFragen
Wie ist Dein Name? John
Hallo John
```

Kopieren und in ein Skript einfügen

Ein wesentlicher Bestandteil der Arbeit mit MATLAB ist das Experimentieren. Wenn Sie eine bestimmte Anweisung soweit haben, dass sie das Gewünschte tut, wollen Sie sie vielleicht in ein Skript aufnehmen. Dabei kopieren Sie die entsprechende Stelle und fügen sie im Skript wieder ein. Wenn Sie im Anweisungsfenster arbeiten, markieren Sie einfach die entsprechende Stelle, die Sie in ein Skript bewegen wollen, klicken mit der rechten Maustaste darauf und wählen *Copy* oder *Cut* im Kontextmenü. Alternativ können Sie natürlich auch die entsprechenden Tastenkombinationen für Ausschneiden und Kopieren verwenden, wie Strg + C für Kopieren und Strg + X für Ausschneiden.

Kopieren und Ausschneiden lädt eine Kopie des Materials in die Zwischenablage. Wählen Sie das *Editor*-Fenster aus, klicken Sie mit der rechten Maustaste an die Stelle, wo Sie das Material einsetzen wollen, und wählen Sie *Paste* im Kontextmenü. Das eingefügte Material wird immer dort abgelegt, wo der Mauszeiger ist, achten Sie also vor dem Rechts-Klick auf die Position des Mauszeigers. Alternativ können Sie natürlich auch hier die entsprechenden Tastenkombinationen für das Einfügen verwenden, wie zum Beispiel Strg + V. In diesem Fall setzen Sie den Cursor vorher an die Stelle, wo das Material eingefügt werden soll.

Die Anweisungshistorie speichert gewissenhaft all Ihre bisher eingegebenen Anweisungen. So können Sie leicht diejenigen Anweisungen heraussuchen und auswählen, welche Sie in das

Skript kopieren wollen. In der folgenden Liste sehen Sie die verschiedenen Möglichkeiten, wie Sie mit der Anweisungshistorie arbeiten können:

✔ Klicken Sie auf eine einzelne Zeile, um diese Anweisung zu verwenden.

✔ Klicken Sie bei gehaltener Strg-Taste auf weitere Zeilen, um diese Zeilen zur Auswahl hinzuzufügen.

✔ Klicken Sie bei gehaltener Shift-Taste auf eine Zeile, um alle Zeilen von der aktuellen bis zur angeklickten Zeile zur Auswahl hinzuzufügen.

Im Ergebnis haben Sie eine oder mehrere Zeilen ausgewählt. Diese Auswahl können Sie mit _Cut_ oder _Copy_ in die Zwischenablage kopieren und anschließend im _Editor_-Fenster in das Skript einfügen.

Sie können auch andere Quellen anzapfen, um Material für Ihre Skripte zu bekommen – und sollten dies tun, sooft Sie können. Beispielsweise könnten Sie MATLAB um Hilfe bei bestimmten Themen bitten. Die Hilfeseiten enthalten sehr häufig Beispielcode, den Sie kopieren und in Ihr Skript einfügen können. Es gibt auch weitere Onlinequellen, in denen Sie Code finden und in Ihr Skript übernehmen können. Wenn Sie das tun, sollten Sie allerdings immer darauf achten, dass Sie nur skriptfähigen Code übernehmen. Löschen Sie die nicht skriptfähigen Teile einfach, bevor Sie das Skript speichern.

Die Anweisungshistorie in ein Skript umwandeln

Nach ein paar Experimenten haben Sie möglicherweise ein paar Anweisungen zusammen, die exakt das tun, was Sie brauchen. Diese vom Anweisungsfenster auszuschneiden und in das Skript zu kopieren, ist jedoch unbequem. Alternativ könnten Sie die Anweisungen in der Anweisungshistorie auswählen, in die Zwischenablage einfügen und anschließend in Ihr Skript einfügen, aber das sieht auch eher nach Zeitverschwendung aus.

Der beste Weg ist wohl, aus den in der Anweisungshistorie ausgewählten Anweisungen direkt ein Skript zu machen. Nachdem Sie die gewünschten Anweisungen ausgewählt haben, klicken Sie einfach mit der rechten Maustaste darauf und wählen _Create Script_ im zugehörigen Kontextmenü. MATLAB öffnet dann ein neues _Editor_-Fenster mit den ausgewählten Anweisungen. Diese erscheinen in der gleichen Reihenfolge wie in der Anweisungshistorie. Speichern Sie das Skript auf der Festplatte und führen es aus. Dann können Sie sehen, wie es funktioniert.

Lange Zeichenketten fortsetzen

Manchmal reicht ein kurzer Text bei einer Bitte um eine Nutzereingabe nicht aus – bei manchen Eingaben muss man etwas länger beschreiben, was jetzt erforderlich ist. Wenn Sie dafür eine sehr lange Zeichenkette benötigen, können Sie den Fortsetzungs-Operator (_continuation operator_) einsetzen. Er besteht einfach aus drei Punkten (...) wie beim Stilmittel der Ellipse (Auslassung). Das Listing 8.2 zeigt ein Beispiel für eine sehr lange

Eingabeaufforderung, die man als Erweiterung des Skripts NutzerFragen von Listing 8.1 sehen kann. Das Listing 8.2 können Sie online herunterladen, es heißt VieleZeichen.m.

```
Text = ['Geben Sie Ihren Namen ein, aber nur,\nwenn ', ...
          'gerade nicht Mittwoch ist.\nMittwochs ', ...
          'geben Sie den Namen Ihres\nNachbarn ', ...
          'zur Rechten ein. Wenn jedoch\nam Mittwoch ', ...
          'Vollmond ist, geben Sie\nden Namen des ', ...
          'Nachbarn zur Linken ein: '];
Name = input(Text, 's');
disp(['Hallo ', Name])
```

Listing 8.2: Eine genau umschriebene Nutzereingabe erbitten.

An diesem Beispiel können Sie gleich mehrere neue Konzepte kennenlernen. Die Variable Text enthält eine lange Zeichenkette mit ein paar Formatierungen, die Sie wahrscheinlich bisher noch nicht gesehen haben. Zunächst verwenden wir im Beispiel den Verkettungsoperator ([]), um aus den verschiedenen Zeilen eine einzige Zeichenkette zu erzeugen. Jede Teil-Zeichenkette könnte allein für sich stehen und ist von den anderen durch ein Komma getrennt. Mit dem Fortsetzungsoperator sagen Sie MATLAB, dass die Anweisung in der nächsten Zeile noch weitergeht. So können Sie die einzelnen Elemente der Zeichenkette auf verschiedene Zeilen setzen.

 Wenn Sie ein einfaches Hochkomma in Ihrem Text benötigen, haben Sie das Problem, dass dieses eigentlich eine Zeichenkette einleitet oder beendet. Wenn Sie das Zeichen jedoch doppelt eingeben, versteht MATLAB, was Sie wollen:

```
HochKomma = [' ''s ist gar nicht schwer.']
HochKomma =
  's ist gar nicht schwer.
```

Auch die Zeichenkombination \n ist neu. Dabei handelt es sich um ein spezielles Zeichen, welches die Ausgabe der Zeichenkette steuert. Daher wird es auch *Steuerzeichen* oder englisch *control character* genannt. In diesem Fall sorgt das Steuerzeichen für einen Zeilenvorschub (= eine neue Zeile wird begonnen). Wenn Sie das Beispielskript ausführen (und als Ihren Namen »John« eingeben und Enter drücken), sollte das folgende Ergebnis auf Ihrem Bildschirm erscheinen:

```
VieleZeichen
Geben Sie Ihren Namen ein, aber nur,
wenn gerade nicht Mittwoch ist.
Mittwochs geben Sie den Namen Ihres
Nachbarn zur Rechten ein. Wenn jedoch
am Mittwoch Vollmond ist, geben Sie
den Namen des Nachbarn zur Linken ein: John
Hallo John
```

Immer wenn im String, der von der input()-Funktion als Aufforderung zur Nutzereingabe ausgegeben wird, das Steuerzeichen \n auftaucht, sehen Sie in der MATLAB-Ausgabe, dass eine neue Zeile beginnt. In Tabelle 8.1 können Sie die Steuerzeichen nachlesen, die MATLAB unterstützt, sowie deren Beschreibung.

Beschreibung	Steuerzeichen
Einfaches Anführungszeichen oben/Hochkomma	' '
Prozentzeichen	%%
Backslash/Rückwärts-Schrägstrich	\\
Alarm (Piep oder anderer Ton auf dem Computer)	\a
Rückwärtsschritt (*backspace*, das heißt das Zeichen links vom Cursor wird entfernt und der Cursor einen Schritt nach links bewegt.)	\b
Seitenvorschub (Form Feed)	\f
Neue Zeile (Line Feed)	\n
Wagenrücklauf (Carriage Return wie in der Schreibmaschinenwelt)	\r
Horizontaler Tabulator	\t
Vertikaler Tabulator	\v
Hexadezimalzahl, N (wobei N die Hexadezimaldarstellung der Nummer des Zeichens im ASCII-Code ist, des Zeichens ist, welches Sie darstellen wollen)	\xN
Oktalzahl, N (wobei N die Oktaldarstellung des Zeichens im ASCII-Code ist, welches Sie darstellen wollen)	\N

Tabelle 8.1: Steuerzeichen in MATLAB

Ihren Skripten Kommentare hinzufügen

Menschen neigen dazu, Dinge zu vergessen. Vielleicht wissen Sie am Tag, als Sie es geschrieben haben, oder noch ein paar Tage oder eine Woche später, wie Ihr Skript funktioniert. Aber nach einem halben Jahr sieht die Sache vielleicht schon anders aus und Sie wissen eigentlich gar nichts mehr darüber. Das ist die Stunde der Kommentare! Kommentare helfen Ihnen dabei, sich daran zu erinnern, was ein Skript tut, warum es das tut und in gewisser Weise auch, warum Sie das Skript überhaupt geschrieben haben. Die folgenden Seiten beschreiben Kommentare im Detail.

Den Kommentar mit % verwenden

Jedes Mal, wenn MATLAB auf das Prozentzeichen % stößt, behandelt es den Rest der Zeile als Kommentar. *Kommentare* sind einfach Textteile, mit denen Sie beschreiben, was in einem Skript passiert, oder *auskommentierter* Code, den Sie (gerade) nicht ausführen wollen. Diese

Variante wird häufig bei der Fehlersuche verwendet, wenn Sie Teile des Programms nicht ausführen, um herauszubekommen, ob diese spezielle Zeile der Grund für einen Fehler ist. Der Abschnitt *Skripte nach Fehlern durchsuchen* weiter hinten in diesem Kapitel führt Sie etwas detaillierter in das Thema Fehlersuche ein. In Listing 8.3 sehen Sie, wie Kommentare in einem Skript verwendet werden können. Das zugehörige Skript finden Sie unter dem Namen Kommentare.m. in den Online-Materialien.

```
% MATLAB sagen, was angezeigt werden soll.
Text = ['Geben Sie Ihren Namen ein, aber nur,\nwenn ', ...
        'gerade nicht Mittwoch ist.\nMittwochs ', ...
        'geben Sie den Namen Ihres\nNachbarn ', ...
        'zur Rechten ein. Wenn jedoch\nam Mittwoch ', ...
        'Vollmond ist, geben Sie\nden Namen des ', ...
        'Nachbarn zur Linken ein: '];

% Den Namen des Nutzers erfragen
% zum Anzeigen auf dem Bildschirm.
Name = input(Text, 's');

% Eine Begrüßung ausgeben, damit
% sich der Nutzer willkommen fühlt.
disp(['Hallo ', Name])
```

Listing 8.3: Mit Kommentaren Code lesbarer machen.

Wenn Sie Listing 8.3 mit Listing 8.2 vergleichen, sehen Sie, dass der Code in beiden Beispielen derselbe ist. Die Kommentare machen den Code jedoch leichter verständlich. Wenn Sie das Skript ausführen, werden Sie bemerken, dass die Kommentare nichts daran verändert haben, wie das Skript funktioniert. MATLAB erleichtert das Identifizieren von Kommentaren, indem sie grün dargestellt werden.

Den Kommentar mit %% verwenden

MATLAB unterstützt das doppelte Prozentzeichen %%, welches in manchen Fällen spezielle Funktionalitäten unterstützt. Hier lesen Sie, wie dieser Kommentar funktioniert:

✔ Verhält sich wie ein Standardkommentar im Anweisungsfenster.

✔ Erlaubt Ihnen, einen Teil (Abschnitt) des Codes auszuführen, wenn Sie die *Run and Advance*-Funktionalität verwenden.

✔ Erzeugt spezielle Ausgaben, wenn Sie die *Publish*-Funktion verwenden.

In den folgenden Unterabschnitten lesen Sie etwas über die speziellen Funktionalitäten. Sie werden sie nicht dauernd im alltäglichen Einsatz haben. Dennoch ist es gut zu wissen, dass sie da sind, wenn Sie sie brauchen.

Run and Advance verwenden

Wenn Sie ein doppeltes Prozentzeichen (%%) in das Editor-Fenster schreiben, fügt MATLAB in der Zeile darüber eine Abschnittslinie ein (es sei denn, Sie sind in der ersten Zeile). Damit können Sie Ihren Code in wohldefinierte Abschnitte einteilen. Um einen Abschnittskommentar einzufügen, geben Sie %% ein, dann ein Leerzeichen und anschließend den Kommentar, wie in Abbildung 8.5.

 Wie bei den Standardkommentaren mit nur einem Prozentzeichen erscheint der Kommentar mit %% in grün. Die Linie oberhalb des Kommentars zeigt Ihnen, dass es sich dabei um einen speziellen Kommentar handelt. Darüber hinaus wählen Sie mit der Position des Cursors einen bestimmten Abschnitt aus. Der ausgewählte Abschnitt erscheint in einem Pastellgelb. Wenn Sie jetzt auf die Schaltfläche *Run and Advance* im Menü klicken, wird dieser Abschnitt – und nur dieser – ausgeführt. Hier lesen Sie, wie Abschnitte funktionieren:

1. **Platzieren Sie den Cursor am Ende der Zeile, die mit** Text = **beginnt, und klicken Sie anschließend auf** *Run and Advance*.

   Nur der erste Abschnitt des Codes wird ausgeführt. Beachten Sie auch, dass der Cursor nach der Ausführung am Beginn des nächsten Abschnittes steht.

2. **Klicken Sie auf** *Run and Advance*.

   Das Skript fragt Sie jetzt nach dem Namen.

3. **Geben Sie einen Namen ein und drücken Sie anschließend Enter.**

   Nur der zweite Abschnitt wird jetzt ausgeführt. Das Skript gibt nichts auf dem Bildschirm aus.

4. **Platzieren Sie den Cursor am Beginn des zweiten Abschnitts und klicken Sie wieder auf** *Run and Advance*.

   Schritte 2 und 3 werden wiederholt. Sie sehen immer noch keine Ausgabe des Skripts.

5. **Klicken Sie auf** *Run and Advance*, **diesmal mit dem Cursor auf dem Beginn des dritten Abschnitts (%%).**

   Jetzt sehen Sie eine Ausgabe auf dem Bildschirm – die korrekte Ansprache mit dem eingegebenen Namen –, ohne noch einmal etwas eingeben zu müssen.

6. **Führen Sie Schritt 5 sooft aus, wie Sie möchten.**

   Die Anwendung zeigt die Ausgabe des Skripts bei jeder Ausführung erneut an, ohne noch einmal nach dem Namen zu fragen. Mit dieser Technik können Sie genau den Teil eines Skripts ausführen, den Sie testen wollen, ohne jedes Mal das ganze Skript ausführen zu müssen.

Sie können Ihren Code leicht verändern und dennoch einen speziellen Abschnitt ausführen. Zum Beispiel können Sie Hallo in Tschüss im Code ändern, den Sie in Abbildung 8.5 sehen. Bei ausgewähltem dritten Abschnitt können Sie jetzt auf *Run and Advance* klicken. In der Textausgabe sehen Sie dann eine Verabschiedung anstelle einer Begrüßung, ohne dass Sie irgendetwas zusätzlich eingeben mussten.

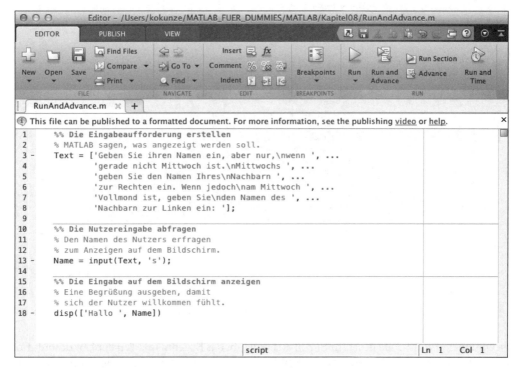

Abbildung 8.5: Mit %% können Sie Abschnittslinien in den Code einfügen.

Informationen publizieren

Mit den Abschnittseinteilungen und Kommentaren können Sie Ihr Skript leicht dokumentieren. Der jetzige Unterabschnitt bietet zwar nur einen kurzen Überblick über das Publizieren, das reicht aber, um Sie – hoffentlich – von den beeindruckenden Fähigkeiten von MATLAB in diesem Bereich zu überzeugen. Zum Anfang benötigen Sie allerdings gut strukturierte Abschnitte und Abschnittskommentare – von der Art eben, dass sie als Dokumentation sinnvoll sind.

Wenn Sie ein Skript publizieren wollen, sollten Sie zunächst ein paar Eigenschaften festlegen, wie zum Beispiel das Ausgabeformat. Das Standardformat ist HTML, welches für unser Beispiel gerade richtig ist. Wenn Sie jedoch eine kleine Änderung nicht machen, wird die Ausgabe nicht ganz so aussehen, wie Sie es vielleicht gern hätten. Klicken Sie deshalb den Pfeil nach unten unter der Schaltfläche *Publish* auf dem (gleichnamigen) Reiter *Publish* im *Editor-Fenster* und dann *Edit Publishing Options*. Sie sehen die Dialogbox *Edit Configurations*, wie in Abbildung 8.6 dargestellt.

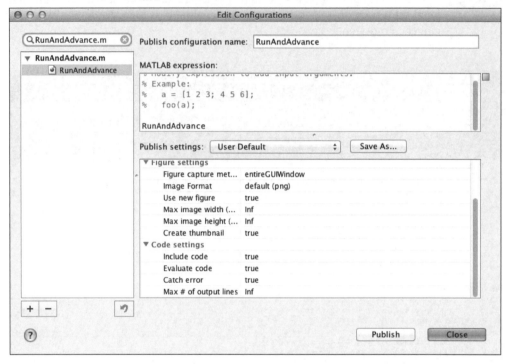

Abbildung 8.6: Verändern Sie die Konfiguration, um ein korrektes Ausgabeformat zu erhalten.

Die Option *Evaluate Code* führt Ihr Skript aus und gibt das Ergebnis als Teil der Dokumentation aus. Leider kann MATLAB jedoch die Funktion `input()` nicht im Zuge der Publikation als Dokumentation für ein Skript auswerten. Deshalb müssen Sie die Option *Evaluate Code* auf `false` setzen. Klicken Sie auf *Publish*. MATLAB wird jetzt eine HTML-Datei erzeugen, wie in Abbildung 8.7.

Wenn wir berücksichtigen, wie wenig Arbeit wir in die Dokumentation gesteckt haben, sieht das Ergebnis schon ziemlich gut aus. Man könnte fast sagen: professionell. Wenn Sie mit komplexen Skripten arbeiten, erfüllt so eine Dokumentation eine wesentliche Aufgabe. Wenn Sie sich an Ihrer Arbeit bewundernd sattgesehen haben, schließen Sie die HTML-Ansicht und die Dialogbox *Edit Configurations*.

Skripte überarbeiten

Normalerweise sind Skripte nicht gleich beim ersten Versuch perfekt. In der Tat ist es ziemlich üblich, seine Skripte ziemlich häufig zu überarbeiten. Selbst wenn ein Skript irgendwann perfekt das tun sollte, was Sie ursprünglich erreichen wollten, wollen Sie vielleicht irgendwann

Abbildung 8.7: Die veröffentlichte Dokumentation sieht ziemlich schick aus.

neue Funktionalitäten umsetzen – und damit das Skript überarbeiten. Um es kurz zu machen: Sie werden Ihrem Skript mehr als einmal im Editor begegnen. Hier sind ein paar Techniken, mit denen Sie Ihr Skript zum Editieren öffnen können:

✔ Klicken Sie doppelt auf den Dateinamen im Fenster mit dem aktuellen Verzeichnis.

✔ Klicken Sie auf den Pfeil nach unten unter der Schaltfläche *Open* im *Home*-Reiter des MATLAB-Fensters und wählen Sie die Datei von der Liste aus. Die Liste wird alle kürzlich geöffneten Dateitypen enthalten, nicht nur Skripte.

✔ Klicken Sie auf den Pfeil nach unten unter der Schaltfläche *Open* im *Editor*-Reiter des *Editor*-Fensters und wählen Sie die Datei von der Liste aus. Die Liste wird nur die kürzlich geöffneten Skriptdateien enthalten.

✔ Klicken Sie auf *Find Files* im *Editor*-Reiter des *Editor*-Fensters um die *Find Files*-Dialogbox zu öffnen. Geben Sie ein Suchkriterium wie *.m ein und klicken Sie auf *Find*. Das Sternchen steht für alle Dateien. Klicken Sie doppelt auf die gewünschte Datei, wenn Sie in der Ergebnisliste erscheint.

✔ Suchen Sie die Datei mithilfe der Dateianwendung Ihres Systems, wie beispielsweise dem *Windows Explorer* in Windows und dem *Finder* beim Mac. Klicken Sie dann doppelt auf den gewünschten Dateieintrag.

 Es ist keine gute Idee, ein Skript zu verändern und es dann ohne vorherige Tests zu verwenden. Testen Sie Ihr Skript nach Veränderungen immer, damit Sie sicherstellen, dass das Programm auch tut, was Sie erwarten. Wenn Sie diese Regel nicht beachten, kann eine Veränderung, von der Sie dachten, dass Sie funktioniert, zu Datenverlust oder anderen Problemen führen.

Skripte aufrufen

Skripte zu schreiben, ohne irgendeinen Weg zu haben, mit dem man sie ausführen kann, wäre irgendwie zwecklos. Zum Glück können Sie in MATLAB Skripte auf allen möglichen Wegen ausführen. Die Tätigkeit, ein Skript zu verwenden – also auszuführen –, ist auch unter dem Namen »ein Skript *aufrufen* (*calling a script*)« bekannt. Sie können Skripte wie folgt aufrufen:

✔ Klicken Sie mit der rechten Maustaste auf den Dateinamen des Skripts und wählen Sie *Run* im Kontextmenü.

✔ Wählen Sie die Skriptdatei aus und drücken Sie F9.

✔ Geben Sie den Namen des Skripts im Anweisungsfenster ein und dann Enter. Die Dateiendung ist nicht nötig.

✔ Geben Sie den Skriptnamen in einem anderen Skript ein.

 Die letzte Methode, ein Skript aufzurufen, ist die wichtigste. Es erlaubt Ihnen, kleine Code-Stücke zu schreiben (also Skripte) und diese Skripte als Bausteine für größere, leistungsfähigere und möglicherweise bequemer zu nutzende Code-Stücke zu verwenden. Der nächste Schritt besteht darin, kleinere Code-Stücke in Funktionen zu verwenden, die Informationen erhalten und zurückgeben können. Diesem Thema widmen wir uns in Kapitel 9.

Skripte schneller machen

Die Geschwindigkeit von Skripten ist leider begrenzt. Als wesentliche bestimmende Faktoren kommen hier die Systemleistung – wie Arbeitsspeicher und CPU-Leistung – sowie Speicherort Ihrer Daten und sogar die Geschicklichkeit des Anwenders ins Spiel. Natürlich ist in Anbetracht der heutigen Gesellschaft mit ihrem Hang zum »Sofort« schneller immer auch besser. Mit diesem Wissen im Kopf gibt Ihnen die folgende Liste ein paar Ideen, wie Sie die Geschwindigkeit Ihres Skripts verbessern können. Machen Sie sich keine Sorgen, wenn Sie nicht alle Punkte in der folgenden Liste auf Anhieb verstehen. Die meisten Methoden werden an irgendeiner Stelle des Buches im passenden Kontext erläutert. Verwenden Sie diese Liste einfach als Referenz, wenn Sie das schnellstmögliche Skript schreiben wollen:

✔ Erzeugen Sie Variablen nur einmal und nicht mehrmals.

- Weiter hinten im Buch finden Sie eine Diskussion darüber, wie man Aufgaben wiederholen kann; Variablen in den dort besprochenen Schleifen (*loops*) zu erzeugen, ist keine gute Idee.

- Eine Anwendung, die aus mehreren kleineren Dateien besteht, muss möglicherweise unausweichlich Variablen mehrfach deklarieren, behalten Sie das im Kopf, wenn Sie Ihre Anwendung analysieren.

✔ Verwenden Sie Variablen nur für einen bestimmten Datentyp. Den Datentyp einer Variablen zu verändern, kostet mehr Zeit, als einfach eine neue zu erzeugen.

✔ Machen Sie Code-Blöcke so klein wie möglich.

- Erzeugen Sie lieber mehrere kleinere Skriptdateien als eine große.

- Erzeugen Sie lieber kleine Funktionen als große.

- Vereinfachen Sie Ausdrücke und Funktionen, wo immer möglich.

✔ Verwenden Sie Vektoren, wo immer möglich.

- Ersetzen Sie mehrere skalare Variablen durch einen Vektor

- Verwenden Sie Vektoren, wo immer Sie damit dünn besetzte Matrizen ersetzen können.

✔ Vermeiden Sie, große Prozesse im Hintergrund laufen zu lassen, wenn Sie MATLAB verwenden.

Skripte nach Fehlern durchsuchen

Eine Anwendung vollständig von Fehlern zu befreien, ist nahezu unmöglich. Mit wachsender Komplexität Ihrer Skripte schwinden Ihre Chancen dramatisch, wirklich jeden Fehler zu finden. Jeder macht Fehler, selbst professionelle Entwickler. Da wird es Sie nicht überraschen, dass Sie wahrscheinlich hin und wieder auch einen Fehler in Ihr Skript einbauen. Für diesen Fall kommt es natürlich darauf an, die Fehler zu finden und zu beheben. Der Prozess, Fehler zu finden und zu beheben, wird mit dem Wort *debuggen* bezeichnet.

Manchmal ist der einfachste Weg, Fehler zu finden, auch der beste. Ihr Skript in Abschnitte einzuteilen ist schon mal ein guter Anfang bei der Fehlersuche. Im Abschnitt *Den Kommentar mit %% verwenden* können Sie nachlesen, wie Sie Abschnitte in Ihren Code einbauen und verwenden. Wenn Sie vermuten, dass ein bestimmter Abschnitt einen Fehler enthält, können Sie den Abschnitt mehrmals durchlaufen lassen und dabei das Arbeitsbereichs-Fenster genau beobachten und die Veränderungen an den Variablen nachvollziehen sowie im Anweisungsfenster die Ausgaben durchforsten, welche der Abschnitt produziert.

Wenn Sie die Funktion disp()hier und da in Ihrem Code einbauen, können Sie sich den Status verschiedener Objekte anzeigen lassen. Die Informationen werden einfach in das

Anweisungsfenster geschrieben, sodass Sie sehen können, wie sich die Anwendung auf dem Zeitstrahl entwickelt. Wenn Sie Ihre *debugging*-Sitzung – hoffentlich erfolgreich – beendet haben, ist es wichtig, dass Sie die disp()-Anweisungen wieder entfernen. Dies können Sie mithilfe des %-Zeichens erreichen, welches Sie vor die disp()-Anweisung setzen. Die Technik wird auch *Auskommentieren* genannt und ist auch ein gern gewähltes Mittel, um temporär Zeilen auszuschalten, die möglicherweise einen Fehler enthalten.

MATLAB unterstützt auch das Konzept der Haltepunkte (*breakpoints*). Ein *Haltepunkt* ist eine Art Stopp-Schild in Ihrem Code. Mit diesem Stopp-Schild sagen Sie MATLAB, dass es an dieser Stelle mit der Ausführung des Codes aufhören soll, damit Sie sehen können, wie Ihr Programm im Detail arbeitet. MATLAB unterstützt zwei Arten von Haltepunkten:

✔ **Unbedingt (*absolute*):** Jedes Mal, wenn die Ausführung an dieser Stelle vorbeikommt, hält MATLAB das Programm an. Sie wählen diese Art Haltepunkt, wenn Sie am Anfang Ihrer Fehlersuche stehen und noch nicht wissen, wo das Problem genau liegt.

✔ **Bedingt (*conditional*):** Die Ausführung des Skripts wird nur angehalten, wenn eine bestimmte Bedingung zutrifft. Beispielsweise könnte eine Variable einen bestimmten Wert annehmen, der zu Problemen führt. Sie verwenden diese Art Haltepunkt, wenn Sie der Lösung des Problems schon etwas näher sind, jedoch noch nicht genau wissen, was die Ursache ist.

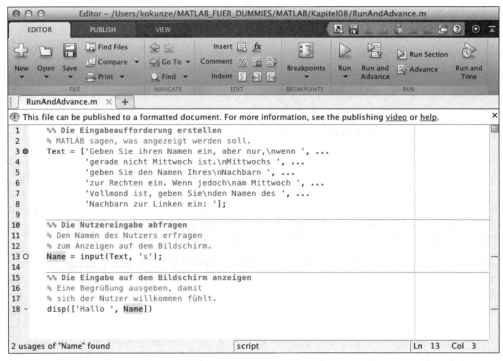

Abbildung 8.8: Haltepunkte zwingen das Skript, die Ausführung anzuhalten, damit Sie im Detail nachsehen können, was funktioniert – und was nicht.

Um einen Haltepunkt zu setzen, bewegen Sie den Cursor irgendwo in die Zeile, an der die Ausführung angehalten werden soll, und wählen eine der Optionen in der Drop-Down-Liste *Breakpoints* im *Editor*-Reiter im *Editor*-Fenster. Wenn Sie einen Haltepunkt setzen, erscheint ein Kreis links neben der betreffenden Zeile. Für unbedingte Haltepunkte ist der Kreis rot und für bedingte Haltepunkte ist er gelb. In Abbildung 8.8 sehen Sie einen unbedingten (oben) und einen bedingten (unten) Haltepunkt. Die Farben können Sie leider nicht sehen. Spätere Kapitel in diesem Buch werden die Anwendung von Haltepunkten noch näher erläutern.

Es ist auch wichtig, dass Sie Code für die Fehlerbehandlung (*error handling*) schreiben. Obwohl Code zur Fehlerbehandlung keine Fehler verhindert oder gar behebt, macht es Fehler zu einem kleineren Ärgernis und bewahrt Ihre Anwendung davor, wichtige Daten zu beschädigen. In Kapitel 13 lesen Sie mehr über Fehlerbehandlung und wie Sie damit Fehler lokalisieren und abfangen können.

MATLAB mit Funktionen weiter ausreizen

9

In diesem Kapitel ...

▶ Eingebaute Funktionen finden und einsetzen.

▶ Eigene Funktionen definieren und verwenden.

▶ Weitere Funktionstypen verstehen.

*V*ereinfachung ist ein wichtiger Baustein beim Erstellen einer nützlichen Anwendung. Je besser und einfacher Sie die Aufgaben einer Anwendung fassen können, desto einfacher ist es, mit der Anwendung umzugehen und sie später möglicherweise zu erweitern. Der Nutzen von Funktionen besteht darin, die Funktionsweise einer Anwendung besser zu verstehen. Eine *Funktion* ist einfach eine Art Box, in der Code abgelegt ist. Die Funktion akzeptiert bestimmte Eingaben und erzeugt Ausgaben, die (meist) von den Eingaben abhängen. Es ist nicht wichtig zu verstehen, wie die Funktion im Detail ihre Aufgaben erfüllt, es sei denn, Sie wollen die Funktion modifizieren. Es ist allerdings von Vorteil, sich in etwa vorstellen zu können, was die Funktion im Groben macht – und wie sie das in etwa tut. Das Einzige, was Sie im Detail verstehen müssen, sind die Schnittstellen der Funktion: Wie kommen welche Daten hinein und wieder heraus. Langer Rede kurzer Sinn: Funktionen vereinfachen das Erstellen von Anwendungen.

Dieses Kapitel handelt von drei verschiedenen Arten von Funktionen. Sie haben bereits einige eingebaute Funktionen verwendet, aber sie einfach nur zu verwenden könnte in manchen Fällen nicht ausreichen. Sie müssen ein bisschen mehr davon verstehen, wie Daten in Funktionen hinein- und herauskommen – also im Wesentlichen, wie die Box funktioniert. Über die inneren Mechanismen von eingebauten Funktionen werden Sie in diesem Kapitel jedoch nichts erfahren, weil Sie das für die Erstellung von Anwendungen in MATLAB nicht benötigen.

Sie werden in diesem Kapitel auch die Chance bekommen, eine eigene Funktion zu erstellen. In den Beispielen, die Sie bisher in diesem Buch gesehen haben, gab es keine Notwendigkeit, Code zu vereinfachen, weil die Beispiele schon sehr einfach waren. Im weiteren Verlauf des Buches jedoch erzeugen Sie komplexere Beispiele, sodass der Bedarf für Vereinfachungen durch Funktionen schon eher gegeben ist. Durch das Erstellen eigener Funktionen werden die Beispiele einfacher zu verstehen und Ihr Code wird auch besser lesbar.

MATLAB unterstützt auch ein paar Alternativen zu Funktionen im traditionellen Sinne. Diese haben nicht alle Eigenschaften von klassischen Funktionen, vereinfachen jedoch Ihren Code. Diese »Spezialfunktionen« werden eingesetzt, wenn Code effizient und elegant sein soll. Der letzte Teil dieses Kapitels gibt einen Überblick über diese Spezialfunktionen. Ihre Anwendung sehen Sie dann im Rest des Buches an verschiedenen Stellen.

Mit eingebauten Funktionen arbeiten

Eingebaute Funktionen sind solche, die bei der Installation von MATLAB schon dabei sind oder als Teil eines MATLAB-Erweiterungsproduktes geliefert werden. Üblicherweise verfügen Sie nicht über den Quellcode von eingebauten Funktionen und müssen sie daher wie eine *black box* behandeln.Bisher haben Sie sich bei Ihrer Arbeit mit MATLAB ausschließlich auf eingebaute Funktionen gestützt. Als Sie zum Beispiel die Funktionen `input()` oder `disp()` in Kapitel 8 verwendet haben, waren dies eingebaute Funktionen. In den folgenden Abschnitten lesen Sie mehr über eingebaute Funktionen und wie Sie mit diesen in MATLAB arbeiten können, um spezielle Ergebnisse zu erzielen.

Etwas über eingebaute Funktionen lernen

Es gibt viele Wege, etwas über eingebaute Funktionen zu erfahren. Wenn Sie den Namen der Funktion schon kennen, ist jedoch eine der einfachsten Möglichkeiten die Anweisung `help('function_name')`, wobei `function_name` der Name der Funktion ist. Probieren Sie es jetzt aus. Geben Sie im Anweisungsfenster **help('input')** ein und dann Enter. Jetzt sollten Sie eine Ausgabe sehen, die Abbildung 9.1 ähnelt.

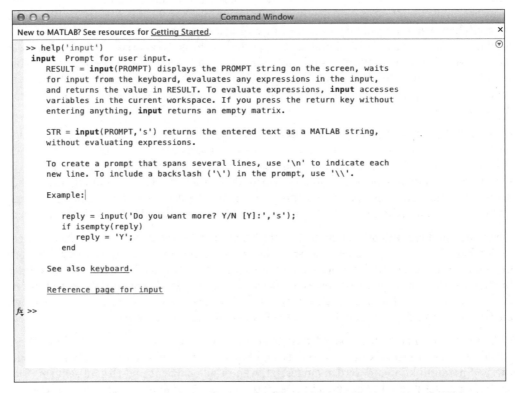

Abbildung 9.1: Erhalten Sie direkte Hilfe von MATLAB für Funktionen, deren Namen Sie kennen.

MATLAB bietet auch Hilfe für Kategorien von Funktionen an. Geben Sie zum Beispiel **help('elfun')** ein und dann Enter. Jetzt sollten Sie eine Liste mit elementaren mathematischen Funktionen sehen. Wenn Sie **help('specfun')** gefolgt von Enter eingeben, sehen Sie eine Liste spezialisierter mathematischer Funktionen.

Es kommt zuweilen vor, dass die Information, welche die Anweisung help() für eine bestimmte Funktion bereithält, viel zu lang für den Bildschirm ist. In diesem Fall können Sie die Funktion more() verwenden, um die Informationen Seite für Seite anzeigen zu lassen. Bevor Sie die Funktion help() verwenden, geben Sie **more('on')** und dann Enter ein, um MATLAB in den paginierten Modus umzuschalten. Wenn die Länge der Ausgabe jetzt eine Seite überschreitet, sehen Sie die Aufforderung

```
--more--
```

am unteren Ende des Fensters. Drücken Sie jetzt die Leertaste, um die nächste Seite zu sehen. Wenn Sie nur die nächste Zeile sehen wollen, drücken Sie stattdessen Enter. Wenn Sie mit Ihrer Recherche fertig sind, geben Sie **more('off')** und dann Enter ein, um den paginierten Modus auszuschalten.

Obwohl die Funktion help() wirklich nützlich ist, weil sie die benötigte Information direkt im Anweisungsfenster anzeigt, ist die Funktion doc() manchmal die bessere Wahl. Wenn Sie diese Funktion verwenden, sehen Sie eine schön formatierte Ausgabe, welche auch Verknüpfungen zu Beispielcode und anderen weiterführenden Informationen enthält. Geben Sie im Anweisungsfenster **doc('input')** ein und dann Enter. Jetzt sollten Sie eine Ausgabe sehen, die Abbildung 9.2 ähnlich sieht. Diese Option sollten Sie verwenden, wenn Sie einen detaillierten Einblick in eine Funktion benötigen und nicht nur eine kurze Auffrischung – zum Beispiel beim Schreiben von Code. Darüber hinaus können Sie es immer mit der Funktion doc() versuchen, wenn Sie den Eindruck haben, dass help() Ihnen nicht wirklich weiterhilft, weil doc() wesentlich detaillierter ist.

Manchmal können Sie die Funktion help() nicht benutzen, weil Sie den exakten Namen der Funktion nicht kennen. Für diese Fälle könnte die Funktion docsearch() ganz hilfreich sein. Sie setzen diese Funktion immer dann ein, wenn Sie zwar eine vage Vorstellung von dem haben, was Sie suchen, aber eben keine genaue. Geben Sie zum Beispiel **docsearch('input')** ein und dann Enter. Sie sehen eine (lange) Liste von möglichen Einträgen in der Dokumentation, die für Sie in Frage kommen könnten, wie in Abbildung 9.3. zu sehen. Beachten Sie, dass die Funktion input() immer noch der erste Eintrag in der Liste ist; danach kommen allerdings noch einige weitere.

Einer der interessanteren Wege, nach eingebauten Funktionen zu suchen, ist die Funktion lookfor(). In diesem Fall durchsucht MATLAB nicht die Dokumentation, sondern die Dateien mit Quellcode. Diese Art der Suche ist wichtig, denn so können Sie gegebenenfalls Verbindungen zwischen Funktionen sehen und Alternativen auftun, die Ihnen sonst nicht

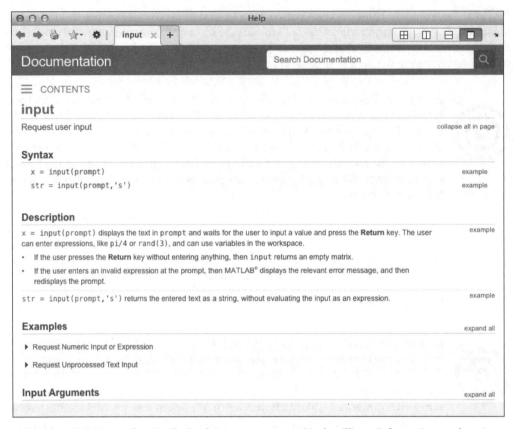

Abbildung 9.2: Verwenden Sie die Funktion doc( ), wenn Sie detaillierte Informationen über eine eingebaute Funktion benötigen.

begegnet wären. Um zu sehen, wie das funktioniert, geben Sie **lookfor('input')** ein und dann Enter. Jetzt sehen Sie die Ausgabe wie in Abbildung 9.4. Beachten Sie, dass die Funktion input() zwar in der Liste vorkommt, jedoch nicht an erster Stelle. Diese Art der Suche sortiert die Ausgabe nicht nach Trefferwahrscheinlichkeiten.

Wenn Sie wirklich aus der Programmiersicht mehr über eingebaute Funktionen wissen wollen, beginnen Sie am besten mit der Funktion which(), welche Ihnen den Speicherort der Funktion auf Ihrem Computer verrät. Geben Sie zum Beispiel **which('input')** ein und dann Enter. Jetzt sehen Sie den Ablageort dieser eingebauten Funktion auf Ihrem System. Auf meinem System erhalte ich die Ausgabe: built-in (C:\Program Files\MATLAB\R2016a\toolbox\matlab\lang\input).

An dieser Stelle sehen Sie, dass input() im Verzeichnis lang zu finden ist. Sie wissen jedoch nicht, welche verwandten Funktionen noch im selben Verzeichnis liegen könnten. Um das zu erfahren, verwenden Sie die Funktion what(), welche Ihnen weitere Informationen über den Inhalt des Verzeichnisses lang anbietet. Um das selbst auszuprobieren, geben Sie **what('lang')** ein und dann Enter. Sie sehen die Ausgabe wie in Abbildung 9.5. Beachten Sie, dass die

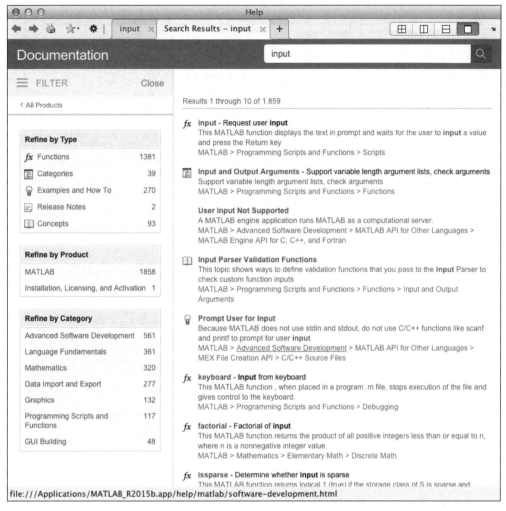

Abbildung 9.3: Durchsuchen Sie die Dokumentation nach einem Stichwort.

Ausgabe auch die Funktion `disp()` enthält, die Sie zusammen mit der Funktion `input()` in Kapitel 8 verwendet haben. Darüber hinaus sehen Sie auf der Liste jedoch auch eine ganze Reihe weiterer interessanter Funktionen, die sich noch als nützlich erweisen können.

In Abbildung 9.5 nicht abgebildet sind die Klassen und Pakete (*packages*), die auch im Verzeichnis `lang` zu finden sind. Klassen und Pakete sind einfach zwei weitere Methoden, wie man Funktionen in MATLAB verpacken kann. Diese beiden Methoden verfügen meist über mehr Funktionalitäten als Funktionen, sodass es sich lohnt, sich diese einmal genauer anzusehen, um zu sehen, was Sie damit alles anstellen können. Mithilfe der Funktionen `doc()` und `help()` können Sie sich detailliert über Klassen und Pakete informieren.

Abbildung 9.4: In manchen Fällen müssen Sie auch nach Querverbindungen suchen.

```
● ● ●                              Command Window
New to MATLAB? See resources for Getting Started.                                    ×
   >> what('lang')                                                                   ⊙

   MATLAB Code files in folder /Applications/MATLAB_R2015b.app/toolbox/matlab/lang

   Contents               function               online_concatenator
   ParallelException      genvarname             otherwise
   ans                    global                 parallel_function
   assert                 handle                 parfor
   assignin               if                     parfor_M_check
   break                  input                  parfor_endpoint_check
   builtin                inputname              parfor_range_check
   case                   isglobal               parfor_sliced_fcnhdl_check
   catch                  iskeyword              persistent
   checkSyntacticWarnings isvarname              precedence
   classdef               javachk                rethrow
   consume_assign         keyboard               return
   continue               lasterr                reverse_binary_operator
   details                lasterror              run
   disp                   lastwarn               script
   display                lists                  spmd_feval
   doclink                localfunctions         switch
   else                   message                try
   elseif                 mfilename              validateattributes
   end                    mislocked              validatestring
   error                  mlock                  varargin
   eval                   munlock                varargout
   evalc                  nargchk                warning
   evalin                 nargin                 while
   exist                  narginchk
   feval                  nargout
   for                    nargoutchk
 fx
```

Abbildung 9.5: Ähnliche oder verwandte Funktionen können Sie beim Programmieren inspirieren.

Online-Informationsquellen verwenden

Obwohl Sie schon innerhalb von MATLAB eine Menge Hilfe erhalten, lohnt es sich auch, online nach weiteren Informationen zu suchen. Der beste Einstieg für Informationen zu eingebauten Funktionen in MATLAB ist die MATLAB-Webseite: `http://www.mathworks.com/help/matlab/functionlist.html`. Diese Seite stellt Ihnen eine komplette Liste eingebauter Funktionen – geordnet nach Kategorien – zur Verfügung. Darüber hinaus sind auch andere Stellen im Internet sehr ergiebig und vollgepackt mit allen möglichen interessanten Informationen über MATLAB. Seien Sie jedoch vorsichtig, wenn Sie Online-Ressourcen verwenden. Wo immer möglich, sollten Sie Datum und Versionsnummer überprüfen, um böse Überraschungen zu vermeiden.

Daten übergeben und herausbekommen

Das Wesen einer Funktion ist seine Funktionsweise als *black box*. In den meisten Fällen übergeben Sie der Funktion Daten; diese werden etwas herumgewirbelt und dann kommen wieder Daten heraus. Daten zu verarbeiten ist ein wesentlicher Bestandteil der meisten Funktionen.

Natürlich gibt es auch Funktionen, die nur Daten entgegennehmen oder nur Daten ausgeben. Manche Funktionen kommen ganz ohne die Manipulation von Daten aus. Beispielsweise macht die Funktion `clc` nichts anderes, als die Konsole zu löschen. Sie benötigt weder Eingangsdaten, noch produziert sie irgendwelche Ausgangsdaten, um die Arbeit auszuführen. Allerdings tut jede Funktion irgendetwas; eine Funktion zu erzeugen, die nichts tut, wäre irgendwie auch sinnlos.

Für viele Anwender ist das Hauptproblem, herauszubekommen, welche Anforderungen an die Eingangs- und Ausgabedaten einer Funktion bestehen. Am besten bringt man diese Informationen mithilfe der Funktionen `help()` oder `doc()` in Erfahrung. Für diesen Zweck ist sogar die Funktion `doc()` die einfachste. Die Eingangsargumente und Ausgabedaten erscheinen im unteren Bereich des Hilfe-Fensters. Um das selbst auszuprobieren, geben Sie **doc('input')** ein und dann Enter. Blättern Sie ganz ans Ende der Hilfeseite und Sie sehen die Ausgabe wie in Abbildung 9.6.

In diesem Fall sehen Sie, dass das Eingangsargument eine Anweisung ist und als Zeichenkette erwartet wird. Die Dokumentation erklärt, dass die Eingabeaufforderung (*prompt*) ein Text ist, der dem Anwender angezeigt wird. Die Ausgabe erfolgt in zwei Formen: einerseits das Ergebnis der Berechnungen auf Basis des übergebenen Arguments und andererseits eine exakte Kopie der Nutzereingabe.

Wenn Sie mehrere Ausgabeargumente bei einer Funktion sehen, müssen Sie der Funktion mitteilen, welche Art Ausgabe Sie gerade wünschen, es sei denn, es gibt einen Standardwert. In diesem Fall erfordert die Funktion input(), dass Sie ein zweites Argument übergeben müssen, wenn Sie die ursprüngliche Nutzereingabe als Zeichenkette erhalten wollen. Dieses Argument ist 's' für *string* – also Zeichenkette. Standardmäßig interpretiert die Funktion die Nutzereingabe als Anweisung, führt die Anweisung aus und gibt die resultierende Ausgabe aus.

Wenn Sie auf der Webseite von Mathworks Ihren Standort – zum Beispiel Deutschland, Österreich oder die Schweiz – eingeben, versucht Mathworks, die angeforderten Seiten in deutscher Sprache anzuzeigen. Leider klappt das nicht immer. Je spezieller ein Thema wird, desto höher ist die Wahrscheinlichkeit, nur englische Versionen anzutreffen.

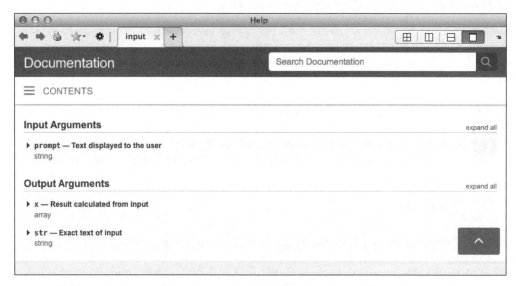

Abbildung 9.6: Die Funktion doc() gibt Aufschluss über Ein- und Ausgabeargumente.

Eine Funktion erzeugen

Funktionen stellen einen möglichen Weg dar, Ihren Code zu strukturieren. Sie sollten eher als Ergänzung zu Skripten gesehen werden denn als Ersatz. Skripte und Funktionen haben jeweils einen speziellen und berechtigten Platz in Ihrer MATLAB-Werkzeugkiste. Im nächsten Unterabschnitt werden die Unterschiede zwischen Skripten und Funktionen beschrieben und die jeweiligen Anwendungsbereiche vorgestellt. Manchmal spielt es keine Rolle, für welches Konzept Sie sich entscheiden. In anderen Fällen kann die falsche Wahl Anlass zu viel Frustration und verschwendeter Zeit geben.

Die restlichen Unterabschnitte helfen Ihnen dabei, maßgeschneiderte Funktionen verschiedener Art zu schreiben. Zunächst beginnen Sie mit einer sehr einfachen Funktion, die weder Eingaben erwartet, noch Ausgabewerte erzeugt und dennoch etwas tut. Anschließend schreiben Sie Funktionen mit etwas größerer Komplexität, die darüber hinaus flexibler sind, weil sie Eingaben verarbeiten und Ausgaben erzeugen können. Funktionen können einfach oder komplex sein, je nach erforderlicher Aufgabe, aber einfacher ist immer besser. Diese Botschaft klingt hoffentlich durch jede Zeile dieses ganzen Kapitels.

Den Unterschied zwischen einem Skript und einer Funktion verstehen

Ein *Skript* ist eine Methode, um eine *Prozedur* zu paketieren – mit anderen Worten eine Reihe von Schritten, die Sie ausführen, um eine bestimmte Aufgabe zu erledigen. Manche Autoren vergleichen Skripte mit Tastatur-Makros oder anderen Formen der einfachen Aufzeichnung von Befehlsabfolgen. Auf der anderen Seite ist eine *Funktion* eine Methode, um eine *Transformation* zu paketieren – also Code, der verwendet wird, um Daten auf bestimmte Weise zu verarbeiten oder eine bestimmte Aufgabe auszuführen, welche eine etwas komplexere Bearbeitung der Daten erfordert, als ein Skript bieten kann. Beide Arten von Paketierungen enthalten Code, jedoch wird jede der beiden Methoden in einem unterschiedlichen Kontext verwendet.

Skripte und Funktionen gehen auch unterschiedlich mit Daten um. Ein Skript macht alle Variablen, die es enthält, zu einem Teil des Arbeitsbereiches. Daher können Sie, nachdem Sie ein Skript ausgeführt haben, leicht alle Variablen sehen, die das Skript enthält, sowie deren Endwerte. Eine Funktion verbirgt ihre Variablen vor dem Anwender. Nach Beenden der Funktion sind diese auch nicht mehr verfügbar. Im Ergebnis sind die Daten, welche die Funktion während ihrer Laufzeit verwendet, nicht sichtbar und Eingangsdaten für die Funktion müssen bei jedem Aufruf aufs Neue eingegeben werden.

Wie Sie später im Unterabschnitt noch genauer sehen werden, hat eine Funktion einen speziellen Kopfbereich (*header*), in dem der Funktionsname, die erforderlichen Argumente und die ausgegebenen Daten festgelegt werden. Eine Funktion ist eine formale Programmiermethode, die Entwicklern sehr geläufig ist. Darüber hinaus bieten Funktionen eine größere Flexibilität und Sicherheit, weil die Umgebung, in der die Funktion abläuft, besser kontrollierbar ist.

 Die Verwendung von Eingabewerten und Ausgabewerten reduziert die potenzielle Gefahr, dass in vorhergehenden Läufen gesetzte Variablen oder Ergebnisse das Ergebnis des aktuellen Laufs beeinflussen. Darüber hinaus bleibt das, was in der Funktion beim Aufruf passiert ist, innerhalb der Funktion (»Las Vegas Effekt«). Diese Eigenschaft bietet einen großen Vorteil. Sie können nämlich denselben Namen für ein Objekt innerhalb einer Funktion auch außerhalb verwenden, ohne dass dies zu Komplikationen führt, denn die Objekte interferieren nicht miteinander.

Sowohl Skripte als auch Funktionen »leben« innerhalb von Dateien mit der Dateiendung .m. Der unmittelbar erkennbare Unterschied zwischen beiden liegt im Kopfbereich, den hat ein Skript nämlich nicht. Funktionen haben immer einen Kopfbereich, den Sie im Unterabschnitt *Ihre erste Funktion schreiben* sehen können.

Die Unterschiede zwischen eingebauten und eigenen Funktionen verstehen

Eingebaute Funktionen (solche, die mit MATLAB geliefert werden) und maßgeschneiderte Funktionen (solche, die Sie selbst erzeugen oder die Teil eines Erweiterungsproduktes für MATLAB sind) unterscheiden sich in mindestens einer wichtigen Hinsicht. Bei maßgeschneiderten Funktionen haben Sie Zugriff auf den Quellcode. Sie können diesen Quellcode nach Ihren Wünschen an Ihre speziellen Bedürfnisse anpassen. Die eingebaute Funktion input() wird mit MATLAB ausgeliefert und Sie können sie in der Datei input.m im Verzeichnis toolbox/matlab/lang finden, in dem ein Teil der Dateien Ihrer MATLAB-Installation liegt. Wenn Sie die Datei öffnen, sehen Sie jedoch nur die Dokumentation der Funktion, nicht aber den Quellcode. Der Quellcode ist in gewisser Weise Teil von MATLAB und Sie haben weder Zugriff darauf, noch können Sie ihn verändern. Sie können zwar die Dokumentation bearbeiten und zum Beispiel mit Ihren eigenen Anmerkungen gemäß Ihren Anforderungen versehen; dies wird jedoch nicht empfohlen, denn mit der nächsten Aktualisierung des Programms wird diese Datei fast sicher wieder überschrieben.

Ihre erste Funktion schreiben

Eine Funktion zu erzeugen ist nur wenig aufwendiger, als ein Skript zu schreiben. In der Tat verwenden Sie bei beiden Vorgängen denselben Editor, sodass Sie schon wohlvertraut sind mit dessen Möglichkeiten und Hilfestellungen. Die verschiedenen Funktionalitäten des Editors, die Sie zum Erzeugen eines Skripts verwenden, funktionieren auf die gleiche Weise mit Funktionen. Beispielsweise können Sie das doppelte Prozentzeichen %% genauso zur Einteilung des Codes in Abschnitte verwenden wie bei Skripten. Die folgenden Schritte bringen Sie auf den Weg, Ihre erste Funktion zu schreiben. Diese Funktion finden Sie auch in der Datei SagHallo.m zum Herunterladen.

1. **Klicken Sie auf den Pfeil unter der Schaltfläche *New* im *Home*-Reiter des MATLAB-Menüs und wählen Sie von der erscheinenden Liste *Function*.**

   Jetzt sehen Sie das Editorfenster, wie in Abbildung 9.7 dargestellt. Beachten Sie, dass der Editor schon einen Funktionskopf für Sie erzeugt hat. Dieser enthält bereits Platzhalter für Eingaben, Ausgaben und Kommentare für die Dokumentation.

Die Abbildung 9.7 mag etwas komplex auf Sie wirken. Dies liegt daran, dass MATLAB einige optionale Elemente eingefügt hat, die Sie erst später in diesem Kapitel in Aktion sehen werden. Eine Funktion muss drei Anforderungen erfüllen:

- Eine Funktion beginnt immer mit dem Schlüsselwort *function*.

- Eine Funktion hat zwingend einen Namen.

- Eine Funktion endet immer mit dem Schlüsselwort *end*.

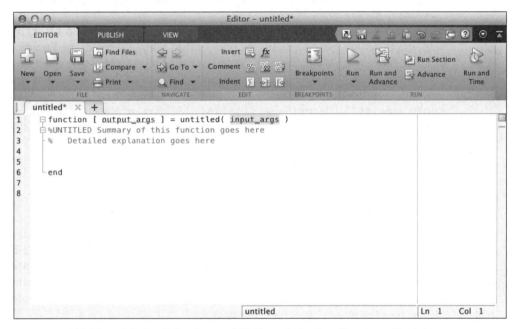

Abbildung 9.7: Das Editorfenster hilft Ihnen beim Erstellen neuer Funktionen.

2. Löschen Sie output_args.

Funktionen benötigen nicht unbedingt Ausgabeargumente. Um für Ihre erste Funktion alles möglichst einfach zu halten, verwenden Sie weder Eingaben noch Ausgaben.

Ein *Argument* ist einfach ein individuelles Datenelement. Wenn Sie einer Funktion eine Zahl übergeben, sieht die Funktion diese Zahl als Argument. Ganz ähnlich ist es bei einer Zeichenkette. Wenn Sie eine Zeichenkette übergeben, wird die gesamte Kette als ein einziges Argument angesehen. Auch ein Vektor wird als ein einziges Argument angesehen, obwohl er möglicherweise aus mehreren Elementen besteht. Jeder einzelne Skalar und jedes einzelne Objekt, das Sie der Funktion übergeben oder das die Funktion zurückgibt, wird für sich als einzelnes Argument gesehen.

3. **Löschen Sie** `input_args`.

Funktionen benötigen nicht unbedingt Eingabeargumente.

4. **Ändern Sie den Funktionsnamen von** `Untitled` **in** `SagHallo`.

Ihre Funktion sollte einen eindeutigen Namen haben, der auf ihren Zweck hinweist. Es ist sehr wichtig, schon verwendete Namen zu meiden. Dies können Sie sicherstellen, indem Sie vor der Umbenennung **help('name_ihrer_funktion')** eingeben und dann Enter. Wenn die Funktion schon existiert, erscheint jetzt die entsprechende Hilfeseite. Wenn nicht, kennt MATLAB diese Funktion nicht und Sie können den Funktionsnamen verwenden.

Statten Sie Ihre Funktionen immer mit einer Hilfe aus. Wenn Sie das nicht tun, zeigt die Funktion `help()` nichts an und jemand könnte denken, die Funktion existiere noch nicht. Wenn Sie auch für diesen Fall absolut sicher sein wollen, dass die Funktion (auch als schlecht dokumentierte Version) noch nicht existiert und es keinen Konflikt mit Ihrem beabsichtigten Namen gibt, verwenden Sie lieber die Funktion `exist()`, wie zum Beispiel in `exist('SagHallo')`. Wenn die Funktion existiert, sehen Sie den Ausgabewert 2. Wenn nicht, sehen Sie den Ausgabewert 0.

5. **Ändern Sie die Kommentare, damit sie so aussehen:**

```
%SagHallo()
%   Diese Funktion sagt jedem Hallo!
```

Beachten Sie, dass die zweite Zeile etwas eingerückt ist. Diese Einrückung sagt MATLAB, dass die erste Zeile eine Überschrift ist und die zweite Zeile den Text enthält, der unter diese Überschrift gehört. Das Formatieren Ihrer Kommentare ist wichtig, wenn Sie mit Funktionen arbeiten. Andernfalls sehen Sie nicht die korrekten Informationen auf der Hilfeseite, wenn Sie oder jemand anderes diese aufrufen.

6. **Fügen Sie folgenden Code unter den Kommentar ein:**

```
disp('Hallo da draussen!')
```

Die Funktion tut nichts anderes, als eine Meldung auf dem Bildschirm anzuzeigen.

7. **Klicken Sie auf** *Save*.

Jetzt sehen Sie die Dialogbox *Select File for Save As*, wie in Abbildung 9.8 vorgeführt.

8. **Wählen (oder erzeugen) Sie das Verzeichnis** `Kapitel09` **im Verzeichnis mit dem Quellcode für dieses Buch auf Ihrem Computer. Der Dateiname** `SagHallo.m` **ist schon vorgegeben. Sie brauchen also nur noch auf** *Save* **zu klicken.**

MATLAB speichert Ihre Funktion als Datei am angegebenen Ort unter dem Namen `SagHallo.m`.

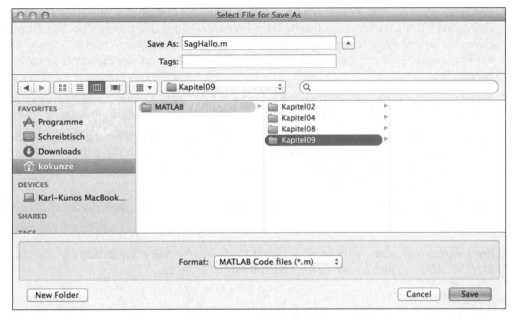

Abbildung 9.8: Bevor Sie eine Funktion verwenden können, müssen Sie sie speichern.

Der Dateiname, den Sie zum Speichern Ihrer Funktion verwenden, muss mit dem Namen der Funktion übereinstimmen. MATLAB verwendet den Dateinamen, um auf die Funktion zuzugreifen, nicht den Funktionsnamen, der innerhalb der Datei erscheint. Wenn die beiden Namen nicht übereinstimmen, erzeugt MATLAB eine Fehlermeldung.

Die neue Funktion verwenden

Jetzt haben Sie eine coole neue Funktion und es juckt Sie bestimmt schon in den Fingern, sie auch endlich anzuwenden. Bevor Sie die Funktion allerdings benutzen können, müssen Sie sicherstellen, dass das Verzeichnis, in dem die Funktion steht, Teil des MATLAB-Suchpfades ist. Dieses Ziel können Sie auf zwei Wegen erreichen:

✔ Klicken Sie doppelt auf den Verzeichniseintrag im Fenster *Current Folder*. Dadurch wird das angeklickte Verzeichnis das aktuelle Verzeichnis, in dem immer gesucht wird.

✔ Klicken Sie mit der rechten Maustaste auf den Verzeichniseintrag im Fenster *Current Folder* und wählen Sie *Add to Path ➭ Selected Folders and Subfolders* aus dem Kontextmenü. Dadurch wird das angeklickte Verzeichnis permanent zum Suchpfad hinzugefügt.

Sie können Ihre neue Funktion auf verschiedene Weisen ausprobieren. Die folgende Liste enthält die am meisten verwendeten Wege:

✔ Klicken Sie auf *Run* im Editor-Fenster und Sie sehen die Ausgabe im Anweisungsfenster. Es gibt jedoch einen kleinen Stolperstein bei Funktionen, den Sie später im Unterabschnitt *Daten an die Funktion übergeben* näher kennenlernen werden. Nicht immer können Sie auf *Run* klicken und erhalten ein erfolgreiches Ergebnis, obwohl die Funktion eigentlich korrekt ist.

✔ Klicken Sie auf *Run and Advance* im Editor-Fenster. Diese Option führt den Code im ausgewählten Abschnitt aus, wenn Sie in Ihrer Datei Abschnitte definiert haben.

✔ Klicken sie auf *Run and Time* im Editor-Fenster. Diese Option führt die Funktion aus und zeichnet gleichzeitig Parameter der Ausführung (Dauer etc.) auf, mit denen Sie die Funktion überarbeiten und gegebenenfalls schneller machen können. Die Parameter werden im Fenster *Profiler* angezeigt.

✔ Geben Sie den Funktionsnamen im Anweisungsfenster ein und drücken Sie anschließend auf Enter.

Zu Ihrer Funktion gehört – jetzt schon – eine Hilfe. Geben Sie **help('SagHallo')** ein und dann Enter. MATLAB zeigt Ihnen nun die folgenden Informationen an:

```
SagHallo()
    Diese Funktion sagt jedem Hallo!
```

Diese Ausgabe stimmt exakt mit den Informationen in der Funktionsdatei überein. Die Funktion doc() funktioniert auch. Geben Sie **doc('SagHallo')** ein und dann Enter. Jetzt sehen Sie eine Ausgabe, die der Abbildung 9.9 ähnlich sehen sollte. Beachten Sie, dass die Überschrift in anderer Farbe und Schrift dargestellt ist als der Rest.

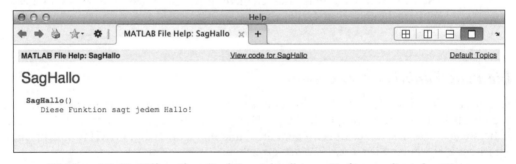

Abbildung 9.9: Die Hilfe zu Ihrer Funktion steht allen zur Verfügung, die sie benötigen.

Daten an die Funktion übergeben

Sie werden mit uns übereinstimmen, dass die Funktion SagHallo() ziemlich beschränkte Möglichkeiten bietet. Zum Beispiel kann sie niemanden persönlich ansprechen. Um SagHallo() etwas flexibler zu gestalten, müssen Sie ihr ein paar Informationen als Eingangsargument übergeben können. Mit den folgenden Schritten erzeugen Sie eine aktualisierte

Version von SagHallo(), die Eingangsargumente akzeptiert. Diese neue Datei finden Sie unter dem Namen SagHallo2.m zum Herunterladen.

1. **Klicken Sie den Pfeil nach unten unter der Schaltfläche *Save* auf dem *Editor*-Reiter im *Editor*-Fenster und wählen Sie *Save As*.**

    Sie sehen die Dialogbox *Select File for Save As* wie in Abbildung 9.8.

2. **Geben Sie den Namen** SagHallo2.m **im Feld für den Dateinamen ein und klicken Sie auf *Save*.**

    MATLAB speichert die Datei, die Sie vorher erzeugt haben, unter einem neuen Namen. Beachten Sie, dass der Funktionsname jetzt in Orange hervorgehoben wird. Diese Markierung zeigt Ihnen, dass Funktionsname und Dateiname nicht mehr übereinstimmen.

3. **Ändern Sie den Funktionsnamen von** SagHallo **in** SagHallo2.

    Die orangefarbene Markierung verschwindet, wenn Sie den Cursor auf eine andere Stelle im Editor-Fenster setzen.

4. **Fügen Sie das Eingangsargument** Name **zum Funktionskopf hinzu, sodass der Funktionskopf wie folgt aussieht:**

```
function [] = SagHallo2( Name )
```

    Beachten Sie, dass Name jetzt in Orange hervorgehoben erscheint, da Sie es bisher noch an keiner Stelle verwenden. Dieser Warnhinweis verschwindet, sobald Sie die nächste Eingabe vornehmen. Das Editor-Fenster verwendet immer eine Hervorhebung in Orange, wenn es eine Ungereimtheit in Ihrem Code entdeckt. Beachten Sie, dass der *Code-Analyzer* von MATLAB nur *potenzielle* Fehler entdeckt. In keiner Weise kann er sicher sagen, dass wirklich ein Problem besteht, sodass Sie immer selbst entscheiden müssen, wie Sie mit einer solchen Markierung umgehen wollen. Mehr zum *Code-Analyzer* finden Sie unter http://www.mathworks.com/help/matlab/matlab_prog/matlab-code-analyzer-report.html.

5. **Ändern Sie den Funktionsaufruf von** disp(), **sodass er wie folgt aussieht:**

```
disp(['Hallo da draussen ', Name, '!'])
```

    Die Funktion disp() benötigt jetzt den Verkettungsoperator ([]), der in Kapitel 8 vorgestellt wurde. Mit diesem können Sie Ihren Text mit dem Eingangsargument verknüpfen. Jetzt enthält die Ausgabe der Funktion eine personalisierte Meldung.

6. **Klicken Sie auf *Run*.**

    MATLAB zeigt eine Meldung an, in der es sich beschwert, dass die Funktion SagHallo2() Eingabedaten erfordert, die noch nicht übergeben wurden; siehe Abbildung 9.10. Sie sehen diese Nachricht immer dann, wenn Sie die Funktion mithilfe der Schaltfläche *Run* starten wollen, weil Funktionen ihre Argumente nirgends speichern – im Gegensatz zu Skripten.

7. **Geben Sie** 'Anne' **ein und dann Enter.**

Jetzt sehen Sie das erwartete Ergebnis:

```
Hallo da draussen Anne!
```

8. **Geben Sie** SagHallo2('Josef') **im Anweisungsfenster ein und dann Enter.**

Jetzt sehen Sie das erwartete Ergebnis.

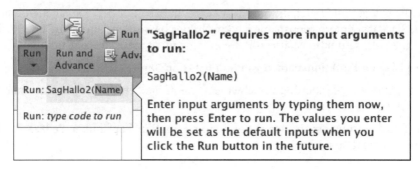

Abbildung 9.10: MATLAB fragt Sie nach dem Eingabeargument.

Daten von der Funktion erhalten

Wenn Funktionen Daten bearbeiten, geben sie das Ergebnis an den Aufrufer zurück. Der *Aufrufer (caller)* ist der Code, welcher die Funktion aufgerufen hat. In den folgenden Schritten sehen Sie, wie man die Funktion SagHallo2() so erweitert, dass sie den übergebenen Text an den Aufrufer zurückgibt. Die neue Datei finden Sie unter dem Namen SagHallo3.m zum Herunterladen.

1. **Klicken Sie den Pfeil nach unten unter der Schaltfläche** *Save* **im** *Editor*-**Reiter des** *Editor*-**Fensters.**

Jetzt sehen Sie die Dialogbox *Select File for Save As*, wie in Abbildung 9.8.

2. **Geben Sie den Namen** SagHallo3.m **im Feld für den Dateinamen ein und klicken Sie auf** *Save*.

MATLAB speichert die aktuelle Version der Funktion und verwendet den neuen Namen.

3. **Ändern Sie den Funktionsnamen von** SagHallo2 **in** SagHallo3.

Die orangefarbene Markierung verschwindet, wenn Sie den Cursor auf eine andere Stelle im Editor-Fenster setzen.

4. **Geben Sie** HalloText **in die eckigen Klammern vor dem Funktionsnamen ein, sodass Ihr neuer Funktionskopf so aussieht:**

```
function [ HalloText ] = SagHallo3( Name )
```

Optionale Argumente verwenden

Der Umgang mit optionalen Argumenten erfordert ein paar MATLAB-Kenntnisse, die erst in späteren Kapiteln im Detail erläutert werden. Sie können den Kasten also auch guten Gewissens überspringen und zu einem späteren Zeitpunkt hierher zurückkehren. Die aktuelle Version von SagHallo2() erfordert ein Argument. Entweder Sie übergeben ein Argument oder die Funktion wird einfach nicht laufen. Viele Funktionen, die Sie bisher schon benutzt haben, wie zum Beispiel auch disp(), verwenden optionale Argumente – Sie haben die Wahl, ob Sie ein Argument übergeben wollen oder nicht. Optionale Argumente sind wichtig, denn sehr häufig arbeitet die Funktion mit einem Standardargument gerade richtig. Sie können – wenn Sie wollen – SagHallo2() so verändern, dass die Funktion kein Argument mehr zwingend benötigt.

Um SagHallo2() so zu erweitern, dass es kein Argument mehr benötigt, müssen Sie der Variable Name einen Wert zuweisen, wenn ihr nicht beim Aufruf bereits ein Wert zugewiesen wurde. Um diese Zuweisung machen zu können, müssen Sie zunächst feststellen, ob Name übergeben wurde oder nicht. Dies erledigen Sie mithilfe der Variable nargin (*Number of ARGuments INput*, etwa: Anzahl übergebener Argumente). Wenn nargin den Wert 1 hat, dann hat der Aufrufer – also der Code, der die Funktion aufgerufen hat – ein Argument übergeben. Falls nicht, müssen Sie der Variable innerhalb der Funktion einen Wert zuweisen. Hier ist die überarbeitete Version von SagHallo2().

```
function [] = SagHallo2( Name )
%SagHallo()
%   Diese Funktion sagt jedem Hallo!
if nargin < 1
    Name = 'Sonnenschein';
end

disp(['Hallo da draussen ', Name, '!'])

end
```

Der zusätzliche Code bewirkt, dass bei fehlendem Argument, also nargin < 1, der Variable Name gewissermaßen nachträglich der Wert 'Sonnenschein' zugewiesen wird. Wenn doch ein Argument übergeben wurde, verwendet die Funktion dieses. Um den Code zu testen, geben Sie im Anweisungsfenster **SagHallo2** ein und dann Enter. Sie sehen Hallo da draussen Sonnenschein! als Ausgabe. Hin und wieder passiert es, dass neue Funktionalitäten zwar funktionieren, alte jedoch nicht mehr. Daher sollten wir auf jeden Fall einen sogenannten *Regressionstest* durchführen. Ein solcher Test stellt sicher, dass alte (gewünschte) Funktionalitäten auch weiterhin funktionieren. Geben Sie also **SagHallo2('Selma')** ein und dann Enter. Jetzt sehen Sie – hoffentlich – Hallo da draussen Selma! als Ausgabe. Damit war der Regressionstest erfolgreich und auch die Version mit Argument ist noch voll funktionstüchtig. Damit haben wir die Funktion erfolgreich auf den Betrieb mit optionalem Argument umgestellt. Diese Funktion steht unter dem Namen SagHallo2oA.m zum Herunterladen bereit.

Jetzt gibt die Funktion einen Wert an den Aufrufer zurück. Sie sehen die orangefarbene Markierung wieder, weil `SagHallo3()` dem Objekt `HalloText` noch keinen Wert zuweist.

5. **Ändern Sie den Funktionskörper (das heißt den Code zwischen der Zeile, die mit** `function` **beginnt, und der Zeile mit** `end`**) so, dass der Variable** `HalloText` **etwas zugewiesen wird, etwa so:**

```
HalloText = ['Hallo da draussen ', Name, '!'];
disp(HalloText);
```

Jetzt weist die Funktion der Variable `HalloText` einen Wert zu und zeigt diesen am Bildschirm an. Darüber hinaus übergibt sie den Wert an den Aufrufer.

6. **Speichern Sie Ihre Änderungen.**

7. **Geben Sie** Ausgabe = SagHallo3('Ambrosius') **im Anweisungsfenster ein und drücken Sie Enter.**

Sie sehen die folgende Ausgabe:

```
Hallo da draussen Ambrosius!
Ausgabe =
Hallo da draussen Ambrosius!
```

8. **Geben Sie** disp(Ausgabe) **im Anweisungsfenster ein und dann Enter.**

Jetzt sehen Sie den erwarteten Gruß als Ausgabe.

Globale Variablen erzeugen und verwenden

Funktionen verwenden im Normalfall *lokale* Variablen. Dies bedeutet, dass sie außer für die Funktion für niemanden sonst sichtbar sind. Die Verwendung von lokalen Variablen verhindert Verwirrung (und Schlimmeres), weil jede Funktion nur auf ihre eigenen Variablen zugreift. Darüber hinaus machen lokale Variablen Funktionen sicherer und zuverlässiger, denn nur die Funktion selbst kann auf die Variablen zugreifen.

Zuweilen kann der Fall eintreten, dass Sie eine Variable sichtbar machen müssen, entweder weil sie von vielen anderen Funktionen auch verwendet werden soll oder weil der Aufrufer den Wert der Variable kennen muss. Wenn eine Funktion eine lokale Variable für alle sichtbar macht, wird daraus eine *globale* Variable. Globale Variablen können jedoch missbraucht werden, weil sie von jeder Funktion und jedem Skript verwendet (und verändert) werden können und somit ein Sicherheitsrisiko darstellen können, weil die Daten öffentlich sichtbar sind.

Die folgenden Schritte zeigen Ihnen, wie Sie eine globale Variable erzeugen. Die entsprechenden Dateien `SagHallo4.m` und `SagHallo5.m` stehen auch zum Herunterladen bereit.

1. **Klicken Sie den Pfeil nach unten unter der Schaltfläche *Save* im *Editor*-Reiter des *Editor*-Fensters.**

   Jetzt sehen Sie die Dialogbox *Select File for Save As*, wie in Abbildung 9.8.

2. **Geben Sie den Namen** SagHallo4.m **im Feld für den Dateinamen ein und klicken Sie auf *Save*.**

   MATLAB speichert die aktuelle Version der Funktion und verwendet den neuen Namen.

3. **Ändern Sie den Funktionsnamen von** `SagHallo3` **in** `SagHallo4`.

   Die orangefarbene Markierung verschwindet, wenn Sie den Cursor auf eine andere Stelle im Editor-Fenster setzen.

4. **Entfernen Sie** HalloText **aus den eckigen Klammern vor dem Funktionsnamen, sodass Ihr neuer Funktionskopf so aussieht:**

```
function [   ] = SagHallo4( Name )
```

   Wenn eine Variable global ist, können Sie sie nicht als Rückgabewert eines Funktionsaufrufes verwenden. Da die Variable bereits global zugänglich ist, gibt es auch keinen Anlass, diese als Rückgabewert zu benutzen.

5. **Ändern Sie die Zuweisung zu** HalloText, **sodass sie jetzt das Schlüsselwort** global **enthält, etwa so:**

```
global HalloText;
HalloText = ['Hallo da draussen ', Name, '!'];
```

6. **Speichern Sie die vorgenommenen Änderungen.**

7. **Geben Sie im Anweisungsfenster** SagHallo4('Georg') **ein und dann Enter.**

   Sie sehen die folgende Ausgabe:

```
Hallo da draussen Georg!
```

   Zum jetzigen Zeitpunkt existiert eine Variable `HalloText` im Speicher. Leider können Sie sie nicht sehen, sodass Sie nicht sicher sein können, dass sie wirklich vorhanden ist.

8. **Wiederholen Sie die Schritte 1 bis 3, um** SagHallo5() **zu erzeugen.**

9. Ändern Sie den Code von SagHallo5()**, sodass er wie folgt aussieht:**

```
function [ ] = SagHallo5( )
%SagHallo()
%   Diese Funktion sagt jedem Hallo!
global HalloText;
disp(HalloText);

end
```

Beachten Sie, dass `SagHallo5()` weder Eingabe- noch Ausgabeargumente akzeptiert. Darüber hinaus deklariert es die Variable `HalloText` nur und weist ihr keinen Wert zu. Daher sollte die Funktion eigentlich scheitern, wenn sie bei der Anweisung `disp()` ankommt.

10. Geben Sie im Anweisungsfenster SagHallo5 **ein und dann Enter.**

Jetzt sehen Sie `Hallo da draussen Georg!` als Ausgabe. Die globale Variable ist also wirklich von einer anderen Funktion (und auf die gleiche Weise auch von anderen Skripten) aus zugänglich!

Unterfunktionen verwenden

Eine einzelne Funktionsdatei kann mehrere Funktionen enthalten. Jedoch kann nur eine Funktion, die *primäre Funktion* (*primary function*) – deren Name mit dem der Datei übereinstimmt –, aus einem Programm heraus aufgerufen werden. Alle anderen Funktionen – *Unterfunktionen* (*subfunctions*) genannt – sind nur lokal in der Datei bekannt. Die primäre Funktion und alle Unterfunktionen können jede andere Unterfunktion aufrufen, solange sie in derselben Datei deklariert ist.

Der Hauptgrund für den Gebrauch von Unterfunktionen ist, Ihren Code zu vereinfachen und klarer zu strukturieren, indem er in mehrere kleinere Bausteine zerlegt wird. Darüber hinaus können Sie in Unterfunktionen Code ablegen, der an mehreren Stellen benötigt wird. So sparen Sie es sich, den Code an alle benötigten Stellen zu kopieren und dort gegebenenfalls später immer neuen Gegebenheiten anzupassen. Sie müssen ihn nur einmal schreiben und warten. Was jedoch die Anwender betrifft, so sehen diese immer nur eine einzige Funktion (die primäre). Die internen Abläufe in Ihrem Code sind nur Ihnen und denen bekannt, die den Quellcode sehen können.

In Listing 9.1 sehen Sie ein Beispiel, wie eine Unterfunktion funktionieren könnte. Der Code steht unter dem Dateinamen `SagHallo6.m` zum Herunterladen bereit.

```
function [ HalloText ] = SagHallo6( Name )
%SagHallo()
%   Diese Funktion sagt jedem Hallo!
HalloText = [GetGruss(), Name, '!'];
disp(HalloText);
end

function [ Gruss ] = GetGruss ()
Gruss = 'Hallo da draussen ';
end
```

Listing 9.1: Eine Unterfunktion erzeugen.

Genau genommen ist dieser Code eine Abwandlung der Funktion SagHallo3, die Sie schon kennengelernt haben. Der einzige Unterschied ist, dass der erste Teil des Grußes jetzt von der Unterfunktion GetGruss() geliefert wird und nicht als Zeichenkette in der primären Funktion gespeichert ist. Beachten Sie, dass die Funktion SagHallo6() die Unterfunktion GetGruss() genauso aufruft wie jede andere Funktion.

Nachdem Sie den Code erzeugt haben, geben Sie im Anweisungsfenster **Ausgabe = SagHallo6('Stefan')** ein und dann Enter. Sie sehen folgende Ausgabe:

```
Hallo da draussen Stefan!
Ausgabe =
Hallo da draussen Stefan!
```

Die Ausgabe entspricht exakt dem, was Sie erwarten. Versuchen Sie es jetzt einmal mit GetGruss(), geben Sie also im Anweisungsfenster **GetGruss()** ein und dann Enter. Anstelle einer freundlichen Begrüßung sehen Sie eine Fehlermeldung:

```
Undefined function or variable 'GetGruss'.
```

Die Unterfunktion GetGruss() ist für die Außenwelt nicht zugänglich. Damit können Sie GetGruss() innerhalb der Funktion SagHallo6() verwenden und müssen sich keine Sorgen machen, dass Unbefugte die schöne Funktion GetGruss() falsch verwenden oder gar missbrauchen.

Funktionen verschachteln

Sie können in MATLAB auch Funktionen ineinander verschachteln. Die *verschachtelte Funktion* (*nested function*) sitzt buchstäblich innerhalb der primären Funktion. Der Unterschied zwischen der primären Funktion und der verschachtelten Funktion besteht darin, dass die verschachtelte Funktion zwar auf alle Daten der primären Funktion zugreifen kann, jedoch die primäre Funktion nicht auf die Daten der verschachtelten.

Was alle anderen Aspekte betrifft, so verhalten sich Unterfunktionen und verschachtelte Funktionen ziemlich ähnlich; zum Beispiel können Sie weder Unterfunktionen noch verschachtelte Funktionen außerhalb der Funktionsdatei direkt aufrufen. In Listing 9.2 sehen Sie ein typisches Beispiel für eine verschachtelte Funktion. Dieses Beispiel steht unter dem Namen SagHallo7.m zum Download bereit.

```
function [ HalloText ] = SagHallo7( Name )
%SagHallo()
%    Diese Funktion sagt jedem Hallo!
HalloText = [GetGruss(), Name, '!'];
disp(HalloText);

    function [ Gruss ] = GetGruss ()
    Gruss = 'Hallo da draussen ';
    end

end
```

Listing 9.2: Eine verschachtelte Funktion erzeugen.

Dies ist eine weitere Mutation der Funktion SagHallo3(). Achten Sie darauf, dass die verschachtelte Funktion GetGruss() innerhalb der Funktion SagHallo7() deklariert wird. Nachdem Sie den Code erzeugt haben, geben Sie im Anweisungsfenster **Ausgabe = SagHallo7('Stefan')** ein und dann Enter. Sie sehen folgende Ausgabe:

```
Hallo da draussen Stefan!
Ausgabe =
Hallo da draussen Stefan!
```

Weitere Funktionstypen verwenden

MATLAB unterstützt ein paar interessante Erweiterungen des grundlegenden Funktionskonzepts. Im Allgemeinen werden diese Erweiterungen angeboten, um die Erstellung komplexer Anwendungen zu unterstützen, die ungewöhnliche Programmiertechniken erfordern. Dennoch lohnt es sich, hier schon einmal einen Blick darauf zu werfen und von der Existenz dieser Konzepte zu wissen. Es wird die Situation kommen, in der Sie sich gern an diese Funktionstypen erinnern. In den folgenden Unterabschnitten finden Sie einen kurzen Überblick über die beiden Konzepte.

Inline-Funktionen verwenden

Eine *Inline-Funktion* bearbeitet nur eine kleine Aufgabe und wird daher nicht in einer eigenen Funktionsdatei deklariert. Wenn Sie wollen, können Sie eine Inline-Funktion einfach im Anweisungsfenster erzeugen. Der hauptsächliche Anwendungsbereich für Inline-Funktionen ist es, Berechnungen einfacher zu machen oder Daten »mal schnell« umzuwandeln. Sie verwenden eine Inline-Funktion ganz ähnlich wie ein Makro. Anstelle viele Informationen immer wieder aufs Neue einzugeben, definieren Sie eine Inline-Funktion einmal und verwenden sie dann, um Ihnen die lästigen Wiederholungen abzunehmen.

Um eine Inline-Funktion bei der Arbeit zu beobachten, geben Sie Folgendes im Anweisungsfenster ein (und dann Enter): **SagHallo8 = inline('[»Hallo da draussen«, Name, »!«]')**.

Achten Sie darauf, dass Sie keine Anführungszeichen (") – also das Zeichen über der 2 auf der Tastatur – verwenden, sondern zwei Hochkommata hintereinander (' ') – also die Zeichen über dem Doppelkreuz. Ansonsten versteht MATLAB nicht, was Sie wollen. MATLAB muss nämlich anhand Ihrer Eingaben selbst herausfinden, was ein Argument der Funktion sein soll und was nicht. Um sicherzugehen, können Sie auch selbst angeben, welche Argumente Sie haben wollen. Details dazu finden Sie in der Hilfe zu `inline`.

Jetzt sehen Sie die folgende Ausgabe:

```
SagHallo8 =
    Inline function:
    SagHallo8(Name) = ['Hallo da draussen ', Name, '!']
```

Diese Funktion gibt eine kombinierte Gruß-Zeichenkette aus. Sie brauchen jetzt nur noch den Funktionsnamen einzugeben und den erforderlichen Eingabewert als Argument zu übergeben. Testen Sie die neue Inline-Funktion, indem Sie `disp(SagHallo8('Robert'))` und dann Enter eingeben. Sie sehen die erwartete Ausgabe:

```
Hallo da draussen Robert!
```

Beachten Sie, dass die Inline-Funktion nicht die Funktion `disp()` enthält. Eine Inline-Funktion muss einen Wert zurückgeben und darf nichts an die Konsole (den Bildschirm) ausgeben. Wenn Sie dennoch versuchen, die Funktion `disp()` in den Funktionsaufruf aufzunehmen, erhalten Sie folgende Fehlermeldung:

```
Error using inlineeval (line 14)
Error in inline expression ==> disp(['Hallo da ↩
   draussen ', Name, '!'])
 Too many output arguments.
Error in inline/subsref (line 23)
    INLINE_OUT_ = inlineeval(INLINE_INPUTS_, ↩
       INLINE_OBJ_.inputExpr, INLINE_OBJ_.expr);
```

Anonyme Funktionen verwenden

Eine *anonyme Funktion* ist eine noch kürzere Version der Inline-Funktion. Sie darf nur einen einzigen ausführbaren Ausdruck enthalten. Dieser Ausdruck darf Eingangsargumente akzeptieren und Ausgabedaten produzieren.

Um zu sehen, wie eine anonyme Funktion funktioniert, geben Sie **SagHallo9 = @(Name) ['Hallo da draussen ', Name, '!']** und dann Enter ein. Sie sehen die folgende Ausgabe:

```
SagHallo9 =
    @(Name)['Hallo da draussen ',Name,'!']
```

Das Symbol @ identifiziert den nachfolgenden Code als anonyme Funktion. Alle Eingabeargumente, die Sie in Ihrer Funktion akzeptieren wollen, müssen in den runden Klammern nach dem @-Symbol erscheinen. Der Code folgt dann nach der Deklaration der Eingabeargumente. In unserem Fall erhalten Sie einen weiteren Gruß als Ausgabe.

Um dieses Beispiel zu testen, geben Sie **disp(SagHallo9('Eva'))** im Anweisungsfenster ein, gefolgt von Enter. Sie sehen folgende Ausgabe:

```
Hallo da draussen Eva!
```

 Im Allgemeinen nutzen Sie anonyme Funktionen für sehr kurze Code-Abschnitte, die Sie häufig und wiederholt verwenden. Inline-Funktionen sind langsamer in der Ausführung als anonyme Funktionen – bei gleicher Aufgabenstellung. Wann immer es also möglich ist, verwenden Sie anonyme Funktionen anstelle von Inline-Funktionen. Demgegenüber erlauben Inline-Funktionen mehrere Ausdrücke (mehrere Codezeilen) in einer Funktion. Daher wird die Entscheidung zwischen Inline-Funktion und anonymer Funktion immer auch vom Umfang des Codes abhängen, den Sie ausführen wollen.

Skripte strukturieren

In diesem Kapitel ...

▶ Ihre Skripte entscheiden lassen.

▶ Rekursive Funktionen verwenden.

▶ Aufgaben wiederholen.

▶ Menüs definieren.

Die Skripte und Funktionen, die Sie bisher geschrieben haben, konnten eine Reihe von Anweisungen schön der Reihe nach abarbeiten, jede Anweisung genau einmal. Es kommt jedoch vor, dass Schritte auch einmal ausgelassen werden oder im Gegenteil mehrfach ausgeführt werden. Menschen haben keine Schwierigkeit, Entscheidungen zu treffen, was zu tun sei und wie oft – jedenfalls im Prinzip. Computer benötigen in dieser Hinsicht etwas Hilfe. Sie müssen genaue Anweisungen geben, welche Entscheidung wie getroffen werden soll und wie oft eine Aufgabe zu wiederholen ist.

Als Teil der Entdeckungsreise zum Eiland der Entscheidungen und in die Welt der Wiederholungen werden Sie zwei Beispiele kennenlernen, wie Sie mit diesen Konzepten umgehen. Zunächst treffen wir auf die *Rekursion*, welche eine sehr elegante Methode ist, Dinge mehrfach zu tun. Anschließend werden wir ein saftiges Menü erstellen. Die meisten multifunktionalen Anwendungen verwenden Menüs, um dem Anwender die Wahl einer Option aus einem reichhaltigen Angebot zu ermöglichen.

Entscheidungen treffen

Wenn Sie an eine Kreuzung kommen, entscheiden Sie sich: anhalten oder weitergehen. Wenn die Ampel rot ist, halten Sie an. Wenn die Ampel jedoch grün leuchtet, gehen Sie weiter. Die »wenn diese Bedingung erfüllt ist, dann tue das«-Entscheidung ist eine von Menschen fast dauernd angewendete Figur. Mehr noch, häufig genug läuft diese Entscheidung gar nicht bewusst ab. Dies ist häufig dann der Fall, wenn wir dieselbe Entscheidung schon sehr oft getroffen haben.

Ein Computer benötigt Anleitungen, um Entscheidungen treffen zu können. Da er kein Unterbewusstsein hat, muss er sich durch jede Entscheidung aufs Neue detailliert durcharbeiten. Bei der Arbeit mit MATLAB könnten Sie zum Beispiel den Computer anweisen, wenn ein Wert größer als eine bestimmte Schwelle ist, eine bestimmte Abfolge von Schritten auszuführen. Möglicherweise müssen Sie auf die Berechnung eines ungewöhnlich hohen Wertes angemessen reagieren oder eine Formel auf eine andere Weise einsetzen. Die Entscheidung könnte auch prozedural ablaufen – ein Anwender wählt eine bestimmte Option aus und der Computer muss die zugehörige Aufgabe durchführen. Behalten Sie immer im Kopf, dass ein Computer exakt das tut, was Sie ihm sagen, daher müssen Sie sehr genaue Vorgaben hinsichtlich der Entscheidung machen.

In den folgenden beiden Abschnitten lernen Sie zwei unterschiedliche Entscheidungsstrukturen kennen, die MATLAB vorsieht: die if-Anweisung und die switch-Anweisung. Jede der beiden Anweisungen hat ein bestimmtes Format und spezielle Anwendungsgebiete.

 Der Code rund um das Treffen von Entscheidungen wird mit einigen Fachbegriffen beschrieben. Eine *Anweisung* (*statement*) zeigt einfach an, was der Computer tun soll. Es ist die erste Zeile in einer Abfolge von Aufgaben. Eine *Struktur* (*structure*) umfasst diese Anweisung und allen Code, der folgt, bis das Schlüsselwort end erreicht ist.

Die if-Anweisung verwenden

Die am einfachsten umzusetzende Entscheidung ist die, ob der Computer etwas tun soll – oder nicht. Häufig sind jedoch auch Alternativen gefragt. Wenn eine Aussage wahr ist, führen Sie die eine Aufgabe aus, und wenn sie falsch ist, führen Sie eine andere Aufgabe aus. Darüber hinaus gibt es noch Fälle, in denen Sie mehrere Alternativen haben und eine bestimmte Aktion wählen, je nachdem, welche Aussage wahr ist. Die folgenden Unterabschnitte klären Sie über alle drei Varianten auf.

Eine einfache Entscheidung treffen

Am besten beginnen wir so einfach wie möglich. Die if-Anweisung ermöglicht Ihnen, eine Sache zu tun, wenn eine Aussage wahr ist, und sie nicht zu tun, wenn die Aussage falsch ist. Die folgenden Schritte zeigen, wie man eine Funktion erzeugt, die eine if-Anweisung enthält. Diese Funktion steht unter dem Namen EinfachesIf.m zum Herunterladen bereit.

1. **Klicken Sie auf den Pfeil nach unten unter der Schaltfläche *New* auf dem *Home*- Reiter des MATLAB-Menüs und wählen Sie von der erscheinenden Liste *Function*.**

   Sie sehen das Editor-Fenster, wie in Abbildung 10.1 dargestellt.

2. **Löschen Sie** output_args.

   Das Beispiel enthält kein Ausgabeargument, jedoch ein Eingabeargument.

3. **Ändern Sie den Funktionsnamen von** Untitled **in** EinfachesIf.

   Der Name der primären Funktion muss mit dem Dateinamen übereinstimmen.

4. **Ändern Sie** input_args **in** Wert.

   Der Platzhalter input_args wird nur verwendet, um Ihnen zu sagen, dass Sie Eingangsargumente benötigen. In unserem Fall erhält die Funktion einen Wert vom Aufrufer und verwendet ihn im Entscheidungsprozess.

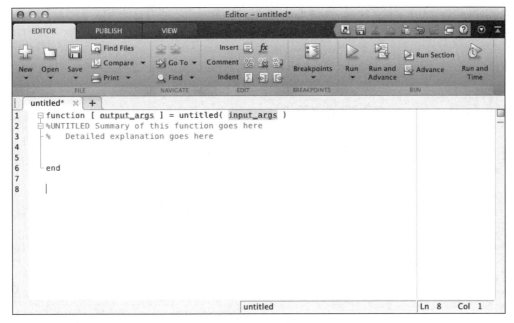

Abbildung 10.1: Mit dem Editor-Fenster schreiben Sie Funktionen oder Skripte.

5. **Geben Sie den folgenden Code als Funktionskörper zwischen dem Kommentar und dem Schlüsselwort** end **ein:**

```
if Wert > 5
    disp('Der übergebene Wert ist größer als 5!')
end
```

Dieser Code führt eine einfache Vergleichsoperation durch. Wenn das übergebene Argument Wert größer ist als 5, gibt die Funktion eine entsprechende Meldung aus. Wenn das nicht der Fall ist, passiert nichts.

6. **Klicken Sie auf** *Save.*

Jetzt sehen Sie die Dialogbox *Select File for Save As*, wie in Abbildung 10.2 dargestellt. Beachten Sie, dass MATLAB schon den korrekten Dateinamen (= Funktionsnamen) für Sie eingesetzt hat. Dies ist der Vorteil, wenn Sie den Funktionsnamen anpassen, bevor Sie die Datei das erste Mal speichern.

7. **Klicken Sie auf Save.**

Die Funktion wird jetzt auf der Festplatte gespeichert.

8. **Geben Sie** EinfachesIf(6) **und dann Enter im Anweisungsfenster ein.**

Sie sehen folgende Ausgabe:

```
Der übergebene Wert ist größer als 5!
```

9. Geben Sie `EinfachesIf(4)` **und dann Enter im Anweisungsfenster ein.**

Die Funktion gibt nichts aus. Das entspricht unseren Erwartungen.

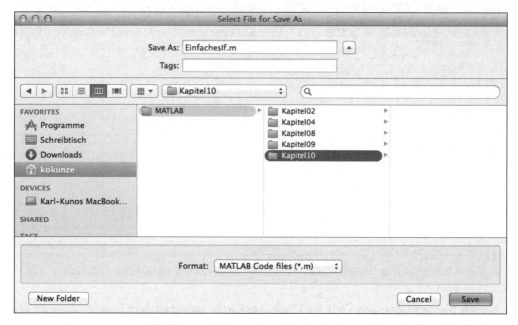

Abbildung 10.2: Speichern Sie Ihre Funktion.

Eine Alternative anbieten

Viele Entscheidungen, die Menschen treffen, bestehen aus der Wahl zwischen zwei Möglichkeiten. Zum Beispiel könnten Sie heute an den Strand gehen oder zu Hause bleiben und Domino spielen – abhängig vom Wetter. Wenn die Sonne scheint und es warm ist, gehen Sie zum Strand. MATLAB hat eine ähnliche Struktur. Die Anwendung entscheidet zwischen zwei Möglichkeiten, je nachdem, ob eine Bedingung erfüllt ist oder nicht. Die zweite Möglichkeit wird von der ersten durch eine `else` Klausel abgetrennt – wenn (`if`) die Bedingung zutrifft, führt die Anwendung die erste Aufgabe aus, sonst (`else`) führt sie die zweite Aufgabe aus. In den folgenden Schritten sehen Sie, wie die `else`-Klausel funktioniert. Dabei gehen wir davon aus, dass Sie die Funktion `EinfachesIf()` vom vorigen Unterabschnitt schon erstellt haben. Der Quellcode zum jetzigen Beispiel steht unter dem Namen `IfElse.m` zum Herunterladen bereit.

1. Wählen Sie im *Editor*-Fenster die Datei `EinfachesIf.m` **aus, klicken Sie auf den Pfeil nach unten unter der Schaltfläche *Save* und wählen Sie *Save As* in der Liste aus.**

Sie sehen die Dialogbox *Select File for Save As*, wie in Abbildung 10.2 dargestellt.

2. Geben Sie IfElse.m **im Feld für den Dateinamen ein und klicken Sie auf *Save*.**

MATLAB speichert das Beispiel nun unter dem neuen Namen ab.

3. **Ersetzen Sie den Funktionsnamen** `EinfachesIf` **durch** `IfElse`.

4. **Fügen Sie nach der Zeile mit dem Aufruf der Funktion** `disp()` **Folgendes ein:**

```
else
    disp('Der übergebene Wert ist kleiner oder gleich 5!')
```

Die Funktion gibt jetzt immer eine Meldung aus, selbst wenn die Bedingung nicht erfüllt ist. Wenn `Wert` größer als 5 ist, zeigt es die eine Meldung an, und wenn nicht, zeigt es die andere Meldung an.

5. **Klicken Sie auf** *Save*.

Die Funktion wird jetzt auf die Festplatte gespeichert.

6. **Geben Sie im Anweisungsfenster** `IfElse(6)` **gefolgt von Enter ein.**

Sie sehen folgende Ausgabe:

```
Der übergebene Wert ist größer als 5!
```

7. **Geben Sie im Anweisungsfenster** `IfElse(4)` **gefolgt von Enter ein.**

Sie sehen folgende Ausgabe:

```
Der übergebene Wert ist kleiner oder gleich 5!
```

Das Beispiel zeigt, dass Sie unterschiedliche Ausgaben erzeugen können, je nachdem, was in der Anwendung passiert. Es gibt viele Situationen, in denen eine Figur mit entweder/oder (*if – else*) das Mittel der Wahl ist.

Mehrere Alternativen anbieten

Viele Entscheidungssituationen im Leben bieten – oder erfordern – mehr als nur zwei Möglichkeiten, zwischen denen entschieden werden soll. Beispielsweise könnten Sie in einem schönen Restaurant sitzen und vor der Qual der Wahl stehen, welches von den leckeren Gerichten Sie heute auswählen sollen. Anwendungen können in die gleiche Situation geraten. Beispielsweise könnte ein Anwender aufgefordert sein, eine von mehreren Optionen in einem Menü auszuwählen. Die folgenden Schritte zeigen eine Möglichkeit, die Auswahl zwischen mehreren Optionen in MATLAB zu realisieren. Wir gehen davon aus, dass Sie das Beispiel mit der Funktion `IfElse()` aus dem vorigen Unterabschnitt umgesetzt haben. Der Quellcode zum jetzigen Beispiel steht unter dem Namen `IfElseIf.m` auch zum Herunterladen bereit.

1. **Wählen Sie im** *Editor*-**Fenster die Datei** `IfElse.m` **aus und klicken Sie auf den Pfeil nach unten unter der Schaltfläche** *Save* **und wählen Sie** *Save As* **in der Liste aus.**

Sie sehen die Dialogbox *Select File for Save As*, wie in Abbildung 10.2 dargestellt.

2. **Geben Sie** IfElseIf.m **im Feld für den Dateinamen ein und klicken Sie auf** *Save*.

MATLAB speichert das Beispiel nun unter dem neuen Namen ab.

3. **Ersetzen Sie den Funktionsnamen** `IfElse` **durch** `IfElseIf`.

4. **Fügen Sie nach der Zeile mit dem ersten Aufruf der Funktion** `disp()` **Folgendes ein:**

```
elseif Wert == 5
    disp('Der übergebene Wert ist gleich 5!')
```

Die Funktion kann jetzt zwischen Werten größer, kleiner und gleich 5 unterscheiden.

5. **Passen Sie den dritten Aufruf der Funktion** `disp()` **an, sodass die Zeile jetzt lautet:**

```
disp('Der übergebene Wert ist kleiner als 5!')
```

Wenn Sie Ihre Skripte ändern, passiert es leicht, dass Sie den Fehler machen, nicht alle Stellen anzupassen, die von der Änderung betroffen sind. Da Ihre Funktion jetzt für Eingaben, die gleich 5 sind, eine spezielle Nachricht ausgibt, müssen Sie die Nachricht im `else`-Zweig so anpassen, dass sie zur neuen Situation passt. Wenn man vergisst, alle Anweisungen anzupassen, führt das oft zu merkwürdigem Verhalten Ihrer Skripte und Funktionen. Wenn Sie sich nochmal die Beispiele unserer ersten Funktionen im Abschnitt _Daten an die Funktion übergeben_ ansehen, werden Sie feststellen, dass dieser Fehler auch den Autoren unterlaufen ist. Bei den Anpassungen der `SagHallo`-Funktionen haben wir nämlich vergessen, die Kommentare ebenfalls anzupassen. Der Funktionsname und die Erläuterung im Kommentar, die von der `help`-Funktion verwendet werden, wurden von uns nie angepasst. Daher liefert der Befehl `help('SagHallo2')` eine unpassende Beschreibung.

6. **Klicken Sie auf** _Save_.

Die Funktion wird jetzt auf der Festplatte gespeichert.

7. **Geben Sie im Anweisungsfenster** IfElseIf(6) **gefolgt von Enter ein.**

Sie sehen folgende Ausgabe:

```
Der übergebene Wert ist größer als 5!
```

8. **Geben Sie im Anweisungsfenster** IfElseIf(5) **gefolgt von Enter ein.**

```
Der übergebene Wert ist gleich 5!
```

9. **Geben Sie im Anweisungsfenster** IfElseIf(4) **gefolgt von Enter ein.**

Sie sehen folgende Ausgabe:

```
Der übergebene Wert ist kleiner als 5!
```

Die switch-Anweisung verwenden

Mit der `if...elseif`-Anweisung können Sie jede Entscheidung mit mehreren Auswahl-möglichkeiten in Ihrem Programm abbilden. Es gibt jedoch noch einen anderen sehr guten Weg, Auswahl zu ermöglichen. Mit einer `switch`-Anweisung können Sie eine Auswahl zwischen verschiedenen Optionen ermöglichen und das mit Code, der sowohl einfacher zu lesen als auch schneller geschrieben ist. Das Ergebnis bleibt im Wesentlichen gleich, jedoch ist die Methode, um ans Ziel zu gelangen, eine andere. Die folgenden Schritte zeigen Ihnen, wie Sie eine `switch`-Anweisung gewinnbringend einsetzen. Der Quellcode zum Beispiel steht unter dem Namen `EinfachesSwitch.m` auch zum Herunterladen bereit.

1. **Klicken Sie auf den Pfeil nach unten unter der Schaltfläche *New* auf dem *Home*-Reiter des MATLAB-Menüs und wählen Sie *Function* in der erscheinenden Liste.**

   Sie sehen das Editor-Fenster, wie in Abbildung 10.2 dargestellt.

2. **Löschen Sie** `output_args`.

   Das Beispiel liefert kein Ausgabeargument zurück, es erfordert jedoch ein Eingangs-argument.

3. **Ändern Sie den Funktionsnamen von** `Untitled` **in** `EinfachesSwitch`.

   Der Name der Primärfunktion muss mit dem Dateinamen übereinstimmen.

4. **Ändern Sie** `input_args` **in** `Wert`.

   In unserem Fall erhält die Funktion einen Wert vom Aufrufer und verwendet ihn im Entscheidungsprozess.

5. **Geben Sie den folgenden Code als Funktionskörper zwischen dem Kommentar und dem Schlüsselwort** `end` **ein.**

```
switch Wert
    case 1
        disp('Sie haben eine 1 eingegeben');
    case 2
        disp('Sie haben eine 2 eingegeben');
    case 3
        disp('Sie haben eine 3 eingegeben');
    otherwise
        disp('Sie haben keine 1, 2 oder 3 eingegeben');
end
```

Dieser Code vergleicht den übergebenen `Wert` mit den vorgegebenen Werten, das sind die Werte unmittelbar nach dem Schlüsselwort `case` (Fall). Wenn `Wert` mit einer der Vorgaben übereinstimmt, wird die entsprechende Meldung angezeigt.

Es kommt durchaus vor, dass der übergebene Wert mit keiner der Vorgaben übereinstimmt. In diesem Fall kommt die _otherwise_-Klausel (_andernfalls_) ins Spiel. Diese Möglichkeit erlaubt Ihnen, auf eine Eingabe zu reagieren, die Ihren Erwartungen nicht entspricht. Im einfachsten Fall bitten Sie mit dieser Möglichkeit den Anwender einfach darum, dass er einen passenden Wert eingeben soll.

6. Klicken Sie auf _Save_.

Jetzt sehen Sie die Dialogbox _Select File for Save As_, wie in Abbildung 10.2 dargestellt. MATLAB hat schon den korrekten Dateinamen (= Funktionsnamen) für Sie eingesetzt.

7. Klicken Sie auf _Save_.

Die Funktionsdatei wird auf die Festplatte gespeichert.

8. Geben Sie im Anweisungsfenster `EinfachesSwitch(1)` **und dann Enter ein.**

Sie sehen die folgende Ausgabe:

```
Sie haben eine 1 eingegeben
```

9. Geben Sie im Anweisungsfenster `EinfachesSwitch(2)` **und dann Enter ein.**

Sie sehen die folgende Ausgabe:

```
Sie haben eine 2 eingegeben
```

10. Geben Sie im Anweisungsfenster `EinfachesSwitch(3)` **und dann Enter ein.**

Sie sehen die folgende Ausgabe:

```
Sie haben eine 3 eingegeben
```

11. Geben Sie im Anweisungsfenster `EinfachesSwitch(4)` **und dann Enter ein.**

Sie sehen die folgende Ausgabe:

```
Sie haben keine 1, 2 oder 3 eingegeben
```

Das besondere an switch verstehen

Eine `switch`-Anweisung gibt Ihnen eine einfache Möglichkeit an die Hand, präzise Entscheidungen zu treffen. Sie können keine allgemeinen Entscheidungen treffen, zum Beispiel, ob eine Zahl größer als eine bestimmte Schwelle ist. Damit eine Bedingung zutrifft, muss der Wert exakt mit der Vorgabe übereinstimmen. Diese besondere Natur der `switch`-Anweisung bedeutet, dass

✔ Ihr Code kürzer ist als eine vergleichbare `if...elseif`-Struktur.

✔ Ihr Code leichter fassbar ist, weil er präziser und prägnanter ist.

✔ der Code fokussierter ist und die merkwürdige Kombination von Prüfungen vermeidet, welche mit der `if...elseif`-Struktur einhergehen kann.

✔ MATLAB die Anwendung hinsichtlich Speicherbedarf und Geschwindigkeit optimieren kann, weil nicht mit einem Wertebereich, sondern mit exakten Zahlen umgegangen wird.

✔ Sie durch die *otherwise*-Klausel dennoch auf unvorhergesehene Eingaben reagieren können, und sei es nur, um sich zu beschweren.

Sich zwischen if und switch entscheiden

Wo immer möglich, wählen Sie die `switch`-Anweisung, wenn Sie drei oder mehr Optionen zur Auswahl haben und Sie die Entscheidung von spezifischen Werten einer einzelnen Variable abhängig machen können. Wie schon im vorangegangenen Unterabschnitt dargelegt, hat die `switch`-Anweisung in diesem Fall unschlagbare Vorteile.

Die `if`-Anweisung hingegen steht für Flexibilität. Sie können sie einsetzen, wenn ein bestimmter Wertebereich akzeptabel ist oder Sie mehrere Prüfungen durchführen müssen, bevor Sie eine bestimmte Aufgabe ausführen oder beenden. Wenn Sie zum Beispiel eine Datei öffnen, wollen Sie vielleicht vorher prüfen, ob die Datei überhaupt existiert, dass der Anwender die Rechte hat, die Datei zu öffnen, und dass die Festplatte nicht voll ist. Eine `if`-Anweisung würde Ihnen erlauben, alle drei Bedingungen in einem Ausdruck zusammenzufassen und zu prüfen, sodass die Bedingungen einfacher zu sehen und zu verstehen sind.

Wenn Sie Ihre eigenen Anwendungen schreiben, ist es wichtig, sich vor Augen zu halten, dass es nicht nur eine Lösung für ein spezielles Problem gibt. Die Überlappung zwischen den Anwendungsmöglichkeiten von `if` und `switch` macht deutlich, dass Sie in vielen Situationen beide einsetzen könnten. Beide Lösungen würden dasselbe Ergebnis liefern, also könnte man meinen, dass es egal ist, welche Lösung man verwendet. Dennoch kann man sagen, dass `if`-Anweisungen immer dann besser sind, wenn Flexibilität gefragt ist. Demgegenüber sind `switch`-Anweisungen immer dann besser, wenn Präzision und Geschwindigkeit ganz oben stehen. Wählen Sie immer die Option, die für eine bestimmte Situation am besten geeignet ist, anstelle nur eine Lösung zu finden, die (irgendwie) funktioniert.

Rekursive Funktionen erzeugen

Es gibt viele elegante Programmiertechniken, keine jedoch ist so elegant wie die rekursive Funktion. Das Konzept ist sehr einfach – Sie erzeugen eine Funktion, die sich selbst so lange aufruft, bis eine bestimmte Bedingung erfüllt ist. Das Ergebnis basiert dann einfach auf dem Ergebnis all dieser Aufrufe. Dieses Konzept einer Funktion, die sich selbst immer wieder aufruft, ist unter dem Namen *Rekursion* bekannt. Eine Funktion, die dieses Konzept umsetzt, wird *rekursive Funktion* genannt.

Das bekannteste Beispiel für eine Rekursion ist die Berechnung der Fakultät (n!), wo n eine positive ganze Zahl ist. Die Fakultät berechnen heißt, die Zahl mit jeder Zahl zu multiplizieren, die kleiner als die Zahl selbst ist. Zum Beispiel ist 4! gleich $4 * 3 * 2 * 1 = 24$.

Die meisten Beispiele zur Demonstration einer rekursiven Funktion zeigen eigentlich nicht, wie der Prozess der Rekursion funktioniert. Die nun folgenden Schritte helfen Ihnen dabei, eine Funktion zu erzeugen, die zeigt, wie Rekursion im Detail funktioniert. Später im Kapitel lernen Sie eine Funktion kennen, die weniger elaboriert ist und in etwa aufzeigt, wie die Funktion normalerweise programmiert wird. Der Quellcode zum Beispiel steht unter dem Namen `Fakultaet1.m` auch zum Herunterladen bereit.

1. **Klicken Sie auf den Pfeil unter der Schaltfläche *New* auf dem *Home*-Reiter des MATLAB-Menüs und wählen Sie *Function* in der Auswahlliste.**

   Sie sehen das Editor-Fenster, wie in Abbildung 10.1 dargestellt.

2. **Ändern Sie** `output_args` **in** `Ergebnis`.

   Die Funktion liefert ein Ergebnis zurück an den Aufrufer.

3. **Ändern Sie den Funktionsnamen in** `Fakultaet1`.

   Der Name der Primärfunktion muss mit dem Dateinamen übereinstimmen.

4. **Ändern Sie** `input_args` **in** `Wert, Ebene`.

   Der erhaltene `Wert` ist immer um eins niedriger als das, was der Aufrufer der Funktion selbst erhalten hat. Die `Ebene` demonstriert, wie `Wert` sich über die Zeit verändert.

5. **Setzen Sie den folgenden Code als Funktionskörper zwischen Kommentar und dem Schlüsselwort** end **ein.**

```
if nargin < 2
    Ebene = 1;
end

if Wert > 1
    fprintf('Wert = %d Ebene = %d\n', Wert, Ebene);
    Ergebnis = Fakultaet1(Wert - 1, Ebene + 1) * Wert;
    disp(['Ergebnis = ', num2str(Ergebnis)]);
else
    fprintf('Wert = %d Ebene = %d\n', Wert, Ebene);
    Ergebnis = 1;
    disp(['Ergebnis = ', num2str(Ergebnis)]);
end
```

In diesem Beispiel benutzen wir ein optionales Argument. Beim ersten Aufruf von `Fakultaet1()` hat `Ebene` keinen Wert, sodass die Funktion ihr automatisch den Wert 1 zuweist.

Der Code teilt die Multiplikationsaufgabe in mehrere Teilstücke auf. Wenn beispielsweise der `Wert` gleich 4 ist, muss der Code ihn mit 3 * 2 * 1 multiplizieren. Der 3 * 2 * 1-Teil des Bildes wird übernommen durch den Aufruf von `Fakultaet1(Wert □ 1, Ebene + 1)`. Beim nächsten Durchlauf ist `Wert` dann 3. Um das richtige Ergebnis zu erhalten, muss der

Code den neuen Wert mit 2 * 1 multiplizieren. Solange also der übergebene Wert größer ist als 1, muss das Aufrufen von Fakultaet1() weitergehen. Erst beim Wert 1 wird ohne Umschweife ein konkretes Ergebnis zurückgeliefert.

 Eine Rekursion muss immer ein Rekursionsende haben – das ist eine Bedingung, unter der die Funktion sich nicht mehr selbst aufruft. Wenn das nicht der Fall ist, rutscht Ihr Rechner in eine Endlosschleife. In diesem Beispiel ist der Endpunkt die else-Klausel. Wenn der Wert schließlich gleich 1 ist, wird Ergebnis der Wert 1 zugewiesen und zurückgegeben, ohne dass Fakultaet1() noch einmal aufgerufen wird. Jetzt wird der Faden von hinten aufgerollt und jede Ebene gibt ihr Ergebnis zurück, bis der erste Aufrufer erreicht ist, dem das End-Ergebnis übergeben wird.

Beachten Sie, dass wir in diesem Beispiel eine neue (eingebaute) Funktion verwenden, um Ergebnisse auf dem Bildschirm darzustellen: fprintf(). Diese Funktion akzeptiert eine Formatspezifikation als erste Eingabe. In diesem Fall bedeutet die Spezifikation, dass die Zeichenkette Wert =, gefolgt vom ersten nachfolgenden Argument (also Wert), und dann die Zeichenkette Ergebnis =, gefolgt vom zweiten nachfolgenden Argument (also Ergebnis), angezeigt werden soll. Das %d in der Formatspezifikation weist fprintf() an, die Zahl als ganze Zahl darzustellen. Sie ersetzen disp() durch fprintf(), wenn die Formatierung der Ausgabe komplexer wird. Beachten Sie, dass die Funktion disp() die Verwendung der Funktion num2str() erfordert, um den numerischen Wert von Ergebnis in eine Zeichenkette umzuwandeln, bevor diese ausgegeben werden kann. Die eingebaute Funktion nargin gibt die Anzahl von Argumenten zurück, mit der die aktuell ausgeführte Funktion aufgerufen wurde.

6. **Klicken Sie auf** *Save*.

Jetzt sehen Sie die Dialogbox *Select File for Save As*, wie in Abbildung 10.2 dargestellt. MATLAB hat schon den korrekten Dateinamen (= Funktionsnamen) für Sie eingesetzt.

7. **Klicken Sie auf** *Save*.

Die Funktionsdatei wird gespeichert.

8. **Geben Sie im Anweisungsfenster** Fakultaet1(4) **und dann Enter ein.**

Sie sehen folgende Ausgabe:

```
Wert = 4 Ebene = 1
Wert = 3 Ebene = 2
Wert = 2 Ebene = 3
Wert = 1 Ebene = 4
Ergebnis = 1
Ergebnis = 2
Ergebnis = 6
Ergebnis = 24
ans =
    24
```

Die Ausgabe verrät Ihnen, wie die Rekursion funktioniert. Beachten Sie, dass alle Ausgaben von `Wert` und `Ebene` zuerst kommen. Die Funktion ruft sich immer wieder selbst auf, bis der Wert 1 erreicht ist. Wenn der Wert 1 ist, sehen Sie das erste `Ergebnis`, welches folglich auch gleich 1 ist. Beachten Sie weiter, wie die Rekursion sich aufrollt. Das nächste `Ergebnis` ist 2 * 1, dann 3 * 2 * 1 und schließlich 4 * 3 * 2 * 1.

Die Formatspezifikation von `fprintf()` verstehen

Eine Formatspezifikation sagt einer Funktion, wie sie Informationen auf dem Bildschirm darstellen soll. Die Funktion `fprintf()` akzeptiert eine normale Zeichenkette als Eingabe für die Formatspezifikation und stellt dabei jedes gelesene Zeichen buchstäblich dar. Wenn `fprintf()` jedoch einem Prozentzeichen (%) begegnet, schaut es nach dem nächsten Zeichen, welches die hier einzusetzende Art von Ausgabe definiert. Die folgende Liste gibt Ihnen einen Überblick über die möglichen Kombinationen, die Sie zusammen mit dem %-Zeichen verwenden können, wenn Sie `fprintf()` anwenden.

✔ `%bo`: Fließkommazahl, doppelte Präzision, Basis 8 (oktal)

✔ `%bu`: Fließkommazahl, doppelte Präzision, Basis 10 (dezimal)

✔ `%bx`: Fließkommazahl, doppelte Präzision, Basis 16 (hexadezimal mit Kleinbuchstaben a bis f)

✔ `%bX`: Fließkommazahl, doppelte Präzision, Basis 16 (hexadezimal mit Großbuchstaben A bis F)

✔ `%c`: einzelnes Zeichen

✔ `%d`: ganze Zahl mit Vorzeichen

✔ `%e`: Fließkommazahl, wissenschaftliche Darstellung mit Kleinbuchstabe e

✔ `%E`: Fließkommazahl, wissenschaftliche Darstellung mit Großbuchstabe E

✔ `%f`: Dezimalzahl mit fester Anzahl Nachkommastellen

✔ `%g`: die Kompaktere von `%e` oder `%f` mit fester Anzahl an signifikanten Stellen und ohne führende Nullen

✔ `%G`: die Kompaktere von `%E` oder `%f` mit fester Anzahl an signifikanten Stellen und ohne führende Nullen

✔ `%i`: ganze Zahl mit Vorzeichen

✔ `%o`: ganze Zahl ohne Vorzeichen, Basis 8 (oktal)

✔ `%s`: Zeichenkette

✔ `%to`: Fließkommazahl, einfache Präzision zur Basis 8

✔ `%tu`: Fließkommazahl, einfache Präzision, Basis 10 (dezimal)

✔ `%tx`: Fließkommazahl, einfache Präzision, Basis 16 (hexadezimal mit Kleinbuchstaben a bis f)

✔ %tX: Fließkommazahl, einfache Präzision, Basis 16 (hexadezimal mit Großbuchstaben A bis F)

✔ %u: ganze Zahl ohne Vorzeichen, Basis 10

✔ %x: ganze Zahl ohne Vorzeichen, einfache Präzision, Basis 16 (hexadezimal mit Kleinbuchstaben a bis f)

✔ %X: ganze Zahl ohne Vorzeichen, einfache Präzision, Basis 16 (hexadezimal mit Großbuchstaben A bis F)

Wenn Sie mit numerischen Eingangsdaten arbeiten, können Sie noch weitere Informationen zwischen dem %-Zeichen und dem Zahlentyp – wie zum Beispiel f für Fließkomma – einfügen. Beispielsweise bedeutet %-12.5f eine linksbündige Zahl mit Platz für zwölf Stellen vor dem Komma und fünf Stellen nach dem Komma. Die Details zum Formatieren von Zeichenketten finden Sie unter http://www.mathworks.com/help/matlab/matlab_prog/formatting-strings.html.

Jetzt, da Sie ein besseres Verständnis davon haben, wie die Rekursion funktioniert, sehen Sie sich die schlankere Version in Listing 10.1 an. Diese Funktion steht unter dem Namen Fakultaet2.m zum Download bereit.

```
function [ Ergebnis ] = Fakultaet2( Wert )
%Fakultaet2 Berechnet den Wert n!
%   Gibt die Fakultaet des Eingangswertes zurück.
if Wert > 1
    Ergebnis = Fakultaet2(Wert - 1) * Wert;
else
    Ergebnis = 1;
end
end
```

Listing 10.1: Eine Methode, um n! zu berechnen.

Diese Version ist viel kürzer als die »pädagogische« Version, enthält aber auch keinen Hinweis darüber, wie sie funktioniert. Diese schlankere Version wird übrigens auch viel schneller laufen.

Aufgaben wiederholt ausführen

Unabhängig von der Komplexität einer Anwendung ist die Fähigkeit, Aufgaben wiederholt auszuführen, ein wesentlicher Bestandteil der Konzeption und Erstellung der Anwendung. Menschen werden meist nicht gelangweilt, wenn sie eine Tätigkeit nur einmal ausführen. Erst wenn die Aufgabe wieder und wieder ausgeführt wird, kommt Langeweile auf. Ein Computer hingegen kann dieselbe Aufgabe in exakt derselben Weise praktisch beliebig oft wiederholen, da er keine Ermüdungserscheinungen kennt. Kurzum, den meisten Nutzen bringen Computer, wenn es um die wiederholte Ausführung von Arbeiten geht. Wie schon bei den Entscheidungen stehen Ihnen in MATLAB zwei Arten von Strukturen zur Verfügung, mit denen Sie Aufgaben wiederholt ausführen lassen können. Dies wird in den folgenden Abschnitten beschrieben.

 Der Code rund um das Wiederholen von Aufgaben wird mit einigen Fachbegriffen beschrieben. Zunächst gelten dieselben Begriffe wie beim Treffen von Entscheidungen auch bei Wiederholungen. Darüber hinaus wird der Ausdruck *Schleife* (*loop*) benutzt, um zu beschreiben, was der zu wiederholende Code tut. Eine *repetitive Struktur* führt dieselbe Abfolge von Aufgaben solange aus, bis eine bestimmte Bedingung erfüllt ist und die Schleife endet.

Die for-Anweisung verwenden

Die for-Anweisung führt eine gegebene Aufgabe exakt so oft aus, wie Sie es vorgeben, es sei denn, Sie unterbrechen die Ausführung. Die Beispiele im Abschnitt *Entscheidungen treffen* weiter vorne im Kapitel haben vorgeführt, wie man eine Funktion erstellt. Das Listing 10.2 zeigt ein Beispiel, wie man eine for-Schleife umsetzen kann. Diese Funktion steht unter dem Namen EinfachesFor.m zum Download bereit.

```
function [  ] = EinfachesFor( Anzahl )
%EinfachesFor Demonstriert die for-Schleife
%   Sagen Sie der Funktion, wie oft sie Hallo sagen soll.
if nargin < 1
    Anzahl = 3;
end

for SagEs = 1:Anzahl
    disp('Hallo!')
end

end
```

Listing 10.2: Wiederholung mit der for-Anweisung realisieren

In diesem Fall erwartet EinfachesFor() eine Zahl als Eingabe. Wenn der Anwender jedoch keine Zahl übergibt, führt die Funktion die zu wiederholenden Anweisungen standardmäßig dreimal aus.

Beachten Sie, wie die Variable SagEs erzeugt und benutzt wird. Der Bereich 1:Anzahl befiehlt der for-Schleife, den Text »Hallo« so oft anzuzeigen, wie in Anzahl vorgegeben wird. Jedes Mal, wenn die Schleife ausgeführt wurde, erhöht sich der Wert von SagEs um 1, bis der Wert von SagEs genauso groß ist wie Anzahl. An dieser Stelle wird die Schleife beendet.

Die while-Anweisung verwenden

Die while-Anweisung führt eine bestimmte Aufgabe so lange aus, wie eine Bedingung erfüllt ist, es sei denn, Sie unterbrechen die Ausführung irgendwie. Die Beispiele im Abschnitt

Entscheidungen treffen weiter vorne im Kapitel haben vorgeführt, wie man eine Funktion erstellt. Das Listing 10.3 zeigt ein Beispiel, wie man eine while-Schleife umsetzen kann. Diese Funktion steht unter dem Namen EinfachesWhile.m zum Download bereit.

```
function [  ] = EinfachesWhile( Anzahl )
%EinfachesWhile Demonstriert die while-Schleife
%   Sagen Sie der Funktion, wie oft sie Hallo sagen soll.
if nargin < 1
    Anzahl = 3;
end

SagEs= 1;
while SagEs <= Anzahl
    disp('Hallo!')
    SagEs = SagEs + 1;
end

end
```

Listing 10.3: Wiederholung mit der while-*Anweisung realisieren*

In diesem Beispiel akzeptiert die Funktion entweder einen Eingangswert im Argument Anzahl oder führt die Wiederholung standardmäßig dreimal aus, wenn der Nutzer kein Argument übergeben hat. So oft wie vorgegeben gibt die Funktion die Meldung »Hallo« aus.

Beachten Sie, dass der Code für die Schleife bereits mit der Initialisierung von SagEs mit dem Wert 1 beginnt, damit die Zählung an der richtigen Stelle anfängt. Dann vergleicht das Programm den aktuellen Wert von SagEs mit dem Argument Anzahl. Wenn SagEs größer ist als Anzahl, endet die Schleife.

 Wenn Sie eine while-Schleife verwenden, müssen Sie die Zählvariable SagEs manuell aktualisieren. Beachten Sie die Zeile unterhalb von disp(), in der zu SagEs die Zahl 1 addiert wird. Wenn diese Zeile fehlt, rutscht die Anwendung in eine *Endlosschleife*, was genau das bedeutet: Das Programm endet einfach nicht. Wenn Sie in eine Endlosschleife geraten: keine Panik! Mithilfe von Strg + C können Sie die Ausführung beenden.

Die Verarbeitung mit break beenden

Es ist möglich, dass eine Schleife wie vorgesehen eine bestimmte Anzahl von Wiederholungen absolviert und dann ohne Zwischenfälle beendet wird. Es kann jedoch auch sein, dass eine Schleife vor dem regulären Ende abgebrochen werden muss, wenn bestimmte Bedingungen erfüllt sind. Zum Beispiel könnten Ihre Kollegen die Funktion EinfachesWhile() missbrauchen und eine hohe Zahl für die Wiederholungen eingeben, sodass die Funktion aus dem »Hallo«-Sagen gar nicht mehr herauskommt. Um diese Art Übertreibung zu verhindern, könnten Sie freundlich, aber bestimmt die Schleife anweisen, nach fünf Runden aufzuhören. Die break-Klausel bricht eine Schleife vorzeitig ab.

In Listing 10.4 sehen Sie, wie die `break`-Klausel in einer `while`-Schleife eingesetzt werden kann, Sie können sie allerdings praktisch genauso mit der `for`-Schleife verwenden. Die Beispiele im Abschnitt *Entscheidungen treffen* weiter vorne im Kapitel haben vorgeführt, wie man eine Funktion erstellt. Diese Funktion steht unter dem Namen `BreakVerwenden.m` zum Download bereit.

```
function [   ] = BreakVerwenden( Anzahl )
%BreakVerwenden Demonstriert die while-Schleife mit break
%    Sagen Sie der Funktion, wie oft sie Hallo sagen soll.
%    Nach fünf Runden wird die Ausführung beendet.
if nargin < 1
    Anzahl = 3;
end

SagEs= 1;
while SagEs <= Anzahl
    if SagEs > 5
        disp('Entschuldigung, zu viele Hallos')
        break;
    end
    disp('Hallo!')
    SagEs = SagEs + 1;
end
```

Listing 10.4: Die Break-Klausel verwenden

Dieser Code stimmt genau mit dem von `EinfachesWhile()` überein, außer dass diese Version noch über eine zusätzliche `if`-Anweisung verfügt. Wenn jemand versucht, die Schleife mehr als fünfmal ausführen zu lassen, springt die `if`-Verzweigung an. Die Anwendung zeigt am Bildschirm eine Meldung, in der sie sich über zu viele Durchläufe der Schleife beschwert, und beendet anschließend mit `break` die Schleife. Um dieses Beispiel bei der Arbeit zu sehen, geben Sie im Anweisungsfenster **BreakVerwenden(10)** ein und dann Enter.

Die Verarbeitung mit return beenden

Eine andere Möglichkeit, eine Schleife zu beenden, besteht darin, `return` anstelle von `break` zu verwenden. Die zugrunde liegende Idee ist dieselbe. Für Details hierzu siehe den Kasten *Zwischen break und return unterscheiden* weiter unten.

Im Listing 10.5 sehen Sie, wie die `return`-Klausel in einer `while`-Schleife eingesetzt werden kann, Sie können sie allerdings praktisch genauso mit der `for`-Schleife verwenden. Die Beispiele im Abschnitt *Entscheidungen treffen* weiter vorne im Kapitel haben vorgeführt, wie man eine Funktion erstellt. Diese Funktion steht unter dem Namen `ReturnVerwenden.m` zum Download bereit.

```
function [ Ergebnis ] = ReturnVerwenden( Anzahl )
%ReturnVerwenden Demonstriert die while-Schleife mit return
%   Sagen Sie der Funktion, wie oft sie Hallo sagen soll.
%   Nach fünf Runden wird die Ausführung beendet.
if nargin < 1
    Anzahl = 3;
end

Ergebnis = 'Erfolg!';
SagEs= 1;
while SagEs <= Anzahl
    if SagEs > 5
        disp('Entschuldigung, zu viele Hallos')
        Ergebnis = 'Fehlschlag!';
        return;
    end
    disp('Hallo!')
    SagEs = SagEs + 1;
end

end
```

Listing 10.5: Die Return-Klausel verwenden.

Beachten Sie, dass dieses Beispiel ein Ergebnis an den Aufrufer zurückliefert. Der Wert des Rückgabewertes Ergebnis wird mit dem Wert 'Erfolg!' initialisiert. Wenn der Anwender jedoch zu gierig wird und zu viele Hallos sehen möchte, ändert sich der Wert auf 'Fehlschlag!'. Um dieses Beispiel zu testen, geben Sie **disp(ReturnVerwenden())** ein und dann Enter. Sie sehen die folgende Ausgabe:

```
Hallo!
Hallo!
Hallo!
Erfolg!
```

In diesem Fall wird die Anwendung mit Erfolg beendet, weil der Anwender nicht gierig ist. Geben Sie jetzt **disp(ReturnVerwenden(10))** ein und dann Enter. Jetzt beschwert sich die Anwendung mit folgender Ausgabe:

```
Hallo!
Hallo!
Hallo!
Hallo!
Hallo!
Entschuldigung, zu viele Hallos
Fehlschlag!
```

Zwischen break und return unterscheiden

Vielleicht scheint es Ihnen, als täten break und return dasselbe. In Wirklichkeit stimmt das jedoch nicht. Das Beispiel ReturnVerwenden() zeigt einen wichtigen Unterschied auf. Mit der return-Klausel können Sie einen Rückgabewert zurückgeben. In manchen Fällen ist es unbedingt nötig, dass Sie einen Rückgabewert übergeben, und dann müssen Sie return anstelle von break verwenden.

Es gibt jedoch noch einen weiteren Unterschied, der allerdings nicht so offensichtlich ist. Wenn Sie eine Schleife in einer anderen verschachteln, beendet die break-Klausel nur die innere Schleife, nicht jedoch die äußere Schleife. Demgemäß läuft die äußere Schleife weiter. Manchmal entspricht das dem erwarteten Verhalten, zum Beispiel wenn Sie die aktuelle Aufgabe beenden wollen, jedoch nicht die anderen, noch ausstehenden Aufgaben. Wenn Sie return verwenden, wird genau genommen die ganze Funktion beendet, welche die Schleife(n) ausführt, und die Kontrolle wird an den Aufrufer der Funktion zurückgegeben.

Die richtige Schleife aussuchen

Am besten verstehen Sie den Unterschied zwischen for- und while-Schleifen, wenn Sie sich Listing 10.2 und Listing 10.3 noch einmal ansehen. Eine for-Schleife dient dazu, eine Gruppe von Anweisungen eine exakte Anzahl von Malen auszuführen. Sie verwenden hingegen eine for-Schleife, wenn Sie schon vorher genau wissen, wie oft die Aufgabe(n) ausgeführt werden soll(en).

Eine while-Schleife basiert auf einer Bedingung. Sie wenden sie immer dann an, wenn Sie eine Reihe von Aufgaben solange ausführen wollen, bis die Bedingung nicht mehr erfüllt ist und Sie fertig sind. Wenn zum Beispiel zwei Funktionen auf denselben Wert konvergieren sollen, können Sie mithilfe der while-Schleife vor jeder Wiederholung prüfen, ob die Konvergenzbedingung immer noch nicht erfüllt ist, und dann gegebenenfalls die Ausführung der Schleife beenden. Allerdings wissen Sie nicht vorher, wann die Abbruchbedingung erfüllt ist; erst, wenn sie wirklich erfüllt ist, wissen Sie, wie oft die Schleife ausgeführt wurde. Weil while-Schleifen in MATLAB mehr Code und häufigere Überwachung (Bedingung erfüllt?) benötigen, tendieren sie dazu, langsamer als for-Schleifen zu sein. Wann immer es möglich ist, sollten Sie daher zu for-Schleifen greifen, um eine möglichst schnelle Anwendung zu schreiben.

Menüs erzeugen

Mit einem Menü können Sie gut testen, was Sie in diesem Kapitel alles gelernt haben. Das Listing 10.6 zeigt ein Menü, das Sie als Modell für Ihr eigenes Menü verwenden können. Beachten Sie, dass dieses Menü ein Skript ist. Sie könnten genauso gut eine Funktion mit diesem Menü schreiben. Da wir jedoch in diesem Kapitel so viel mit Funktionen gearbeitet haben, wollten wir mit einem Beispiel klarstellen, dass Sie diese Techniken auch in einem Skript verwenden können. Das Skript steht unter dem Namen `MeinMenue.m` zum Download bereit.

```matlab
Beenden = false;

while not(Beenden)
    clc
    disp('Wählen Sie eine Frucht');
    disp('1. Orange');
    disp('2. Apfel');
    disp('3. Kirsche');
    disp('4. Mir ist langweilig, lass uns aufhören.');

    Auswahl = input('Ihre Auswahl: ');

    if numel(Auswahl) == 0
     Auswahl = 'verwirrt';
    end

    if Auswahl == 4
        disp('Schade.')
        Beenden = true;
    else
        switch Auswahl
            case 1
                disp('Sie haben eine Orange gewählt!');
             case 2
                disp('Sie haben einen Apfel gewählt!');
             case 3
                disp('Sie haben eine Kirsche gewählt!');
            otherwise
                disp('Sie sind verwirrt, brechen wir ab!');
                break;
        end
        pause(2)
    end
end
```

Listing 10.6: Ein Skript mit einem einfachen Menü

Das Skript beginnt damit, zunächst die Variable `Beenden` zu deklarieren, mit der die `while`-Schleife beendet wird. In diesem Fall ist die `while`-Schleife die optimale Wahl, da Sie nicht wissen, wie oft der Anwender das Menü verwenden möchte.

Das Beispiel löscht zunächst das Anweisungsfenster und bietet anschließend die Optionen an. Nachdem der Nutzer eine Eingabe gemacht hat, prüft die Anwendung zunächst, ob die

Eingabe nur aus Enter bestand, das heißt ob sie Länge 0 hat (die eingebaute Funktion numel() liefert die Anzahl von Elementen eines Arrays oder einer Zeichenkette), und überschreibt die Eingabe gegebenenfalls so, dass in der folgenden switch-Anweisung in den otherwise-Pfad gewechselt wird. Anschließend wird geprüft, ob die Anwendung aufhören soll. Wenn dem so ist, zeigt die Anwendung eine Verabschiedungsmeldung an und setzt Beenden auf true.

Wenn der Anwender eine andere Option auswählt, übergibt der Code die Angelegenheit an eine switch-Anweisung, um die richtige Antwort auszuwählen. In unserem Fall ist die Antwort eine einfache Meldung. Ihre produktive Anwendung würde hier etwas Passendes ausführen. Wenn die Anwendung die Nutzereingabe nicht zuordnen kann, wird die Anwendung beendet. Beachten Sie die Anwendung der break-Klausel.

Die Funktion pause() ist neu. Da das Anweisungsfenster nach jeder Iteration gelöscht wird, erlaubt der Aufruf pause(2), dass die Antwort für zwei Sekunden auf dem Bildschirm stehen bleibt.

Teil IV

Fortgeschrittene Methoden in MATLAB anwenden

In diesem Teil ...

✔ Importieren Sie Daten, auf die Sie mit MATLAB zugreifen wollen.

✔ Exportieren Sie Daten, damit andere sie verwenden können.

✔ Verwenden Sie Schriften und Schriftschnitte sowie Sonderzeichen, um Ihre Grafiken aufzupolieren.

✔ Publizieren und drucken Sie Ihre Ergebnisse.

✔ Erholen Sie sich von Fehlern, die bei der Arbeit mit MATLAB passieren können.

Daten importieren und exportieren

In diesem Kapitel ...

▶ Daten aus anderen Quellen erhalten.

▶ Anderen Empfängern Daten zur Verfügung stellen.

▶ Mit Bilddateien arbeiten.

*E*ine Anwendung ist nicht viel wert, wenn sie nicht mit Daten umgehen kann – im Fall von MATLAB sind dies Variablen, Formeln, Skripte, Funktionen und Diagramme. Sogar Anwendungen, von denen Sie denken, sie hätten nichts mit Daten zu tun, verarbeiten doch eine Menge davon. Beispielsweise könnten Sie denken, dass Spiele nicht mit Daten arbeiten, aber selbst das simpelste Solitär-Spiel speichert Statistiken, was nichts anderes bedeutet, als dass es Daten speichert. So ist leicht zu sehen, dass die meisten Anwendungen mit Daten arbeiten, und seien es nur die eigenen.

Größere und komplexere Anwendungen, wie zum Beispiel MATLAB, benötigen Methoden, um mit Daten anderer Anwendungen kommunizieren zu können. Vielleicht wollen Sie zum Beispiel mit Excel-Daten eines Kollegen arbeiten und Berechnungen anstellen. Wenn MATLAB in so einem Fall keine Methoden anbieten würde, auf die Daten zuzugreifen – sie nach MATLAB zu *importieren* – könnten Sie sie nicht für Ihre Berechnungen verwenden.

Nachdem Sie Ihre Berechnungen durchgeführt haben, wollen Sie die Ergebnisse vielleicht wieder zurück an Ihren Kollegen schicken. Leider verfügt er ausschließlich über Excel. Jetzt müssen Sie die Daten in das Excel-Format *exportieren*, welches Ihr Kollege dann verwenden kann. Eine Excel-Datei ist natürlich viel hilfreicher als ein einfacher Ausdruck der Daten, denn so kann Ihr Kollege direkt darauf zugreifen und seinerseits damit arbeiten.

Soweit die einleitenden Worte zu einfachen Daten – Zahlen und Text. Was aber geschieht mit Bilddateien, (wie) können diese importiert und exportiert werden? Bilder sind komplex, weil sie eine Grafik – ein visuelles Medium – mit Nullen und Einsen repräsentieren. Darüber hinaus haben manche Grafikformate ihre Eigenheiten, die es noch einmal schwieriger machen, damit zu arbeiten. Dieses Kapitel bietet Ihnen einen tieferen Einblick in die Arbeit mit Bilddateien verschiedenster Art.

Datenimport und Datenexport gehören zu den wenigen Dingen in MATLAB, für die viele Menschen die grafische Benutzeroberfläche angenehmer und effektiver empfinden als die Methode, die Anweisungen einzutippen. Ihre individuelle Wahl wird von der Komplexität der Daten abhängen und davon, was Sie mit dem Import oder Export bezwecken. Ja – Sie können Anweisungen für den Import oder Export ehinzufügen, jedoch ist es im Fall komplexer Daten einfacher, die grafische Oberfläche zu verwenden. In diesem Kapitel konzentrieren wir uns auf die Arbeit mit Anweisungen. Sie finden jedoch Hinweise dazu, wie Sie die grafische Benutzeroberfläche verwenden, in Kapitel 4 in den Abschnitten _Dateien importieren_ und _Dateien exportieren_. Dort finden Sie auch Informationen darüber, welche Dateiformate MATLAB unterstützt.

Daten importieren

Für die meisten Menschen gehört das Importieren von Daten aus unterschiedlichen Quellen fast zum täglich Brot, da unsere Welt auf Vernetzung aufbaut. Es ist häufig spielentscheidend, so viele Daten wie nur möglich zur Verfügung zu haben, um gute Ergebnisse zu erzielen. Deshalb ist es so wichtig zu wissen, wie man die Daten in MATLAB laden kann. Dabei kommt es nicht nur darauf an, die Daten irgendwie zu bekommen, sondern in einer Qualität und Struktur, die für den gewünschten Zweck auch hilfreich ist. Nicht zuletzt darf der Importprozess die Daten nicht verändern oder beschädigen, sonst ist er langfristig auch wertlos.

Viele Menschen werfen die ganze Sache mit dem Importieren und Exportieren leicht durcheinander. Das _Importieren_ von Daten heißt immer, Daten von außen – von einem anderen Programm oder einer Datenquelle – zu beziehen und sie in die Anwendung hineinzubringen. Im Gegensatz dazu bedeutet _Exportieren_ immer, dass Daten von MATLAB für eine andere Anwendung aufbereitet werden. Wenn Ihnen Ihr Kollege also Dateien mit Excel-Daten schickt, müssen Sie diese in MATLAB importieren, damit Sie damit etwas Sinnvolles anfangen können. Nach der Arbeit mit MATLAB können Sie die Ergebnisdaten in ein Excel-Format exportieren und an Ihren Kollegen schicken.

In den folgenden Abschnitten lernen Sie verschiedene Aspekte des Imports von Daten in MATLAB kennen.

Grundlegende Schritte beim Import

Der grundlegende Import von Daten nutzt alle Standardeinstellungen für das Importieren, was für viele Arten von Daten völlig ausreichend ist. Relativ oft kann MATLAB das korrekte Datenformat selbst erkennen.

Wesentlicher Teil eines gelungenen Datenimports ist, die korrekte Importfunktion auszuwählen. Jede Importfunktion hat bestimmte Eigenschaften, die sie für die eine Art von Daten mehr und für die andere weniger passend machen. Hier sind ein paar textspezifische Importfunktionen und ihre Unterschiede:

✔ csvread( ): Funktioniert nur mit Zahlen. Die Zahlen müssen durch Komma voneinander getrennt sein – daher _csv = comma separated values_ (kommaseparierte Werte).

✔ dlmread( ): Funktioniert nur mit Zahlen. Die Zahlen sind im Normalfall durch andere Zeichen als Kommata getrennt.

✔ textscan(): Kann sowohl Zahlen als auch Zeichenketten importieren. Sie müssen eine Formatspezifikation vorgeben, damit der Import klappt.

✔ readtable(): Kann sowohl Zahlen als auch Zeichenketten importieren. Die Ausgabe dieser Funktion ist immer eine Tabelle (*table*), selbst wenn die ursprünglichen Daten nicht tabellarisch vorliegen.

Die Ausgabe, die Sie erhalten, hängt von der Funktion ab, die Sie verwenden. Wenn Sie zum Beispiel mit readtable() arbeiten, erhalten Sie eine Tabelle als Ergebnis, keine Matrix oder einen Zellbereich (*cell array*). Auf der anderen Seite liefert csvread() eine Matrix zurück. Sie können diese Ausgaben zwar immer noch in Ihr bevorzugtes Format umwandeln, Sie müssen jedoch zunächst verstehen, dass Sie von jeder Funktion ein spezifisches Ausgabeformat erhalten.

Die Beispiele in den folgenden Abschnitten verwenden je eine unterschiedliche Methode, die Daten von der Festplatte zu lesen. Sie verwenden jedoch dieselben Daten, damit Sie die Ergebnisse besser vergleichen können, allerdings in zwei verschiedenen Formaten. Hier sind die Daten, mit denen wir arbeiten werden und die auch in den Dateien Numerische Daten_kom.csv und NumerischeDATEN_sem.csv zum Herunterladen bereitstehen. Die Dateien unterscheiden sich dadurch, dass in der ersten das Komma als Trennzeichen verwendet wird und in der zweiten das Semikolon.

```
15,25,30
18,29,33
21,35,41
```

 Achten Sie darauf, dass eine kommaseparierte Datei in deutschsprachigen Ländern eher semikolonsepariert ist und die Dezimaltrennzeichen Kommata sind. In englischsprachigen Ländern werden die Felder wirklich durch Kommata separiert, die Dezimaltrennzeichen sind jedoch Punkte. Mit *kommasepariert* meint MATLAB wirklich Kommata. Das kann viele Nerven kosten!

Die Funktion csvread() verwenden

Die Verwendung von csvread() ist die einfachste Option, wenn Sie mit Daten dieser Art arbeiten. Alles, was Sie tun müssen, ist **CSVAusgabe = csvread('NumerischeDaten_kom.csv')** eingeben und Enter drücken. Die Ausgabe ist eine Matrix mit den folgenden Ergebnissen:

```
CSVAusgabe =
    15    25    30
    18    29    33
    21    35    41
```

Die Funktion dlmread() verwenden

Die Funktion dlmread() ist etwas flexibler als csvread(), weil Sie ein Feldtrennzeichen (*delimiter*) eingeben können – das ist das Zeichen, mit dem Sie Felder voneinander trennen. Nehmen wir dieselben Daten wie im vorhergehenden Beispiel, diesmal jedoch durch Semikolon voneinander getrennt. Jede Spalte ist also von der vorhergehenden durch ein Semikolon getrennt. Die Zeilen werden durch Zeilenumbrüche voneinander getrennt. Geben Sie jetzt **DLMAusgabe = dlmread('NumerischeDaten_sem.csv')** und dann Enter ein. Die Ausgabe ist eine Matrix, die die folgenden Ergebnisse enthält:

```
DLMAusgabe =
    15    25    30
    18    29    33
    21    35    41
```

Die Funktion `textscan()` verwenden

Die Funktion `textscan()` kann sowohl Zahlen als auch Zeichenketten einlesen. Diese Flexibilität hat jedoch ihren Preis: Sie müssen eine Formatspezifikation an die Funktion übergeben, damit diese korrekt arbeitet. Darüber hinaus können Sie nicht einfach eine Datei öffnen und damit arbeiten. Mit diesen Hinweisen ausgestattet können Sie die folgenden Schritte verwenden, um erste Erfahrungen mit der Funktion `textscan()` zu sammeln.

1. **Geben Sie** DateiID = fopen('NumerischeDaten_sem.csv') **ein und dann Enter.**

   Die Funktion `textscan()` kann die Datei nicht für Sie öffnen. Sie akzeptiert jedoch den Kennzeichner, der von der Funktion `fopen()` zurückgeliefert wird, als Eingabe. Die Variable `DateiID` enthält den Kennzeichner, mit dem Sie auf die Datei zugreifen können.

2. **Geben Sie** TSAusgabe = textscan(DateiID, '%d;%d;%d/n') **ein und dann Enter.**

   Sie erhalten eine einzelne Zeile als Ausgabe, nicht etwa drei. Hier wäre also ein Anwendungsfall für eine Schleife, mit der Sie alle Zeilen nacheinander einlesen. Es gibt jedoch noch mehr zu sehen, sodass wir in diesem Beispiel auf eine Schleife verzichten. Darüber hinaus werden in diesem Beispiel die Daten in ein Zellenfeld (*cell array*) eingelesen und nicht in eine Matrix.

3. **Geben Sie** feof(DateiID) **und dann Enter ein.**

   Die Funktion gibt eine Null aus, was bedeutet, dass Sie noch nicht am Ende der Datei angekommen sind. Vielleicht haben Sie sich schon gefragt, wie Sie einer Schleife sagen würden, wann sie aufhören soll, Zeilen einzulesen. Der einfache Test mithilfe der Funktion `feof()` löst das Problem.

4. **Geben Sie** TSAusgabe = [TSAusgabe; textscan(DateiID, '%f;%f;%f/n')] **ein und dann Enter.**

   Sie sehen jetzt die zweite eingelesene Zeile. Schauen Sie sich jedoch die Formatspezifikation noch einmal genau an. Die Zahlen werden jetzt als Fließkommazahlen und nicht als ganze Zahlen eingelesen. Mit `textscan()` haben Sie volle Kontrolle über das Format Ihrer Daten in der Anwendung. Beachten Sie das Semikolon nach `TSAusgabe` – keine Kommata!

5. **Geben Sie** isinteger(TSAusgabe{1,1}) **und dann Enter ein.**

   Der Ausgabewert von 1 zeigt Ihnen an, dass es sich beim Element in der ersten Zeile und ersten Spalte von `TSAusgabe` tatsächlich um eine ganze Zahl (*integer*) handelt.

6. **Geben Sie** isinteger(TSAusgabe{2,1}) **und dann Enter ein.**

   Dieser Schritt stellt klar, dass das Element in Zeile 2 und Spalte 1 keine ganze Zahl ist, denn der Ausgabewert der Funktion ist 0. Es zahlt sich aus, wenn Sie noch einmal überprüfen, ob der gewünschte Typ des importierten Objekts auch wirklich so in MATLAB vorliegt.

7. **Geben Sie** TSAusgabe = [TSAusgabe; textscan(DateiID, '%2s;%2s;%2s/n')] **und dann Enter ein.**

   Dieses Mal werden die Daten als einzelne Zeichenketten eingelesen. Beachten Sie jedoch, dass die Formatspezifikation einen Wert für die Feldbreite enthält. Wenn Sie textscan() nur aufgetragen hätten Zeichenketten einzulesen, hätte es die ganze Zeile als eine einzige Zeichenkette importiert.

8. **Geben Sie** textscan(DateiID, '%d;%d;%d/n') **und dann Enter ein.**

   Dieses Einlesen sollte Sie über das Dateiende hinausführen. Die Ausgabe wird nur leere Zellen enthalten, denn hier gibt es nichts mehr einzulesen.

9. **Geben Sie** feof(DateiID) **und dann Enter ein.**

   Dieses Mal ist der Ausgabewert 1, was bedeutet, dass Sie jetzt tatsächlich am Ende der Datei angekommen sind.

10. **Geben Sie** fclose(DateiID) **und dann Enter ein.**

    Jetzt schließt MATLAB die Datei.

    Wenn Sie vergessen, die Datei zu schließen, kann dies Speicherprobleme und alle möglichen anderen Schwierigkeiten mit sich bringen. Eine Datei nicht zu schließen führt möglicherweise zu Datenverlust, Zugriffsproblemen oder gar einem Systemabsturz. Die Botschaft lautet also: Sie wollen keine Datei geöffnet lassen, nachdem Sie die Arbeit mit ihr beendet haben.

Jetzt haben Sie eine etwas bessere Vorstellung davon, wie die Funktion textscan() arbeitet. Wir können uns also eine Anwendung ansehen, die diese Funktion verwendet. In Listing 11.1 sehen Sie, wie Sie die vorstehende Prozedur als Funktion implementieren können. Die Funktion steht unter dem Namen NimmTextscan.m auch zum Download bereit.

```
function [  ] = NimmTextscan(  )
%NimmTextscan Eine Demonstration der Funktion textscan()
%   Dieses Beispiel zeigt, wie man die Funktion textscan()
% anwendet, um die Datei NumerischeDaten_kom.csv einzulesen.

DateiID = fopen('NumerischeDaten_kom.csv');
TSAusgabe = textscan(DateiID, '%d,%d,%d/n');

while not(feof(DateiID))
    TempDaten = textscan(DateiID, '%d,%d,%d/n');
```

```
    if feof(DateiID)
        break;
    end

    TSAusgabe = [TSAusgabe; TempDaten];
end

disp(TSAusgabe);
fclose(DateiID);

end
```

Listing 11.1: Die Funktion textscan() *in einer Anwendung nutzen.*

Beim Durcharbeiten der Übung haben Sie den überwiegenden Teil des Codes schon kennengelernt, jedoch sehen Sie in der Funktion mal alles im Zusammenspiel. Beachten Sie, dass Sie die Prüfung hinsichtlich des Dateiendes durchführen müssen, bevor Sie die Daten in TempDaten zu TSAusgabe hinzufügen. Andernfalls stehen in der letzten Zeile immer die leeren Elemente, die textscan() beim letzten Aufruf zurückgibt.

Die Funktion readtable() verwenden

Die Funktion readtable() arbeitet sowohl mit Zeichenketten als auch mit Zahlen. Diese Funktion ist viel angenehmer im Umgang als textscan(), hat im Gegensatz dazu allerdings ein paar Marotten. Zum Beispiel nimmt sie an, die erste Zeile der Daten bestehe aus den Spaltenüberschriften. Um readtable() mit der Datei NumerischeDaten_kom.csv zu verwenden, geben Sie **RTAusgabe = readtable('NumerischeDaten_kom.csv', 'ReadVariableNames', false)** ein, gefolgt von Enter. Sie sehen die folgende Ausgabe:

```
RTAusgabe =
    Var1      Var2      Var3
    ____      ____      ____

    15        25        30
    18        29        33
    21        35        41
```

Die Ausgabe ist eine Tabelle (*table*) und nicht Matrix (*matrix*) oder Zellenfeld (*cell array*). Zu den Spalten gehören jetzt Namen, wie in Abbildung 11.1 zu sehen. Deshalb können Sie einzelne Elemente der Tabelle mithilfe der Variablennamen ansprechen, wie zum Beispiel **RTAusgabe{1, 'Var1'}**, welches in diesem Fall den Wert 15 ausgibt.

Beachten Sie, dass readtable() Paare aus Eigenschaftsnamen und Werten entgegennimmt. In diesem Fall ist 'ReadVariableNames' eine Eigenschaft. Wenn wir diese Eigenschaft auf false setzen, wollen wir, dass readtable() die erste Zeile nicht als Spaltenüberschrift liest. Wenn Sie Daten mit Spaltenüberschriften einlesen wollen, eignet sich readtable() sehr gut, denn die Funktion enthält diese Überschriften und das macht den Zugriff auf die Daten in den meisten Situationen einfacher.

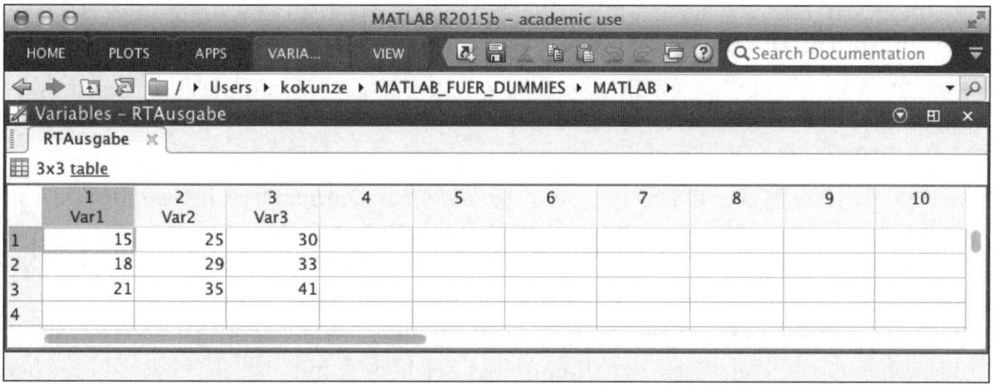

Abbildung 11.1: Tabellen vergeben Namen für jede Spalte.

Gemischte Zahlen und Texte importieren

Das Leben besteht nicht nur aus Zahlen. In manchen Situationen müssen Sie mit einer Mixtur aus Zeichenketten und Zahlen arbeiten. Jedoch funktioniert nur ein Teil der Importfunktionen von MATLAB mit Zahlen und Zeichenketten. Die beiden Funktionen, die Sie überwiegend benutzen, sind `textscan()` und `readtable()`. Jede Funktion hat ihre Stärken. Beispielsweise haben Sie mit `textscan()` weitestgehende Kontrolle über die Art der Konvertierung der Daten, wie schon im Unterabschnitt *Die Funktion textscan() verwenden* weiter vorn im Kapitel angesprochen.

Die Funktion `readtable()` ist eher für die Arbeit mit Datenbankausgaben konzipiert, da hier häufiger Spaltenüberschriften anzutreffen sind. Die Tabelle könnte Teil eines Datenbanksystems oder einer Tabellenkalkulation sein. Auf die Quelle der Daten kommt es nicht an – nur auf das Format. Für das folgende Beispiel steht uns eine Ausgabedatei zur Verfügung, die sowohl Zeilen- als auch Spaltenüberschriften enthält. Die Datei steht unter dem Namen `Datenmix.m` auch zum Download bereit.

```
ID, Name, Alter, Verheiratet
1234,Martin,42,TRUE
2345,Petra,35,TRUE
3456,Inge,22,FALSE
4567,Michael,55,FALSE
```

Die erste Spalte hat keinen normalen Namen, sondern heißt ID, denn dort stehen die Zeilenüberschriften. Die Funktion `readtable()` kann mit Extras wie Zeilenüberschriften umgehen. Hier ist ein kurzer Überblick über die Namen von Eigenschaften, die Sie in den Aufruf der Funktion `readtable()` einschließen können, zusammen mit häufig verwendeten Ausprägungen:

✔ `FileType`: Definiert den Dateityp. Die beiden akzeptierten Werte sind `text` und `spreadsheet`.

✔ ReadVariableNames: Legt fest, ob die erste Zeile Spaltenüberschriften (= Variablennamen) enthält. Die akzeptierten Werte sind true (Standard), false, 1 oder 0.

✔ ReadRowNames: Legt fest, ob die erste Spalte Zeilennamen enthält. Die akzeptierten Werte sind true, false (Standard), 1 oder 0.

✔ TreatAsEmpty: Legt eine oder mehrere Zeichenketten fest, die bei Spalten mit Zahlenwerten als leere Werte (wie N/A – *not available*/nicht vorhanden) interpretiert werden sollen. Diese Zeichenketten werden je nach Zahlentyp in 0 übersetzt, zum Beispiel bei %d, bei NaN (not a number) oder bei %f. Sie können entweder eine einfache Zeichenkette übergeben oder ein Zellenfeld von Zeichenketten (*cell array*).

✔ Delimiter: Legt fest, welches Zeichen als Feldtrennzeichen verwendet werden soll. Sie übergeben diesen Wert entweder als einzelnes Zeichen (zum Beispiel ;) oder als Zeichenkette mit dem Namen des Begrenzungszeichens (zum Beispiel semi). Wenn kein *Delimiter* angegeben wird, versucht readtable selbst festzustellen, welches Feldtrennzeichen verwendet wird.

✔ HeaderLines: Legt fest, wie viele Zeilen beim Einlesen übersprungen werden sollen, bevor das eigentliche Einlesen beginnt. Die akzeptierten Werte sind 0 (Standard) oder jede positive ganze Zahl.

✔ Format: Legt das Format jeder einzelnen Spalte mit einem oder mehreren Konvertierungskennzeichen fest. Als Standard wird doppelte Präzision (*double*) für numerische Daten verwendet, es sei denn, die Spalte enthält auch Zeichenketten. Dann wird die gesamte Spalte als Zeichenkette eingelesen. Sie können jedoch den Standardwert für numerische Werte in int32 ändern, indem Sie das Kennzeichen %d verwenden. Details zu den Formatkürzeln finden Sie auch unter der Webseite http://www.mathworks.com/help/matlab/ref/textscan.html#inputarg_formatSpec.

✔ Sheet: Gibt an, welches Arbeitsblatt (einer Tabellenkalkulation) von der Datei eingelesen werden soll. Die akzeptierten Werte sind 1 (Standard), jede positive ganze Zahl, die den Index für das Arbeitsblatt angibt, oder eine Zeichenkette, die den Namen des Arbeitsblattes enthält. Bei einem Aufruf von readtable() wird jeweils nur ein Arbeitsblatt eingelesen, sodass Sie für mehrere Arbeitsblätter mehrere Aufrufe benötigen.

✔ Range: Gibt einen rechtwinkligen Bereich an, der als Teilmenge des Arbeitsblattes eingelesen werden soll. Der Wert wird als Zeichenkette übergeben. Das Format der Zeichenkette ist dabei so zu wählen, dass Spalten als Buchstaben und Zeilen als Zahlen eingegeben werden und Anfang und Ende des Bereichs durch Doppelpunkt getrennt werden, zum Beispiel A1:C4.

✔ Basic: Legt fest, ob readtable() die Quelldatei im Basismodus einlesen soll, das heißt wie genau mit komplizierteren Excel-Dateien umgegangen werden soll. Die möglichen Werte sind true, false (Standard), 1 oder 0.

Um die Funktion readtable() in Aktion mit der Datei Datenmix.csv zu sehen, geben Sie Datenmix = readtable('Datenmix.csv', 'ReadRowNames', true, 'Format', '%d%s%d%s') und dann Enter ein. Sie sehen folgende Ausgabe:

```
Datenmix =
              Name        Alter      Verheiratet
              ____        _____      _____

    1234     'Martin'     42         'TRUE'
    2345     'Petra'      35         'TRUE'
    3456     'Inge'       22         'FALSE'
    4567     'Michael'    55         'FALSE'
```

Beachten Sie, dass die Spalten den jeweils passenden Namen und die Zeilen die erwarteten Namen (Identifikationsnummern) haben. Lediglich der Spaltenname ID fehlt, welcher der Name für die Spalte mit den Zeilennamen ist. Diesen benötigen wir nicht.

Der Funktionsaufruf enthält zwei Paare von Namen und Werten. Das erste Paar, 'ReadRow Names', true, sagt readtable(), dass die erste Spalte in jeder Zeile als Zeilenname und nicht als Datenwert zu lesen ist. Das zweite Paar, 'Format', '%d%s%d%s', gibt readtable() das Format vor, in das jede Spalte umgewandelt werden soll. Die Optionen zum Formatieren sind dieselben wie bei textscan().

Die Tabelle hat ein paar interessante Eigenschaften. Geben Sie zum Beispiel einmal **Datenmix ('1234','Alter')** und dann Enter ein. Sie sehen das folgende Ergebnis:

```
ans =
              Alter
              _____

    1234      42
```

Die Ausgabe ist genau genommen eine Tabelle, die nur den einen Wert enthält, den Sie erhalten wollten. Beachten Sie den Gebrauch der runden Klammern für die Indizierung. Darüber hinaus ist es angenehmer, mit sprechenden Namen arbeiten zu können als mit numerischen Indizes.

Sie können sich die Daten jedoch auch als eigentliche Werte ausgeben lassen und nicht als Tabelle. Geben Sie jetzt einmal **Datenmix{'1234','Alter'}** und dann Enter ein. In diesem Fall erhalten Sie die einfache Ausgabe des Wertes 42. Wenn Sie geschweifte Klammern verwenden, erhalten Sie konkrete Datenwerte und keine Tabelle als Ausgabe. Es ist immer noch möglich, numerische Indizes zu verwenden, wenn Sie wollen. Geben Sie **Datenmix{1,2}** ein und dann Enter. Sie erhalten dieselbe Ausgabe des Wertes 42 wie vorher. Wenn Sie die Variable Datenmix öffnen, sehen Sie, dass MATLAB beide Varianten der Zeilen- und Spaltenindizierung verwendet, wie in Abbildung 11.2 dargestellt.

Normalerweise behandelt readtable() alle numerischen Werte als double (doppelte Präzision). In der Formatspezifikation haben wir jedoch ganzzahlige Werte angefordert. Geben Sie zur Überprüfung einmal **class(Datenmix{'1234','Alter'})** ein. Sie sehen als Ausgabe den Wert int32, sodass der Typ mit der Anforderung übereinstimmt.

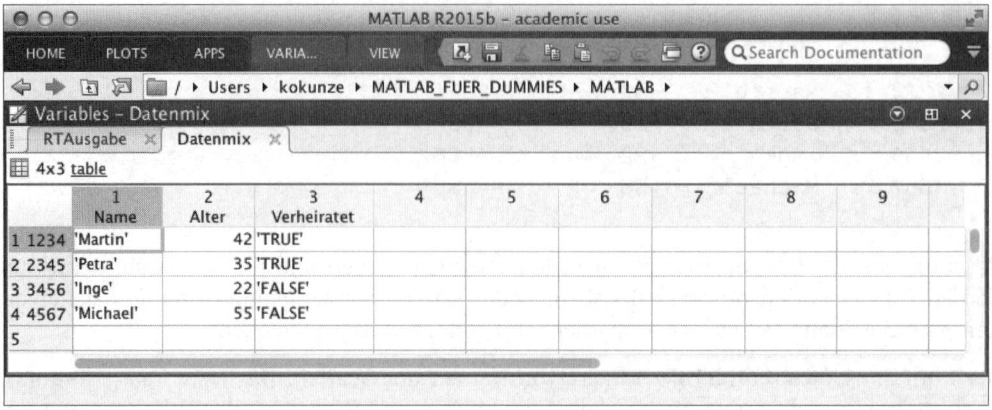

Abbildung 11.2: Sie können sowohl numerische als auch Textindizierung für Tabellen verwenden.

Das Feldtrennzeichen festlegen

Feldtrennzeichen können alle Arten von Problemen auslösen. Nicht jede Anwendung verwendet die üblichen Trennzeichen und der Import von Daten kann wirklich sehr anstrengend werden, wenn nicht alle dieselben Regeln einhalten. Das Beispiel in diesem Abschnitt hat seine eigenen Regeln eingeführt, mit denen wir jetzt irgendwie klarkommen müssen. Die Daten stehen auch als Datei unter dem Namen `Trennzeichen.csv` zum Herunterladen bereit. Hier sind sie:

```
ID@ Name@ Alter@ Verheiratet
1234@"Martin"@42@TRUE
2345@"Petra"@35@TRUE
3456@"Inge"@22@FALSE
4567@"Michael"@55@FALSE
```

Um zu sehen, wie schlimm es wirklich steht um unseren Import, geben Sie einmal **Datenmix = readtable('Trennzeichen.csv', 'ReadRowNames', true)** ein und dann Enter. Sie sehen folgende Ausgabe:

```
Datenmix =
    empty 0-by-0 table
```

Im Wesentlichen sagt Ihnen MATLAB hier, dass es die Datei nicht versteht, weil sie eine Mixtur von verschiedenen Datentypen enthält und MATLAB das Feldtrennzeichen nicht erkennen kann. Sie als ein Mensch können wahrscheinlich einfach auf die Daten schauen und austüfteln, was mit dem Gewirr gemeint ist, MATLAB hingegen braucht etwas mehr Hilfe (wenn Sie die üblichsten Feldtrennzeichen wie , , ; oder ! verwenden, kommt MATLAB normalerweise auch ohne Hilfe zurecht). Geben wir also eine Hilfestellung hinsichtlich des Feldtrennzeichens, indem wir **Datenmix = readtable('Trennzeichen.csv', 'ReadRowNames', true, 'Delimiter', '@')** eingeben und dann Enter. Jetzt sehen Sie folgende Ausgabe:

```
Datenmix =
                Name        Alter     Verheiratet
               _____      _____    _____

      1234    'Martin'       42        'TRUE'
      2345    'Petra'        35        'TRUE'
      3456    'Inge'         22        'FALSE'
      4567    'Michael'      55        'FALSE'
```

Diesmal ist die Ausgabe genau das, was Sie erwartet haben. Beachten Sie, dass die Ausgabe keine doppelten Anführungszeichen vor und hinter den Namen mehr enthält. In diesem Fall ersetzt MATLAB die doppelten Anführungszeichen automatisch. Sie können die doppelten Anführungszeichen jedoch auch entfernen, indem Sie %q anstelle von %s in der Formatspezifikation angeben. Das Kürzel %q weist MATLAB an, die doppelten Anführungszeichen in der Ausgabe zu entfernen. Wenn das Beispiel einfache Anführungszeichen anstelle von doppelten vor und nach den Namen enthalten würde, müssten Sie die Funktion textread() verwenden, um sie zu entfernen, denn die Funktion textread() kann mit verschiedenen Trennzeichen umgehen.

Nur ausgewählte Zeilen und Spalten importieren

Manchmal benötigen Sie nicht alle Daten einer Datei, sondern lediglich bestimmte Zeilen und Spalten. Alle vier Funktionen, die wir bisher für den Import kennengelernt haben, verfügen über Möglichkeiten, nur spezielle Informationen auszuwählen, jedoch ermöglicht die Funktion csvread() ein einfaches Beispiel, wie man diese Aufgabe lösen kann.

Um nur einen bestimmten Bereich von Daten zu importieren, geben Sie CSVAusgabe = csvread ('NumerischeDaten_kom.csv', 0, 0, [0, 0, 1, 1]) und dann Enter ein. Jetzt sehen Sie folgende Ausgabe:

```
CSVAusgabe =
      15     25
      18     29
```

Das erste Argument von csvread() ist der Name der einzulesenden Datei. Das zweite und dritte Argument geben die Zeile und Spalte an, bei der mit dem Einlesen begonnen werden soll. In diesem Fall startet das Beispiel bei Zeile 0 und Spalte 0. Das vierte Argument ist die Matrix, die den Bereich der einzulesenden Werte angibt. Die ersten beiden Werte in der Matrix müssen mit dem zweiten und dritten Argument übereinstimmen, weil sie den Anfangspunkt des Bereichs festlegen. Das zweite Datenpaar der Matrix legt den Endpunkt der Matrix fest. Damit Sie eine bessere Vorstellung davon bekommen, wie die Festlegung des

Bereichs funktioniert, geben Sie **CSVAusgabe = csvread('NumerischeDaten_kom.csv', 0, 1, [0, 1, 2, 2])** ein und dann Enter. Diesmal ändert sich die Ausgabe so, dass die zweite und dritte Spalte der Daten in der Datei **NumerischeDaten_kom.csv** angezeigt werden:

```
CSVAusgabe =
    25    30
    29    33
    35    41
```

 Die Zeilen- und Spaltenwerte, die Sie mit `csvread()` verwenden, beginnen bei 0. Das bedeutet, dass die erste Zeile als Zeile 0 und die erste Spalte als Spalte 0 angesprochen werden. Eine Tabelle mit drei Zeilen hätte demnach die Zeilen 0, 1 und 2, und nicht 1 bis 3. Analog hätte eine Tabelle mit drei Spalten die Spalten 0 bis 2 und nicht 1 bis 3.

Daten exportieren

Nachdem Sie die Berechnungen durchgeführt haben, die Sie anstellen wollten, müssen Sie sie häufig in ein Format bringen, welches für andere lesbar ist. Leider steht nicht jedem Nutzer MATLAB zur Verfügung, sodass Sie die MATLAB-Daten in ein anderes Format konvertieren müssen. Zum Glück ist es einfacher, die Daten aus MATLAB in ein für andere lesbares Format zu exportieren, als von außen in MATLAB zu importieren. In den folgenden Abschnitten lesen Sie mehr darüber, wie Sie Daten, Skripte und Funktionen exportieren.

Grundlegende Schritte beim Export

Das Importieren von Daten konzentriert sich häufig darauf, die richtigen Ergebnisse zu erhalten. Zum Beispiel könnten Sie `textscan()` oder `readtable()` für eine kommaseparierte Datei wählen, obwohl eine perfekt funktionierende Funktion `csvread()` für diese Aufgabe zur Verfügung steht. Das Ziel ist, die Daten von der `.csv`-Datei in MATLAB zu importieren und dabei sowohl den Inhalt als auch die Struktur der Ursprungsdatei beizubehalten. Jetzt jedoch, wo Sie die Daten schon in MATLAB haben und sie exportieren wollen, ist das Ziel, dass die resultierende Datei – soweit es geht – Standardformat hat, damit der Empfänger damit so wenige Probleme hat wie möglich. Im Ergebnis verwenden Sie `writetable()` nur, wenn der Empfänger wirklich dieses spezielle Format anstelle der kommaseparierten Datei, die fast von jedem Programm verstanden wird, haben möchte oder wenn die MATLAB-Daten so strukturiert sind, dass Sie etwas anderes als `csvwrite()` benutzen mussten. Wegen dieses Unterschiedes der Schwerpunkte beim Importieren und Exportieren konzentrieren sich die folgenden Abschnitte des Kapitels auf standardisierte Export-Techniken.

Mit Matrizen und numerischen Daten arbeiten

Bevor Sie irgendetwas exportieren können, brauchen Sie Daten zum Exportieren. Geben Sie **ExportDaten = [1, 2, 3; 4, 5, 6; 7, 8, 9]** ein und dann Enter. Sie sehen das folgende Ergebnis:

```
ExportDaten =
     1     2     3
     4     5     6
     7     8     9
```

Das Ergebnis besteht aus einer Matrix mit drei Zeilen und drei Spalten. Matrizen zu exportieren ist recht einfach, da die meisten Funktionen eine Matrix standardmäßig verarbeiten können. Um zu sehen, wie der Export von Matrizen funktioniert, geben Sie **csvwrite('ExportierteDaten1.csv', ExportDaten)** und dann Enter ein. MATLAB erzeugt die gewünschte Datei und Sie können sie im Fenster mit dem aktuellen Verzeichnis sehen. Wenn Sie die Datei öffnen, sehen Sie etwas Ähnliches wie in Abbildung 11.3. Was Sie exakt sehen werden, hängt natürlich von Ihrer konkreten Anwendung ab, mit der Sie die Daten betrachten.

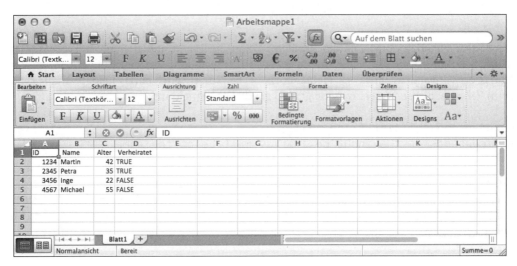

Abbildung 11.3: Matrizen sind am einfachsten zu exportieren.

 Nicht alle MATLAB-Daten liegen in einer bequem zu verwendenden Matrix vor. Wenn Sie `csvwrite()` verwenden wollen, müssen Sie jedoch eine Matrix übergeben. Um eine Matrix zu erhalten, müssen Sie die Daten mithilfe einer Konvertierungsfunktion vom vorliegenden Format in eine Matrix umwandeln. Wenn die Daten beispielsweise als Zellenfeld (*cell array*) vorliegen, können Sie die Funktion `cell2mat()` für die Konvertierung verwenden. Jedoch sind nicht alle Konvertierungen so einfach. Wenn Sie zum Beispiel eine Tabelle (`table`) haben, müssen Sie einen zweistufigen Prozess durchführen:

1. Verwenden Sie die Funktion `table2cell()`, um die Tabelle in ein Zellenfeld umzuwandeln.

2. Verwenden Sie die Funktion `cell2mat()`, um das Zellenfeld in eine Matrix umzuwandeln.

Mit gemischten Daten arbeiten

Der Export von rein numerischen Daten gestaltet sich recht bequem, da es einige Funktionen gibt, die die korrekten Zielformate direkt erzeugen können. Die Probleme kommen ins Haus, wenn Sie nicht mehr einfache Matrizen, sondern zum Beispiel Zellenfelder (*cell arrays*) oder andere Datenformate in MATLAB haben, die nicht exakt mit dem erforderlichen Format für csvwrite() übereinstimmen. Um zu sehen, wie der Export für gemischte Daten funktioniert, geben Sie **ZellExport = 'Andrea', 42, true; 'Michael', 23, false; 'Sarah', 61, false** und dann Enter ein. Sie sehen das folgende Ergebnis:

```
ZellExport =
    'Andrea'     [42]     [1]
    'Michael'    [23]     [0]
    'Sarah'      [61]     [0]
```

Die Mixtur von Datentypen ist ein Problem. Wenn die Daten alle aus einem Typ bestehen würden, könnten Sie die Funktion cell2mat() verwenden, um den Zellbereich in eine Matrix zu verwandeln, etwa so: **MeineMatrix = cell2mat(ZellExport)**. Leider erhalten Sie beim Versuch, diesen Weg einzuschlagen, folgende Fehlermeldung:

```
Error using cell2mat (line 45)
All contents of the input cell array must be of the same data type.
```

Um die gewünschte Ausgabe einer .csv-Datei zu erhalten, müssen Sie das Zellenfeld zunächst in etwas anderes umwandeln. Am einfachsten gestaltet sich der Weg über eine Tabelle (*table*). Geben Sie **MeineTabelle = cell2table(ZellExport)** ein und dann Enter. Damit erhalten Sie folgende Ausgabe:

```
MeineTabelle =
    ZellExport1    ZellExport2    ZellExport3
    _____    _____    _____

    'Andrea'       42             true
    'Michael'      23             false
    'Sarah'        61             false
```

Jetzt können Sie **writetable(MeineTabelle, 'ExportierteDaten2.csv', 'WriteVariableNames', false, 'Delimiter', ';')** eingeben und dann Enter. Die Ausgabe wird das Semikolon als Trennzeichen zwischen den Spalten verwenden, sodass die Datei zwar keine echte kommaseparierte Datei ist, Sie jedoch zum Beispiel von der deutschen Excel-Version direkt geöffnet werden kann. Abbildung 11.4 zeigt, wie die Ausgabe in Excel aussieht. Was Sie exakt sehen werden, hängt von Ihrer konkreten Anwendung ab, mit der Sie die Daten betrachten.

In unserem Beispiel klappt der Export gut. Sie können jedoch auch Eigenschaften und Ausprägungen übergeben, um die Ausgabe von writetable() zu variieren, wie Sie es von readtable() schon kennen. Für Details dazu siehe den Abschnitt *Gemischte Zahlen und*

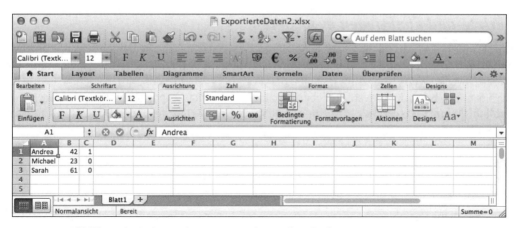

Abbildung 11.4: Gemischte Daten sind manchmal schwieriger zu exportieren.

Texte importieren weiter vorn in diesem Kapitel. Hier ist ein kurzer Überblick über die Eigenschaften der Funktion `writetable()` und ihre Einsatzgebiete:

✔ `FileType`: Definiert den Dateityp. Die beiden akzeptierten Werte sind `text` und `spreadsheet`.

✔ `WriteVariableNames`: Legt fest, ob die erste Zeile Spaltenüberschriften (= Variablennamen in MATLAB) enthält. Die akzeptierten Werte sind `true` (Standard), `false`, `1` oder `0`.

✔ `WriteRowNames`: Legt fest, ob die erste Spalte Zeilennamen enthält, die in MATLAB verwendet werden. Die akzeptierten Werte sind `true`, `false` (Standard), `1` oder `0`.

✔ `Delimiter`: Legt fest, welches Zeichen als Feldtrennzeichen verwendet werden soll. Sie übergeben entweder das gewünschte Feldtrennzeichen (zum Beispiel `;`) oder dessen Namen als Zeichenkette (zum Beispiel `semi`).

✔ `Sheet`: Gibt an, in welches Tabellenblatt der Datei geschrieben werden soll. Die akzeptierten Werte sind `1` (Standard), jede positive ganze Zahl, die den Index für das Arbeitsblatt angibt, oder eine Zeichenkette, die den Namen des Arbeitsblattes enthält. Bei jedem Aufruf von `writetable()` wird nur ein Arbeitsblatt geschrieben, sodass Sie für mehrere Arbeitsblätter mehrere Aufrufe benötigen.

✔ `Range`: Gibt den rechtwinkligen Bereich im Arbeitsblatt an, in den die Tabelle geschrieben werden soll. Wenn die Tabelle in MATLAB größer ist als der vorgegebene Bereich, werden die überstehenden Daten abgeschnitten. Der Wert wird als Zeichenkette übergeben. Das Format der Zeichenkette ist dabei so zu wählen, dass Spalten als Buchstaben und Zeilen als Zahlen eingegeben werden und Anfang und Ende des Bereichs durch Doppelpunkt getrennt werden, zum Beispiel `A1:C4`.

Skripte und Funktionen exportieren

Um Funktionen und Skripte zu exportieren, müssen Sie sie genaugenommen mithilfe der Funktion publish() publizieren. MATLAB unterstützt zahlreiche Ausgabeformate für diesen Zweck. Wenn Sie zum Beispiel die Funktion NimmTextscan(), welche wir weiter vorn im Kapitel vorgestellt haben, im HTML-Format exportieren wollen, geben Sie **publish('NimmTextscan.m', 'html')** ein und dann Enter. Dies quittiert MATLAB mit folgender Ausgabe:

```
ans =
.../MATLAB/Kapitel11/html/NimmTextscan.html
```

Der eigentliche Speicherort variiert von System zu System (dargestellt durch die drei Punkte). Beachten Sie, dass MATLAB die Datei in einem Unterverzeichnis namens html speichert. In Abbildung 11.5 sehen Sie die typische Ausgabe. Was Sie genau sehen, hängt von Ihrem System und Ihrem Browser ab.

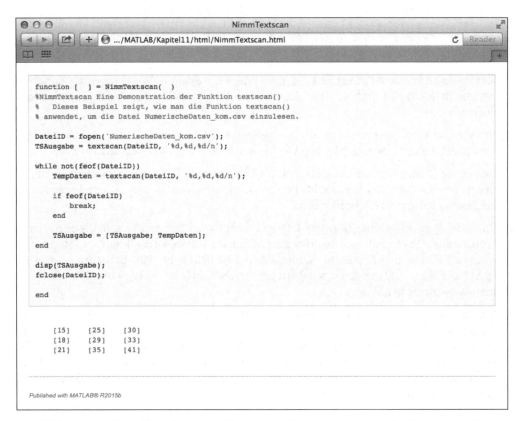

Abbildung 11.5: Zum Exportieren von Skripten und Funktionen verwenden Sie publish( )_._

Das Publizieren aus MATLAB heraus ist ein viel zu großes Thema, als dass es in einen einzigen Abschnitt eines Kapitels passen könnte. Kapitel 12 stellt das Publizieren beträchtlich detaillierter vor.

Mit Bildern arbeiten

Bilder zu speichern ist komplexer als das Speichern von Textdateien, weil sie binäre Daten verwenden, die nicht auf den ersten Blick verständlich sind und deren Format häufig kompliziert ist. Kleine, schwierig zu diagnostizierende Fehler können das ganze Bild ruinieren. Der Prozess selbst, Bilder zu speichern, ist jedoch relativ einfach zu bewerkstelligen, wie die folgenden Abschnitte zeigen.

Bilder exportieren

Bevor wir ein Bild exportieren können, brauchen wir ein Bild zum Exportieren. Der Abschnitt *Mit der Funktion bar() ein flaches 3D-Balkendiagramm erzeugen* in Kapitel 7 beschreibt, wie Sie das Balkendiagramm erzeugen können, das in Abbildung 11.6 zu sehen ist. Mit diesem Bild arbeiten wir für den Rest des Kapitels.

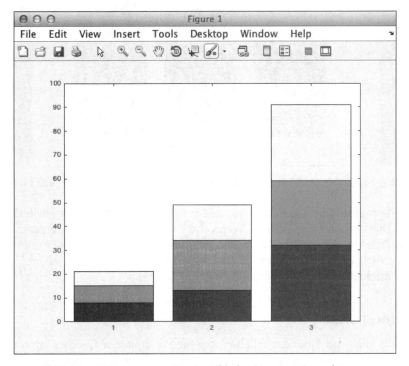

Abbildung 11.6: Erzeugen Sie ein Bild, das Sie exportieren können.

Bevor Sie das Bild exportieren können, müssen Sie noch ein paar Parameter für die Ausgabe festlegen. Der wichtigste Parameter ist der Ausgabetyp. Da das Format der *Joint Photographic Experts Group* (.jpeg) auf den meisten Plattformen verfügbar ist, verwenden wir in diesem Beispiel das Format .jpeg. Sie können jedoch irgendein Format wählen, das im Abschnitt *Image* der Tabelle unter http://www.mathworks.com/help/matlab/import_export/ supported-file-formats.html genannt wird.

Nachdem Sie sich für ein Exportformat entschieden haben, können Sie die Funktion saveas() für den eigentlichen Export verwenden. In unserem Fall geben Sie **saveas(gcf(), 'Balken1.jpeg', 'jpg')** ein und dann Enter. MATLAB speichert das Bild mit der Auflösung, die in den Einstellungen hinterlegt ist. Sie erinnern sich sicher, dass die Funktion gcf() den Zeiger auf das aktuelle Diagramm zurückliefert. Abbildung 11.7 zeigt das Diagramm, wie die Vorschau (*Preview*) auf dem Mac sie darstellt.

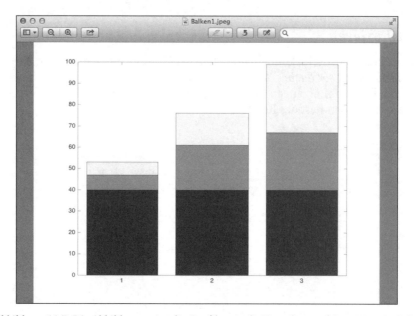

Abbildung 11.7: Die Abbildung zeigt die Grafik, wie die Vorschau auf dem Mac sie sieht.

 Verwenden Sie die Funktion saveas(), um MATLAB-Objekte wie zum Beispiel Diagramme zu speichern. Wenn Sie jedoch mit Bildern im eigentlichen Sinne arbeiten, verwenden Sie besser die Funktion imwrite(). Die Funktion imwrite() arbeitet im Wesentlichen wie die Funktion saveas(), jedoch ist sie auf die direkte Interaktion mit Grafiken zugeschnitten.

Bilder importieren

MATLAB kann auch mit Grafiken arbeiten, die Sie von anderen Quellen importiert haben. Die Standardmethode zum Importieren eines Bildes ist imread(). Um beispielsweise Balken1.jpeg zu importieren, geben Sie ImportiertesBild = imread('Balken1.jpeg');

ein und danach Enter. Sie sehen als Ausgabe eine Matrix mit denselben Dimensionen wie das Bild. Wenn das Bild also eine Auflösung von 900 × 1200 Bildpunkten hat, wird die Matrix auch die Abmessungen 900 × 1200 haben. Es gibt jedoch noch eine dritte Dimension – die Farbtiefe. Diese wird in Rot-, Grün- und Blauwerten angegeben, damit daraus ein Farbbild wird. Die resultierende Matrix hat demnach die Abmessungen 900 x 1200 x 3.

 Dies ist eine der Situationen, in denen das Semikolon am Ende der Anweisung eine wesentliche Bedeutung gewinnt. Ohne das Semikolon können Sie sich eine Tasse Tee oder Kaffee holen, während die Zahlen über den Bildschirm fliegen. Wenn Sie das Semikolon unabsichtlich nicht gesetzt haben, können Sie die Ausgabe jederzeit durch Strg + C stoppen.

Um Ihr Bild anzuzeigen, verwenden Sie die Funktion image(). Wenn Sie zum Beispiel das Bild anzeigen wollen, welches Sie gerade importiert haben, geben Sie **image(ImportiertesBild)** ein, gefolgt von Enter. Abbildung 11.8 zeigt das Ergebnis des Bildimports. Sie sehen das ursprüngliche Diagramm, diesmal jedoch erzeugt aus einer Bilddatei.

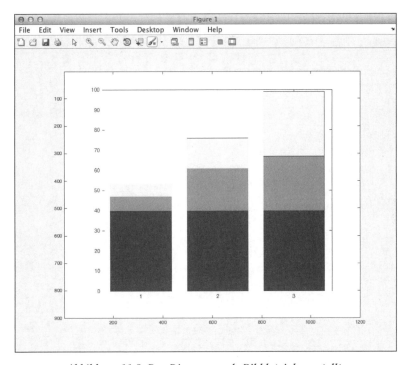

Abbildung 11.8: Das Diagramm als Bilddatei dargestellt.

Ihre Ergebnisse drucken und publizieren

12

In diesem Kapitel ...

▶ Das Erscheinungsbild von Text verändern.

▶ Eine MATLAB Datenpublikation erzeugen.

▶ Daten an den Drucker schicken.

Nachdem Sie lange daran gearbeitet haben, das nächste Wunderwerk der Technik zu entwerfen oder den langersehnten Durchbruch in der Wissenschaft zu erreichen, wollen Sie Ihren Erfolg jetzt endlich auch Ihren Mitmenschen mitteilen.Es gibt sicher Menschen, die es vorziehen, ihre Errungenschaften von einer Bergspitze in die Welt zu verkünden. Wir belassen es jedoch bei einem etwas bescheideneren Rahmen: In diesem Kapitel lernen Sie, wie Sie Ergebnisse drucken und publizieren. Mit *publizieren* meinen wir die elektronische Weitergabe Ihrer Daten, wohingegen wir mit *drucken* das Erzeugen einer physischen Ausgabe der Daten meinen. Ob Sie Ihre Ergebnisse nun publizieren oder drucken, auf diese Weise wird Ihre Arbeit anderen zugänglich, sodass sie Nutzen daraus ziehen können, ob sie nun MATLAB haben oder nicht.

Wesentlicher Bestandteil des Druckens und Publizierens ist, die Information ästhetisch ansprechend zu gestalten. Es spielt (fast) keine Rolle, wie beeindruckend die Daten sind, wenn niemand sie lesen kann. Das Formatieren von Informationen ist ein wichtiger Teil der Dokumentation, weil die Empfänger Hinweise benötigen, was das Dokument bezweckt und wie die Daten zu lesen sind. Aus diesem Grund hilft Ihnen dieses Kapitel, schön formatierte elektronische Publikationen und gedruckte Dokumente zu erstellen.

Mit Anweisungen Texte formatieren

Die Darstellung ist ein großer Teil dessen, wie Menschen Ihr vorgestelltes Material wahrnehmen und verstehen. Dieselbe Information, jedoch auf zwei unterschiedliche Arten präsentiert, wird auch unterschiedliche Reaktionen Ihres Publikums hervorrufen. Kleine Dinge, wie zum Beispiel manches **fett** zu drucken, können den feinen, aber entscheidenden Unterschied zwischen Ablehnung und Aha-Erlebnis ausmachen.

Dieses Buch handelt nicht davon, wie Sie am besten publizieren oder professionelle Präsentationen erstellen. Die folgenden Abschnitte wollen Ihnen lediglich ein paar Ideen vermitteln, wie Sie das Erscheinungsbild Ihrer Daten aufwerten können, sodass ihre Zuschauer die Ergebnisse im rechten Licht sehen. Sie können die verschiedensten Texteffekte verwenden, um bestimmte Ergebnisse oder Aussagen hervorzuheben. Darüber hinaus können Sie Diagrammen und dergleichen mehr erklärenden Text hinzufügen und in diesem Text mathematische Symbole und andere Sonderzeichen verwenden, damit die Daten besser verstanden werden.

Das Schriftbild beeinflussen

Die Schriften, welche Sie gebrauchen oder missbrauchen, sagen viel über Ihre Präsentation aus. Leider werden Schriften häufig eher missbraucht als gebraucht, um bestimmte Ideen besser zu transportieren. Hier sind die vier Arten, mit denen Sie das Erscheinungsbild der Schriften in MATLAB verändern können:

✔ **Fett (*bold*)**: Stellt eine Hervorhebung von Text da, sodass der Leser den hervorgehobenen Text als wichtiger ansieht als die Wörter in der Umgebung. Fette Schriftschnitte werden allerdings auch verwendet, um Überschriften zu kennzeichnen, die verschiedene Textelemente voneinander trennen. Betrachten Sie fette Schriftschnitte immer als Methode, die Aufmerksamkeit des Lesers besonders einzufordern.

✔ **Dicktengleich (*monospaced*)**: Dies ist eine Schrift, bei der jeder Buchstabe in einem für alle gleich großen Rechteck lebt und diese Rechtecke werden ohne Überlappung (Drucker sprechen von Unterschneidung) aneinandergereiht, das heißt jeder Buchstabe hat genau die gleiche Breite. Die Schreibmaschinenschrift `Courier` ist eine solche dicktengleiche Schrift. Die meisten Menschen verwenden solch eine Schrift für Code oder numerische Daten, wenn diese ohne Linien als Tabelle dargestellt werden sollen, da dies eine ästhetisch ansprechende Struktur ergibt. So sieht der Empfänger die Daten, ohne sich von störenden Versätzen von Zeile zu Zeile ablenken zu lassen.

✔ **Kursiv (*italic*)**: Hebt Elemente hervor, die auf gewisse Weise speziell sind, jedoch nicht die Hervorhebung wie fett gedruckte Wörter benötigen. Wenn Sie zum Beispiel einen Ausdruck einführen und ihn erst im weiteren Verlauf der Darlegung näher erläutern wollen, sollte dieser kursiv erscheinen, damit der Leser darauf hingewiesen wird. Der Sinn von Kursivschrift ist, den Leser eher auf weitere Erklärungen oder – im Deutschen häufig üblich – fremdsprachige Wörter hinzuweisen als den Begriff hervorzuheben.

✔ **Unterstreichung (*underline*)**: Weist auf zusätzliche Ressourcen oder externe Quellen (wie zum Beispiel Webseiten) hin. In manchen Fällen werden Unterstreichungen auch als Hervorhebung verwendet, aus unserer Sicht stellt dies jedoch einen Missbrauch dar, denn Sie haben ja mit dem fetten Schriftschnitt schon eine Möglichkeit zur Hervorhebung. Die Kombination von Unterstreichungen und fettem Schriftschnitt macht es noch schlimmer, der Empfänger könnte es wie Schreien empfinden.

Es kann durchaus sein, dass Sie eine andere Meinung zum Einsatz der verschiedenen Schriften, Schriftschnitte und Unterstreichungen haben. Jedoch werden diese Regeln für die meisten wissenschaftlichen und technischen Dokumentationen angewendet, sodass der Empfänger damit bereits vertraut ist und sie gewissermaßen auch erwartet. Indem Sie sich an die Regeln halten, machen Sie es dem Leser einfacher, sich auf die Daten, Ergebnisse und letztendlich Ihre Botschaft zu konzentrieren, anstatt sich an Schriften und dergleichen mehr aufzuhalten. Machen Sie immer die Daten zum König oder zur Königin Ihrer Präsentation und überlassen Sie die Kalligrafie den Künstlern dieser Welt.

Die verfügbaren Schriften auflisten

Möglicherweise kommen Sie an den Punkt, an dem Sie eine Liste der verfügbaren Schriften benötigen. Um das zu erreichen, verwenden Sie die Funktion `listfonts()`. Damit Sie sehen, wie das funktioniert, geben Sie einmal **Schriften = listfonts();** ein und dann Enter. Die Variable `Schriften` erhält eine sortierte Liste von Schriften, die auf dem aktuellen System installiert sind. Um eine bestimmte Schrift – beispielsweise Arial – zu suchen, geben Sie `Arial = find(strcmp(Schriften, 'Arial'));` ein und dann Enter. Wenn `Arial` nach dem Aufruf nicht leer ist (oder anders gesagt `length(Arial)` nicht gleich 0 ist), unterstützt das System Ihre Schrift.

Manche Elemente in MATLAB können spezielle Schriftarten haben. Um herauszufinden, welche Schriftart für ein bestimmtes Element benutzt wurde, rufen Sie `listfonts()` mit dem Zeiger auf das Element auf. Beispielsweise könnte ein Element der Benutzerschnittstelle eine bestimmte Schriftart benutzen. Wenn Sie den Zeiger auf diesem Element der Nutzerschnittstelle haben, können Sie es der Funktion `listfonts()` als Argument übergeben. Sie erhalten dann nicht nur die sortierte Liste der Systemschriften, sondern auch die Schriftart, die für das Element des übergebenen Zeigers verwendet wurde.

Nach diesem Schnellkurs über die Anwendung der Schriften und Schriftschnitte zeigen die nächsten Unterabschnitte, wie Sie sie zu Ihren Präsentationen hinzufügen. Die Screenshots in jedem Unterabschnitt bauen auf dem jeweils vorhergehenden Unterabschnitt auf, sodass Sie alle Effekte in Aktion sehen. Sie können die Abschnitte jedoch in beliebiger Reihenfolge durcharbeiten.

Fette Schrift

Die Verwendung von Hervorhebungen durch einen fetten Schriftschnitt (*bold*) im üblichen Sinne lässt Daten aus der Menge hervortreten. In MATLAB ist mit *bold* jedoch die ganze Palette der Schriftstärken gemeint. Die von Ihnen gewählte Stärke entspricht dem Grad der Hervorhebung. In MATLAB können Sie zwischen vier Stärken einer Schrift wählen:

✔ Leicht (*light*)

✔ Normal (*normal*)

✔ Halbfett (*demi*)

✔ Fett (*bold*)

Möglicherweise werden nicht von jeder Schrift, die auf Ihrem System installiert ist, alle Schriftstärken unterstützt. Für ein paar Schriften sollten jedoch alle Schnitte vorhanden sein. Es kann passieren, dass Sie mit einer Schriftart eine bestimmte Art der Hervorhebung erreichen wollen, Ihre Bemühungen jedoch vereitelt vorfinden. In vielen Fällen hat das gar nichts mit Ihren Programmierkünsten zu tun, sondern alles mit der Schriftart, die Sie verwenden.

Mit diesen Einschränkungen im Hinterkopf können Sie in den nächsten Schritten die unterschiedlichen Hervorhebungsstärken kennenlernen, die MATLAB Ihnen zur Verfügung stellt.

1. **Geben Sie Balken1 = bar([5, 15, 8, 2, 9]); ein und dann Enter.**

   MATLAB erzeugt ein neues Balkendiagramm, wie in Abbildung 12.1 gezeigt.

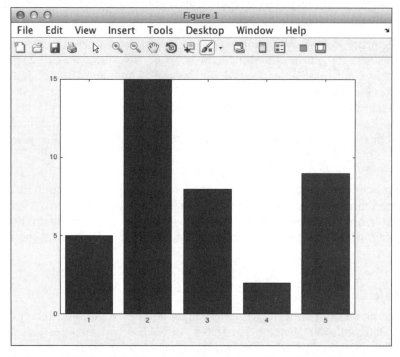

Abbildung 12.1: Das Balkendiagramm, das Sie im weiteren Verlauf formatieren.

2. **Geben Sie** TBox1 = annotation('textbox', [.13,.825,.14,.075], 'String', 'Light','FontName', 'Arial', 'FontSize',16,'FontWeight','light','BackgroundColor',[1,1,0]); **ein und dann Enter.**

   Sie sehen, dass der Abbildung eine Anmerkung vom Typ textbox hinzugefügt wurde. Die verschiedenen Einträge, die Sie eingegeben haben, ändern die Standardschriftart, die Schriftgröße – damit Sie den Text leichter erkennen können –, die Schriftstärke – als Grad der Hervorhebung – und die Hintergrundfarbe, damit der Textkasten sich vom Hintergrund

und den Balken abhebt. Damit wir die verschiedenen Schriftstärken nebeneinander sehen können, fügen wir in den nächsten drei Schritten drei weitere Textkästen hinzu, jeden mit einer anderen Schriftstärke.

3. **Geben Sie** TBox2 = annotation('textbox', [.29,.825,.14,.075], 'String', 'Normal','FontName', 'Arial', 'FontSize',16,'FontWeight','normal','BackgroundColor',[1,1,0]); **ein und dann Enter.**

Sie sehen, dass der nächste Textkasten über den zweiten Balken gelegt wurde. In den meisten Fällen sehen Sie keinen (großen) Unterschied zwischen den Einstellungen `light` und `normal`, weil nur wenige Schriften beide Einstellungen unterstützen. Dennoch ist es ganz interessant, damit zu experimentieren, weil manche Schriften eben doch beide Schriftstärken unterstützen.

4. **Geben Sie** TBox3 = annotation('textbox', [.45,.825,.14,.075], 'String', 'Demi','FontName', 'Arial', 'FontSize',16,'FontWeight','demi','BackgroundColor',[1,1,0]); **ein und dann Enter.**

5. **Geben Sie** TBox4 = annotation('textbox', [.61,.825,.14,.075], 'String', 'Bold','FontName', 'Arial', 'FontSize',16,'FontWeight','bold','BackgroundColor',[1,1,0]); **ein und dann Enter.**

Jetzt sehen Sie den vierten und vorerst letzten Textkasten auf dem Diagramm. Wenn alle Stärken bei Ihnen installiert sind, können Sie fortschreitende Hervorhebung durch fettere Schrift sehen. Das Ergebnis sollte in etwa so aussehen wie Abbildung 12.2.

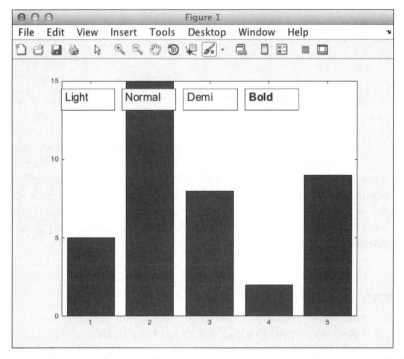

Abbildung 12.2: Verschiedene Schriftstärken können – sofern installiert – unterschiedliche Hervorhebungen erzeugen.

Dicktengleiche Schrift

Eine dicktengleiche Schrift (englisch *monospace*) verwendet für jeden Buchstaben exakt dieselbe Breite. Darüber hinaus gibt es keine Unterschneidungen (Überlappungen) der Buchstaben. Diese Art Schrift ist eine Art Reminiszenz an die Zeit der Schreibmaschinen, die genau solche Schriften erzeugten. Der Grund dafür, dass dicktengleiche Schriften noch immer aktuell sind, liegt darin, dass damit eine exakte Ausrichtung und damit ein sehr akkurates Schriftbild erzielt werden können. Daher wird Code sehr häufig in dicktengleicher Schrift gesetzt. Auf diese Weise können Sie leicht sehen, wie weit Sie Code einrücken müssen, damit er gut ausgerichtet ist. Die Eigenschaft der Dicktengleichheit ist direkt mit der Schrift verbunden – eine Schrift ist es oder sie ist es nicht. Hier sind ein paar solcher Schriften:

- ✔ Anonymous Pro
- ✔ Courier
- ✔ Courier New
- ✔ Fixedsys
- ✔ Letter Gothic
- ✔ Lucida Sans Typewriter Regular
- ✔ Lucida Console
- ✔ Monaco
- ✔ Profont
- ✔ Ubuntu

 Weitere dicktengleiche Schriften können Sie unter `http://www.fontsquirrel.com/fonts/list/classification/monospaced` nachschlagen. Wichtig ist, dass Sie eine Schrift finden, die zu Ihrer Anwendung passt. Um jetzt eine dicktengleiche Schrift (*monospaced font*) zu erhalten, ändern Sie einfach die Eigenschaft `FontName` in eine solche Schrift. Geben Sie zum Beispiel **TBox5 = annotation('textbox', [.13,.72,.17,.075], 'String', 'Dicktengleich','FontName', 'CourierNew', 'BackgroundColor',[0,1,1]);** ein und dann Enter. Damit haben Sie einen Textkasten erzeugt, der eine dicktengleiche Schrift enthält und auf der Vorarbeit im vorigen Unterabschnitt aufbaut. Das Ergebnis dieser Anweisung sehen Sie in Abbildung 12.3.

Kursive Schrift

Normalerweise stehen Schriften aufrecht von oben nach unten. Sie können die Schrift jedoch auch um einen bestimmten Winkel neigen und damit beeinflussen, wie die Schrift aussieht. Die geneigte Version einer Schrift wird als *kursiv* (englisch *italic*) bezeichnet. Um einen kursiven Schriftschnitt zu erzeugen, muss der Designer der Schrift einen völlig neuen Satz an Buchstaben zu dieser Schrift entwerfen und in einer Datei mit dieser kursiven Version ablegen.

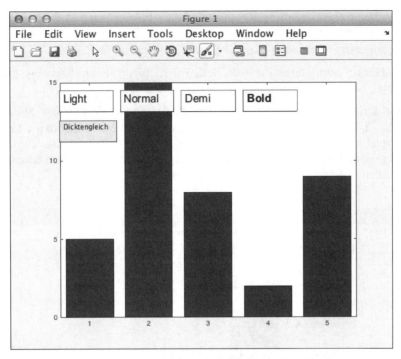

Abbildung 12.3: Mit einer dicktengleichen Schrift können Sie Text leicht ausrichten.

Manche Schriften haben keinen kursiven Schriftschnitt. Wenn Sie dieser Situation begegnen, können Sie vom Computer eine dem Kursiven ähnliche Schrift erzeugen lassen, indem er die ursprünglichen Buchstaben etwas neigt. Die Schrift heißt dann auch *schräg* (englisch *oblique*) nicht mehr kursiv. Eine nur schräg gestellte, eigentlich aufrechte Schrift kann natürlich ästhetisch nicht mit dem kursiven Schriftschnitt mithalten. Letzterer ist praktisch eine eigene Schrift, bei der eben nicht nur die Buchstaben schräg gestellt sind, sondern bei der sie sich – besonders die Kleinbuchstaben – deutlich von der aufrechten Schrift unterscheiden.

Um eine Schrift kursiv oder schräg erscheinen zu lassen, verwenden Sie die Eigenschaft *FontAngle*. In den folgenden Schritten erzeugen Sie sowohl die Standardschrift als auch die kursive und die schräge Version. Die Schritte gehen davon aus, dass Sie die Schritte der Unterabschnitte *Fette Schrift* und *Dicktengleiche Schrift* erfolgreich ausgeführt haben.

1. **Geben Sie** TBox6 = annotation('textbox', [.13,.61,.14,.075], 'String', 'Normal','FontSize',16, 'FontAngle', 'normal','BackgroundColor',[1,0,1]); **ein und dann Enter.**

   Sie sehen einen Textkasten mit der normalen Version der Standardschrift, die für Ihre MATLAB-Installation auf Ihrem Computer gilt.

2. **Geben Sie** TBox7 = annotation('textbox', [.29,.61,.14,.075], 'String', 'Italic','FontSize',16, 'FontAngle', 'italic','BackgroundColor',[1,0,1]); **und dann Enter ein.**

Sie sehen einen Textkasten mit der normalen oder kursiven (*italic*) Version der Standard-schrift, die für Ihre MATLAB-Installation auf Ihrem Computer gilt. Die normale Schrift wird nur angezeigt, wenn kein kursiver Schriftschnitt installiert ist.

3. **Geben Sie** TBox8 = annotation('textbox', [.45,.61,.15,.075], 'String', 'Oblique','FontSize',16, 'FontAngle', 'oblique','BackgroundColor',[1,0,1]); **und dann Enter ein.**

Sie sehen einen Textkasten mit einer schrägen (*oblique*) Version der Standardschrift. Abbildung 12.4 zeigt alle drei Versionen. Womöglich entdecken Sie kleine Unterschiede, zum Beispiel im Winkel zwischen kursiver und schräger Schriftart. Darüber hinaus mag die schräge Schrift weniger vollendet erscheinen. Sie können aber auch Glück haben und es gibt keinen Unterschied zwischen beiden Schriftarten.

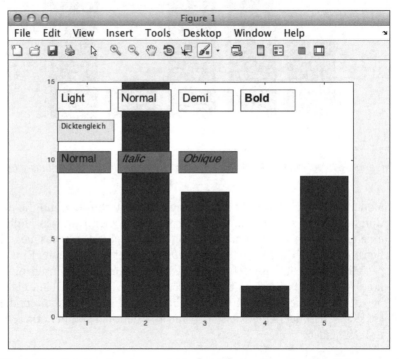

Abbildung 12.4: Zwischen kursiver und schräger Version derselben Schrift können subtile Unterschiede bestehen.

Unterstreichung

Bemerkenswerterweise bietet MATLAB keine einfache Methode an, um Text zu unterstreichen. Beispielsweise können Sie das Unterstreichen nicht mithilfe der grafischen Benutzerober-fläche durchführen. In der Tat gibt es auch mithilfe von Anweisungen – bisher immer die Rettung – keine direkte Möglichkeit, Unterstreichungen im Text vorzunehmen. Es gibt jedoch die Möglichkeit, ein spezielles Satzprogramm einzubinden, mit dem Sie dann auch Unterstreichungen vornehmen können. Das Programm heißt LaTeX und ist einerseits frei erhältlich, aber andererseits schon in MATLAB vorinstalliert. Mehr Informationen zu LaTeX finden Sie unter `http://www.latex-project.org/` oder deutschsprachig unter `http://www.dante.de`.

Der LaTeX-Übersetzer ist in MATLAB installiert, jedoch standardmäßig nicht aktiviert, so dass Sie LaTeX-Anweisungen erst übergeben können, wenn Sie die Eigenschaft `Interpreter` auf `latex` gesetzt haben. Zusätzlich zur Angabe dieser Eigenschaft verwenden Sie die LaTeX-Funktion `\underline{}` zum Unterstreichen. Um zu sehen, wie das funktioniert, geben Sie **TBox9 = annotation('textbox', [.13,.5,.22,.075], 'String', '\underline{Unterstrichen}', 'FontSize',14,'BackgroundColor',[.5,1,.5], 'Interpreter', 'latex');** ein und dann Enter. In Abbildung 12.5 sehen Sie das Ergebnis mit gelungener Unterstreichung.

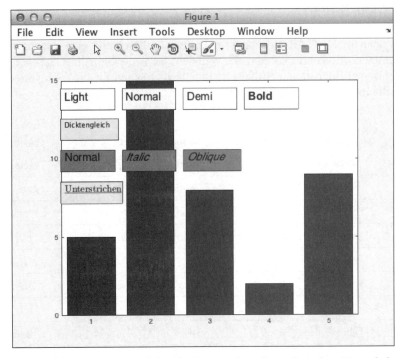

Abbildung 12.5: Text zu unterstreichen ist etwas aufwendiger als andere Hervorhebungen.

 Beachten Sie, dass die Ausgabe sich ziemlich verändert, wenn Sie den LaTeX-Übersetzer verwenden. Das liegt daran, dass LaTeX viele der von MATLAB gesetzten Eigenschaften zum Formatieren ignoriert. In der LaTeX-Umgebung müssen Sie diese neu setzen. Das Problem ist jedoch komplizierter zu lösen, als nur eine neue Schrift einzustellen, denn offenbar fehlen in MATLAB einige Schriften, die für LaTeX erforderlich sind. Im Ergebnis sollten Sie auf Unterstreichungen verzichten, sooft es geht. Verwenden Sie stattdessen Fettdruck, Kursivschrift und Farben, um Hervorhebungen durch

Unterstreichungen möglichst zu umgehen. Wenn Sie sich mehr für das Thema interessieren (müssen), schauen Sie sich mal die folgende Diskussion an: `https://www.mathworks.com/matlabcentral/newsreader/view_thread/114116`. Der aktuellste Eintrag ist ganz unten.

Sonderzeichen verwenden

Es kommt zuweilen vor, dass Sie Sonderzeichen oder besondere Formatierungen in MATLAB benötigen. In den folgenden Unterabschnitten lesen Sie, wie Sie griechische sowie hoch- und tiefgestellte Buchstaben in Ihren Texten und Dokumenten verwenden können.

Griechische Buchstaben

Die 24 griechischen Buchstaben werden in der Mathematik sehr häufig verwendet. Um diese Buchstaben in MATLAB einsetzen zu können, müssen Sie eine sogenannte *Escape*-Sequenz benutzen. Alternativ können Sie vielleicht auch die Schriftart *Symbol* verwenden, die die griechischen Buchstaben enthält. In Tabelle 12.1 sehen Sie die *Escape*-Sequenzen für griechische Buchstaben.

Buchstabe	Sequenz	Buchstabe	Sequenz	Buchstabe	Sequenz
α	\alpha	β	\beta	γ	\gamma
δ	\delta	ε	\epsilon	ζ	\zeta
η	\eta	θ	\theta	ι	\iota
k	\kappa	λ	\lambda	μ	\mu
ν	\nu	ξ	\xi	o	nicht vorhanden
π	\pi	ρ	\rho	σ	\sigma
τ	\tau	υ	\upsilon	φ	\phi
χ	\chi	ψ	\psi	ω	\omega

Tabelle 12.1: Griechische Buchstaben in MATLAB

Wie Sie sehen können, wird jede *Escape*-Sequenz durch einen Rückwärts-Schrägstrich (*Backslash*) eingeleitet, auf den der Name des Buchstaben folgt. Die Ausgabe besteht immer aus griechischen Kleinbuchstaben. Beachten Sie, dass das Omikron o keine Sequenz besitzt. Um zu sehen, wie die Buchstaben auf dem Bildschirm erscheinen, geben Sie **TBox10 = annotation ('textbox', [.13,.35,.22,.125], 'String', '\alpha\beta\gamma\delta\epsilon\zeta\eta\theta \iota\kappa\lambda\mu   \nu\xi\pi\rho\sigma\tau\upsilon\phi\chi\psi\omega','Font Size',13,'BackgroundColor',[.5,.5,1]);** ein und dann Enter. Abbildung 12.6 zeigt, wie Ihre Grafik im Moment in etwa aussehen sollte. Beachten Sie das Leerzeichen hinter \mu, ohne das der Zeilenumbruch nicht funktioniert.

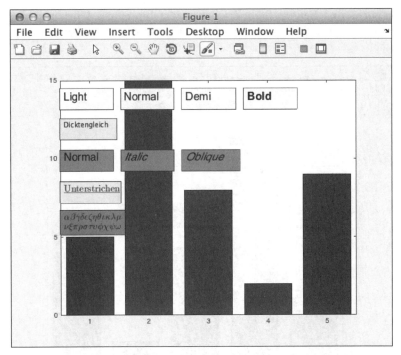

Abbildung 12.6: MATLAB verfügt über die verschiedenen griechischen Buchstaben, die normalerweise in Formeln verwendet werden.

Viele griechische Buchstaben sind in MATLAB auch als Großbuchstaben verfügbar. Beginnen Sie dazu einfach die *Escape*-Sequenz mit einem Großbuchstaben. Beispielsweise erzeugt \gamma den Kleinbuchstaben und \Gamma erzeugt den Großbuchstaben. Zusätzliches Material zu Texteigenschaften inklusive Sonderzeichen finden Sie unter http://www.mathworks.com/help/matlab/ref/text-properties.html.

Hoch- und tiefgestellte Buchstaben

Wenn Sie Formeln oder ähnliche Ausdrücke erzeugen, sind hoch- und tiefgestellte Buchstaben und Symbole von wesentlicher Bedeutung. MATLAB verwendet das Zirkumflexzeichen (^) – englisch *caret* – für hochgestellte Buchstaben und den Unterstrich (_) – englisch *underscore* – für tiefgestellte Buchstaben. Die Buchstaben, die von der Maßnahme betroffen sein sollen, klammern Sie mit geschwungenen Klammern {} ein. Um zu sehen, wie das Hoch- und Tiefstellen funktioniert, geben Sie **TBox11 = annotation('textbox', [.45,.39,.15,.075], 'String', 'Normal^{hoch}_{tief}','FontSize',10,'BackgroundColor',[.5,.5,1]);** ein und dann Enter. Das Ergebnis dieser Anweisung sehen Sie in Abbildung 12.7.

Beachten Sie, dass die hoch- und tiefgestellten Zeichen in der Anweisung ohne Leerzeichen hinter den Buchstaben in normaler Schrift erscheinen. Auf diese Weise werden auch in der

Ausgabe die hoch- und tiefgestellten Zeichen direkt hinter das Wort in normaler Schrift gestellt. Darüber hinaus erscheinen die hochgestellten Buchstaben über den tiefgestellten.

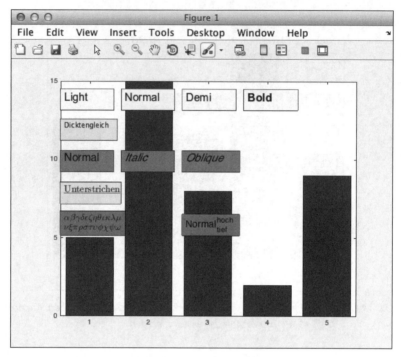

Abbildung 12.7: Mit hoch- und tiefgestellten Zeichen arbeiten.

Mathematische Symbole verwenden

Es wäre sicherlich ziemlich schwierig, Präsentationen mit Formeln zu erstellen, ohne mathematische Symbole verwenden zu können. MATLAB stellt Ihnen einen großen Fundus an Symbolen zur Verfügung, die Sie für Ihre Formeln verwenden können. Die folgenden Unterabschnitte zeigen Ihnen die am häufigsten verwendeten Symbole und wie Sie diese einsetzen.

Brüche und Bruchstriche

Brüche darzustellen erfordert nicht immer Zahlen; es könnte sich auch um eine Formel handeln, die diese Art der Darstellung erfordert. Was auch immer Ihr Einsatzgebiet ist, Sie können Brüche einsetzen, wie und wo Sie wollen. Jedoch benötigen Sie hierfür wieder den LaTeX-Übersetzer, der schon im Unterabschnitt *Unterstreichung* angesprochen wurde. Dies bedeutet, dass Ihre Formatierungsmöglichkeiten eingeschränkt sind und dass die Ausgabe nicht immer dieselben Ergebnisse zeigt, wie Sie es von MATLAB gewohnt sind.

Damit der Bruch nicht sehr klein dargestellt wird, verwenden wir den LaTeX *display style*, den Sie mit der Sequenz $\displaystyle einleiten. Der Bruch selbst steht zwischen geschwungenen Klammern und wird mit \frac eingeleitet, wie zum Beispiel \frac{1}{2} für $^1/_2$. Den Schluss bildet wieder ein Dollarzeichen $. Um zu sehen, wie etwas komplexere Brüche erzeugt werden, geben Sie einmal **TBox12 = annotation('textbox', [.13,.20,.14,.125], 'String', '$\displaystyle\frac{x-2y}{x+y}$','FontSize',14,'BackgroundColor',[1,.5,.5], 'Interpreter', 'latex');** ein und dann Enter. Die Abbildung 12.8 zeigt die Ausgabe dieser Anweisung.

Lassen Sie \displaystyle auch gern einmal weg. Die Darstellung ist dann allerdings sehr klein.

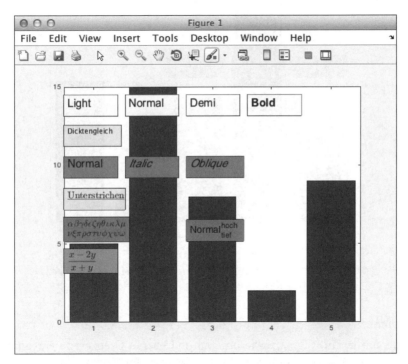

Abbildung 12.8: Mit Brüchen Formeln korrekt darstellen.

Quadratwurzel

Mit MATLAB können Sie Quadratwurzeln ganz leicht eingeben. Damit das Symbol die richtige Größe hat und der Querbalken lang genug für den Ausdruck ist, dessen Quadratwurzel berechnet werden soll, benötigen wir jedoch wieder LaTeX. Wenn Sie mit LaTeX mathematische Formeln und Zeichen in normalen Text einfließen lassen wollen, benötigen Sie die ein- und ausleitenden Dollarzeichen $, also auch hier. Die Funktion (in LaTeX), mit der Sie

Quadratwurzeln schreiben, ist \sqrt{} und der Ausdruck, dessen Quadratwurzel berechnet werden soll, kommt zwischen die geschwungenen Klammern.

Um Quadratwurzeln in Aktion zu sehen, geben Sie **TBox13 = annotation('textbox',** **[.29,.24,.14,.085], 'String', '$\sqrt{f}$','FontSize',14,'BackgroundColor',[1,.5,.5], 'Interpreter', 'latex');** ein und dann Enter. Die Variable f erscheint unter dem Zeichen für die Quadratwurzel, zu bewundern in Abbildung 12.9.

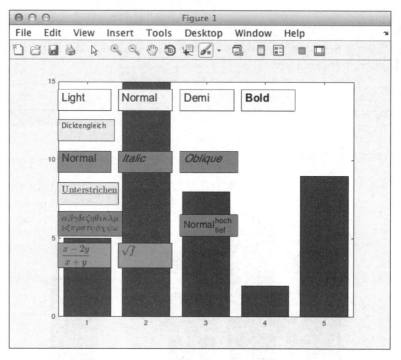

Abbildung 12.9: Eine schön formatierte Quadratwurzel mit LaTeX.

Summenzeichen

Eine Summenformel mit Sigma sowie unteren und oberen Grenzen zu erzeugen erfordert wieder LaTeX, diesmal das Summenzeichen \sum. Sie übergeben alle drei Elemente der Summe innerhalb einer einzelnen Anweisung: zunächst die untere Grenze, dann die obere Grenze und zum Schluss den Ausdruck, über den summiert werden soll. Jedes Element steht zwischen seinen eigenen geschwungenen Klammern. Die untere Grenze wird mit dem Unterstrich eingeleitet, der auch für das Tiefstellen verwendet wird, und die obere Grenze wird mit dem Zirkumflex eingeleitet, der auch für das Hochstellen verwendet wird. Der gesamte Ausdruck steht wieder zwischen Dollarzeichen $. In diesem Fall müssen Sie sogar doppelte Dollarzeichen $$ an jeder Stelle verwenden, damit die unteren und oberen Grenzen korrekt dargestellt werden.

Um zu sehen, wie die Darstellung einer Summierung funktioniert, geben Sie **TBox14 = annotation('textbox', [.45,.21,.16,.15], 'String', '$$\sum_{i=1}^{2n}{|n − i|} $$','FontSize',14,'BackgroundColor',[1,.5,.5], 'Interpreter', 'latex');** ein und dann Enter. Beachten Sie, dass die Dollarzeichen jeweils doppelt sind, und vergessen Sie nicht den Unterstrich und den Zirkumflex. Wenn Sie alles beachtet haben, sollte das Ergebnis so aussehen wie in Abbildung 12.10.

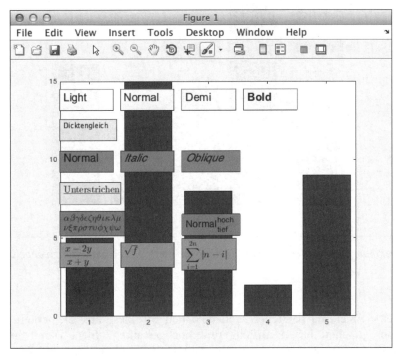

Abbildung 12.10: Eine vollständige Summation mit oberen und unteren Grenzen.

Integrale

Um bestimmte Integrale in MATLAB darzustellen, verwenden Sie wieder LaTeX. Diesmal benötigen wir die Funktion \int. Sie übergeben der Funktion \int drei Angaben: zwei für das Intervall und die dritte für die zu integrierende Funktion. Im Wesentlichen stimmt das Eingabeformat mit dem der Summierung überein. Die Untergrenze des Integrals wird mit dem Unterstrich eingeleitet und die Obergrenze mit dem Zirkumflex. Wie schon bei der Summe muss der gesamte Ausdruck in jeweils doppelte Dollarzeichen $$ geschrieben werden, damit die Integralgrenzen korrekt angezeigt werden.

Um zu sehen, wie Sie ein Integral darstellen können, geben Sie **TBox15 = annotation('textbox', [.63,.23,.17,.13], 'String', '$$\int_{a}^{b}{f(x) dx}$$','FontSize',14,'BackgroundColor', [1,.5,.5], 'Interpreter', 'latex');** ein und dann Enter. Das Ergebnis sehen Sie in Abbildung 12.11.

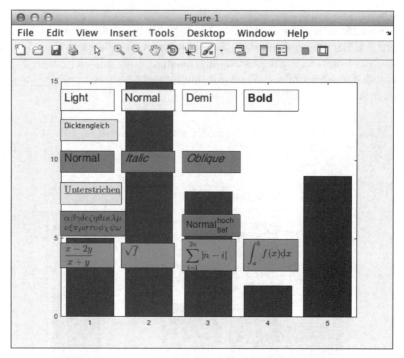

Abbildung 12.11: Ein bestimmtes Integral komplett mit Intervallgrenzen angeben.

Ableitung

Wenn Sie eine Ableitung darstellen wollen, bauen Sie diese aus Elementen zusammen, die Sie schon gesehen haben: Brüche und hochgestellte Zahlen. Damit bringt dieser Unterabschnitt streng genommen nichts Neues. Um zu sehen, wie Sie eine Ableitung darstellen können, geben Sie **TBox16 = annotation('textbox', [.13,.06,.14,.12], 'String', '$$\displaystyle\frac{d^2u}{dx^2}$$','FontSize',14,'BackgroundColor',[1,.5,.5], 'Interpreter', 'latex');** ein und dann Enter. Das Ergebnis sehen Sie in Abbildung 12.12.

Um partielle Ableitungen darzustellen, ersetzen Sie d durch \partial. Der Ausdruck innerhalb der Dollarzeichen wäre dann \displaystyle\frac{\partial^2u}{\partial x^2}.

Ihre MATLAB-Daten publizieren

Irgendwann erreichen Sie den Punkt, an dem Sie Ihre Arbeit anderen zugänglich machen und publizieren wollen. Natürlich werden Sie nicht jede Matrix oder Ihre gesamten Quelldaten publizieren. Was Sie jedoch schon veröffentlichen wollen, sind Ihre Diagramme, die Sie mithilfe Ihrer Daten und Berechnungen erstellt haben. Ein Bild sagt mehr als tausend

Worte – sicher haben Sie den Ausspruch schon oft genug gehört, und dennoch ist er richtig. In den folgenden Abschnitten wird beschrieben, wie Sie Ihre Ergebnisse in MATLAB in verschiedenen Formaten publizieren können. Dabei konzentrieren wir uns auf Diagramme, denn dies sind die Ergebnisse, die Sie am häufigsten publizieren. Wenn Sie mehr darüber lesen wollen, wie Sie Skripte und Funktionen exportieren können, blättern Sie gern zum Abschnitt *Skripte und Funktionen exportieren* in Kapitel 11 zurück.

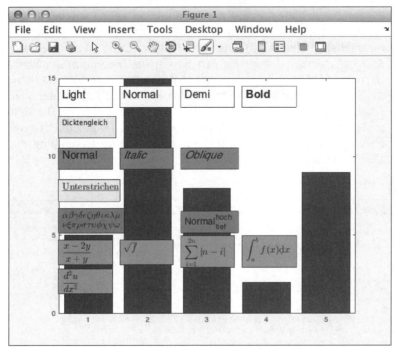

Abbildung 12.12: Verwenden Sie eine Kombination aus Brüchen und hochgestellten Zahlen für die Darstellung von Ableitungen.

Fortgeschrittene Techniken beim Publizieren von Skripten und Funktionen

Mithilfe der Funktion publish() können Sie auf zahlreiche verschiedene Arten Ergebnisse publizieren. Der einfachste Weg, um ein Skript oder eine Funktion zu exportieren, ist der Aufruf von publish() mit dem entsprechenden Dateinamen. Auf diese Weise erzeugen Sie eine Ausgabe der Daten als HTML-Datei. Wenn Sie ein anderes Ausgabeformat verwenden wollen, übergeben Sie das Dateiformat als zweites Argument nach dem Dateinamen, zum Beispiel publish('Balken1.m', 'pdf'). MATLAB unterstützt die folgenden Ausgabeformate:

✔ .doc

✔ .html (Standard)

✔ .latex

✔ .pdf

✔ .ppt

✔ .xml

 Nachdem Sie ein Skript oder eine Funktion im HTML-Format publiziert haben, können Sie sich die Ausgabe mit der Funktion web() ansehen.Um das Vorgehen einmal auszuprobieren, publizieren Sie zunächst das Skript Balken1.m, indem Sie **publish('Balken1.m')** eingeben und dann Enter. Wenn Sie noch keine Datei Balken1.m haben, lesen Sie den Kasten *Ihr Diagramm als Skript speichern.* Nachdem MATLAB die erfolgreiche Speicherung gemeldet hat, können Sie sich das Ergebnis mithilfe von **web('html/Balken1.html')** und Enter anzeigen lassen. Jetzt sehen Sie, wie der MATLAB-Browser die Datei anzeigt. Das sollte in etwa so aussehen wie in Abbildung 12.13. Obwohl das schon ziemlich perfekt aussieht, überprüfen Sie die Ausgabe bitte immer auch mit der Anwendung, die Ihre Nutzer aller Voraussicht nach verwenden.

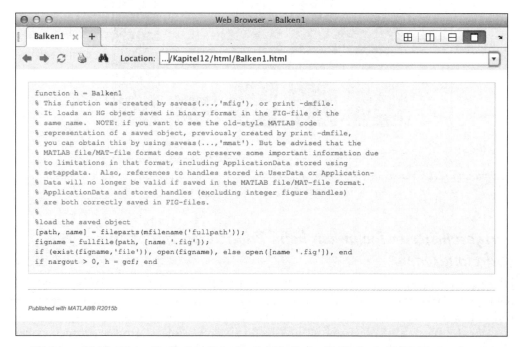

Abbildung 12.13: Zeigen Sie die Resultate der Publikation mithilfe des in MATLAB eingebauten Browsers an.

Ihr Diagramm als Skript speichern

MATLAB hat bisher zwei anweisungsbasierte Methoden zur Verfügung gestellt, mit denen Sie Ihre Diagramme als Skript speichern können. Beide verwenden die Funktion saveas(). Die erste Methode erzeugt ein komplettes Skript, mit dem Ihr Diagramm in MATLAB erstellt wird. Auf diese Weise können Sie den Code für das Diagramm leicht editieren und verändern. Nehmen wir an, Sie wollen das Diagramm Balken1, welches wir im gesamten Kapitel verwendet haben, speichern. Dazu geben Sie saveas (Balken1, 'ErzeugeBalken1.m', 'mmat') ein und dann Enter. Die Ausgabe ist ein Skript, welches alle erforderlichen Anweisungen und eine zugehörige Ressourcen-Datei mit einer .mat-Erweiterung enthält. Diese erste Methode wird von der neuesten MATLAB-Version (2016a) bereits nicht mehr unterstützt.

Mit der zweiten Methode erstellen Sie lediglich ein Skript, welches das Diagramm von der Festplatte des Computers lädt. Um diese zweite Methode umzusetzen, geben Sie **saveas(Balken1, 'Balken1','m')** ein und dann Enter. Im Ergebnis erhalten Sie ein Skript, welches die Grafik von der Festplatte lädt. Darüber hinaus speichert MATLAB eine Kopie des Diagramms für Sie. Alternativ können Sie auch saveas(gcf(), 'Bild1','m') und dann Enter eingeben – dabei wird vorausgesetzt, dass die aktuelle Abbildung im Sinne von gcf() – *get current figure* – tatsächlich Ihr Balkendiagramm ist.

Eine weitere Möglichkeit besteht darin, die grafische Benutzeroberfläche zu verwenden, um eine Funktion für das Diagramm zu erzeugen. Um das in die Tat umzusetzen, wählen Sie *File ➪ Generate Code* im Fenster mit der Abbildung. Jetzt sehen Sie eine Meldung, dass MATLAB den Code für Sie erzeugt. Wenn die Meldung verschwindet, ist die Erzeugung abgeschlossen und Sie sehen das Editor-Fenster, in dem der resultierende Code angezeigt wird. Mit dieser Methode erzeugen Sie eine Funktion, die die gesamte Abbildung reproduzieren kann. Sie können auch *Edit Plot* (der weiße Pfeil) in der Werkzeugleiste des Fensters mit der Abbildung klicken und dann mit der rechten Maustaste auf ein individuelles Element klicken. Wählen Sie jetzt *Show Code* aus dem Kontextmenü und Sie sehen ein Editor-Fenster, welches genau den Code enthält, mit dem Sie das betreffende Element erzeugen können.

Sie können publish() auch in der Version mit Paaren aus Eigenschaftsnamen und Ausprägung verwenden. In dieser Version von publish() haben Sie die beste Kontrolle über das publizierte Ergebnis. Sie können genau festlegen, wo die Zieldatei abgelegt werden soll und welche exakte Größe die bei der Ausgabe erzeugten Bilder haben sollen. Tabelle 12.2 enthält eine Liste von Optionen und beschreibt, wie diese verwendet werden.

Abbildungen speichern

Damit Sie Ihre Abbildungen in der nächsten Sitzung verwenden können, müssen Sie sie speichern. Es kann jedoch auch nützlich sein, die Abbildung zu speichern, bevor Sie sie publizieren und anderen zugänglich machen. Mit dem gewählten Format legen Sie fest, wie die gespeicherte

Name	Werte	Typ	Beschreibung
catchError	true (Standard) oder false	Code	Legt fest, wie MATLAB mit Fehlern während des Publizierens umgehen soll.
codeToEvaluate	Zeichenkette mit dem auszuwertenden Code	Code	Erlaubt Ihnen, zusätzlichen Code mit dem publizierten Dokument auszuliefern, der ausgewertet werden kann, wenn die zugehörige Funktion Eingaben erwartet.
createThumbnail	true (Standard) oder false	Abbildung	Legt fest, ob das Ausgabedokument eine Vorschau der Abbildung enthalten soll, wenn das Dokument eine Abbildung enthält.
evalCode	true (Standard) oder false	Code	Zwingt MATLAB dazu, den Code auszuführen, während es das Skript oder die Funktion publiziert, was zu zusätzlichen Informationen in der Ausgabedatei führen kann.
figureSnapMethod	entireGUIWindow (Standard), print, getframe oder entireFigureWindow	Abbildung	Legt die Methode fest, mit der die Abbildung in das publizierte Dokument eingefügt werden soll.
format	doc, html (Standard), latex, pdf, ppt, xml	Dokument	Legt das Format des publizierten Dokuments fest.
imageFormat	png, epsc2, jpg,bmp,tiff,eps, eps2,ill,meta,pdf	Abbildung	Legt das Format einer im Dokument enthaltenen Abbildung fest. Der Standardwert hängt vom Format des Ausgabedokuments ab. Manche Dokumentformate lassen nicht alle Bildformate zu. Beispielsweise ermöglicht PDF nur die Formate bmp oder jpg. In XML sind jedoch alle genannten Formate zugelassen.
maxHeight	' ' (Standard) oder positive ganze Zahl	Abbildung	Legt die maximale Höhe der Abbildung im publizierten Dokument fest.
maxOutputLines	Inf (Standard) oder nichtnegative ganze Zahl	Code	Legt die Anzahl an Zeilen für Code fest, der im publizierten Dokument angezeigt werden soll. Wenn dieser Wert auf 0 gesetzt ist, wird kein Code angezeigt.
maxWidth	' ' (Standard) oder positive ganze Zahl	Abbildung	Legt die maximale Breite der Abbildung im publizierten Dokument fest.

Tabelle 12.2: Die Optionen von publish( )

Name	Werte	Typ	Beschreibung
outputDir	' ' (Standard) oder Pfad zum Ausgabeverzeichnis	Dokument	Legt fest, wo das publizierte Dokument auf der Festplatte abgelegt werden soll.
showCode	true (Standard) oder false	Code	Legt fest, ob das publizierte Dokument Quellcode enthalten soll oder nicht.
stylesheet	' ' (Standard) oder Pfad und XSL-Dateiname	Dokument	Legt Speicherort und Name der XSL-Datei fest, die beim Erzeugen einer XML-Datei verwendet werden soll.
useNewFigure	true (Standard) oder false	Abbildung	Legt fest, dass MATLAB die Abbildung neu erzeugen soll, bevor sie publiziert wird.

Tabelle 12.2: Die Optionen von publish( ) *(Fortsetzung)*

Information weiterverwendet werden kann. Beachten Sie, dass nur das MATLAB-Format .fig eine Version speichert, die Sie beim nächsten Öffnen weiter bearbeiten können. In den folgenden Unterabschnitten erfahren Sie, wie Sie Abbildungen mithilfe der grafischen Benutzeroberfläche einerseits und mithilfe des Anweisungsfensters andererseits speichern können.

Abbildungen mit der grafischen Benutzeroberfläche speichern

Um eine ganze Abbildung zu speichern, wählen Sie *File* ➪ *Save As* im Fenster mit der Abbildung. Sie sehen die Dialogbox *Save As*, wie in Abbildung 12.14 dargestellt. Geben Sie einen Namen für die Datei im Namensfeld der Dialogbox ein, wählen Sie das Format aus, in dem die Grafik gespeichert werden soll, und klicken Sie auf *Save*, um das Speichern abzuschließen.

Abbildungen mithilfe von Anweisungen speichern

Wenn Sie die Variante über das Anweisungsfenster von MATLAB wählen, verwenden Sie die Anweisung saveas( ). Um diese Anweisung zu verwenden, übergeben Sie als erstes Argument einen Zeiger auf das Diagramm, welches Sie speichern wollen. Als zweites Argument übergeben Sie den Dateinamen. Wenn Sie auch den Dateityp – als drittes Argument – übergeben, brauchen Sie beim Namen keine Dateierweiterung anzuhängen. Wenn Sie jedoch nur den Dateinamen angeben und keinen Dateityp, müssen Sie den Namen inklusive Dateierweiterung angeben. MATLAB unterstützt folgende Formate:

✔ .ai

✔ .bmp

✔ .emf

✔ .eps

✔ .fig

✔ .jpg

✔ .m

✔ .pbm

✔ .pcx

✔ .pdf

✔ .pgm

✔ .png

✔ .ppm

✔ .tif

 Der Zeiger, den Sie übergeben, muss nicht der Zeiger auf die Abbildung als Ganzes sein. Wenn Sie zum Beispiel **saveas(TBox1, 'TBox1.jpg')** und dann Enter eingeben, wird MATLAB trotzdem die ganze Abbildung speichern, obwohl Sie nur den Zeiger auf die erste Textbox übergeben haben. Es gibt im Übrigen keine Möglichkeit, nur einen Teil der Abbildung zu speichern.

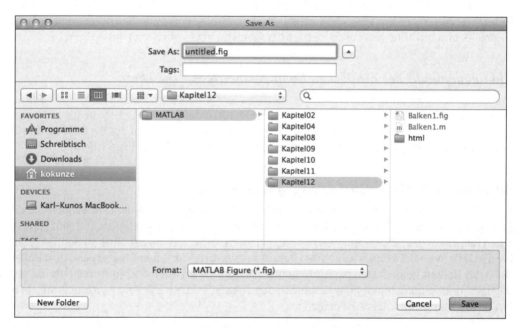

Abbildung 12.14: Eine ganze Abbildung speichern.

Ihre Arbeit drucken

Drucken ist eine der Arbeiten, für die die meisten Menschen die grafische Benutzeroberfläche verwenden, selbst wenn sie normalerweise glühende Verfechter der Tastatur sind. Das ist einfach eine Sache der Bequemlichkeit. Ja, Sie können die Funktionen `printopt()` und `print()` verwenden, um einen Ausdruck zu erzeugen, jedoch nur, wenn Sie mit dem damit verbundenen Blindflug leben können. Die grafische Benutzeroberfläche zeigt Ihnen hingegen vorher schon, wie der Ausdruck – ungefähr – aussehen wird. Der Umgang mit den oben genannten Funktionen ist beträchtlich aufwendiger als der Weg über die Mausklicks und wird in diesem Buch nicht weiter besprochen. In den folgenden Unterabschnitten erfahren Sie, wie Sie Ihre Arbeit mit der grafischen Benutzeroberfläche drucken können.

Die Ausgabeseite konfigurieren

Bevor Sie Ihr Dokument drucken, sollten Sie MATLAB sagen, wie es das tun soll. Wählen Sie *File ➪ Print Preview* im Fenster mit der Abbildung, um die Dialogbox *Print Preview* anzuzeigen, wie in Abbildung 12.15 zu sehen.

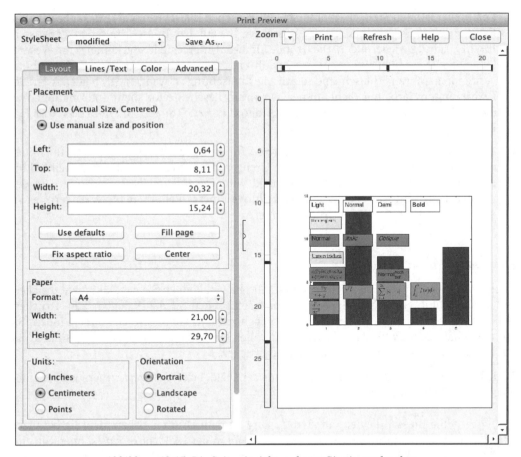

Abbildung 12.15: Die Seite einrichten, bevor Sie sie ausdrucken.

Auf der rechten Seite des Fensters sehen Sie ungefähr die Auswirkungen von Änderungen an Parametern auf der linken Seite. Die Einstellungen werden in vier Reiter untergliedert, welche folgende Funktionen haben:

✔ **Layout:** Legt fest, wie die Abbildung oder das Dokument auf der Seite erscheinen soll. Hier geben Sie die Ränder sowie die Abmessungen des verwendeten Papiers an. Am besten lernen Sie den Umgang mit diesem Reiter, indem Sie verschiedene Einstellungen verändern und deren Einfluss auf das Ergebnis beobachten.

✔ **Lines/Text:** Gibt die Liniendicken und die Schriften vor, die beim Ausdruck verwendet werden sollen. Manchmal kommt es vor, dass eine unterschiedliche Liniendicke oder eine andere Schrift das Erscheinungsbild des Dokumentes verbessern. Manchmal kommt es auch auf das Zusammenspiel zwischen Software und Drucker an. Beispielsweise kann eine im Drucker eingebaute Schrift zu besseren Ergebnissen führen als eine Software-Schrift, die vom Betriebssystem bereitgestellt wird.

✔ **Color:** Hier können Sie die Farbunterschiede zwischen Bildschirm und Drucker bearbeiten. Es ist eher unwahrscheinlich, dass Sie das, was Sie auf dem Bildschirm sehen, genauso in Ihrem Ausdruck wiederfinden. Die Gründe für diese Unterschiede sind komplex, im Wesentlichen lassen sie sich aber darauf zurückführen, dass Drucker subtraktive Farbmischung verwenden, während Bildschirme additive Farbmischung verwenden. Die beiden Arten der Farberzeugung arbeiten nicht immer synchron. Lesen Sie für mehr Informationen zu diesem Thema den Artikel `http://www.worqx.com/color/color_systems.htm` (auf Englisch).

✔ **Advanced:** Ermöglicht Ihnen, Einstellungen für fortgeschrittene Nutzer vorzunehmen, wie zum Beispiel die oberen und unteren Grenzen der Achsen sowie die Achseneinteilung neu zu berechnen, bevor das Bild gedruckt wird (_recompute limits and ticks_). In den meisten Fällen müssen Sie an den Einstellungen dieses Reiters nichts verändern, es sei denn, irgendetwas geht beim Drucken schief.

Die Daten drucken

Nachdem Sie die Seite für den Druck eingerichtet haben, können Sie das Dokument drucken. Um dies auszuführen, wählen Sie _File_ ➪ _Print_. Jetzt sehen Sie die Dialogbox zum Drucken, in der Sie einen Drucker auswählen und ihn gegebenenfalls konfigurieren können, indem Sie auf die Schaltfläche _Properties_ klicken. Wenn alles Ihren Wünschen entspricht, können Sie OK klicken, um das Dokument schließlich zu drucken.

Natürlich können Sie die Daten auch direkt aus der Dialogbox _Print Preview_ heraus über einen Klick auf die Schaltfläche _Print_ drucken.

Sie müssen keinen direkten Zugang zu dem Drucker haben, den Sie benutzen wollen. Mithilfe der Option _Print to File_ in der Dialogbox _Print_ können Sie eine Druckdatei erzeugen, die Sie dann später an den Drucker senden, wenn Sie darauf Zugriff haben. Alternativ können Sie die Datei auch an jemanden schicken, der sie dann für Sie ausdruckt – vorausgesetzt, diese Person hat Zugang zum gewünschten Drucker.

Sich von Fehlern erholen

In diesem Kapitel ...

▶ Fehlermeldungen verstehen.

▶ Fehlermeldungen per E-Mail verschicken.

▶ Hilfe für verbreitete Fehlermeldungen von MATLAB erhalten.

▶ Eigene Fehlermeldungen schreiben.

▶ Sich mit gutem Programmierstil auseinandersetzen.

*V*iele Menschen verbinden mit Fehlern Scheitern. Dabei macht doch jeder einmal Fehler und genau genommen sind es Einladungen, etwas zu lernen. Manche der größten Geister, die die Welt je gesehen hat, haben ziemlich gut von und mit Fehlern gelebt. Bedenken Sie, wie oft Thomas Alva Edison mit der Glühlampe herumexperimentiert hat. Lesen Sie dazu auch gern Johns Blogeintrag unter http://blog.johnmuellerbooks.com/ 2013/04/26/defining-the-benefits-of-failure/. Der Punkt ist, dass Fehler normal, allgegenwärtig und manchmal sogar sehr nützlich sind – solange Sie darüber hinwegkommen und etwas daraus machen. Und darum geht es in diesem Kapitel hauptsächlich – dass Sie sich von Fehlern erholen.

MATLAB kann nicht direkt mit Ihnen sprechen. Deshalb kommuniziert es mithilfe von Fehlermeldungen. Ein Teil des Problems ist, dass Menschen und MATLAB unterschiedliche Sprachen benutzen. Dies führt hin und wieder dazu, dass die Fehlermeldungen nicht so hilfreich sind, wie sie sein sollten. In diesem Kapitel lernen Sie, die Fehlermeldungen zu entschlüsseln, um etwas dagegen tun zu können. Es gibt sogar Quellen, wo Sie Hilfe zu häufig auftretenden Fehlermeldungen finden können. Es kann nämlich gut sein, dass die Arbeit zur Behebung des angezeigten Fehlers schon mal von jemand anderem getan wurde. Sie müssen nur die richtige Quelle finden.

Wenn Sie eigene Anwendungen schreiben, kommt es vor, dass Sie dem Anwender sagen müssen, dass etwas schiefgelaufen ist. Leider können Sie sich nicht aufnehmen, so dass MATLAB Ihre Stimme abspielt, die zum Beispiel sagt: »Hoppla, wahrscheinlich wollten Sie hier eine Zahl eingeben und keinen Text.« Immerhin können Sie jedoch eigene Fehlermeldungen schreiben, die dem Anwender bei Bedarf angezeigt werden.

Natürlich ist der beste Weg für den Umgang mit Fehlermeldungen, gar keine Fehler zu machen. Zwar sind manche Fehler wirklich unvermeidbar – und andere sind nützlich, wie zum Beispiel der nur mangelhaft klebende Kleber, der zu den Haftnotizen geführt hat –, doch kann man bei der Arbeit auch immer versuchen, Fehler aller Art möglichst zu reduzieren. Der letzte Abschnitt dieses Kapitels stellt Ihnen daher guten Programmierstil vor, mit dem Sie Ärger vermeiden. Auch dieser Abschnitt wird Sie nicht davor bewahren, jemals eine

Fehlermeldung zu sehen, aber indem Sie den Hinweisen folgen, sehen Sie davon hoffentlich weniger – und wenn Sie eine sehen, dann eine hilfreiche.

Mit Fehlermeldungen umgehen

Fehlermeldungen sind dazu da, Ihnen zu sagen, dass etwas falsch gelaufen ist. Dies erscheint zunächst offensichtlich. Manche Menschen jedoch sehen Fehlermeldungen als ein Mittel des Computers, ihnen zu sagen, dass er sie nicht mag. Genau genommen hassen Computer niemanden – sie bevorzugen es jedoch, wenn die Dinge auf ihre Weise erledigt werden, denn jede andere Art und Weise verstehen sie nicht.

Fehlermeldungen gibt es in zwei Abstufungen:

✔ **Fehler (_error_):** Wenn ein Fehler im strengen Sinne auftritt, wird die Ausführung des Programms angehalten, weil die Anwendung in MATLAB nicht sinnvoll weiterarbeiten kann. Sie erkennen eine Fehlermeldung an der dunkelroten Schrift und dem Ton, den der Computer von sich gibt. Das Wichtigste an einer Fehlermeldung ist jedoch, dass die Anwendung anhält und Sie das Problem beheben müssen, bevor es weitergeht.

✔ **Warnung (_warning_):** Wenn eine Warnmeldung erscheint, gibt Ihnen der Computer zwar Bescheid, führt die Anwendung jedoch weiter aus. In diesem Fall erscheint die Meldung in hellroter Schrift und es gibt kein akustisches Signal. Darüber hinaus ist die Meldung mit dem Wort _Warning_ überschrieben. Es kann sogar vorkommen, dass Sie gar nichts von einer Warnung mitbekommen, bis Sie auf das Anweisungsfenster schauen. Sie sollten jedoch Warnungen nicht einfach ignorieren, denn sie haben die Eigenschaft, mit der Zeit zu Fehlern zu werden.

Das Wichtigste, was Sie über Fehler- und Warnmeldungen wissen sollten, ist, dass jemand diese Meldungen auf der Basis dessen, was er _glaubt_, das passiert ist, erstellt hat, und nicht auf der Basis dessen, was Ihnen in Ihrem konkreten Fall passiert _ist_. Manchmal sehen Sie eine Fehlermeldung, die nicht ganz zur Situation passt oder schlichtweg völlig falsch ist. Natürlich versuchen Sie zunächst, auf die Fehlermeldung zu reagieren, aber wenn Sie den Grund für den angezeigten Fehler nicht finden, ist es Zeit, auch an anderen Stellen zu suchen. Grundsätzlich ist eine Fehlermeldung dazu geschaffen, Ihnen zu helfen, wenn etwas schiefgegangen ist – und manchmal klappt das ganz wunderbar. In anderen Fällen klappt das nicht so gut und Sie müssen sich etwas mehr anstrengen, um die Situation zu bereinigen.

Auf Fehlermeldungen reagieren

Bis jetzt wurde im Fall eines Fehlers einfach eine Fehlermeldung im Anweisungsfenster angezeigt – ohne viele Worte. Sie können allerdings mehr mit Fehlern anstellen, als darauf zu warten, dass sie passieren und das Programm anhalten. MATLAB stellt Ihnen mit der `try...catch`-Struktur ein Mittel zur Verfügung, mit dem Sie Fehler abfangen und behandeln können. In Listing 13.1 sehen Sie, wie man diese Struktur in eine Funktion einbauen kann. Die Funktion steht auch unter dem Namen `Fehler.m` zum Herunterladen bereit.

```
function [ ] = Fehler(  )
%Fehler Ein fehlerhaftes Stück Code.
%   Dieses Beispiel soll einen Fehler produzieren
try
    Zeiger = fopen('ExisitiertNicht.txt');
    Daten = fread(Zeiger);
    disp(Daten);
catch exc
    disp('Hoppla, ein Fehler ist aufgetreten');
    disp(exc);
end
end
```

Listing 13.1: Die Struktur `try...catch` einsetzen.

Schauen wir uns zunächst die Quelle des Fehlers an. Der Aufruf der Funktion `fopen()` verwendet eine Datei, die nicht existiert. Dieser Aufruf ist an sich gar kein Problem; `fopen()` erwartet, dass es manchmal erfolglos aufgerufen wird. Wenn dieses Problem auftritt, gibt `fopen()` einen Zeigerwert von `-1` zurück. Das Problem tritt beim *nächsten* Aufruf auf. Da die Variable `Zeiger` keinen gültigen Zeiger enthält, scheitert der Aufruf von `fread()`. Daten von einer Datei zu lesen, die es nicht gibt, ist eben unmöglich.

 Der `try...catch`-Block enthält den Code, den Sie eigentlich ausführen wollen, zwischen den Schlüsselwörtern `try` und `catch`. Wenn eine Ausnahme passiert, wird die zugehörige Information in der Variable `exc` abgelegt. Jetzt können Sie die dort gespeicherten Informationen auf die von Ihnen benötigte Art und Weise weiterverwenden. Zwischen den Schlüsselwörtern `catch` und `end` steht der Code, der den Fehler behandelt, auf Englisch *error handler*; auf Deutsch hört man häufig *Ausnahmebehandlung*. In unserem Fall besteht die Ausnahmebehandlung aus zwei Meldungen. Die erste sagt in schönen Worten, was passiert ist, und die zweite, eine MATLAB-Fehlermeldung, ist eher für Entwickler gedacht.

Um den Code auszuführen, geben Sie im Anweisungsfenster **Fehler()** ein und dann Enter. Sie sehen die folgende Ausgabe:

```
Hoppla, ein Fehler ist aufgetreten
  MException with properties:

    identifier: 'MATLAB:FileIO:InvalidFid'
       message: 'Invalid file identifier. Use fopen to generate a ↩
         valid file identifier.'
         cause: {0x1 cell}
         stack: [1x1 struct]
```

Die Information über die Ausnahme beginnt mit der zweiten Zeile. Sie sagt Ihnen, dass die Ausnahme ein Mitglied der Klasse `MException` ist und bestimmte Eigenschaften hat. Hier sind die zusätzlichen Informationen, die Sie erhalten:

✔ `identifier`: Ein sehr kurzer, MATLAB-spezifischer Name der Fehlermeldung. Der Name einer Fehlermeldung gibt die Fehlerkategorie an und Sie können ihn verwenden, um zusätzliche Informationen über den Fehler allgemein zu erhalten.

✔ `message`: Eine längere Fehlermeldung, die genauere Informationen über das Problem in diesem konkreten Fall angibt. Die `message` ist allgemein für Menschen besser lesbar als die anderen Informationen.

✔ `cause`: Wenn es möglich ist, einen Grund für das Problem zu rekonstruieren, enthält diese Eigenschaft eine Liste von möglichen Ursachen.

✔ `stack`: Der Pfad, auf dem die Anwendung bis zu diesem Punkt gekommen ist. Indem Sie den Anwendungspfad zurückverfolgen, können Sie häufig die Ursache für den Fehler in einer anderen Funktion finden, die die aktuelle Funktion aufgerufen hat. Es kann auch eine aufrufende Funktion sein, die weiter oben in der Hierarchie der Aufrufe steht.

Die Klasse MException verstehen

Die Klasse `MException` ist die Basis für die Ausnahmeinformation, die Sie von MATLAB erhalten. Diese Klasse stellt die Funktionen und Eigenschaften zur Verfügung, die Sie für die Arbeit mit Ausnahmen benötigen. Mithilfe der Informationen können Sie die Auswirkungen des Fehlers auf den Anwender ganz oder zumindest teilweise abfangen. Im vorigen Abschnitt haben Sie die vier Eigenschaften der Klasse `MException` kennengelernt. In diesem Abschnitt lernen Sie die meistbenutzten Funktionen – auch Methoden genannt – der Klasse kennen:

✔ `addCause()`: Hängt den von Ihnen angegebenen Grund an die Liste der Gründe an, die schon in der Eigenschaft `cause` abgelegt sind. Sie können diese Methode verwenden, um zusätzliche Informationen über eine Ausnahme bereitzustellen.

✔ `getReport()`: Gibt einen formatierten Bericht der Ausnahmeinformation aus. Das Format entspricht der Ausgabe, die MATLAB bereitstellt.

✔ `last()`: Ermittelt die letzte Ausnahme, die die Anwendung erzeugt hat.

✔ `rethrow()`: Sendet eine Ausnahme an die nächsthöhere Ebene in der Ausführungshierarchie, wenn die Behandlung der Ausnahme auf der aktuellen Ebene nicht möglich ist. (Nachdem eine Ausnahme von einer Anwendung akzeptiert wurde, ist diese nicht länger aktiv und Sie müssen sie mit `rethrow()` erneut anstoßen, damit sich ein anderer Teil der Anwendung darum kümmern kann.)

✔ `throw()`: Erzeugt eine Ausnahme, die entweder eine Fehlermeldung anzeigt oder von einem anderen Teil der Anwendung bearbeitet wird.

✔ `throwAsCaller()`: Erzeugt eine Ausnahme unter dem Zeiger der aufrufenden Funktion, die entweder eine Fehlermeldung anzeigt oder von einem anderen Teil des Programms bearbeitet wird. (Wenn ein Teil einer Anwendung eine Funktion aufruft, wird der aufrufende Teil *caller* genannt. Die Funktion throwAsCaller() stößt die Ausnahme also an, als wäre sie vom *caller* erzeugt worden und nicht von der aufgerufenen Funktion.)

Eine der interessanteren Funktionen in der Klasse MException ist getReport(). Listing 13.2 zeigt, wie Sie diese Funktion einsetzen können, um eine formatierte Ausgabe zu erhalten. Die Funktion steht auch unter dem Namen Fehler2.m zum Herunterladen bereit.

```
function [ ] = Fehler2(  )
%Fehler2 Ein fehlerhaftes Stück Code.
%   Dieses Beispiel soll einen Fehler produzieren und
%   einen Fehlerreport erzeugen.
try
    Zeiger = fopen('ExisitiertNicht.txt');
    Daten = fread(Zeiger);
    disp(Daten);
catch exc
    disp('Hoppla, ein Fehler ist aufgetreten');
    disp(exc.getReport());
end
end
```

Listing 13.2: Einen Fehlerreport erzeugen.

 Beachten Sie, dass Sie nach wie vor die Funktion disp() verwenden, um die formatierte Zeichenkette auf dem Bildschirm anzuzeigen. Die Ausgabe von getReport() ist zwar nett formatiert, jedoch recht unflexibel, weil Sie keinen Zugriff auf die einzelnen Eigenschaften von MException haben. Für die meisten Anwender ist die Ausgabe jedoch in Ordnung.

Hier ist die Ausgabe für dieses Beispiel:

```
Hoppla, ein Fehler ist aufgetreten
Error using fread
Invalid file identifier. Use fopen to generate a valid file identifier.
Error in Fehler2 (line 7)
    Daten = fread(Zeiger);
```

Die Ausgabe enthält (normalerweise) alle vier Eigenschaften. Jedoch wird cause in diesem Fall nicht verwendet, weil der Grund von MATLAB nicht identifiziert werden kann. Wenn Sie einen Grund angeben wollen, müssen Sie zunächst mithilfe der Funktion addCause() einen Grund in die Eigenschaft cause schreiben.

Fehler- und Warnmeldungen einsetzen

Wie schon weiter oben angedeutet, unterstützt MATLAB sowohl Fehler- als auch Warnmeldungen. Ihnen steht eine Fülle an Möglichkeiten zur Verfügung, Ausnahmen zu erzeugen und mit ihnen auf bestimmte Bedingungen und Zustände Ihrer Anwendung zu reagieren. Der einfachste Weg besteht darin, die Funktionen error() und warning() zu verwenden. Die erste Funktion erzeugt eine Fehlermeldung und die zweite – etwas abgeschwächt – eine Warnmeldung.

Das Beispiel in Listing 13.3 stellt eine einfache Methode dar, einen Fehler oder eine Warnung als Reaktion auf eine Nutzereingabe auszugeben. Sie können diese Methode jedoch immer einsetzen, wenn eine Bedingung für eine Warnung oder einen Fehler eintritt und Sie das Problem nicht intern lösen können. Die Funktion steht auch unter dem Namen FehlerUndWarnung.m zum Herunterladen bereit.

```
function [  ] = FehlerUndWarnung( )
%FehlerUndWarnung Erzeuge Fehler- und Warnmeldung
%   Dieses Beispiel zeigt, wie man eine Fehler und Warnmeldung
%   erzeugt

NichtEnde = true;

while NichtEnde
    try
        Wert = input('Tippen Sie etwas ein (ende zum beenden): ', 's');

        switch Wert
            case 'fehler'
                error('Fehlermeldung');
            case 'warnung'
                warning('Warnmeldung');
            case 'ende'
                NichtEnde = false;
            otherwise
                disp(['Ihre Eingabe: ', Wert]);
        end
    catch Ausnahme
    disp('Eine Ausnahme ist aufgetreten');
    disp(Ausnahme.getReport());
    end
end
```

Listing 13.3: Fehler und Warnungen erzeugen.

Dieses Beispiel besteht im Wesentlichen aus einer Schleife. Bei jedem Schleifendurchlauf bittet es den Nutzer, etwas einzugeben. Wenn dieses Etwas zufällig **fehler** oder **warnung** ist, wird die jeweilige Fehler- oder Warnmeldung ausgegeben. Wenn der Nutzer **ende** eingibt, wird die Schleife verlassen und die Anwendung beendet. Wenn keine der drei Varianten eingegeben wird, erscheint eine einfache Meldung mit der Ausgabe dessen, was der Nutzer eingegeben hat. Das Beispiel sieht einfach aus – und ist es auch –, hat aber ein paar ganz interessante Eigenschaften. Die folgenden Schritte helfen Ihnen, mit dem Beispiel zu arbeiten:

1. **Geben Sie im Anweisungsfenster** FehlerUndWarnung() **und dann Enter ein.**

   Die Anwendung bittet Sie jetzt, etwas einzugeben.

2. **Geben Sie** Hallo Welt! **ein und anschließend Enter.**

   Sie sehen die folgende Ausgabe:

   ```
   Ihre Eingabe: Hallo Welt!
   ```

3. **Geben Sie** warnung **ein und dann Enter.**

   Jetzt sehen Sie folgende Ausgabe:

   ```
   Warning: Warnmeldung
   > In FehlerUndWarnung (line 16)
   ```

   Beachten Sie, dass diese Meldung nichts über eine Ausnahme sagt. Eine Warnung ist einfach ein Indikator dafür, dass etwas nicht richtig funktionieren könnte, und nicht, dass es tatsächlich nicht funktioniert. Im Ergebnis sehen Sie zwar die Warnmeldung, aber die Anwendung erzeugt keine eigentliche Ausnahme. Anschließend bittet die Anwendung den Nutzer, etwas anderes einzugeben.

4. **Geben Sie** fehler **ein und dann Enter.**

   Sie sehen die folgende Ausgabe:

   ```
   Eine Ausnahme ist aufgetreten
   Error using FehlerUndWarnung (line 14)
   Fehlermeldung
   ```

   Jetzt wurde eine Ausnahme erzeugt. Wenn die Ausnahmebehandlung nicht da wäre, würde die Anwendung an dieser Stelle den Dienst einstellen. Es ist jedoch eine Ausnahme-behandlung programmiert und deshalb kann die Anwendung den Nutzer bitten, etwas anderes einzugeben. Indem Sie eine Ausnahmebehandlung hinzufügen, ermöglichen Sie, dass es nach einer Ausnahme weitergeht, wie in diesem Fall vorgeführt. Damit die weitere Programmausführung sinnvoll ist, muss Ihre Fehlerbehandlung natürlich das Problem behandeln, welches ursprünglich zu der Ausnahme geführt hat.

5. **Geben Sie** ende **ein und dann Enter.**

   Die Anwendung wird beendet.

Die Beispielanwendung verwendet die einfache Form der Funktionen error() und warning(). Sowohl error() als auch warning() können einen Identifizierer (identifier) als erstes Argument entgegennehmen und die eigentliche Meldung als zweites Argument.

Sie können auch den Grund (`cause`) und ein Element der Aufrufhierarchie (`stack trace`) als Argumente übergeben. Worauf es jedoch in jedem Fall ankommt, ist eine einfach verständliche Meldung über das, was passiert ist.

Modi für Warnmeldungen einstellen

Fehlermeldungen verraten Ihnen immer alle Details, die die Anwendung zur Verfügung stellt. Warnmeldungen sind da anders – Sie können MATLAB anweisen, nur bestimmte Details weiterzugeben. Sie können diese Einstellung global vornehmen oder je nach Meldungsname unterschiedliche Einstellungen gelten lassen, sodass manche Warnmeldungen detaillierter ausgegeben werden als andere. Um die globale Konfiguration zu beeinflussen, übergeben Sie zwei Argumente. Das erste ist der Warnzustand:

✔ `on`: Schaltet das Element der Konfiguration ein.

✔ `off`: Schaltet das Element der Konfiguration aus.

✔ `query`: Fragt ab, ob das Element der Konfiguration ein- oder ausgeschaltet ist.

Auf der globalen Ebene haben Sie Zugang zu zwei Einstellungen, welche der Funktion `warning()` als zweites Argument übergeben werden:

✔ `backtrace`: Legt fest, ob die Aufrufhierarchie (`stack trace`) ausgegeben werden soll oder nicht.

✔ `verbose`: Legt fest, ob die Ausgabe lediglich eine kurze Meldung enthalten soll oder auch eine Meldung mit allen Details.

Um zu sehen, wie dies funktioniert, geben Sie **warning('query', 'backtrace')** ein und dann Enter. Jetzt sollten Sie eine Ausgabe sehen, die über den aktuellen Status des Konfigurationselements `backtrace` Auskunft gibt. In der Standardeinstellung ist dieses Element eingeschaltet, sodass Sie die Aufrufhierarchie als Teil der Warnmeldung sehen können, wenn sie vorhanden ist.

Die meldungsnamenspezifische Form der Einstellung der Funktion `warning()` fängt mit einem Zustand an. In diesem Fall ist das zweite Argument der Meldungsname (identifier). Wenn Sie beispielsweise **warning('query', 'MATLAB:FileIO:InvalidFid')** und dann Enter eingeben, sehen Sie den aktuellen Status für Meldungen mit dem Meldungsnamen `MATLAB:FileIO:InvalidFid`.

Es ist normalerweise eine schlechte Idee, bestimmte Warnungen auf `off` zu setzen, weil das System Sie dann nicht auf (mögliche) Probleme hinweisen kann. Dies trifft insbesondere für MATLAB-spezifische Meldungen zu (also solche, die Sie nicht selbst erzeugt haben, wie es zum Beispiel der Abschnitt _Ihre eigenen Fehlermeldungen schreiben_ beschreibt). Während der Fehlersuche kann es jedoch ganz sinnvoll sein, bestimmte Warnungen auszuschalten, um nicht immer wieder dieselbe – erwartete – Meldung sehen zu müssen.

Fehlermeldungen per E-Mail verschicken

Fehler passieren zu jeder Zeit. Es scheint sogar ein ungeschriebenes Gesetz zu geben, dass Fehler immer zur unpassenden Zeit passieren und natürlich nur dann, wenn jeder, der helfen könnte, garantiert außer Haus ist. Wenn Sie diesem Problem begegnen, haben Sie wenigstens Gewissheit, dass jede andere Person, die schon einmal Anwendungen geschrieben hat, dasselbe Problem schon einmal am eigenen Leib gespürt hat.

Stellen Sie sich vor, Ihr Programm mit einer Laufzeit von ein paar Stunden bricht etwa fünf Minuten, nachdem Sie es gestartet und den Raum verlassen haben, ab, weil eine Datei nicht gefunden wurde. Wenn Sie wiederkommen, finden Sie eine Fehlermeldung vor, die ihrerseits nun schon ein paar Stunden alt ist. Um das zu vermeiden, könnten Sie einen Kollegen fragen, ob er nach den Fehlermeldungen sieht und Sie anruft, falls eine auftritt. Neben dem Telefon zu sitzen und auf einen Anruf zu warten, den Sie nicht wollen (weil es nur schlechte Nachrichten sein können), wäre eine Lösung des Problems, aber wahrscheinlich nicht die beste, denn die Person am anderen Ende der Leitung hat möglicherweise Besseres zu tun, als Ihre Programme zu überwachen.

Dies ist eine Situation, in der es wahrscheinlich besser ist, dass Sie sich selbst eine Mail schicken, anstatt auf einen Anruf zu warten. Zum Glück hält MATLAB für diese Zwecke die Funktion sendmail() bereit. So haben Sie die Möglichkeit, im Rahmen der Fehlerbehandlung in Ihrem Code eine Mail zu verschicken, die Sie dann zum Beispiel auf Ihrem Smartphone lesen können. Im Ergebnis erhalten Sie direkt von der Anwendung eine Information über das konkrete Problem und können das Problem vielleicht sogar aus der Ferne lösen. Die Funktion sendmail() erwartet folgende Argumente:

✔ **Empfänger (*Recipients*):** Eine Liste mit einem oder mehreren Empfängern der Nachricht. Jeder Eintrag wird mit einem Semikolon vom anderen getrennt.

✔ **Betreff (*Subject*):** Enthält das Thema der Nachricht. Wenn das Problem sich kurz genug fassen lässt, können Sie einfach die Fehlermeldung in die Betreffzeile kopieren.

✔ **Nachricht (*Message*, optional):** Enthält detaillierte Informationen über den Fehler.

✔ **Anhänge (*Attachments*):** Enthält Pfade und volle Dateinamen der Anhänge, die Sie mit der Nachricht verschicken wollen.

 Bevor Sie eine Mail verschicken können, müssen Sie MATLAB so konfigurieren, dass es Ihren SMTP-Server (*simple mail transfer protocol*) erkennt, und eine Absenderadresse eingeben. Um das zu tun, verwenden Sie eine spezielle Funktion namens setpref(). Wenn Ihr Server also beispielsweise smtp.meinefirma.com ist, geben Sie **setpref('Internet', 'SMTP_Server','smtp .meinefirma.com')** im Anweisungsfenster ein und dann Enter. Nachdem Sie die SMTP-Adresse gesetzt haben, geben Sie die Absenderadresse ein, indem Sie Ihre Mailadresse als Argument an die Funktion setpref() übergeben, zum Beispiel so: setpref('Internet', 'E_mail', 'meineadresse@meine firma.com').

Das Listing 13.4 zeigt eine Methode, wie man eine Mail verschicken kann. Der Code, mit dem der Fehler erzeugt wird, ist dem Beispiel `Fehler()` ähnlich, welches wir schon weiter vorn im Kapitel gesehen haben. Diesmal jedoch verschickt das Programm eine Mail-Benachrichtigung und zeigt keine Meldung am Bildschirm. Die Funktion steht auch unter dem Namen `Fehler3.m` zum Herunterladen bereit.

```
function [ ] = Fehler3(  )
%Fehler3 Ein fehlerhaftes Stück Code.
%    Dieses Beispiel soll einen Fehler produzieren und
%    per mail an den Empfaenger schicken.
try
    Zeiger = fopen('');
    Daten = fread(Zeiger);
    disp(Daten);
catch exc
    disp('Mail wird versendet!');
    sendmail('meineadresse@meinefirma.com', ...
        'Fehler3',...
        ['Identifier: ', exc.identifier, 10, ...
        'Meldung: ', exc.message]);
end
end
```

Listing 13.4: Eine E-Mail-Benachrichtigung verschicken.

Beachten Sie, wie das Beispiel die Funktion `sendmail()` verwendet. Adresse und Betreff unterscheiden sich nicht von jeder anderen Mail. Die Nachricht selbst ist eine Aneinanderreihung von Zeichenketten. Die erste Zeile enthält den Meldungsnamen (*Identifier*) und die zweite Zeile ist die Fehlermeldung. Achten Sie auf die 10 zwischen den beiden Zeilen. Dieser Wert erzeugt eine neue Zeile, sodass die Informationen auf separaten Zeilen zu lesen sind. In Abbildung 13.1 sehen Sie ein Beispiel für eine Fehlermeldung, in diesem Fall als reine Textmail in Thunderbird dargestellt (den zweiten Zeilenumbruch macht Thunderbird in diesem Modus selbst).

Hilfe für bekannte Fehlermeldungen suchen

MATLAB versucht Sie immer über Fehler zu informieren, wenn es welche findet. Natürlich liegt es dann nahe, bei der Fehlerbehebung auch wieder auf MATLAB zu vertrauen. In den zurückliegenden Kapiteln haben wir immer wieder auf die automatischen Fehlerbehebungen und Vorschläge von MATLAB hingewiesen. Wenn Sie zum Beispiel einen Fehler beim Programmieren machen, wird MATLAB Sie normalerweise fragen, ob Sie möglicherweise eine andere Schreibweise der Anweisung gemeint haben. Häufig liegt es mit diesen Hinweisen auch richtig.

Abbildung 13.1: Eine typische Mail mit einer Fehlermeldung von MATLAB.

Im Editor werden potenzielle Fehler orangefarben markiert. Wenn Sie den Mauszeiger über diese Warnungen führen, sehen Sie eine kleine Dialogbox über das Problem und das Angebot, den Fehler zu beheben. Der Artikel unter `http://www.mathworks.com/help/matlab/matlab_prog/check-code-for-errors-and-warnings.html` diskutiert zahlreiche andere automatische Fehlerbereinigungen, deren Benutzung Sie erwägen sollten.

Manchmal ist eine automatische Problemlösung nicht hilfreich, jedoch haben Sie jetzt neben der Fehlermeldung einen weiteren Hinweis, wie das Problem aus dem Weg geräumt werden kann. Lesen Sie dazu am besten sowohl Fehlermeldung als auch Lösungsvorschlag sehr gründlich. Menschen und Computer sprechen unterschiedliche Sprachen, sodass viel Raum für Missverständnisse bleibt. Nachdem Sie die Informationen von MATLAB sehr gründlich gelesen haben, schauen Sie am besten nach Tippfehlern oder fehlenden Informationen. Zum Beispiel versteht MATLAB `A * (B + C)`, aber nicht `A(B + C)`. Obwohl ein Mensch auch beim zweiten Ausdruck wahrscheinlich versteht, dass `A` mit der Summe aus `B` und `C` multipliziert werden soll, kann MATLAB dies nicht aus der Anweisung lesen. Kleine Stücke fehlender Information haben einen großen Einfluss auf Ihre Anwendung, genau wie scheinbar unwichtige Tippfehler, wie zum Beispiel `Vara` anstelle von `VarA`.

Manchmal hilft alles nichts und Sie kommen bei der Suche nach einer Lösung des Problems nicht voran. Geben Sie jetzt nicht auf! Es ist normal, dass man an bestimmten Stellen weitere Ressourcen für die Lösung eines Problems benötigt und nicht den Kopf in den Sand steckt, wenn ein Fehler nicht auf Anhieb zu beseitigen ist. Die MATLAB-Hilfe kann auch von Nutzen sein, jedoch ist es häufig schwierig, die richtige Antwort zu finden, wenn man die Frage kaum formulieren kann. Hier kommt MATLAB *Answers* ins Spiel: `http://www.mathworks.com/`

matlabcentral/answers/index. Diese Ressource können Sie nutzen, um Antworten von MATLAB-Profis zu erhalten. Wenn Sie auf MATLAB *Answers* niemanden finden, der Ihnen helfen kann, können Sie Hilfe zu Skripten und Funktionen auf der Seite *Code Project* (http://www.codeproject.com/script/Answers/List.aspx?tab=active&tags=922) und bei anderen Anbietern finden.

Zum Glück gibt es weitere Alternativen für Dokumentationen von MATLAB, wenn die Dokumentation von MATLAB selbst nicht ausreicht. Beispielsweise beschreibt der Artikel http://en.wikibooks.org/wiki/MATLAB_Programming/Error_Messages zahlreiche verbreitete Fehler und wie sie behoben werden können. Eine weitere gute Quelle für hilfreiche Hinweise zum Lösen von verbreiteten Problemen ist die Seite MATLAB *Tips*: http://www.nd.edu/~nancy/Math20550/Matlab/tips/matlab_tips.html. Kurz gesagt, es gibt viele gute Quellen für Online-Hilfe, wenn Ihre ersten Versuche zur Fehlerbehebung scheitern.

Obwohl Sie im Internet viele Informationen zu MATLAB finden, machen Sie sich klar, dass die Informationen nicht immer auf dem aktuellsten Stand sind. Ältere Informationen mögen mit früheren Versionen von MATLAB kompatibel sein, können aber durchaus Probleme mit Ihrer (aktuelleren) Version des Programms haben. Wenn Sie im Internet nach Hilfe für Ihr Problem suchen, stellen Sie sicher, dass die Hilfe auch für Ihre Version gilt, oder testen Sie die Lösung gegebenenfalls sehr gründlich, um sicherzustellen, dass sie korrekt funktioniert.

Ihre eigenen Fehlermeldungen schreiben

Irgendwann werden die Standardfehlermeldungen von MATLAB Ihnen nicht mehr reichen und Sie werden eigene, maßgeschneiderte Fehlermeldungen entwerfen wollen. Beispielsweise hat MATLAB weder eine Ahnung, wie Ihre selbst geschriebene Funktion aufgebaut ist, noch, was sie genau tut. Daher kann eine Standardmeldung die Situation gar nicht erfassen, wenn von einem Nutzer zum Beispiel eine ganz bestimmte Eingabe erwartet wird. Der einzige Ausweg in solch einem Fall ist eine handgemachte Fehlermeldung.

Glücklicherweise stellt MATLAB die Mittel für das Erstellen maßgeschneiderter Fehlermeldungen zur Verfügung. In den folgenden Abschnitten lesen Sie zunächst, wie Sie eigene Fehlermeldungen erstellen, und anschließend, wie Sie möglichst hilfreiche Fehlermeldungen entwerfen. Die wichtigste Aufgabe einer Fehlermeldung ist, den Nutzer über das bestehende Problem zu informieren und zwar so, dass dieser das Problem auch lösen kann. Es ist also wesentlich, Fehlermeldungen zu schreiben, die wirklich gut mit dem Nutzer kommunizieren.

Die maßgeschneiderte Fehlermeldung entwerfen

Dies ist die erste Stelle im Buch, welche Sie vor ein Beispiel stellt, das ein bisschen komplexer ist. Wenn Sie so etwas wie maßgeschneiderte Fehlermeldungen erstellen, wollen Sie zunächst den Code selbst schreiben und dann Code, welcher diesen testet. Entwickler verwenden den Begriff Test-Harnisch (englisch *testing harness*) für Code, der anderen Code testet (meist gehören noch entsprechende Testdaten dazu). Es ist aber gar nicht nötig, dem Ganzen einen merkwürdigen Namen zu geben. Eine Datei enthält den Code, den Sie auf eine bestimmte Bedingung hin testen wollen, und die andere Datei das Testprogramm. Die beiden folgenden Abschnitte beschreiben die beiden Dateien, die für dieses Beispiel verwendet werden.

Den Code mit den Ausnahmen schreiben

Die Nutzereingaben zu überprüfen ist meist eine gute Idee, denn Sie wissen nie, was ein Nutzer eingeben wird. In Listing 13.5 sehen Sie ein Programm, dass die typischen Tests durchführt, um sicherzustellen, dass die Eingabe alle Anforderungen erfüllt, bevor sie für weitere Schritte im Programm verwendet wird – in unserem Fall ist das lediglich die Darstellung der Werte auf dem Bildschirm. Die in diesem Beispiel verwendete Methode ist ein guter Weg, um sicherzustellen, dass niemand Daten an die Anwendung übergibt, die dafür nicht geeignet sind. Die Funktion steht auch unter dem Namen EigeneFehlermeldung.m zum Herunterladen bereit.

```
function [ ] = EigeneFehlermeldung( Wert )
%EigeneFehlermeldung Stellt eigene Fehlermeldungen vor
%   Dieses Beispiel zeigt, wie Sie eine
%   eigene Fehlermeldung erstellen

if nargin < 1
    KeineEingabe = MException('MeineFirma:KeineEingabe',...
        'Nicht genuegend Eingabeargumente!');
    KeineEingabe.throw();
end

if not(isnumeric(Wert))
    NichtNumerisch = MException('MeineFirma:NichtNumerisch',...
        'Eingabeargument ist vom Typ %s - Zahl erforderlich!',...
        class(Wert));
    NichtNumerisch.throw();
end

if (Wert < 1) || (Wert > 10)
    AusserhalbBereich = MException('MeineFirma:AusserhalbBereich',...
        'Eingangsargument nicht zwischen %d und %d!',...
        1, 10);
    AusserhalbBereich.throw();
end

fprintf('Erfolgreich eingegeben: %d.\r', Wert)

end
```

Listing 13.5: Auf Ausnahmesituationen prüfen.

Das Programm fängt damit an, dass die Anzahl der Argumente überprüft wird. Dieses Beispiel enthält keinen Standardwert, sodass ein fehlendes Argument einen Fehler darstellt und der Aufrufer darüber in Kenntnis gesetzt wird. Die Variable `KeineEingabe` enthält ein Objekt der Klasse `MException` mit dem Meldungsnamen `MeineFirma:KeineEingabe`. Dies ist ein maßgeschneiderter Meldungsname. Sie sollten immer eigene Meldungsnamen verwenden, wenn Sie eigene Fehlermeldungen schreiben. Ein Meldungsname ist einfach nur eine Zeichenkette wie die Firma in unserem Beispiel und dann, nach einem Doppelpunkt, der Ausnahmetyp, der in diesem Fall `KeineEingabe` ist.

Die Meldung nach dem Meldungsnamen enthält weitere Details. Sie gibt in diesem Fall an, dass die Eingabe nicht genügend Argumente enthält. Wenn Sie wollten, könnten Sie hier noch weitere Informationen zur Verfügung stellen, wie zum Beispiel die Anforderungen an die Eingabeargumente dieser Funktion.

Nachdem `KeineEingabe` erzeugt wurde, verwendet der Code die Methode `throw()`, um eine Ausnahme zu erzeugen (beziehungsweise zu werfen). Wenn der Aufrufer den Funktionsaufruf nicht innerhalb einer `try...catch`-Struktur platziert hat, führt die Ausnahme zum Beenden der Anwendung. Die Ausnahme beendet die Ausführung des Programms direkt nach dem Aufruf von `throw()`.

Eine Funktion, die zu einer Klasse gehört, wird auch *Methode* genannt.

Die zweite Ausnahme funktioniert ziemlich genauso wie die erste. In diesem Fall prüft das Programm, ob das Eingabeargument – dass es eines gibt, ist an dieser Stelle schon sichergestellt – numerisch ist. Wenn `Wert` nicht numerisch ist, wird eine andere Ausnahme erzeugt. Beachten Sie jedoch, dass diese Ausnahme überprüft, welche Eingabe der Nutzer gemacht hat, und deren Typ in die Fehlermeldung integriert. Die Meldungen, die Sie hier erzeugen, können genau dieselben Platzhalter enthalten, zum Beispiel `%d` und `%s`, wie die Funktionen `sprintf()` und `fprintf()`.

Beachten Sie die Reihenfolge der Ausnahmen. Das Programm testet zunächst, ob ein Argument vorhanden ist, *bevor* es prüft, von welcher Art die Eingabe ist. Die Reihenfolge, in der Sie die Bedingungen abprüfen, welche das Programm von der korrekten Ausführung abhalten, ist wesentlich. Jeder Prüfbaustein baut auf dem davorstehenden auf.

Die dritte Ausnahme überprüft, ob der Eingabewert innerhalb eines bestimmten Zahlenbereichs liegt – wir wissen ja schon, dass es ein Argument gibt und dass es eine Zahl ist. Wenn die Zahl außerhalb des zulässigen Bereichs liegt, erzeugt das Programm eine Ausnahme.

Wenn alles so läuft, wie es soll, endet die Funktion damit, die Variable `Wert` anzuzeigen. In unserem Beispiel verwenden wir die Funktion `fprintf()`, um die Darstellung der Information etwas leichter zu gestalten als mit der Funktion `disp()`, weil `disp()` nicht mit numerischen Eingaben zurechtkommt.

Das Testprogramm schreiben

Bevor Sie Ihre Funktionen in kompletten Anwendungen einsetzen, ist ein Test sehr empfeh-lenswert. Dies gilt in besonderer Weise für Code, der seinerseits auf Fehler testen soll, wie zum Beispiel die Funktion `EigeneFehlermeldung()`. Bei dieser Funktion vertrauen Sie ja darauf, dass sie Sie zuverlässig informiert, ob ein Fehler aufgetreten ist. Jeglicher Code, der als Reaktion auf fehlerhafte Nutzereingaben Ausnahmen generiert, muss demnach noch höhere Anforderungen an das Testen erfüllen. Daher haben wir den Test-Harnisch in Listing 13.6 entworfen. Die Funktion steht auch unter dem Namen `EigeneFehlermeldungTest.m` zum Herunterladen bereit.

```
function [ ] = EigeneFehlermeldungTest( )
%EigeneFehlermeldungTest Testet die Funktion EigeneFehlermeldung()
%    Führt einen detaillierten Test der Funktion EigeneFehlermeldung()
%    durch, indem es auf Typ des Eingangsarguments und Bereiche testet.

% Auf fehlende Eingabe testen
try
    disp('Test auf fehlende Eingabe.')
    EigeneFehlermeldung();
catch Ausnahme
    disp(Ausnahme.getReport());
end

% Auf logische Eingabe testen
try
    disp('Test auf logische Eingabe.')
    EigeneFehlermeldung(true);
catch Ausnahme
    disp(Ausnahme.getReport());
end

% Auf Zeichenkette als Eingabe testen
try
    disp('Test auf Zeichenkette als Eingabe.')
    EigeneFehlermeldung('Hallo');
catch Ausnahme
    disp(Ausnahme.getReport());
end

% Auf zu kleine Zahl testen
try
    disp('Test auf zu kleine Zahl.')
    EigeneFehlermeldung(-1);
catch Ausnahme
    disp(Ausnahme.getReport());
end
```

```
% Auf zu große Zahl testen
try
    disp('Test auf zu große Zahl.')
    EigeneFehlermeldung(12);
catch Ausnahme
    disp(Ausnahme.getReport());
end

% Auf korrekte Eingabe testen
try
    disp('Test auf korrekte Eingabe.')
    EigeneFehlermeldung(5);
catch Ausnahme
    disp(Ausnahme.getReport());
end

end
```

Listing 13.6: Das Ausnahmeprogramm testen.

Diese Funktion erzeugt absichtlich Ausnahmen und gibt die jeweiligen Meldungen aus. Indem Sie diesen Code ausführen, stellen Sie sicher, dass die Funktion EigeneFehlermeldung() zumindest in den geprüften Standardsituationen reagiert wie erwartet. Beachten Sie, dass die Test-Reihenfolge derselben Logik folgt wie in der Funktion EigeneFehlermeldung() selbst. Jeder Testschritt baut auf dem davorstehenden auf. Hier ist die Ausgabe, die Sie sehen, wenn Sie EigeneFehlermeldungTest() aufrufen:

```
Test auf fehlende Eingabe.
Error using EigeneFehlermeldung (line 9)
Nicht genuegend Eingabeargumente!
Error in EigeneFehlermeldungTest (line 9)
    EigeneFehlermeldung();
Test auf logische Eingabe.
Error using EigeneFehlermeldung (line 16)
Eingabeargument ist vom Typ logical - Zahl erforderlich!
Error in EigeneFehlermeldungTest (line 17)
    EigeneFehlermeldung(true);
Test auf Zeichenkette als Eingabe.
Error using EigeneFehlermeldung (line 16)
Eingabeargument ist vom Typ char - Zahl erforderlich!
Error in EigeneFehlermeldungTest (line 25)
    EigeneFehlermeldung('Hallo');
Test auf zu kleine Zahl.
Error using EigeneFehlermeldung (line 23)
Eingangsargument nicht zwischen 1 und 10!
```

```
Error in EigeneFehlermeldungTest (line 33)
    EigeneFehlermeldung(-1);
Test auf zu große Zahl.
Error using EigeneFehlermeldung (line 23)
Eingangsargument nicht zwischen 1 und 10!
Error in EigeneFehlermeldungTest (line 41)
    EigeneFehlermeldung(12);
Test auf korrekte Eingabe.
Erfolgreich eingegeben: 5.
```

Die Ausgabe zeigt, dass jede Testphase genau so endet, wie wir es erwarten. Nur in der letzten Zeile sehen wir das Ergebnis eines erfolgreichen Aufrufes von `EigeneFehlermeldung()`. Beachten Sie, dass die fehlerhafte Eingabe dazu führt, dass eine jeweils an den Typ des Fehlers angepasste Meldung ausgegeben wird.

Nützliche Fehlermeldungen erstellen

Es kann ziemlich schwierig sein, sinnvolle Fehlermeldungen zu erzeugen. Wenn Sie als Anwender vor einem Rätsel stehen, was mit Ihrer Eingabe jetzt schon wieder nicht in Ordnung sein könnte, machen Sie wieder eine neue Erfahrung mit Kommunikationsproblemen. Die Fehlermeldung stellt nicht genügend Informationen in der korrekten Form zur Verfügung, um Ihnen das Problem korrekt darzulegen. Es ist jedoch eine wahre Kunst, gute Fehlermeldungen zu schreiben, und es erfordert ein bisschen Erfahrung und Übung. Hier sind ein paar Tipps, die Ihnen das Entwerfen von hilfreichen Fehlermeldungen erleichtern können:

✔ Fassen Sie Ihre Fehlermeldung so kurz wie möglich, da lange Meldungen tendenziell schwieriger zu verstehen sind.

✔ Konzentrieren Sie sich auf das bestehende und beschreibbare Problem, nicht darauf, was Sie denken, dass das Problem sein könnte. Wenn beispielsweise die Meldung besagt, dass eine Datei fehlt, konzentrieren Sie sich auf die fehlende Datei – und nicht auf mögliche Netzwerkprobleme. Es ist ohnehin wahrscheinlicher, dass der Nutzer sich beim Dateinamen einfach vertippt hat, als dass die Netzwerkverbindung unterbrochen wurde. Wenn der Dateiname tatsächlich richtig geschrieben war, könnte jemand die Datei von der Festplatte gelöscht haben. Irgendwann kann man sicher auch überprüfen, ob die Netzwerkverbindung funktioniert, jedoch sollte der Weg dorthin bei einfachen und naheliegenden Ursachen anfangen und sich erst nach und nach in logischen Schritten zu komplexeren Hypothesen über die Ursache vorarbeiten.

✔ Versuchen Sie so konkrete Informationen zu geben wie möglich. Dazu gehört – bei Problemen mit der Dateneingabe – auch die fehlerhafte Information selbst.

✔ Bitten Sie andere, Ihren Test-Harnisch auszuprobieren, die Meldungen zu lesen und Ihnen Kommentare dazu zu geben.

✔ Machen Sie aus der Fehlermeldung eine etwas detailliertere Version des Meldungsnamens und stellen Sie sicher, dass der Meldungsname eindeutig ist.

✔ Achten Sie darauf, dass jede Fehlermeldung eindeutig ist, damit Anwender nicht dieselbe Meldung für unterschiedliche Fehler sehen. Wenn Sie keine eindeutige Formulierung finden, suchen Sie nach einer flexiblen Version, die beide Situationen abdeckt.

✔ Stellen Sie sicher, dass alle Meldungen gleich strukturiert und formatiert sind, damit Anwender sich auf den Inhalt konzentrieren können und nicht auf die Struktur.

✔ Vermeiden Sie humorvolle oder verwirrende Sprache in Ihren Meldungen – stellen Sie sicher, dass Sie sich auf einfache Formulierungen konzentrieren, die jeder versteht und die nicht für Ärger sorgen, anstatt Hilfe zu leisten.

Guten Programmierstil anwenden

Es gibt im Internet viele Quellen zum Thema »guter Programmierstil«. Wenn Sie fünf Entwickler danach fragen, was für sie guten Programmierstil ausmacht, werden Sie in der Tat fünf verschiedene Antworten erhalten. Das liegt zum Teil daran, dass eben jeder unterschiedlich ist.

Die folgende Liste stellt die besten Programmiertipps aus zahlreichen Quellen – auch eigener Erfahrung – zusammen, die die Zeit überdauert haben.

✔ **Holen Sie sich eine zweite Meinung:** Viele Entwickler fürchten sich davor zuzugeben, dass sie auch einmal Fehler machen, sodass sie dasselbe Skript oder dieselbe Funktion anstarren, bis die Augen rot sind – und sie am Schluss sogar mehr Fehler machen. Indem Sie jemand anderen darauf schauen lassen, sparen Sie häufig Zeit und Mühe. Hinzu kommt, dass Sie auf diese Weise auch noch neue Programmiertechniken erlernen und nicht nur im eigenen Saft schmoren.

✔ **Schreiben Sie Anwendungen für Menschen und nicht Maschinen:** Wenn Menschen mehr und mehr Zeit damit verbringen, Code zu schreiben, fangen sie an, daran mehr und mehr Freude zu haben und gehen zu einem Programmierstil über, der zwar wirklich cool aussieht, jedoch sehr schwer zu warten ist. Darüber hinaus ist der Code fehlerhaft und nicht sehr nutzerfreundlich. Menschen nutzen Anwendungen – niemand nutzt coolen Code. Am liebsten nutzen Menschen Anwendungen, die praktisch unsichtbar sind und ihnen dabei helfen, Arbeit schnell und ohne große Aufregung zu erledigen.

✔ **Testen Sie häufig und machen Sie nur kleine Änderungen:** Es gibt Menschen, die buchstäblich eine ganze Anwendung auf einmal schreiben, ohne sie jemals auch nur ein einziges Mal zu testen, und sich dann wundern, dass sie nicht korrekt funktioniert. Die besten Anwendungsentwickler arbeiten vorsichtig und testen häufig. Indem Sie immer nur kleine Änderungen an Ihrem Programm vornehmen, finden Sie Fehler leichter und beheben sie zudem noch schneller. Wenn Sie eine große Menge Code schreiben, ohne ihn zu testen, wird es später ziemlich schwierig, Fehler einzugrenzen und mit der Suche irgendwo anzufangen.

✔ **Erfinden Sie das Rad nicht neu:** Ergreifen Sie – sooft Sie können – die Möglichkeit, gut getestete und fehlerfreie Programme aus anderen Quellen einzusetzen, solange es kein – wie auch immer gearteter – Diebstahl ist. Achten Sie insbesondere auf Möglichkeiten, wo Sie eigenen Code wiederverwenden können. Indem Sie Code verwenden, der schon irgendwo anders seinen Dienst fehler- und beschwerdefrei verrichtet, sparen Sie Zeit und Nerven beim Entwickeln Ihrer Anwendung.

✔ **Modularisieren Sie Ihre Anwendung:** Ein paar Zeilen Code zu schreiben und zu *debuggen* (von Fehlern zu befreien) erfordert Zeit und Mühe. Den Code später zu warten nimmt davon noch mehr in Anspruch. Wenn Sie jedes Mal, wenn Sie ein Problem entdecken, dieselben Änderungen an unzähligen Stellen in Ihrem Programm durchführen müssen, verschwenden Sie Zeit und Energie, die Sie anderswo besser nutzen könnten. Schreiben Sie Ihren Code einmal, verpacken Sie ihn in einer Funktion und verwenden Sie die Funktion überall dort, wo Sie sie brauchen.

✔ **Planen Sie Fehler ein:** Stellen Sie sicher, dass Ihr Code möglichst viele Fehlerfallen selbst bemerkt. Es ist einfacher, einen Fehler abzufangen und dann in Würde – und mit einer passenden Fehlermeldung – die Anwendung zu beenden, als einfach nur abzustürzen und möglicherweise noch Daten zu verlieren, die Sie dann mühselig wiederherstellen müssen. Wenn Sie Code zum Fehlerabfangen schreiben, stellen Sie sicher, dass er einerseits die Arten von Fehlern erkennt, die Sie erwarten, und fügen Sie dann andererseits noch allgemeinere Abfangroutinen ein, die auch mit unerwarteten Fehlern zurechtkommen.

✔ **Dokumentieren Sie Ihre Anwendung:** Jede Anwendung erfordert Dokumentation. Selbst wenn Sie die Anwendung nur zum eigenen Gebrauch schreiben, sollten Sie unbedingt eine Dokumentation erstellen, denn irgendwann haben Sie vergessen, was Ihr Code (genau) macht. Profis wissen aus eigener Erfahrung, dass gute Dokumentation wesentlich ist. Wenn Sie die Dokumentation erstellen, schreiben Sie auf, warum Sie die Anwendung so und nicht anders entworfen haben, welches Problem Sie mit der Software lösen wollen, welche Hindernisse sich bei der Entwicklung in Ihren Weg gestellt haben und welche Fehlerbehebungen und Verbesserungen Sie in der Vergangenheit vorgenommen haben. Manchmal wollen Sie auch nur beschreiben, was eine Anwendung tut und mit welchen Schnittstellen sie arbeitet – und nicht ganz genau ins Detail gehen, wie der Code exakt funktioniert.

✔ **Stellen Sie sicher, dass Ihre Anwendung auch Dokumentation im Sinne von Kommentaren im Code enthält:** Kommentare innerhalb von Anwendungen helfen auf mehreren verschiedenen Ebenen. Die wichtigste ist sicher die Gedächtnisstütze, wenn Sie herauszubekommen versuchen, was die Anwendung im Detail tut. Es ist jedoch auch wichtig zu berücksichtigen, dass die Eingabe von `help('AnwendungsName')` genau die Kommentare in Ihrer Anwendung aufbereitet und dem Anwender als Hilfestellung anbietet.

✔ **Verbessern Sie Ihre Anwendung, *nachdem* Sie tut, was sie soll:** Leistungsfähigkeit besteht aus drei Elementen: Verlässlichkeit, Sicherheit und Geschwindigkeit. Eine verlässliche Anwendung arbeitet konsistent und prüft auf Fehler, bevor sie Änderungen an Daten vornimmt. Eine sichere Anwendung achtet auf Datenintegrität – zum Beispiel darauf, immer die Originaldaten irgendwo zu speichern – und stellt sicher, dass Anwendungsfehler abgefangen werden. Eine schnelle Anwendung führt die Aufgaben in möglichst kurzer Zeit aus. Bevor Sie jedoch Verbesserungen in dieser Hinsicht vornehmen können, muss die Anwendung erst einmal laufen. Vergessen Sie nicht die Funktion `profile()`, mit der Sie Geschwindigkeit und Speicherbedarf Ihrer Anwendung überprüfen können und damit nachverfolgen können, ob sich Veränderungen am Programm wie gewünscht auswirken.

✔ **Machen Sie die Anwendung unsichtbar:** Wenn ein Anwender viel Zeit darauf verwenden muss, sich mit Ihrer Anwendung auseinanderzusetzen, wird Ihre Anwendung über kurz oder lang verstauben. Beispielsweise ist die ärgerlichste Frage der Welt: »Sind Sie sicher?« Wenn der Anwender nicht sicher wäre, gäbe es keinen Grund, die Aktion überhaupt auszuführen. Machen Sie stattdessen lieber eine Sicherungskopie des zu verändernden Zustandes (der Daten) und geben Sie so dem Nutzer die Möglichkeit, die letzte Änderung rückgängig zu machen. Genau genommen wollen Anwender so wenig wie möglich von Ihrer Anwendung sehen – sie sollte überwiegend unsichtbar sein. Wenn ein Nutzer sich mithilfe Ihrer Anwendung um die Lösung seiner Probleme kümmern kann, wird Ihre Anwendung zu seinem Lieblingswerkzeug und macht durch gute Arbeit Werbung für weitere Versionen oder andere Produkte aus Ihrer Hand.

✔ **Lassen Sie den Computer so viel Arbeit wie möglich tun:** Immer wenn Sie etwas für den Anwender einfacher gestalten, reduzieren Sie die Gefahr, dass ein Fehler passiert, den sie beim Entwurf des Programms nicht berücksichtigt haben. Vereinfachen heißt aber nicht bevormunden. Beispielsweise liegen Anwendungen, die bei Nutzereingaben vorhersehen wollen, was als Nächstes kommt, häufig falsch und nerven eher, als dass sie echte Hilfe leisten. Lassen Sie den Anwender schreiben, was er für richtig hält, und prüfen Sie anschließend, ob auch keine Tippfehler oder andere Gründe darin liegen, die die Anwendung behindern könnten. Noch besser: Anstelle herauszufinden, was der/die AnwenderIn als Nächstes schreiben will, verzichten Sie ganz auf Text und entwerfen Sie eine Schnittstelle, bei der Eintippen überflüssig ist. Beispielsweise könnten Sie auf die gleichzeitige Eingabe von Postleitzahl und Ort in einer Anwendung verzichten und nach Eingabe der Postleitzahl nur noch ein Auswahlmenü mit den zur Postleitzahl gehörenden Orten anzeigen.

Teil V

Spezialeinsätze für MATLAB

In diesem Teil ...

✔ Verwenden Sie Algebra, um Gleichungen zu lösen und Nullstellen zu finden.

✔ Erstellen Sie statistische Auswertungen für eine Präsentation.

✔ Betreiben Sie Analysis und Algebra.

✔ Lösen Sie Differentialgleichungen.

✔ Erzeugen Sie beeindruckende Diagramme und werten Sie bestehende Diagramme auf.

Gleichungen lösen und Nullstellen finden

14

In diesem Kapitel ...

▶ Die *Symbolic Math Toolbox* verwenden.

▶ Algebraische Probleme lösen.

▶ Statistische Probleme lösen.

MATLAB ist unschlagbar, wenn es um das Lösen von Gleichungssystemen und das Finden von Nullstellen geht. Natürlich erfordert eine korrekte Antwort, dass Sie auch die richtige Frage stellen. Daher ist die richtige Kommunikation mit MATLAB ein wesentlicher Teil der Lösung Ihrer mathematischen Probleme. Dieses Kapitel zeigt Ihnen, wie Sie spezielle Arten von Gleichungen lösen und Nullstellen finden. Wichtig beim Durchlesen dieses Kapitels ist, dass Sie die Vorgehensweise erkennen und verinnerlichen, mit der Sie Ihre eigenen mathematischen und statistischen Probleme lösen können.

In den meisten Fällen gibt es viele Wege, um eine Antwort auf eine Frage zu erhalten. In diesem Kapitel stellen wir Ihnen für jede Art von Gleichung oder Nullstellenproblem jeweils eine Methode vor. Sie können jedoch online weitere Lösungswege finden. Eine Möglichkeit dafür wäre MATLAB *Answers* (http://www.mathworks.com/matlabcentral/answers/). Wichtig ist jedoch, dass MATLAB – wie immer – nur dann eine passende Antwort parat hat, wenn Sie Ihr Problem in einer entsprechenden Frage fassen können.

Mit der Symbolic Math Toolbox arbeiten

Mit der *Symbolic Math Toolbox* reduzieren Sie die Arbeit für das Lösen von Gleichungen immens. Für manche könnte sie fast etwas Magisches haben. Natürlich ist keine Magie im Spiel – die schlauen Programmierer von MATLAB lassen es nur so aussehen.

Bevor Sie jedoch mit der aufregenden Arbeit mit der *Symbolic Math Toolbox* anfangen können, muss diese installiert sein. Wenn Sie die Studentenversion von MATLAB haben, ist die Toolbox standardmäßig installiert. In diesem Fall können Sie die ersten beiden der folgenden Abschnitte überspringen und gleich mit dem Abschnitt *Mit der grafischen Benutzeroberfläche arbeiten* anfangen. Wenn Sie keine Studentenversion von MATLAB haben, beginnen Sie mit dem nächsten Abschnitt, holen Sie sich Ihre Version der *Symbolic Math Toolbox* und installieren Sie sie auf Ihrem System.

Eine Version der Toolbox erhalten

Bevor Sie mit der Arbeit anfangen können, benötigen Sie entweder eine Testversion oder eine gekaufte Version der *Symbolic Math Toolbox*. Wenn Sie eine Testversion haben, müssen Sie vor dem Herunterladen mit einem Mitarbeiter von MATLAB sprechen, bevor Sie die Datei auch wirklich herunterladen können. Sehen Sie sich die Produktinformationen unter http://www.mathworks.com/products/symbolic/ an und klicken Sie auf eine der Verknüpfungen im Bereich Testen oder Kaufen (normalerweise rechts oben). Nachdem Sie die Bestätigung Ihres Kaufs oder Ihrer Testlizenz haben, laden Sie die Software gemäß den folgenden Schritten auf Ihren Computer:

1. **Gehen Sie in Ihrem Browser auf die Seite** http://www.mathworks.com/downloads/downloads/.

   Sie sehen die Download-Seite von MATLAB, wie in Abbildung 14.1 zu sehen.

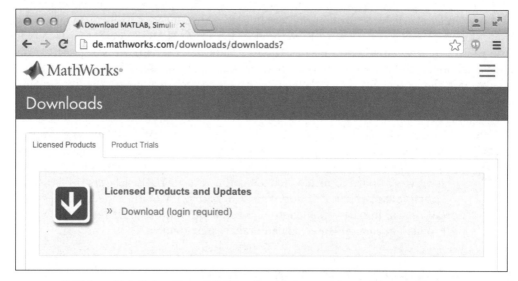

Abbildung 14.1: Gehen Sie auf die Download-Seite, um die Datei herunterzuladen.

2. **Klicken Sie auf die Verknüpfung** *Download* **auf dem Reiter** *Licensed Products***.**

   Sie sehen die Seite zum Einloggen, wie in Abbildung 14.2 dargestellt. Wenn Sie schon eingeloggt sind, sehen Sie diese Seite nicht. Dann können Sie direkt zu Schritt 4 springen.

3. **Geben Sie Ihre Mailadresse und Ihr Passwort in die entsprechenden Felder ein und klicken Sie anschließend auf** *Log In***.**

   Sie sehen die mit Ihrem Konto verknüpften Produkte, wie in Abbildung 14.3.

4. **Klicken Sie auf den Link für das MATLAB-*Release*, welches Sie auf Ihrem Computer installiert haben.**

   Jetzt wird eine Seite mit den unterstützten Plattformen angezeigt.

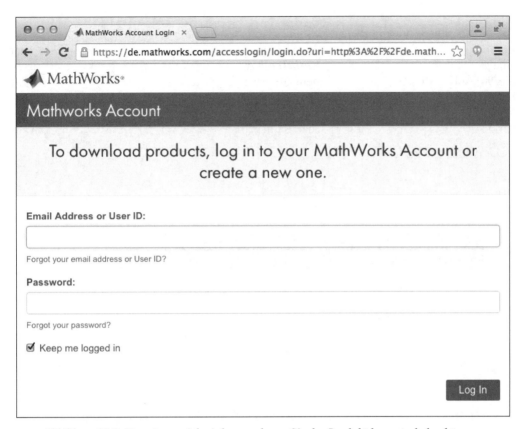

Abbildung 14.2: Sie müssen sich einloggen, bevor Sie das Produkt herunterladen können.

5. Bestimmen Sie die für Sie zutreffende Plattform.

Wenn Sie sich nicht sicher sind, was Sie auswählen sollen (zum Beispiel 32-bit oder 64-bit), wenden Sie sich an Ihren Administrator oder lesen Sie in der Systeminformation nach.

6. Klicken Sie auf die richtige Plattform.

Jetzt wird der *Mathworks Installer* für Ihre Plattform heruntergeladen. Je nach Plattform und Browser sehen Sie möglicherweise eine Dialogbox für das Herunterladen. Wenn das Laden automatisch beginnt, können Sie Schritte 7 und 8 der Anleitung überspringen.

7. Klicken Sie auf *Manually Download Your Products* am Fuß der Seite.

Sie sehen eine Dialogbox zum Herunterladen.

8. Wenden Sie die Standardprozedur Ihres Browsers zum Herunterladen von Software an.

Das Herunterladen kann ein bisschen Zeit in Anspruch nehmen. Nachdem die Daten erfolgreich geladen wurden, haben Sie die nötigen Dateien auf Ihrem System.

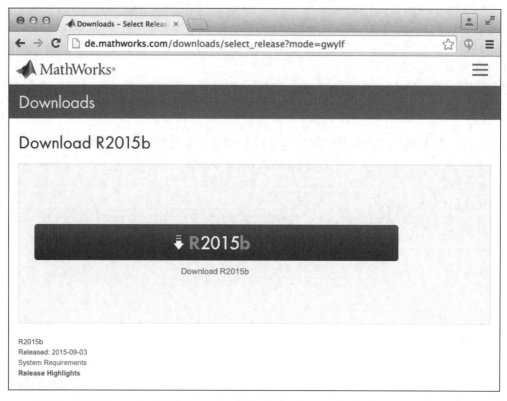

Abbildung 14.3: Nach dem Einloggen sehen Sie die Versionen, die Sie herunterladen können.

 Je nach Plattform müssen Sie hier und dort noch den jeweils nächsten Schritt bestätigen. Die Auswahl des konkreten Produktes findet erst im Installer statt – siehe den nächsten Abschnitt.

Die Symbolic Math Toolbox installieren

Wenn Sie diesen Teil des Kapitels erreicht haben, sollten ein paar neue Dateien auf Ihrem Computer zu finden sein. Diese Dateien enthalten alles, was Sie für die Installation benötigen. Jetzt haben Sie zwei Möglichkeiten:

✔ Wenn das automatische Herunterladen funktioniert hat, sehen Sie eine Dialogbox, die Ihnen sagt, dass das Herunterladen jetzt abgeschlossen ist. Jetzt können Sie zwei Dinge tun:

    • Wählen Sie die Option *Start Installer* und klicken Sie auf *Finish*, um den Installationsprozess zu beginnen. Der *MathWorks Installer* wird jetzt automatisch gestartet.

- Wählen Sie die Option *Open Location of the Downloaded Files* und klicken Sie auf *Finish*. Sie sehen den Ordner mit den geladenen Dateien und klicken jetzt auf die Installationsdatei, um den Installationsprozess zu beginnen. (Die Installationsdatei ist die einzige ausführbare Datei im Verzeichnis).

✔ Wenn Sie die Dateien manuell heruntergeladen haben, suchen Sie den Speicherort für heruntergeladene Dateien auf Ihrem Computer. Öffnen Sie das Verzeichnis und starten Sie den Installationsprozess. (Die Installationsdatei ist die einzige ausführbare Datei im Verzeichnis).

Windows-Nutzer sehen möglicherweise eine Dialogbox der Benutzerkontensteuerung, wenn Sie den *Installer* starten. Klicken Sie auf Ja, um dem *Installer* die Rechte zu geben, Programme auf Ihrem System zu installieren. Wenn Sie das nicht tun, schlägt die Installation fehl. Apple-Nutzer müssen möglicherweise ihr Passwort erneut eingeben, um die Installation zu starten.

Egal wie Sie die Installation gestartet haben, irgendwann sehen Sie eine Dialogbox, wie in Abbildung 14.4 dargestellt. Hier legen Sie die Installationsmethode fest. Im Wesentlichen geht es darum, ob Sie mit dem Internet verbunden sind oder nicht. Wenn Sie verbunden sind, können Sie die erste Option auswählen. In diesem Fall lädt MATLAB die erforderlichen Daten direkt vom *MathWorks*-Server herunter. Wenn Sie keine Verbindung zum Internet haben oder die Daten lieber von der Festplatte verwenden, wählen Sie die zweite Option. In diesem Fall müssen Sie einen Installationsschlüssel haben, den *File Installation Key*.

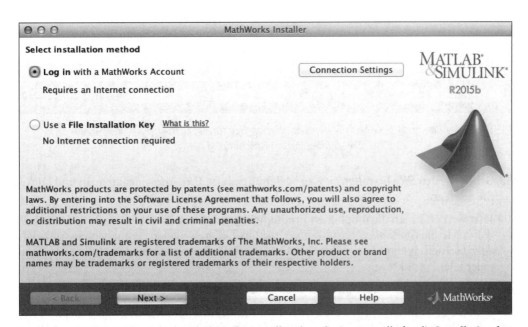

Abbildung 14.4: Die Dialogbox des MathWorks-Installers legt die Datenquelle für die Installation fest.

1. **Wählen Sie eine Installationsquelle (Internet oder Festplatte) und klicken Sie auf *Next*.**

   Jetzt sehen Sie die Dialogbox zur Lizenzvereinbarung.

2. **Lesen Sie die Lizenzvereinbarung, klicken Sie auf *Yes* und dann auf *Next*.**

   Wenn Sie die Option *File Installation Key* gewählt haben, sehen Sie jetzt die Dialogbox *File Installation Key* wie in Abbildung 14.5. Hier geben Sie den Lizenzschlüssel für die Software ein. Wenn Sie den Schlüssel nicht haben, wählen Sie die zweite Option und befolgen die dort angegebenen Schritte. Wenn Sie mit dem Internet verbunden sind und diese Option gewählt haben, werden Sie aufgefordert, sich mit Benutzernamen und Passwort einzuloggen.

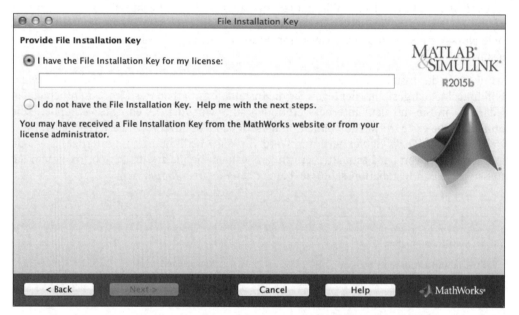

Abbildung 14.5: Geben Sie den Installation Key für die Software ein oder lassen Sie sich bei dessen Beschaffung helfen.

3. **Geben Sie den *File Installation Key* beziehungsweise Ihre Anmeldedaten ein und klicken Sie auf *Next*.**

   Jetzt werden Ihnen die möglichen Produkte angezeigt, wie in Abbildung 14.6 dargestellt. Wenn Sie die *Symbolic Math Toolbox* nachinstallieren wollen, brauchen Sie nur diese auszuwählen. Wenn Sie eine komplette Neuinstallation vorhaben, wählen Sie hier beide (oder alle) Produkte aus.

4. **Klicken Sie die Auswahl *Symbolic Math Toolbox* und dann auf *Next*.**

   Jetzt werden Sie nach einem Zielverzeichnis für die Installation gefragt. Dies ist plattformabhängig. In den meisten Fällen können Sie die Voreinstellung einfach so lassen. Wenn Sie jedoch eine Vorinstallation haben und diese nicht überschreiben wollen, sollten Sie hier ein neues Installationsverzeichnis eingeben.

Abbildung 14.6: Wählen Sie das Produkt aus – hier die Symbolic Math Toolbox.

5. Wählen Sie ein Installationsverzeichnis aus und klicken Sie *Next*.

Wenn Sie schon eine Installation von MATLAB oder anderen Produkten auf Ihrem Computer haben und das Standardverzeichnis beibehalten, wird Sie der *Mathworks Installer* fragen, ob Sie die bestehende Version überschreiben wollen. Klicken Sie auf *Yes To All*, wenn Sie das wollen – zum Beispiel, um MATLAB zu aktualisieren. Klicken Sie auf *No*, wenn Sie das nicht wollen – zum Beispiel, weil MATLAB auf dem aktuellsten Stand ist.

Wenn Sie auf *Yes To All* klicken, erlauben Sie dem *Mathworks Installer*, die bestehende Version von MATLAB zu löschen und eine neue zu installieren. Beachten Sie, dass Sie dabei möglicherweise Ihre speziellen Einstellungen und weitere Anwendungen verlieren können. Darüber hinaus könnten bestimmte Funktionen und Funktionalitäten – zum Beispiel wegen Versionskonflikten – nicht mehr nutzbar sein.

Der *Mathworks Installer* zeigt jetzt eine Dialogbox zum Bestätigen an. Überprüfen Sie detailliert, welcher Umfang der Produkte wohin installiert werden soll.

6. Klicken Sie auf *Install*.

Der Installationsprozess beginnt. Sie können den Fortschritt am entsprechenden Balken nachvollziehen. Die Installation kann ein paar Minuten in Anspruch nehmen – auch abhängig davon, wie viele Daten noch vom Mathworks-Server heruntergeladen werden müssen, welche Optionen Sie bei der Konfiguration der Installation gewählt haben sowie von der Geschwindigkeit der Verbindung und Ihres Systems.

Wenn die Installation abgeschlossen ist, sehen Sie eine Dialogbox, die Ihnen dies anzeigt und die nächsten Schritte vorgibt, wie in Abbildung 14.7 dargestellt.

Abbildung 14.7: Bevor Sie loslegen können, müssen Sie die Version noch aktivieren.

7. **Wählen Sie die Option *Activate MATLAB* und klicken Sie dann auf *Next*.**

   MATLAB fragt Sie, ob Sie Ihre Installation mithilfe des Internets oder manuell aktivieren wollen. Mit dem Internet geht es meist schneller und leichter, es sei denn, Sie haben mit dem Installationsschlüssel auch schon den Lizenzschlüssel (*license key*) heruntergeladen. Dieser wird in Form einer Datei mit dem Namen license.lic zur Verfügung gestellt.

8. **Wählen Sie eine Aktivierungsoption und klicken Sie auf *Next*.**

   Wenn Sie die Option Internet gewählt haben, müssen Sie jetzt Ihre Mailadresse und das Passwort eingeben. Damit loggen Sie sich im System ein und können den Aktivierungsprozess starten. Wenn Sie kein Konto bei Mathworks haben, können Sie entweder ein Konto einrichten oder den Speicherort der Lizenzdatei license.lic angeben.

9. **Geben Sie die entsprechenden Daten ein und klicken Sie auf *Next*.**

   Wenn die Aktivierung erfolgreich war, sehen Sie eine entsprechende Dialogbox. Wenn Sie diese Dialogbox nicht sehen, versuchen Sie die Aktivierung erneut oder wenden sich an den *MathWorks Support*.

10. **Klicken Sie auf *Finish*.**

    Die Installation ist jetzt vollständig abgeschlossen.

Mit der grafischen Benutzeroberfläche arbeiten

Wenn die *Symbolic Math Toolbox* installiert ist, sehen Sie auf dem Reiter *Apps* im MATLAB-Menü einen neuen Eintrag – das *MuPAD Notebook*. Dies ist eine Anwendung, mit der Sie Gleichungen aller Art aufstellen und lösen können. Darüber hinaus können Sie Diagramme auf Basis der Gleichungen im *MuPAD* erstellen und mit Matrizen arbeiten.

 Das *MuPAD* unterstützt eine beträchtliche Anzahl von Operationen. Die vollständige Dokumentation finden Sie unter `http://www.mathworks.com/discovery/mupad.html`. In diesem Abschnitt erhalten Sie nur einen groben Überblick über die Funktionalitäten der Anwendung.

Um zu sehen, wie das *MuPAD* funktioniert, klicken Sie auf die Schaltfläche *MuPAD* auf dem Reiter *Apps*. Sie sehen ein Fenster wie das in Abbildung 14.8. Der Arbeitsbereich erscheint auf der linken Seite des Fensters, ein ganzer Werkzeugkasten von mathematischen Symbolen in einer Anweisungsleiste (*Command Bar*) auf der rechten Seite und eine gewöhnliche Werkzeugleiste oben im Fenster. Der Arbeitsbereich ist in Eingabebereiche (wo Sie Ihre Anweisungen eingeben), Ausgabebereiche (wo Sie die Antwort von MATLAB sehen) und Textbereiche (wo Sie einfachen Text eingeben können) aufgeteilt. Ein paar der Gründe, die für das *MuPAD* sprechen, sind die schön formatierten Berichte und Artikel, die Sie damit erzeugen können.

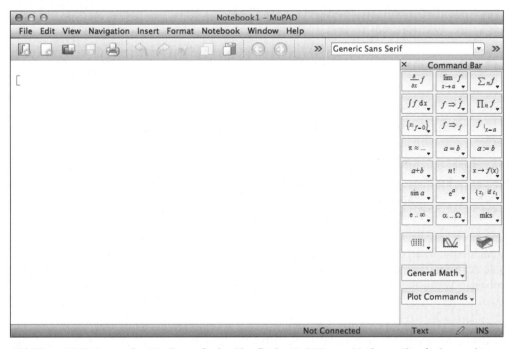

Abbildung 14.8: Verwenden Sie die grafische Oberfläche MuPAD, um Mathematikaufgaben zu lösen.

Sie können das *MuPAD* für einfache Mathematik verwenden. Wenn Sie zum Beispiel **1 + 1** und dann Enter eingeben, erhalten Sie die erwartete Antwort 2. Beachten Sie, dass neben dem Eingabebereich eine graue Klammer steht und der Text der Eingabe rot ist. Wenn Sie Enter drücken, erscheint direkt unter der Klammer mit der Eingabe eine neue Klammer, die die Ausgabe enthält. Dies ist der Ausgabebereich und der Text ist blau. Direkt unter diesen beiden Klammern sehen Sie eine weitere Klammer. Dies ist ein neuer Eingabebereich, der von den beiden anderen Klammern durch eine Leerzeile getrennt ist, wie Sie in Abbildung 14.9 sehen können.

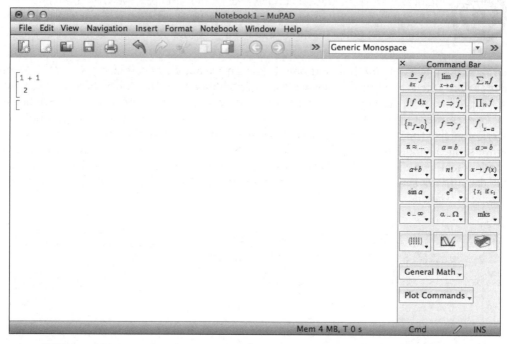

Abbildung 14.9: Der Arbeitsbereich ist unterteilt in Eingabe, Ausgabe und Textbereiche.

Die Eingabe von Informationen funktioniert genauso wie in MATLAB. Beispielsweise benutzen Sie das Zirkumflex-Zeichen (^), um einen Wert zu potenzieren; beispielsweise ist 7^2 sieben quadriert. Ein gebrochener Exponent erzeugt eine Wurzel – wie im Hauptprogramm von MATLAB auch. Beispielsweise ist 27^1/3 die Kubikwurzel von 27.

Eine noch interessantere Funktionalität vom *MuPAD* ist die Anweisungsleiste. Sie können einfach eine Anweisung auswählen (= anklicken), um eine bestimmte Aufgabe auszuführen. Viele der Schaltflächen haben Pfeile nach unten, die noch weitere verwandte Anweisungen offenbaren. Wenn Sie zum Beispiel den Pfeil nach unten neben dem Symbol *sin* α anklicken, sehen Sie alle möglichen trigonometrischen Funktionen, wie in Abbildung 14.10 dargestellt.

Wenn Sie eine neue Anweisung eingeben, wird der zu ersetzende Teil markiert. Um zu sehen, wie das funktioniert, klicken Sie auf die Schaltfläche *n!* in der Anweisungsleiste. Die Anweisung wird daraufhin als (#n)! angezeigt. Geben Sie **5** ein und dann Enter. Im Ausgabebereich sehen Sie jetzt den Wert 120. Sie können entweder etwas – zum Beispiel eine Zahl – eingeben oder wieder auf eine Schaltfläche klicken und eine weitere Funktion an die Stelle des Platzhalters setzen.

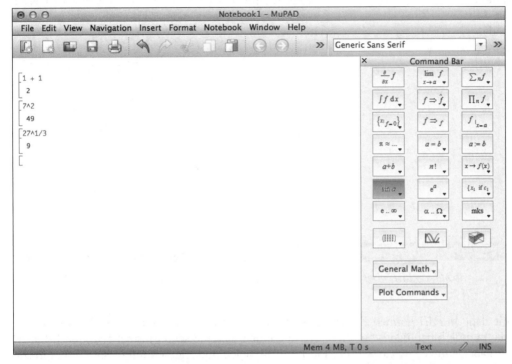

Abbildung 14.10: Die Anweisungsleiste (Command Bar) ermöglicht Zugriff auf zahlreiche Anweisungen.

 Im Gegensatz zu MATLAB können Sie im *MuPAD* Anweisungen verändern, nachdem Sie sie ausgewertet haben. Ersetzen Sie einmal die 5 im vorigen Beispiel durch eine 6 und drücken Sie Enter. Jetzt zeigt der Ausgabebereich den Wert 720 an.

Eine äußerst mächtige Funktion ist solve(). Sie finden Sie im Auswahlmenü *General Math*. Die Funktion solve() hat verschiedene Formen. Um eine von ihnen in Aktion zu sehen, wählen Sie *General Math* ➪ *Solve* ➪ *Exact*. Im Eingabebereich wird jetzt solve(#) angezeigt. Geben Sie hier 2 * x + 3 * y - 22 = 0 ein und dann Enter. Das *MuPAD* gibt nun das Ergebnis aus, wie in Abbildung 14.11 zu sehen.

 Ein Fehler vieler Anwender besteht darin, das Multiplikationszeichen (*) zwischen numerischen Werten und Symbolen zu vergessen. Es ist eben leichter, 2x zu schreiben als 2 * x. Leider versteht das *MuPAD* keine impliziten Multiplikationswünsche, sodass Sie das Symbol immer angeben müssen.

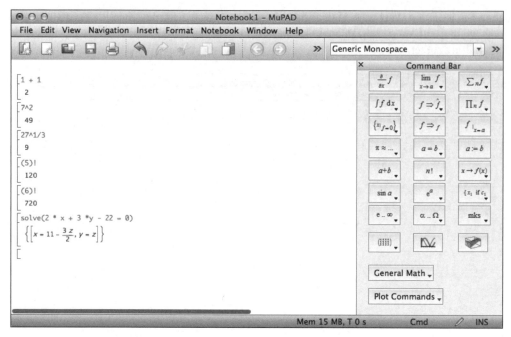

Abbildung 14.11: Das Lösen von Gleichungen ist eine leichte Übung für das MuPAD.

Mit dem _MuPAD_ können Sie zu Ihren Berichten oder Präsentationen auch Grafiken und Diagramme hinzufügen. Auf diese Weise können Sie eine schön formatierte und bebilderte Ausgabe benutzen, wenn Sie Ihre Ideen mit Kollegen und anderen Interessierten besprechen wollen. Leider können wir in diesem Kapitel nur einen kleinen Ausschnitt der vielfältigen Möglichkeiten zeigen.

Eine einfache Anweisung im Anweisungsfenster eingeben

Die wesentlichen Eigenschaften des Anweisungsfensters in MATLAB haben sich durch die Installation der _Symbolic Math Toolbox_ nicht verändert. Sie haben jedoch Zugang zu neuen, zusätzlichen Funktionalitäten. MATLAB hat nämlich Zugriff auf manche Funktionalitäten des _MuPAD_ und Funktionen wie solve(). Mehr Details der Funktionalitäten des _MuPAD_ erhalten Sie unter http://www.mathworks.com/help/symbolic/index.html#btgytun-1. Details zu den neuen Funktionen, die MATLAB von der _Symbolic Math Toolbox_ verwenden kann, lesen Sie unter http://www.mathworks.com/help/symbolic/functionlist.html.

Das Vorgehen für die Verwendung von solve() in MATLAB unterscheidet sich von dem mit dem _MuPAD_. Der vorige Abschnitt in diesem Kapitel hat Ihnen gezeigt, wie Sie mit dem _MuPAD_ eine bestimmte Gleichung lösen. In den folgenden Schritten lösen wir dieselbe Gleichung – jetzt aber im Anweisungsfenster von MATLAB:

1. **Geben Sie** syms x y **ein und dann Enter.**

   MATLAB erzeugt zwei symbolische Variablen x und y. Wenn Sie mit `solve()` arbeiten, verwenden Sie symbolische Variablen. Wenn Sie im Arbeitsbereichsfenster nachschauen, sehen Sie, dass die beiden Variablen als symbolisch deklariert sind.

2. **Geben Sie** solve(2 ∗ x + 3 ∗ y - 22 == 0) **ein und dann Enter.**

   Sie sehen folgende Ausgabe:

   ```
   ans =
   11 - (3*y)/2
   ```

   Beachten Sie, dass Sie ein doppeltes Gleichheitszeichen (==) verwenden müssen, wenn Sie mit MATLAB arbeiten, und ein einfaches Gleichheitszeichen, wenn Sie mit dem *MuPad* arbeiten. Die Ausgabe ist auch unterschiedlich. Vergleichen Sie gern einmal die Ausgabe in diesem Abschnitt mit der Abbildung 14.11.

3. **Geben Sie** solve(2 ∗ x + 3 ∗ y - 22 == 0, y) **ein und dann Enter.**

   Dieses Mal löst `solve()` nach y auf und nicht nach x. Die Ausgabe ist jetzt:

   ```
   ans =
   22/3 - (2*x)/3
   ```

4. **Geben Sie** solve(11 - (3 ∗ y)/2) **ein und dann Enter.**

   MATLAB interpretiert dies als Anweisung, die Gleichung 11 - (3*y)/2 = 0 nach y aufzulösen, das heißt = 0 wird automatisch hinzugefügt. Jetzt haben Sie den Wert von y, für den der korrespondierende Wert von x gleich 0 ist und gleichzeitig beide Werte, also x und y, die ursprüngliche Gleichung lösen. Dieser Wert von y ist gleich 22/3.

5. **Geben Sie** solve(2 ∗ x + 3 ∗ 22/3 - 22 == 0) **ein und dann Enter.**

   Der Wert für x ist jetzt 0. Wenn Sie die beiden Werte für x und y in die ursprüngliche Gleichung eingeben, sehen Sie, dass sie tatsächlich 0 ergibt. Es gibt natürlich gemäß den Gleichungen in Schritten 2 und 3 unendlich viele solcher Wertepaare.

In diesem Abschnitt konnten Sie sehen, dass Sie MATLAB und das *MuPAD* auf unterschiedliche Art und Weise verwenden können, um mit der *Symbolic Math Toolbox* zu arbeiten. Beide Wege sind richtig und gleichwertig, man muss jedoch wissen, wie man von beiden Anwendungen darauf zugreift.

Algebraische Aufgaben lösen

Mit MATLAB können Sie eine Vielzahl algebraischer Aufgaben bearbeiten, selbst wenn Sie die *Symbolic Math Toolbox* nicht installiert haben. Mit der *Toolbox* wird es allerdings um einiges einfacher. Die folgenden Abschnitte stellen das Bearbeiten verschiedener algebraischer

Aufgaben mit der *Symbolic Math Toolbox* vor. Darüber hinaus lernen Sie auch ein paar alternative Methoden zum Durchführen der Aufgaben kennen.

Zwischen numerischer und symbolischer Algebra unterscheiden

Der wesentliche Unterschied zwischen symbolischer und numerischer Algebra besteht darin, dass erstere von Computersystemen verwendet wird, um algebraische Beziehungen mithilfe von Symbolen anstelle von Werten herzuleiten, während letztere von Wissenschaftlern verwendet wird, um Näherungswerte für Gleichungen in der realen Welt zu berechnen. Im Abschnitt *Eine einfache Anweisung im Anweisungsfenster eingeben* weiter vorn in diesem Kapitel haben Sie Gleichungen eingegeben, um symbolische Algebra zu betreiben. In diesem Fall verwenden Sie solve(), welches seinerseits eine exakte Zahl zurückliefert – daher sehen Sie auch den exakten Wert 22/3 für x. Wenn Sie numerische Algebra betreiben wollen, verwenden Sie stattdessen die Funktion vpasolve(). In den folgenden Schritten sehen Sie, wie Sie das konkret umsetzen:

1. **Geben Sie** syms x y **ein und dann Enter.**

   Auch für numerische Algebra müssen Sie die Variablen deklarieren, bevor Sie sie benutzen können.

2. **Geben Sie** vpasolve(2 * x + 3 * y - 22 == 0, x) **und dann Enter ein**

   Sie sehen die folgende Ausgabe:

   ```
   ans =
   11.0 - 1.5*y
   ```

   Diesmal ist die Ausgabe einfacher, beachten Sie jedoch, dass diesmal mit Fließkommazahlen gearbeitet wird. Um die Präzision zu gewährleisten, verwendet symbolische Algebra ganze Zahlen. Eine Fließkommazahl ist eine Näherung im Computer – eine ganze Zahl ist präzise.

   Wenn Sie mit der Funktion vpasolve() arbeiten, müssen Sie angeben, nach welcher Variable Sie die Gleichung auflösen wollen. MATLAB trifft keine Annahmen für Sie und wenn Sie keine Variable angeben, obwohl Sie mit mehreren Variablen arbeiten, wird das Ergebnis voraussichtlich nicht sehr nützlich sein. In unserem Beispiel löst vpasolve() nach x auf.

3. **Geben Sie** vpasolve(11.0 - 1.5 * y) **ein und dann Enter.**

   Jetzt sehen Sie folgende Ausgabe:

   ```
   ans =
   7.3333333333333333333333333333333
   ```

   Der Ausgabewert ist eine Fließkommazahl. Sie haben es also nicht mehr mit einem Bruch zu tun, sondern mit einer approximativen Dezimalzahl. Beachten Sie, dass vpasolve() als Standard eine 32-stellige Zahl ausgibt – ein double-Wert hat 16 Ziffern.

4. **Geben Sie** vpasolve(2 * x + 3 * 7.3333333333333333333333333333333 - 22 == 0) **ein und dann Enter.**

Sie sehen folgende Ausgabe:

```
ans =
0
```

Die Ausgabe ist erneut eine Fließkommazahl. Das Ergebnis ist nicht exakt. Es könnte also interessant sein zu sehen, wie weit der Computer vom wahren Ergebnis entfernt ist.

5. **Geben Sie** 2 * 0 + 3 * 7.3333333333333333333333333333333 − 22 **und dann Enter ein.**

Wahrscheinlich wird MATLAB den Wert 0 ausgeben. Zwar sind die beiden ausgegebenen Werte nicht wirklich exakte Werte, jedoch reicht die Präzision von MATLAB nicht aus, um festzustellen, wie groß der Fehler wirklich ist.

Konvertierung zwischen symbolischen und numerischen Daten

Symbolische und numerische Objekte sind nicht kompatibel. Sie können nicht direkt die Objekte der einen Welt in der anderen verwenden. Um die Daten verwenden zu können, müssen Sie die Daten zunächst konvertieren. Zum Glück fällt in MATLAB das Konvertieren zwischen symbolischen und numerischen Daten leicht. Folgende Funktionen übernehmen das für Sie:

✔ double( ): Konvertiert eine symbolische Matrix in die numerische Form.

✔ char( ): Konvertiert symbolische Objekte in einfache Zeichenketten.

✔ int8( ): Konvertiert eine symbolische Matrix in 8-bit-Ganzzahlen mit Vorzeichen.

✔ int16( ): Konvertiert eine symbolische Matrix in 16-bit-Ganzzahlen mit Vorzeichen.

✔ int32( ): Konvertiert eine symbolische Matrix in 32-bit-Ganzzahlen mit Vorzeichen.

✔ int64( ): Konvertiert eine symbolische Matrix in 64-bit-Ganzzahlen mit Vorzeichen.

✔ poly2sym( ): Konvertiert einen Vektor mit Polynomialkoeffizienten in ein symbolisches Polynom.

✔ single( ): Konvertiert eine symbolische Matrix in Fließkommazahlen mit einfacher Präzision.

✔ sym( ): Definiert neue symbolische Objekte.

✔ sym2poly( ): Konvertiert ein symbolisches Polynom in einen Vektor mit Polynomial-koeffizienten.

✔ symfun( ): Definiert neue symbolische Funktionen.

✔ uint8( ): Konvertiert eine symbolische Matrix in 8-bit-Ganzzahlen ohne Vorzeichen.

✔ `uint16()`: Konvertiert eine symbolische Matrix in 16-bit-Ganzzahlen ohne Vorzeichen.

✔ `uint32()`: Konvertiert eine symbolische Matrix in 32-bit-Ganzzahlen ohne Vorzeichen.

✔ `uint64()`: Konvertiert eine symbolische Matrix in 64-bit-Ganzzahlen ohne Vorzeichen.

✔ `vpa()`: Konvertiert zwischen symbolischer und numerischer Ausgabe. Beispielsweise resultiert `vpa(22/3)` in der Ausgabe `7.3333333333333333333333333333333`.

Quadratische Gleichungen lösen

Es gibt Situationen, in denen die _Symbolic Math Toolbox_ das Leben einfacher macht, aber nicht unbedingt nötig ist. Dies trifft zum Beispiel für die Arbeit mit quadratischen Gleichungen zu. Es gibt zwar eine Vielzahl von Wegen, quadratische Gleichungen zu lösen, die beiden einfachsten sind jedoch `solve()` und `roots()`.

Die Methode `solve()` ist am einfachsten anzuwenden, geben Sie also einmal **solve(x^2 + 3 * x - 4 == 0)** ein und dann Enter (definieren Sie vorher gegebenenfalls x als symbolische Variable mit dem Befehl `syms x`). Daraufhin sollten Sie folgende Ausgabe sehen:

```
ans =
 -4
  1
```

In diesem Beispiel arbeiten Sie mit einer typischen quadratischen Gleichung. Die Gleichung wird direkt als Teil der Eingabe von `solve()` eingegeben. Natürlich müssen Sie das doppelte Gleichheitszeichen (==) verwenden und dürfen die Multiplikationszeichen nicht vergessen, aber ansonsten sieht die Gleichung genauso aus wie mit Papier und Bleistift geschrieben.

Die Version mit `roots()` ist auf den ersten Blick nicht ganz so einfach zu entschlüsseln. Geben Sie `roots([1 3 -4])` ein und dann Enter. Wie schon zuvor erhalten Sie folgende Ausgabe:

```
ans =
 -4
  1
```

Die Ausgabe ist in beiden Fällen gleich – vielleicht in einer anderen Reihenfolge. Wenn Sie jedoch mit der Funktion `roots()` arbeiten, übergeben Sie nur einen Vektor, der die Konstanten (Koeffizienten) der Gleichung enthält. Daran ist grundsätzlich nichts falsch, es könnte jedoch sein, dass Sie nach sechs Monaten auf den Aufruf von `roots()` schauen und nicht mehr wirklich verstehen, was da passiert.

Mit kubischen und anderen nichtlinearen Gleichungen arbeiten

Die *Symbolic Math Toolbox* macht auch das Lösen von kubischen und anderen nichtlinearen Gleichungen leicht. Das Beispiel in diesem Abschnitt erforscht die kubische Gleichung mit der Form ax^3+bx^2+cx+d=0. Die Koeffizienten haben folgende Werte:

✔ a=2

✔ b=-4

✔ c=-22

✔ d=24

Nachdem wir jetzt alle Koeffizienten haben, können wir uns jetzt an die Lösung der Gleichung machen. Mit den folgenden Schritten lösen Sie die Gleichung im Anweisungsfenster:

1. **Geben Sie** syms x **ein und dann Enter.**

   MATLAB erzeugt das benötigte symbolische Objekt.

2. **Geben Sie jeden der folgenden Koeffizienten ein und drücken Sie nach jedem Koeffizienten die Enter-Taste:**

   ```
   a=2;
   b=-4;
   c=-22;
   d=24;
   ```

3. **Geben Sie** Loesungen = solve(a*x^3 + b*x^2 + c*x + d == 0) **und dann Enter ein.**

   Sie sehen folgende Ausgabe:

   ```
   Loesungen =
     -3
      1
      4
   ```

Natürlich können Sie weit komplexere Gleichungen lösen als in unserem Beispiel, aber das Beispiel dient gut als Ausgangspunkt. Die Hauptsache, auf die Sie achten müssen, besteht in den Koeffizienten, die Sie verwenden. Wenn Sie die Antworten einmal überprüfen wollen, können Sie den Rechner für kubische Gleichungen unter http://www.1728.org/cubic.htm verwenden.

Interpolation verstehen

MATLAB unterstützt viele Interpolationsmethoden – siehe zu Beispiel http://de .wikipedia.org/wiki/Interpolation_(Mathematik) für Hintergrundinformationen zu diesem Thema. Unter http://www.mathworks.com/help/matlab/interpolation-1.html finden Sie einen Überblick über die Interpolationsmethoden, die MATLAB unterstützt.

In diesem Abschnitt arbeiten Sie mit eindimensionaler Interpolation (1D), indem Sie die Funktion `interp1()` verwenden. Die folgenden Schritte zeigen Ihnen, wie Sie dies konkret ausführen können:

1. **Geben Sie** x = [0, 2, 4]; **und dann Enter ein.**

2. **Geben Sie** y = [0, 2, 8]; **und dann Enter ein.**

    Diese beiden Schritte erzeugen eine Folge von Datenpunkten für die Interpolation.

3. **Geben Sie** x2 = [0:.1:4]; **ein und dann Enter.**

    Nun berechnen Sie die verschiedenen Arten der Interpolation: `linear`, `nearest`, `spline` und `pchip`. Die Schritte 4 bis 7 gehen die einzelnen Methoden durch. Ältere Versionen von MATLAB enthielten noch die Option `cubic`, die jedoch durch `pchip` ersetzt wurde.

4. **Geben Sie** y2linear = interp1(x,y,x2); **ein und dann Enter.**

5. **Geben Sie** y2nearest = interp1(x,y,x2,'nearest'); **ein und dann Enter.**

6. **Geben Sie** y2spline = interp1(x,y,x2,'spline'); **ein und dann Enter.**

7. **Geben Sie** y2pchip = interp1(x,y,x2,'pchip'); **ein und dann Enter.**

    Als Nächstes stellen Sie die Interpolationen grafisch dar, damit Sie sie auf dem Bildschirm betrachten können. Die Schritte 8 bis 11 gehen das im Einzelnen durch.

8. **Geben Sie** plot(x,y,'sk-') **und dann Enter ein.**

    Sie sehen ein Diagramm mit den Datenpunkten, welches noch nicht sehr hilfreich ist, aber den Ausgangspunkt für das komplette Diagramm darstellt.

9. **Geben Sie** hold on **und dann Enter ein.**

    Die fertige Grafik soll noch weitere Elemente enthalten. Mit `hold on` können wir diese nach und nach hinzufügen und ersetzen nicht jedes Mal das vorherige Diagramm.

10. **Geben Sie** plot(x2,y2linear,'g--') **und dann Enter ein.**

    Sie sehen die lineare Interpolation gestrichelt über der Darstellung der ursprünglichen Datenpunkte. Beachten Sie, dass Sie zwei Minuszeichen (--) nach dem g eingeben müssen.

11. **Geben Sie** plot(x2,y2nearest,'b--') **und dann Enter ein.**

12. **Geben Sie** plot(x2,y2spline,'r--') **und dann Enter ein.**

13. **Geben Sie** plot(x2,y2pchip,'m--') **und dann Enter ein.**

14. **Geben Sie** legend('Daten','Linear','Nearest','Spline','PCHIP','Location','West') **ein und dann Enter.**

    Sie sehen das Ergebnis der verschiedenen Berechnungen in Abbildung 14.12.

15. **Geben Sie** hold off **ein und dann Enter.**

    MATLAB schaltet vom Hinzufügemodus in den Ersetzen-Modus bei der Grafik um.

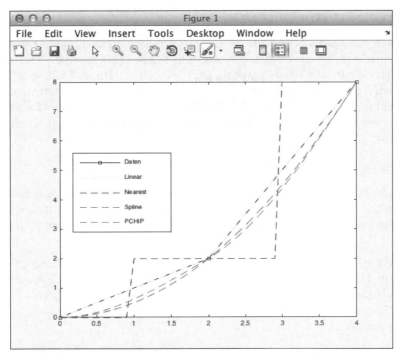

Abbildung 14.12: Die Ergebnisse der Interpolation grafisch darstellen.

Mit Statistik umgehen

Statistik ist ein interessanter Teil der Mathematik, der sich mit dem Sammeln, dem Organisieren, der Analyse, der Interpretation und der Präsentation von Daten beschäftigt. Sie können Statistik zum Beispiel benutzen, um die Wahrscheinlichkeit zu berechnen, dass ein möglicher Kunde Ihr Produkt kauft und nicht das – natürlich unterlegene – der Konkurrenz. In der Tat könnte die moderne Geschäftswelt nicht ohne Statistik auskommen.

 MATLAB unterstützt die grundlegenden statistischen Methoden. Wenn Sie jedoch einen großen Teil Ihrer Arbeitszeit mit Statistik zubringen, finden Sie die Standardmethoden von MATLAB vielleicht ein bisschen dürftig. Dann könnte es sich lohnen, sich die *Statistics Toolbox* von MATLAB genauer anzusehen. Mehr zu deren zusätzlicher Funktionalität finden Sie unter http://www.mathworks.com/products/statistics/. Wenn Sie hingegen häufig Kurven an Daten anpassen, könnte die *Curve Fitting Toolbox* das Richtige für Sie sein. Mehr zu deren zusätzlicher Funktionalität finden Sie unter http://www.mathworks.com/products/curvefitting/. Zugegebenermaßen können Sie einfache Methoden zum Anpassen von Kurven an Daten im Diagrammfenster verwenden. Die dort vorhandenen Funktionalitäten sind jedoch häufig nicht ausreichend für die von Ihnen gewünschten Ergebnisse. Die folgenden Abschnitte kommen in den Beispielen ohne beide Werkzeugkisten aus.

Deskriptive Statistik verstehen

Wenn Sie sich mit *deskriptiver Statistik* beschäftigen, beschreiben Sie quantitativ die Charakteristik einer Ansammlung von Daten, wie zum Beispiel größter und kleinster Wert, den Durchschnittswert und die Streuung um diesen Durchschnitt. Dieser Teilbereich der Statistik wird verwendet, um Daten so zusammenzufassen, dass sie leichter erfasst werden können. MATLAB stellt Ihnen eine Reihe von Funktionen zur Verfügung, mit denen Sie grundlegende statistische Operationen ausführen können. In den folgenden Schritten lernen Sie einige davon kennen:

1. **Geben Sie** rng('shuffle','twister'); **ein und dann Enter.**

   Mithilfe der Funktion rng( ) initialisieren Sie den Pseudo-Zufallszahlgenerator, um damit im Anschluss Pseudo-Zufallszahlen generieren zu können. Ältere Versionen von MATLAB verwenden andere Methoden zum Initialisieren, für neue Anwendungen sollten Sie jedoch immer die Funktion rng( ) verwenden.

   Der erste Wert, shuffle, weist MATLAB an, die aktuelle Zeit als *Seed* für den Generator zu verwenden. Der *Seed* legt den Anfangswert einer numerischen Folge fest, damit kein sich wiederholendes Muster erzeugt wird. Wenn Sie – zum Beispiel zum Testen – immer wieder dieselbe Sequenz von Pseudo-Zufallszahlen benötigen, geben Sie anstelle von shuffle einfach eine Zahl ein.

   Der zweite Wert, twister, ist der spezielle Zahlengenerator, den Sie verwenden wollen. MATLAB stellt eine Vielzahl von Pseudo-Zufallszahlgeneratoren zur Verfügung, sodass Sie einerseits verschiedene gewünschte statistische Eigenschaften Ihrer Zahlenfolge besonders betonen können und andererseits noch mehr Unvorhersagbarkeit in Ihre Zahlenfolgen einbauen können. Im nächsten Kasten *Pseudo-Zufallszahlen erzeugen* lesen Sie darüber mehr.

2. **Geben Sie** w = 100 * rand(1,100); **gefolgt von Enter ein.**

   Dieser Aufruf erzeugt 100 Pseudo-Zufallszahlen, die zwischen 0 und 1 gleichverteilt sind. Diese Zahlen werden noch mit 100 multipliziert, damit sie mit den ganzen Zahlen aus den Schritten 4 und 5 vergleichbar sind.

3. **Geben Sie** x = 100 * randn(1,100); **und dann Enter ein.**

   Dieser Aufruf erzeugt 100 Pseudo-Zufallszahlen, die mit Mittelwert 0 und Standardabweichung 1 normalverteilt, also standardnormalverteilt, sind. Die Zahlen können positiv und negativ sein und die Multiplikation mit 100 stellt in diesem Fall nicht sicher, dass die resultierenden Werte zwischen -100 und 100 liegen – wie wir später noch genauer sehen werden.

4. **Geben Sie** y = randi(100,1,100); **ein und dann Enter.**

   Dieser Aufruf erzeugt 100 ganzzahlige Pseudo-Zufallszahlen, die zwischen 1 und 100 gleichverteilt sind.

5. Geben Sie z = randperm(200,100); **ein und dann Enter.**

Diese Anweisung erzeugt 100 eindeutige ganze Pseudo-Zufallszahlen, die zwischen den Werten 1 und 200 gleichverteilt sind. Es gibt keine Wiederholungen in der Folge, die Werte werden jedoch aus dem Zahlenbereich zwischen 1 und 200 gezogen. (Genau genommen wird hier eine zufällige Permutation der ganzen Zahlen von 1 bis 200 erzeugt und es werden die ersten 100 Zahlen dieser Permutation zurückgegeben.)

6. Geben Sie AlleWerte = [w;x;y;z]; **ein und dann Enter.**

Dieser Aufruf erzeugt eine 100 x 4-Matrix für die spätere Erzeugung des Diagramms. Indem wir die vier Zahlenfolgen in eine einzige Matrix schreiben, können wir ohne große Umstände ein Diagramm für alle vier Verteilungen erzeugen.

7. Geben Sie hist(AlleWerte,50); **ein und dann Enter.**

Sie sehen ein Histogramm, welches alle vier Verteilungen enthält.

8. Geben Sie legend('rand','randn','randi','randperm') **ein und dann Enter.**

Mithilfe einer Legende lassen sich die Verteilungen besser identifizieren, wie in Abbildung 14.13 dargestellt. Beachten Sie, wie sich die verschiedenen Verteilungen unterscheiden. Nur die Verteilung randn() erzeugt positive und negative Zahlen.

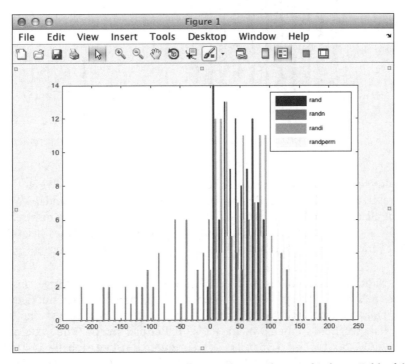

Abbildung 14.13: Das Histogramm zeigt die Verteilungen der verschiedenen Zahlenfolgen.

9. Geben Sie set(gca, 'XLim',[0,200]); **und dann Enter ein.**

Die Abbildung 14.14 zeigt eine vergrößerte Darstellung des Bereiches, in dem die Werte der Verteilungen rand(), randi() und randperm() liegen und der in Abbildung 14.13 etwas schwierig zu erkennen ist. Beachten Sie die relativ gleichmäßig hohen Säulen von randperm(). Die Ausgabe von rand() und randi() hat erkennbare Spitzen.

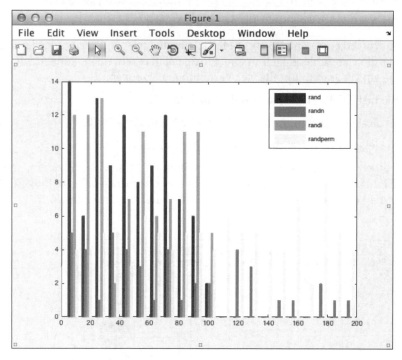

Abbildung 14.14: Mit dem vergrößerten Ausschnitt lassen sich Details besser erkennen.

Diese Prozedur hat ein paar Aspekte der Arbeit mit Statistik vorgeführt. Wesentlich ist, dass Sie die korrekte Funktion für die Erzeugung Ihrer Zufallszahlen anwenden. Wenn Sie die Ergebnisse grafisch darstellen wollen, sind Diagramme wie das Histogramm sehr hilfreich. Vergessen Sie nicht, dass Sie die Erscheinung Ihrer Diagramme immer beeinflussen und nachträglich verändern können, um Ihre Ergebnisse ins beste Licht zu rücken.

Natürlich können Sie mit den Vektoren auch andere Dinge anstellen. Beispielsweise können Sie die Standard-Statistikfunktionen auf sie anwenden. Falls Sie sich eine kleine Auffrischung zu Lage-, Streuungs- und Zusammenhangsmaßen gönnen wollen, ist zum Beispiel http://de.wikipedia.org/wiki/Parameter_(Statistik) ein guter Einstieg. Tabelle 14.1 enthält eine Liste von passenden Funktionen, beschreibt kurz deren Zweck und gibt ein kleines Beispiel, welches auf den Beispiel-Datensätzen AlleWerte und w weiter vorn in diesem Abschnitt aufbaut.

Funktion	Beschreibung	Beispiel
corrcoef()	Berechnet die Korrelationsmatrix zwischen Elementen einer Matrix.	corrcoef(AlleWerte)
cov()	Berechnet die Kovarianzmatrix für einen Vektor oder eine Matrix.	cov(AlleWerte)
max()	Ermittelt das größte Element in einem Vektor. Für Matrizen wird das größte Element jeder Zeile ermittelt.	max(w)
mean()	Berechnet den Durchschnitt oder Mittelwert des Vektors. Für Matrizen wird der Durchschnitt für jede Zeile berechnet.	mean(w)
median()	Berechnet den Median des Vektors. Für Matrizen wird der Median für jede Zeile berechnet.	median(w)
min()	Ermittelt das kleinste Element in einem Vektor. Für Matrizen wird das kleinste Element jeder Zeile ermittelt.	min(w)
mode()	Berechnet den häufigsten Wert im Vektor. Für Matrizen wird der häufigste Wert für jede Zeile berechnet.	mode(w)
std()	Berechnet die Standardabweichung des Vektors. Für Matrizen wird die Standardabweichung für jede Zeile berechnet.	std(w)
var()	Berechnet die Varianz des Vektors. Für Matrizen wird die Varianz für jede Zeile berechnet.	var(w)

Tabelle 14.1: Elementare statistische Funktionen in MATLAB

Pseudo-Zufallszahlen erzeugen

Wirkliche Zufallszahlen mit einem Computer zu erzeugen ist unmöglich, es sei denn, man benutzt den Computer nur als Hilfsmittel, um andere Quellen von Zufall aufzubereiten. Echte Zufallszahlen gibt es zum Beispiel hier: https://www.random.org/. Alle von einem Computer erzeugten Zufallszahlen werden von Algorithmen erzeugt und heißen daher Pseudo-Zufallszahlen oder auch deterministische Zufallszahlen. Die Zahlenfolge hat ein Muster, welches sich irgendwann wiederholt. Je nach dem verwendeten Algorithmus kann die Sequenz ziemlich lang werden und für das menschliche Auge praktisch nicht von einer Folge echter Zufallszahlen zu unterscheiden sein. Computer können allerdings nicht so leicht überlistet werden und so kann jeder Computer das Muster und die Wiederholung in der Folge entdecken. Mehr dazu lesen Sie unter http://de.wikipedia.org/wiki/Zufallszahlengenerator.

MATLAB kann Zufallszahlen mit verschiedenen Verteilungen erzeugen. Die Funktion rand() erzeugt gleichverteilte Zufallszahlen, randn() erzeugt normalverteilte Zufallszahlen, randi() erzeugt gleichverteilte ganze Zufallszahlen und randperm() erzeugt eine zufällige Ziehung aus dem vorgegebenen Wertebereich, bei denen keine Zahl wiederholt wird. Darüber hinaus enthält MATLAB zwei Methoden, um die Pseudo-Zufallszahlen noch zufälliger erscheinen zu lassen. Die erste ist der *Seed-Wert*. Dies ist der Ausgangswert, den der Algorithmus verwendet, um die Folge von Zufallszahlen zu berechnen. Mit diesem Wert initialisiert man also den Algorithmus. Die zweite besteht in der Variation der Zufallszahlgeneratoren – also Algorithmen – für die Erzeugung der Zahlenfolge. Im Folgenden sind ein paar Möglichkeiten aufgezählt. Zu deren Qualität siehe zum Beispiel: http://de.wikipedia.org/wiki/Liste_von_Zufallszahlengeneratoren. Hier sind sie:

✔ 'combRecursive': Arbeitet nach der Methode des kombinierten multipel rekursiven Generators (MRG).

✔ 'multFibonacci':Verwendet die multiplikative verzögerte Fibonacci-Variante (MLFG) des verzögerten Fibonacci-Generators (LFG) – das *L* steht für *lagged* (= verzögert).

✔ 'twister': Verwendet den Mersenne-Twister-Algorithmus.

✔ 'v5uniform': Verwendet den MATLAB 5.0 gleichverteilten Generator, der dieselben Ergebnisse wie die Funktion rand() mit der Option 'state' liefert. Sie sollten die Funktion rng() verwenden, um die Zahlen zu erzeugen, und nicht – wie bisher – die Funktion rand(). Mehr dazu lesen Sie unter: http://www.mathworks.com/help/matlab/math/updating-your-random-number-generator-syntax.html.

✔ 'v5normal': Verwendet den MATLAB 5.0 normalverteilten Generator, der dieselben Ergebnisse wie die Funktion randn() mit der Option 'state' liefert. Sie sollten die Funktion rng() verwenden, um die Zahlen zu erzeugen, und nicht – wie bisher – die Funktion randn(). Mehr dazu lesen Sie unter: http://www.mathworks.com/help/matlab/math/updating-your-random-number-generator-syntax.html.

✔ 'v4': Verwendet den MATLAB 4.0 Generator, der dieselben Ergebnisse wie die Option 'seed' liefert. Mit seed ist ein Zufallszahlgenerator gemeint und nicht der Initialwert. Diese Option ist durch neuere und bessere Generatoren für Pseudo-Zufallszahlen ersetzt worden. Sie sollten sie nur noch verwenden, um alte Folgen von Zufallszahlen exakt reproduzieren zu können. Mehr dazu lesen Sie unter: http://www.mathworks.com/help/matlab/math/updating-your-random-number-generator-syntax.html.

Robuste Statistik verstehen

Robuste Statistik ist ein Teilgebiet der deskriptiven Statistik, in dem versucht wird, Schätzer für Parameter (zum Beispiel die Standardabweichung oder den Mittelwert) zu finden, die auch dann noch verlässliche Werte liefern, wenn die Bedingungen nicht mehr ideal sind. Dazu gehören einzelne extreme Werte, die den Schätzwert arg verändern können, oder Formationen von Datenwolken, die durch sehr kleine Veränderungen von wenigen Werten völlig verschiedene Schätzwerte hervorbringen. Sie verwenden robuste Statistik immer dann, wenn Sie die Gefahr wittern, dass kleine Änderungen große Effekte in den Schätzwerten hervorrufen. Beispielsweise können Sie sich für den Unterschied in der durchschnittlichen Körpergröße von Autofahrern von 1940 und heute interessieren. In diesem Fall würden Sie Extremwerte ausschließen. Nicht ausschließen wollen Sie jedoch Extremwerte, wenn Sie zum Beispiel eine Brücke bauen oder Analysen der Finanzmärkte durchführen. Hier kommt es auf die extremen Werte besonders an. Wenn Sie mit MATLAB in der Grundversion ohne spezielle Zusatzmodule arbeiten, ist der erste Schritt zu robuster Statistik das Ausschließen extremer Werte, indem Sie die größten und kleinsten Werte eines Vektors weglassen.

Der einfachste Weg, größte und kleinste Werte ausfindig zu machen, besteht in den entsprechenden Funktionen aus Tabelle 14.1. Um zum Beispiel den größten Wert eines Vektors zu entfernen, verwenden Sie den Aufruf `a(a == max(a)) = [];`. Der Ausdruck `max(a)` findet den Maximalwert in Vektor a. Der Teil im Index `(a == max(a))` gibt den Index zurück, wo das Maximum im Vektor steht. Diesem Wert weisen Sie schließlich `[]` zu, was ihn löscht. Beachten Sie, dass sich dadurch die Länge des Vektors verändert.

Den kleinsten Wert eines Vektors zu entfernen verläuft analog. In diesem Fall verwenden Sie die Anweisung `a(a == min(a)) = [];`. Beachten Sie, dass die Funktion `min(a)` an die Stelle von `max(a)` getreten ist.

Um zu sehen, ob die Änderungen erfolgreich sind und Sie tatsächlich die Extremwerte entfernt haben, können Sie die Funktion `std()` – für *standard deviation* (Standardabweichung) – verwenden. Wenn wirklich Ausreißer – und keine Werte mit vielen nahen Nachbarn – entfernt wurden, sollte sich die Standardabweichung – also die Ausgabe von `std()` – signifikant verringern.

Die Methode der kleinsten Quadrate anwenden

Die Methode der kleinsten Quadrate ist ein Arbeitstier, das Ihnen immer wieder begegnen wird, wenn Sie in irgendeiner Form mit numerischen Daten arbeiten. Im Grunde ist es eine Methode, mit der Sie eine Kurve mit freien Parametern (Gerade, Polynom und so weiter) an eine vorgegebene Datenmenge anpassen können. Eine exzellente Quelle hierzu ist die Seite http://de.wikipedia.org/wiki/Methode_der_kleinsten_Quadrate. Für viele der in den Kapiteln 14 und 15 vorgestellten Themen benötigen Sie die *Symbolic Math Toolbox*, nicht jedoch für die Methode der kleinsten Quadrate. Sie können sie jedoch auch dafür einsetzen, weshalb wir Ihnen beide Wege vorführen. Was Sie aus den folgenden Abschnitten mitnehmen sollten, ist, dass häufig mehrere Wege zum gesuchten Ziel führen, Sie jedoch mit der Toolbox meist schneller sind.

MATLAB allein verwenden

Um in MATLAB, also ohne die *Symbolic Math Toolbox*, allein eine Kurve an bestehende Daten anzupassen, ist recht viel Schreibarbeit nötig. Die folgenden Schritte bringen Sie auf den Weg. Die Ausgabe besteht aus den Parametern der Kurve und der Summe der Abweichungsquadrate. Wenn Sie weitere Informationen benötigen, wie zum Beispiel das 95-Prozent-Konfidenzintervall, welches häufig verwendet wird, müssen Sie sogar noch mehr Code verfassen.

1. **Geben Sie** XDaten = 1:10; **ein und dann Enter.**

2. **Geben Sie** YDaten = [1, 2, 3.5, 5.5, 4, 3.9, 3.7, 2, 1.9, 1.5]; **ein und dann Enter.**

   Die Vektoren XDaten und YDaten enthalten eine Folge von Punkten, die Sie für die Kleinste-Quadrate-Anpassung verwenden. Die beiden Vektoren müssen dieselbe Anzahl an Elementen haben.

3. **Geben Sie** plot(XDaten, YDaten) **und dann Enter ein.**

   Jetzt sehen Sie ein Diagramm mit den Datenpunkten, wie in Abbildung 14.15 dargestellt. Die Abbildung kann den Prozess veranschaulichen.

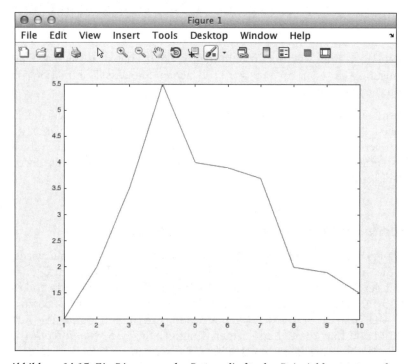

Abbildung 14.15: Ein Diagramm der Daten, die für das Beispiel benutzt wurden.

4. **Geben Sie** fun = @(p) sum((YDaten-(p(1)*cos(p(2)*XDaten) + p(2) * sin(p(1) * XDaten))).^2); **ein und dann Enter.**

Dieser komplexe Fingerbrecher ist genau genommen eine Funktion. Sie können Funktionen verwenden, um die Arbeit mit komplexen Gleichungen wie dieser hier zu automatisieren. Die Gleichung basiert auf der Methode der kleinsten Quadrate (siehe die oben genannte Internetadresse). Die Funktion erwartet eine einzige – vektorwertige – Eingabe: die Anfangswerte der Parameter, mit denen die Kurve an die Daten angepasst wird.

5. **Geben Sie** Anfang = [2,2]; **ein und dann Enter.**

Damit der Prozess funktionieren kann, müssen Sie Anfangswerte für die Parameter vorgeben. Mit den Anfangswerten kann für die Variable fun ein Wert berechnet werden. Im weiteren Verlauf werden die Parameterwerte von MATLAB dann immer so verändert, dass sich fun verkleinert.

6. **Geben Sie** [p, fminres] = fminsearch(fun, Anfang) **ein und dann Enter.**

Die Funktion `fminsearch()` erwartet die zu minimierende Funktion und die Startwerte. Sie führt eine nichtlineare, unbeschränkte Minimierung der Funktion durch und startet dabei bei den Anfangswerten. In unserem Beispiel sehen Sie folgende Ausgabe:

```
p =
    1.6204    1.8594
fminres =
  104.9327
```

Sie können diese Werte natürlich wieder als Anfangswerte definieren und mit der Suche nach dem Minimum erneut beginnen. Dafür geben Sie im Anweisungsfenster **Anfang = [1.6204, 1.8594];** und dann Enter ein. Anschließend geben Sie **[p, fminres] = fminsearch(fun, Anfang)** ein und wieder Enter, damit folgendes Resultat am Bildschirm erscheint:

```
p =
    1.6205    1.8594
fminres =
  104.9327
```

MATLAB mit der Symbolic Math Toolbox verwenden

Wenn Sie mit der *Symbolic Math Toolbox* arbeiten, können Sie das *MuPAD* verwenden, um die Dinge etwas leichter zu gestalten. Darüber hinaus können Sie mit der *Symbolic Math Toolbox* Ihre Arbeit erheblich reduzieren, da sie ein paar der Berechnungen für Sie übernimmt. Die folgenden Schritte basieren auf der Annahme, dass Sie die *Symbolic Math Toolbox* installiert haben und bereits erste Erfahrungen damit im Abschnitt *Mit der grafischen Benutzeroberfläche arbeiten* weiter vorn in diesem Kapitel gesammelt haben.

1. **Öffnen Sie das *MuPAD*, indem Sie auf die Schaltfläche *MuPAD Notebook* im Menü *Apps* klicken.**

2. **Geben Sie** XDaten := [1, 2, 3, 4, 5, 6, 7, 8, 9, 10]: **ein und dann Enter.**

Mit dieser Anweisung erzeugen Sie denselben Datenvektor wie im vorigen Beispiel. Um der Variable XDaten den Vektor zuzuweisen, verwenden Sie den Operator := und nicht den einfachen Zuweisungsoperator (=), den Sie sonst von MATLAB kennen. Indem Sie den Doppelpunkt an das Ende der Zeile setzen, unterdrücken Sie die Ausgabe der Daten.

3. **Geben Sie** YDaten := [1, 2, 3.5, 5.5, 4, 3.9, 3.7, 2, 1.9, 1.5]: **ein und dann Enter.**

Auch diese Daten entsprechen denen aus dem vorigen Beispiel. Jetzt haben Sie die Datenpunkte zusammen, die Sie für die Anpassung mit der Methode der kleinsten Quadrate benötigen.

4. **Geben Sie** stats::reg(XDaten, YDaten,p1*cos(p2*x) + p2 * sin(p1 * x), [x],[p1,p2], Starting-Values =[2,2]) **ein und dann Enter.**

Dieser etwas längliche Ausdruck macht dasselbe wie die Schritte 4, 5 und 6 im vorigen Beispiel. Obwohl dieses Beispiel also etwas komplexer aussieht, spart es doch Zwischenschritte. Sie sehen das Ergebnis in Abbildung 14.16.

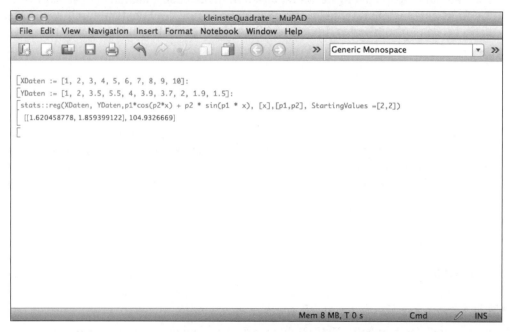

Abbildung 14.16: Das MuPAD liefert in etwa dieselben Ergebnisse wie die reine MATLAB-Version – allerdings mit weniger Arbeit.

Die Werte `1.620458778` und `1.859399122` in der Computerausgabe sind die optimalen Parameter. Sie können sie für eine erneute Anpassung als Anfangswerte verwenden.

5. **Markieren Sie den Teil mit** [2, 2] **in der obigen Gleichung und ersetzen Sie ihn durch** [1.620458778, 1.859399122].

6. **Drücken Sie Enter.**

Damit erhalten Sie neue Parameterwerte und wieder einen Wert für die Zielfunktion (die Summe der Abweichungsquadrate). Das Ergebnis und die Abweichungen der Werte für beide Sätze von Startwerten können Sie in Abbildung 14.17 sehen. Das Ergebnis liegt wieder ziemlich nah bei dem vom vorigen Abschnitt.

```
⊙ ○ ○                              kleinsteQuadrate – MuPAD
File   Edit   View   Navigation   Insert   Format   Notebook   Window   Help

 ⛶    ⛶    ⛶   ⛶   ⛶    ↩    ↪             ⛶  ⛶   ⊙  ⊙    »    Generic Monospace                    ▾   »

XDaten := [1, 2, 3, 4, 5, 6, 7, 8, 9, 10]:
YDaten := [1, 2, 3.5, 5.5, 4, 3.9, 3.7, 2, 1.9, 1.5]:
stats::reg(XDaten, YDaten,p1*cos(p2*x) + p2 * sin(p1 * x), [x],[p1,p2], StartingValues =[2,2])
    [[1.620458778, 1.859399122], 104.9326669]
stats::reg(XDaten, YDaten,p1*cos(p2*x) + p2 * sin(p1 * x), [x],[p1,p2], StartingValues = [1.620458778, 1.859399122])
    [[1.620458787, 1.859399141], 104.9326669]


                                                        Mem 8 MB, T 0 s              Cmd        ∅   INS
```

Abbildung 14.17: Die neuen Anfangswerte verändern das Ergebnis nur unwesentlich.

Die *Symbolic Math Toolbox* spart Zeit und Mühe, indem sie die Anzahl der Zwischenschritte reduziert, mit denen Sie zu Ihrem Ergebnis kommen. Das Ergebnis unterscheidet sich jedoch nicht von dem, welches MATLAB allein erzeugt – das ist schon einmal gut. Da in der *Toolbox* Spezialfunktionen verwendet werden, können Sie sich erhebliche Schreibarbeit sparen.

Analysis und lineare Algebra einsetzen

15

In diesem Kapitel ...

▶ Mit linearer Algebra arbeiten.

▶ Mit Analysis arbeiten.

▶ Differentialgleichungen lösen.

Kapitel 14 stellt Ihnen die *Symbolic Math Toolbox* vor und zeigt in einigen Beispielen, wie man mit ihr mathematische Aufgaben bearbeiten kann. Dieses Kapitel ergänzt und erweitert einige der in Kapitel 14 vorgestellten Konzepte. Bevor Sie mit diesem Kapitel weiterarbeiten, vergewissern Sie sich bitte noch einmal, ob Sie die *Symbolic Math Toolbox* installiert haben – wenn nicht, sollten Sie sie jetzt nachinstallieren und können sich dafür an die Anleitung in Kapitel 14 halten.

In diesem Kapitel finden Sie keine detaillierten Informationen zu bestimmten Problemen der Analysis oder der linearen Algebra. Gleichwohl bietet es einen einfachen Einstieg in die Arbeit mit linearer Algebra, Analysis und Differentialgleichungen in MATLAB. Grundlegende Kenntnisse darüber, wie man Probleme aus diesen Bereichen schnell und korrekt löst, können den entscheidenden Schritt für den Erfolg Ihres Projekts bedeuten.

Vielleicht glauben Sie, diese Art Mathematik bleibt Hochtechnologieumgebungen vorbehalten, wie zum Beispiel der Entwicklung eines Unterseebootes für die Erforschung des Marianengrabens (`http://de.wikipedia.org/wiki/Deepsea_Challenger`). Ganz im Gegenteil werden die Methoden aber auch in fast alltäglichen Situationen gebraucht, zum Beispiel wenn es um die Optimierung der Speisekarte eines Restaurants geht (`http://smallbusiness.chron.com/restaurants-use-linear-programming-menu-planning-37132.html`, auf Englisch). Genau genommen wissen Sie nie, wann und wo Ihnen diese Art Mathematik begegnet, also lohnt es sich, vorbereitet zu sein.

Mit linearer Algebra arbeiten

In linearer Algebra arbeiten Sie in MATLAB hauptsächlich mit Matrizen. Beispielsweise können Sie mithilfe der Funktion `det()` herausfinden, ob eine Matrix singulär oder unimodular ist. Sie können eine Matrix auch reduzieren, um zu sehen, ob das korrespondierende Gleichungssystem lösbar ist. In der Tat können Sie eine Reihe von Aufgaben mit linearer

Algebra mit MATLAB und der _Symbolic Math Toolbox_ erledigen. Die folgenden Abschnitte zeigen Ihnen, wie es geht. Details zur _Symbolic Math Toolbox_ finden Sie in Kapitel 14.

Mit Determinanten arbeiten

Determinanten werden bei der Analyse und Lösung von Systemen linearer Gleichungen verwendet. Wenn die Determinante nicht den Wert null hat, bedeutet dies, dass die Matrix nicht singulär ist und das Gleichungssystem eine eindeutige Lösung hat. Wenn die Determinante den Wert 1 oder -1 hat, nennt man die Matrix _unimodular_. Die Funktion, mit der Sie die Determinante einer Matrix berechnen, ist det(). Als Argument übergeben Sie eine Matrix und erhalten die Determinante zurück.

 Besonders wichtig für numerische Mathematik ist die Funktion cond(), die die Konditionszahl einer Matrix berechnet. Diese Zahl gibt an, wie stark die Lösung einer Gleichung auf eine Variation in den Eingangsdaten reagiert. Insbesondere ist das für die Frage wichtig, wie sich Fehler auf die Lösung des Problems auswirken. Wieder können Sie eine Matrix als Argument übergeben und erhalten die Konditionszahl zurück. Wenn diese nahe bei 1 liegt, handelt es sich um eine gut konditionierte Matrix. Lesen Sie mehr zu dem Thema unter http:// de.wikipedia.org/wiki/Kondition_(Mathematik).

Um zu sehen, wie die beiden Funktionen funktionieren, geben Sie **A = [1, 2, 3; 4, 5, 6; 7, 8, 9];** und dann Enter ein, um eine Testmatrix zu erzeugen. Dies ist eine singuläre Matrix. Geben Sie jetzt **cond(A)** ein und dann Enter. Das Ergebnis von etwa 1.1439e+17 sagt Ihnen, dass dies eine sehr sensitive Matrix ist. Geben Sie nun **det(A)** ein und dann Enter. Das Ergebnis ist diesmal mit etwa 6.6613e-16 ziemlich klein, die Matrix ist also singulär. Wenn Sie eine Matrix mit einer exakt verschwindenden Determinante suchen, geben Sie einmal ES = [0, 0, 0; 0, 0, 1; 0, 0, 0]; und dann Enter ein. Die Antwort auf det(ES) ist exakt 0. Entsprechend ist der Wert von cond(ES) gleich Inf, also unendlich.

Sehen wir uns jetzt noch eine unimodulare Matrix an. Geben Sie dazu **B = [2, 3, 2; 4, 2, 3; 9, 6, 7];** ein und dann Enter, um die Matrix zu erzeugen. Geben Sie nun **cond(B)** ein und dann Enter. Sie sehen, dass die Konditionszahl mit **313.1721** weitaus bescheidener ausfällt. Abschließend geben Sie noch **det(B)** ein und erhalten den Wert 1.0000. Wir haben es also wirklich mit einer unimodularen Matrix zu tun.

Matrizen reduzieren

Mit der Reduktion von Matrizen können Sie die Struktur einer Matrix besser erkennen und Lösungen für das zugehörige Gleichungssystem finden. MATLAB stellt die Funktion rref() zur Verfügung, die die Matrix in reduzierte Stufenform bringt (http://de.wikipedia .org/wiki/Lineares_Gleichungssystem#Reduzierte_Stufenform). Wir können die Reduktion einer Matrix gleich einmal ausprobieren und benötigen dafür nur wenige Schritte.

Der erste Schritt ist, eine passende Matrix zu erzeugen. Geben Sie dazu **A = magic(5)** ein und dann Enter. Die Funktion `magic()` erzeugt ein magisches Quadrat der gewählten Größe. Was das genau ist, können Sie unter `http://de.wikipedia.org/wiki/Magisches_Quadrat` nachlesen. Das Ergebnis ist:

```
A =
    17    24     1     8    15
    23     5     7    14    16
     4     6    13    20    22
    10    12    19    21     3
    11    18    25     2     9
```

Im nächsten Schritt bringen wir die Matrix in reduzierte Zeilenstufenform (= *reduced row echelon form – rref*). Geben Sie **rref(A)** ein und dann Enter. Jede nichtsinguläre Matrix kann auf diese Weise in die Einheitsmatrix verwandelt werden:

```
ans =
     1     0     0     0     0
     0     1     0     0     0
     0     0     1     0     0
     0     0     0     1     0
     0     0     0     0     1
```

Dies allein ist allerdings gar nicht so spannend. Vielmehr können Sie die Funktion *rref()* auch verwenden, um Gleichungssysteme zu lösen. Wenn Sie nämlich die Gleichung `A*x =y` lösen wollen, können Sie mithilfe des Ausdrucks `B=rref([A,y])` eine Form erzeugen, von der Sie die Lösung leicht ablesen können. Wählen wir zum Beispiel `y = [1;0;0;0;0]` und gehen die nächsten Schritte durch:

1. **Geben Sie** y = [1;0;0;0;0]; **ein und dann Enter.**
2. **Geben Sie** A = magic(5); **ein und dann Enter.**
3. **Geben Sie** B=rref([A,y]) ein **und dann Enter.**

   Sie sehen folgende Ausgabe:

```
B =
    1.0000         0         0         0         0   -0.0049
         0    1.0000         0         0         0    0.0431
         0         0    1.0000         0         0   -0.0303
         0         0         0    1.0000         0    0.0047
         0         0         0         0    1.0000    0.0028
```

4. Geben Sie x=B(:,6) **ein und dann Enter.**

Sie sehen folgende Ausgabe:

```
x =
   -0.0049
    0.0431
   -0.0303
    0.0047
    0.0028
```

Jetzt wollen wir die Lösung natürlich testen.

5. Geben Sie A*x **ein und dann Enter.**

Sie sehen folgende Ausgabe:

```
ans =
    0.9999
   -0.0001
   -0.0001
   -0.0001
   -0.0001
```

Beachten Sie, dass die Ausgabewerte den Originalwert nur knapp verfehlen. Mit anderen Worten: Wir können der Lösung trauen.

Eigenwerte berechnen und verwenden

Wenn man eine quadratische Matrix mit einem *Eigenvektor* multipliziert, kommt ein Vielfaches dieses Eigenvektors heraus. Der Vektor wird also länger oder kürzer oder bleibt gleich, verändert jedoch nicht seine Richtung. Der Faktor, um den der Eigenvektor verlängert wird, heißt *Eigenwert*. Als mathematische Formel geschrieben sieht das dann so aus; dabei ist A eine Matrix, v ein Eigenvektor mit Eigenwert λ:

```
Av = λv
```

Eigenwerte werden überall verwendet, zum Beispiel in der Stabilitätsanalyse oder in der Analyse von Korrelationen, wie zum Beispiel in der Hauptkomponentenanalyse. Mehr zu Eigenwerten und Eigenvektoren finden Sie unter http://de.wikipedia.org/wiki/ Eigenwertproblem.

Um zu sehen, wie das funktioniert, geben Sie **A = gallery('riemann',4)** und dann Enter ein. Die Funktion gallery() erzeugt Testmatrizen der gewünschten Größe mit reproduzierbarem Inhalt, sodass Sie Testergebnisse bei Bedarf reproduzieren können. Die Ausgabe von gallery() hängt von der Größe der Matrix und der Funktion ab, mit der die Matrix erzeugt wurde. Mehr zur Funktion gallery() lesen Sie unter http://www.mathworks.com/help/matlab/ref/gallery.html. Die Ausgabe, die auf unsere Beispieleingabe folgt, sieht so aus:

```
A =
     1    -1     1    -1
    -1     2    -1    -1
    -1    -1     3    -1
    -1    -1    -1     4
```

Die Eigenwerte ermitteln wir als Nächstes. Die Ausgabe wird einen Wert für jede Zeile der Matrix enthalten. Geben Sie **lambda = eig(A)** und dann Enter ein, um die Eigenwerte der Testmatrix A zu sehen (die Reihenfolge der vier Eigenwerte kann abweichen). Sie erhalten:

```
lambda =
   -0.1249
    2.0000
    3.3633
    4.7616
```

Faktorzerlegungen berechnen und verstehen

Wie der Name ungefähr vermuten lässt, bedeutet *Faktorzerlegung* die Zerlegung eines mathematischen Objekts in mehrere Faktoren. Sie können Zahlen, Matrizen oder auch Polynome in Faktoren zerlegen. Das Ziel dabei ist immer, die Komplexität des Ausdrucks zu reduzieren und die Struktur offenzulegen. So können Sie zum Beispiel bei einem in Faktoren zerlegten Polynom auf einen Blick die Nullstellen ablesen. Besonders interessant ist in diesem Zusammenhang die Zerlegung in Primzahlen, die bis auf die Reihenfolge eindeutig ist, siehe zum Beispiel: http://de.wikipedia.org/wiki/Primfaktorzerlegung.

In MATLAB verwenden Sie die Funktion factor() für die Faktorzerlegung. Sie können die Funktion factor() mit Zahlen, Matrizen und Polynomen verwenden.

Wenn Sie mit einer Zahl arbeiten, übergeben Sie diese einfach als Argument an die Funktion. Geben Sie beispielsweise einmal factor(2) ein und dann Enter. Die Ausgabe ist 2, weil 2 schon eine Primzahl ist. Geben Sie jetzt factor(12) ein. Die Ausgabe ist diesmal [2, 2, 3], weil 2 * 2 * 3 gerade 12 ergibt.

Bei Polynomen ist es erforderlich, dass Sie zunächst symbolische Objekte mithilfe der Funktion syms erzeugen. Geben Sie syms x y und dann Enter ein, damit die erforderlichen Objekte erzeugt werden. Geben Sie nun **factor(x^2 + 2*x*y + y^2)** und dann Enter ein. Die Ausgabe ist [x + y, x + y].

 Wenn Sie Matrizen dekomponieren – oder in Faktoren zerlegen wollen –, haben Sie mehrere Möglichkeiten. Zu den Angeboten, die MATLAB für Sie bereithält, gehören zum Beispiel Cholesky-, Singulärwert und LU-Zerlegung. Lesen Sie mehr dazu unter http://www.mathworks.com/help/matlab/matrix-decomposition.html.

Mit Analysis arbeiten

Mit Analysis können Sie eine andere Klasse von Problemen lösen als mit Algebra. Genau genommen ist es die Analyse von Veränderungen. Dieser Zweig der Mathematik ist wiederum in zwei Bereiche aufgeteilt: _Differentialrechnung_, die sich mit Veränderungsraten und Steigungen von Kurven beschäftigt, und _Integralrechnung_, in der die Fläche unter Kurven und kumulative Effekte berechnet werden. Die folgenden Abschnitte zeigen, wie Sie MAT-LAB und die _Symbolic Math Toolbox_ auf – zugegebenermaßen recht einfache – Probleme anwenden können.

Differentialrechnung betreiben

MATLAB ist ein guter Partner bei der Lösung von Problemen der Differentialrechnung. Das Beispiel in diesem Abschnitt fängt mit etwas sehr Einfachem an: Differentiation einer Funktion mit einer Veränderlichen (diese nennt man auch _univariate_ Funktionen). MATLAB unterstützt viele verschiedene Formen der Differentialrechnungen – jede mit ihrem eigenen Satz von Funktionen. In unserem Beispiel verwenden Sie die Funktion `diff()`, um die erforderlichen Arbeiten auszuführen. Die folgenden Schritte helfen Ihnen, eine einfache Berechnung durchzuführen:

1. **Geben Sie** syms x **ein und dann Enter.**

   MATLAB erzeugt das symbolische Objekt, das wir im weiteren Verlauf verwenden wollen.

2. **Geben Sie** f(x) = sin(x^3) **ein und dann Enter.**

   Damit erzeugen Sie die symbolische Funktion, mit der wir die Berechnung durchführen wollen. Hier ist die Ausgabe von MATLAB:

   ```
   f(x) =
   sin(x^3)
   ```

3. **Geben Sie** Ableitung = diff(f) **ein und dann Enter.**

   Die Ausgabe von MATLAB zeigt das Ergebnis der Differenzierung:

   ```
   Ableitung(x) =
   3*x^2*cos(x^3)
   ```

 Der Ausdruck `Ableitung(x)` ist eine symbolische Funktion, die Sie weiter verwenden können. Zum Beispiel können Sie die Kurve grafisch ausgeben.

4. **Geben Sie** plot(Ableitung(1:50)) **ein und dann Enter.**

   In Abbildung 15.1 sehen Sie die Kurve der Ableitung der originalen symbolischen Funktion.

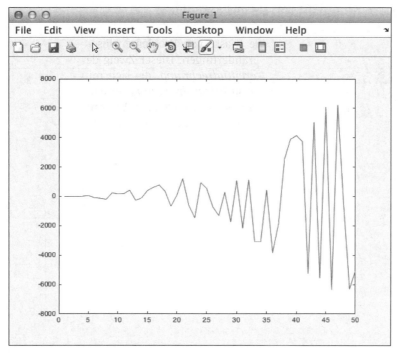

Abbildung 15.1: Die Ableitung der Funktion sin(x^3)

Integralrechnung betreiben

Auch die Unterstützung für Integralrechnung durch MATLAB kann sich sehen lassen. Wie schon im vorigen Beispiel bleiben wir bei Funktionen einer Veränderlichen. In diesem – *univariaten* – Fall verwenden wir die Funktion int(), um das Integral einer Funktion zu berechnen. Mit den folgenden Schritten führen wir diese Aufgabe aus:

1. **Geben Sie** syms x **ein und dann Enter.**

   MATLAB erzeugt das für die Rechnung benötigte symbolische Objekt.

2. **Geben Sie** f(x) = 1 + 1/x **ein und dann Enter.**

   Mit dieser Eingabe erzeugen wir die symbolische Funktion, welche wir integrieren wollen. Hier ist die Ausgabe, die Sie sehen werden:

   ```
   f(x) =
   1/x + 1
   ```

3. **Geben Sie** Integral(x) = int(f,x) **ein und dann Enter.**

   Sie müssen der Funktion int() als zweites Argument eine symbolische Variable übergeben. Folgende symbolische Funktion erhalten Sie als Ausgabe der Integration:

   ```
   Integral(x) =
   x + log(x)
   ```

4. Geben Sie plot(Integral(1:50)) **ein und dann Enter.**

Die Abbildung 15.2 stellt das Ergebnis der Integration grafisch dar.

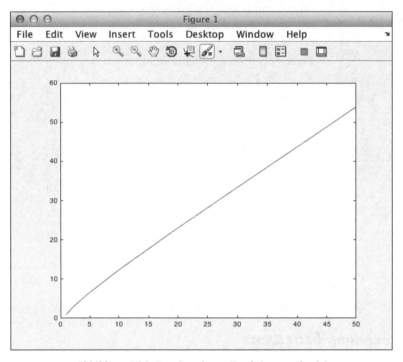

Abbildung 15.2: Der Graph zur Funktion x + log(x)

Analysis mit mehreren Variablen betreiben

Im vorigen Abschnitt haben wir uns auf univariate Funktionen beschränkt und gezeigt, wie man diese differenzieren und integrieren kann. Viele mathematische Probleme kommen jedoch mit einer Variablen nicht aus. Daher zeigen die nächsten Schritte ein Beispiel mit einer *multivariaten* Funktion, also einer Funktion mit mehr als einer Veränderlichen:

1. Geben Sie syms x y **ein und dann Enter.**

MATLAB erzeugt die beiden benötigten symbolischen Variablen für die Berechnung

2. Geben Sie f(x,y) = x^2 * sin(y) **ein und dann Enter.**

Diese symbolische Funktion hat zwei Argumente, x und y, und berechnet aus ihnen einen Wert. Hier ist die Ausgabe dieses Schrittes:

```
f(x, y) =
x^2*sin(y)
```

3. Geben Sie Ableitung_x(x,y) = diff(f,x) **ein und dann Enter.**

In diesem Beispiel akzeptiert die Funktion `Ableitung_x`, die Ableitung von `f` nach `x`, zwei Argumente, `x` und `y`. Wie im vorigen Beispiel kann man den Graphen der Funktion abbilden. Wir wählen einen Schnitt durch die Ebene an der Stelle `x = 1` und skalieren `y` so, dass der Sinus genau eine Periode durchläuft.

Da wir als zweites Argument der Funktion `diff()` ein `x` angegeben haben, wurde die ursprüngliche Funktion nach `x` abgeleitet. Hätten wir hier ein `y` angegeben, wäre die Funktion nach `y` abgeleitet worden: (`df/dy`): `diff(f,y)`. Wenn man Schreibarbeit vermeiden möchte, kann man auch die Variable beim Aufruf von `diff()` weglassen; `diff(f)` berechnet die Ableitung von `f` nach der ersten Variablen von `f`, in diesem Fall also nach `x`.

4. Geben Sie plot(Ableitung_x(1,(0:50)/50 * 2 * pi)) **ein und dann Enter.**

Die Variable y ist so skaliert, dass der letzte Wert gerade 2π ergibt, so wie in Abbildung 15.3.

Sie können auch zwei Vektoren für x und y eingeben. Diese müssen jedoch gleich lang sein. In diesem Fall werden die Funktionswerte für die jeweiligen Paare von x und y dargestellt, sodass immer noch ein zweidimensionales Diagramm entsteht.

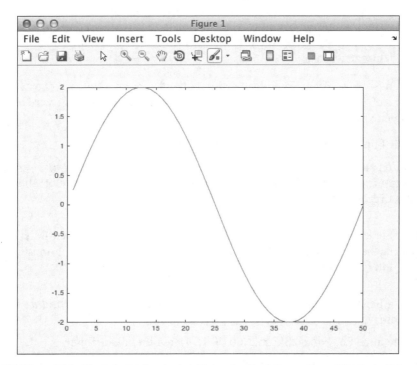

Abbildung 15.3: Ein Schnitt durch eine Ebene der Funktion mit zwei Veränderlichen

Differentialgleichungen lösen

Wenn Sie mit Differentialgleichungen arbeiten wollen, können Sie wieder zwei Wege wählen: numerisch und symbolisch. In den folgenden beiden Unterabschnitten werden beide Wege zur Lösung von Differentialgleichungen vorgestellt. Beachten Sie, dass diese Beispiele nur einen groben Überblick über die entsprechenden Methoden geben können. MATLAB hält eine Fülle von verschiedenen Funktionen bereit, um mit Differentialgleichungen umzugehen.

Numerische Methoden anwenden

Wenn Sie mit Differentialgleichungen arbeiten, müssen Sie zunächst eine Funktion erzeugen, die die zu lösende Differentialgleichung selbst repräsentiert. Diese Funktion übergeben Sie an eine der vielen Lösungsfunktionen von MATLAB. Wenn Sie an dieser Stelle eine geeignete Lösungsfunktion herausgefunden haben, ist der erste Schritt zur Lösung des Problems bereits gemacht. Es gibt eine Vielzahl von Funktionen, die Sie in MATLAB für die numerische Lösung der Gleichung aufrufen können – jede mit ihrer eigenen Lösungsmethode. Unter `http://www` `.mathworks.com/help/matlab/ordinary-differential-equations.html` finden Sie eine Übersicht dazu. Das Beispiel in diesem Abschnitt verwendet die Funktion `ode23()`, die vorgestellte Methode funktioniert jedoch auch für andere Funktionen.

MATLAB hat eine bestimmte Art und Weise, wie es auf Ihre Funktion schaut. Die Reihenfolge, in der Ihre Variablen erscheinen, ist deshalb wesentlich. Darauf müssen Sie also beim Erstellen der Funktion achten. In unserem Beispiel haben wir uns bewusst für eine einfache Gleichung entschieden, um die Komplexität vieler im Internet bereitgestellter Beispiele zu vermeiden. Auf diese Weise können wir uns auf das Wesentliche beim Lösen von Differentialgleichungen mit MATLAB konzentrieren.

Die folgenden Schritte lösen die einfache Differentialgleichung $dy/dt = y$ oder $y' = y$, deren Lösung $y = Ae^x$ lautet, wobei A durch die Anfangsbedingung festgelegt wird. In unserem Beispiel wählen wir $y(0) = 1$, also $A = 1$.

1. **Geben Sie** Funktion = @ (t,y) y **ein und dann Enter.**

   In Funktion steht die rechte Seite der Differentialgleichung $y'(t) = f(t,y)$. In unserem Fall gibt es keine explizite Abhängigkeit von t, sodass der obige Ausdruck genügt. Abbildung 15.3. stellt das Ergebnis dar.

Sie können die Funktion auch als `function` in einer eigenen Datei deklarieren (siehe Kapitel 9). Entgegen den Darstellungen mancher Fundstellen in der Literatur ist dies aber nicht zwingend notwendig.

Die rechte Seite kann ein beliebiger Ausdruck von t und y sein. Wichtig ist jedoch, dass das Ergebnis numerisch stabil berechnet werden kann.

2. **Geben Sie nun** [T,Y] = ode23(Funktion, [0 1], 1); **ein und dann Enter.**

   Die Funktion `ode23()` hat in diesem Fall drei Argumente. Das erste ist die Funktion, also die rechte Seite der Differentialgleichung $y'(t) = f(t,y)$. Das zweite Argument enthält den

Bereich für die Variable t, für die eine numerische Lösung berechnet werden soll. Im dritten Argument steht der Anfangswert. In unserem Beispiel ist *y(0) = 1*, also steht dort eine 1.

Die Lösung besteht aus zwei Vektoren. Der erste enthält die Werte für t und der zweite enthält die korrespondierenden Werte für die Funktion y, welche die Differentialgleichung löst. Beachten Sie, dass die Lösung nur als Tabelle mit Zahlenwerten vorliegt. Eine geschlossene (symbolische) Lösung erzeugt ode23() nicht.

3. **Geben Sie** plot(T,Y) **ein und dann Enter.**

   Jetzt sehen Sie eine Kurve wie in Abbildung 15.4.

Wenn Sie Schritt 3 durch

```
plot(T,Y, 'b-')
hold on
plot(T, exp(T), 'r--')
hold off
```

ersetzen, können Sie die Übereinstimmung mit der geschlossenen Lösung *y = Ae^x* verifizieren.

Geschlossene Lösungen finden

Wenn Sie eine geschlossene Lösung Ihrer Differentialgleichung suchen, benötigen Sie die *Symbolic Math Toolbox*. Die Lösung im vorigen Abschnitt bietet nur Wertepaare, keine symbolische Funktion. Mit der *Symbolic Math Toolbox* erhalten Sie eine geschlossene Lösung der Gleichung. Die dafür zuständige Funktion ist dsolve(). In den nächsten Schritten sehen Sie die geschlossene Lösung des Problems aus dem vorigen Beispiel mithilfe der Funktion dsolve():

1. **Geben Sie** Loesung = dsolve('Dy = y', 'y(0) = 1','t') **ein und dann Enter.**

   Die Argumente von dsolve() sind die zu lösende Gleichung, die Anfangsbedingung und die unabhängige Variable. Sie sehen die folgende Ausgabe:

   ```
   Loesung =
   exp(t)
   ```

2. **Geben Sie** Werte = subs(Loesung, 't', 0 :.01:1); **ein und dann Enter.**

   Das Objekt Loesung enthält nur die Lösung der Differentialgleichung für die entsprechende Anfangsbedingung – in symbolischer Form, also keine numerischen Werte. Mithilfe der Funktion subs() setzen Sie in diese Funktion für t eine aufsteigende Folge von Zahlen zwischen 0 und 1 in Schritten von jeweils 0.01 ein. Nachdem die Anweisung ausgeführt wurde, enthält die Variable Werte konkrete Werte (allerdings wiederum keine numerischen, sondern symbolische Werte), die Sie zum Erstellen der Grafik verwenden können.

3. **Geben Sie** plot(Werte) **ein und dann Enter.**

   Jetzt sehen Sie – hoffentlich – eine Kurve wie in Abbildung 15.5.

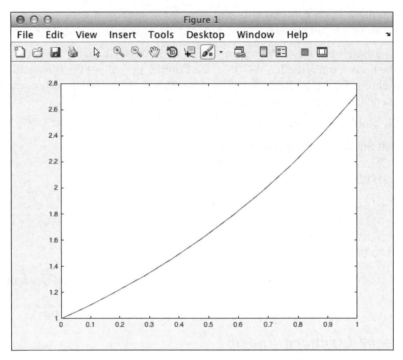

Abbildung 15.4: Die numerische Lösung einer einfachen Differentialgleichung

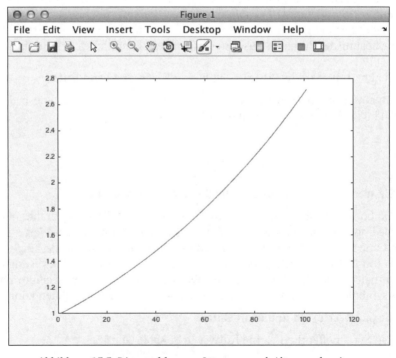

Abbildung 15.5: Die geschlossene Lösung von dy/dt = y _oder_ y' = y

Richtig schicke Diagramme erzeugen

16

In diesem Kapitel ...

▶ Von der Grafik zur Supergrafik

▶ Einem Standarddiagramm Elemente hinzufügen.

▶ Besondere Diagrammtypen verwenden.

▶ Eine Grafik animieren.

*E*s gibt keinen Zweifel: Grafiken helfen sehr beim Vermitteln von Daten oder Zusammenhängen. In den vorigen Kapiteln konnten Sie sich davon überzeugen, dass MATLAB herausragende Grafik-Methoden für Sie bereithält, was nur konsequent ist, wenn man den Wert von Grafiken für den Betrachter beachtet. Ohne Grafiken wäre es schwierig, die Mathematik hinter einem Projekt verständlich zu machen. Um mathematische Zusammenhänge wirklich zu verstehen, benötigen viele Menschen Bilder.

Vielleicht haben Sie sich manche Bilder in den vorangegangenen Kapiteln angesehen und gedacht, dass das noch nicht alles sein kann. In der Tat, da geht noch mehr – mehr von allem, was Sie brauchen, um genau das Diagramm zu erstellen, was Sie sich vorgestellt haben. Genau darum geht es in diesem Kapitel: Grafiken erzeugen, die sich von der Masse abheben, indem sie klar sind und es verstehen, abstrakte Zusammenhänge deutlich zu machen. Mit anderen Worten: Hier geht es darum, aus einer normalen Grafik eine Supergrafik zu machen.

Man kann natürlich auch über das Ziel hinausschießen, insbesondere, wenn einem die vielen Möglichkeiten von MATLAB zur Verfügung stehen. Im ersten Abschnitt geht es daher darum, was eine Supergrafik ist, warum Sie eine solche Grafik verwenden sollten und wie Sie vermeiden, den Betrachter mit unnötigem Beiwerk so zu verwirren, dass Ihre Botschaft auf der Strecke bleibt. In diesem ersten Abschnitt geht es also darum, beeindruckende Grafiken zu erstellen, ohne vorher einen Abschluss in Kunst zu erwerben.

Im Rest des Kapitels geht es um die eigentlichen fortgeschrittenen Methoden, um Grafiken zu erstellen und zu erweitern. Sie werden feststellen, dass MATLAB eine Vielzahl von Methoden bereitstellt, die Sie verwenden können, um ein bestehendes Diagramm aufzuwerten. MATLAB stellt jedoch auch einige ganz neue Arten von Grafiken zur Verfügung, mit denen Sie Informationen auf ganz neuen Wegen zu ihren Empfängern bringen können – es muss nicht immer ein Balkendiagramm sein. Balkendiagramme sind natürlich grundsätzlich nicht schlecht, wenn Sie wirklich eines benötigen, aber es gibt eben weit mehr Möglichkeiten. Zum Abschluss des Kapitels sehen Sie noch ein paar Beispiele, wie Sie Grafiken animieren können. Hier geht es allerdings nicht um Unterhaltung (obwohl man Animationen natürlich auch zur Unterhaltung einsetzen kann). Vielmehr hilft Ihnen Animation, eine Problematik von mehreren Blickwinkeln aus darzustellen und die entsprechende Lösung besser verständlich zu machen.

Verstehen, was eine Supergrafik ausmacht

Eine Supergrafik ist eigentlich eine ganz normale Grafik, jedoch mit einigen zusätzlichen Elementen. Sie fügen Ihrer Grafik diese Elemente hinzu, um spezielle Teile hervorzuheben oder bestimmte Konzepte klarer sichtbar zu machen. Im Wesentlichen geht es darum, Konzepte zu verdeutlichen und dabei zu helfen, den Grad der Abstraktion zu reduzieren, der dazu führt, Menschen von mathematischen Ausführungen fernzuhalten. Kurz gesagt, verwenden Sie spezielle Methoden, um Ihre abstrakte Idee in etwas Konkretes zu verwandeln, welches für andere greifbar ist. Bevor Sie an dem Punkt angekommen sind, wo andere wirklich sehen, was Sie mit Ihren Zahlen und Daten eigentlich meinen, ist es ziemlich aussichtslos, andere von Ihrem Standpunkt überzeugen zu wollen.

Man könnte zunächst leicht annehmen, dass eine Supergrafik dafür gedacht ist, die Empfänger einzunebeln und unschöne Zahlen zu verbergen – oder es ihnen durch die schöne Aufmachung schwer zu machen, Ihren Ausführungen zu widersprechen. Heutzutage jedoch, da Spezialeffekte an der Tagesordnung sind und Menschen kaum noch wirklich davon zu beeindrucken sind, wird in dieser Hinsicht eine besonders schöne Grafik auch nichts ausrichten. Eine Supergrafik will also weder etwas verheimlichen, noch beschönigen.

Ein Problem für die meisten Anwender, die zum ersten Mal mit den vielen Möglichkeiten zur grafischen Aufwertung von Diagrammen in Kontakt kommen, ist, dass die Süßigkeiten für die Augen ziemlich abhängig machen können. Am Schluss wollen Sie in Ihrer Grafik alles zeigen, was geht. Häufig wird das Ergebnis dann verwirrend oder auch mal komisch, leider jedoch nicht überzeugend. Hier sind ein paar Tipps, was Sie tun können, um Ihre Grafiken nicht allzu sehr zu überladen:

✔ Vermeiden Sie, zu viele Extras in einer einzigen Grafik unterzubringen. Verwenden Sie nur Elemente, die die Zahlen aufbereiten, um sie leichter verständlich zu machen.

✔ Gestalten Sie Ihre Grafiken einheitlich, damit Sie nicht am Ende mit Diagrammen dastehen, die mehr verwirren als helfen.

✔ Verwenden Sie Beschriftungen und andere grafische Elemente (wie zum Beispiel Textkästen), um die Daten zu erklären, wo immer nötig.

✔ Verwenden Sie denselben Blickwinkel für ähnliche Diagramme (_Rotation_), wo immer dies möglich und sinnvoll ist. Wie Sie Rotation verwenden, lesen Sie in Kapitel 7. In einigen anderen Kapiteln wird mit Rotation in verschiedenen Varianten gearbeitet. Später in diesem Kapitel sehen Sie auch ein paar Effekte, die mit Rotation zu tun haben.

✔ Verwenden Sie Spezialdiagramme nur dann, wenn diese Art Diagramm Informationen auf eine Weise transportieren kann, die Standarddiagramme nicht bieten können. Spezialdiagramme können Betrachter verwirren und von der eigentlichen Botschaft abhalten.

✔ Verwenden Sie Animation mit Vorsicht, zum Beispiel um einen zeitlichen Ablauf darzustellen oder ein Problem von mehreren Seiten beleuchten zu können. Vermeiden Sie Animation im Sinne eines reinen Spezialeffekts.

✔ Legen Sie für jede Grafik das Ziel von Hervorhebungen fest, bevor Sie mit dem eigentlichen Hinzufügen von Elementen beginnen. Auf diese Weise fokussieren Sie sich auf Elemente, die Ihrem Zweck förderlich sind.

✔ Entwickeln Sie eine Strategie für die Darstellung Ihrer Informationen, bevor Sie mit dem Erstellen der Diagramme beginnen. Auf diese Weise haben Sie einen klaren Plan vor Augen, anhand dessen Sie vorgehen können.

Eine Grafik mit Extras aufwerten

Die Kapitel 6 und 7 in diesem Buch konzentrieren sich auf die Grundlagen, wie Grafiken erzeugt und verwendet werden, um anderen Informationen besser zur Verfügung zu stellen. Ein paar Extras für die Darstellung von Informationen haben Sie in Kapitel 12 kennengelernt. Die folgenden Abschnitte gehen über die dort vorgestellten Methoden hinaus, um die Methoden herauszustreichen, die Sie zum Hervorheben bestimmter Daten verwenden können. Beispielsweise kann ein ganz speziell konfiguriertes Raster die Unterschiede zwischen Datenpunkten besser verständlich machen.

Sie können den Inhalt des aktuellen Grafikfensters löschen, indem Sie **cla** eingeben und dann Enter. Diese Anweisung löscht die gesamten Informationen bis auf die Achsen des Diagramms aus der Grafik, jedoch nicht das Grafikfenster selbst. Der Befehl **clf** geht noch etwas weiter und löscht auch die Achsen, das Grafikfenster selbst bleibt aber auch hier erhalten.

Die Funktion `grid()` verwenden

Ein Raster hilft Ihnen dabei, die Relationen von Daten in einem Diagramm besser zu sehen. Manchmal ist es jedoch nicht an der richtigen Stelle; es ist zu groß oder zu klein – oder einfach im Weg. Mit den folgenden Anwendungen von `grid()` können Sie das Raster an Ihre Bedürfnisse anpassen:

✔ `grid('on')`: Schaltet das Raster ein, sodass es in der aktuellen Grafik erscheint.

✔ `grid('off')`: Schaltet das Raster aus, sodass es von der aktuellen Grafik verschwindet.

✔ `grid()`: Schaltet das Raster an und aus.

✔ `grid('minor')`: Schaltet das feinere Raster an und aus.

Die aktuelle Achse mithilfe des Zeigers `gca` ermitteln

Viele Funktionen, mit denen die Erscheinung eines Diagramms aufgewertet werden kann, erfordern den Zugriff auf die aktuelle Achse (*current axis*). Wenn Sie eine Grafik erstellen, haben Sie anschließend nur einen Zeiger auf das Diagramm selbst. Um den Zeiger auf die Achse zu erhalten, geben Sie etwas wie `DiagrammAchse = gca` und dann Enter ein. Im Anschluss daran haben Sie einen Zeiger auf die Achse in der Variablen `DiagrammAchse`.

Achsen mit der Funktion datetick() *beschriften*

Wenn Sie an einer Achseneinteilung Datumsangaben platzieren wollen, verwenden Sie die Funktion datetick(). Wenn Sie die Funktion datetick() benutzen wollen, benötigen Sie eine Achse, deren Achsenbeschriftung schon aus Zahlen besteht, die das gewünschte Datum intern repräsentieren. Wenn Sie zum Beispiel **datenum('15.09.2014', 'dd.mm.yyyy')** eingeben und dann Enter, erhalten Sie einen Ausgabewert von 735857. Wenn datetick() diesen Wert sieht, konvertiert es diese Zahl in das entsprechende Datum.

Die Funktion datenum() akzeptiert auch Zeitpunkte als Eingabewerte. Wenn Sie **format longg** (zweimal g), dann Enter und dann **datenum('15.09.2014 08:00:00 AM', 'dd.mm.yyyy HH:MM:SS AM')** eingeben und dann Enter, erhalten Sie 735857.333333333 als Ausgabe. (Danach können Sie wieder format short eingeben, um die gewohnte Anzeige zu erhalten). Vor dem Komma ist alles gleich geblieben, aber nach dem Komma können Sie sehen, dass bereits ein drittel Tag verstrichen ist. Wenn Sie also ein Datum ohne Uhrzeit angeben, geht MATLAB davon aus, dass Sie 0 Uhr des Tages meinen. Mithilfe der Funktion datestr() können Sie ein numerisches Datum wieder zurück in ein Datum verwandeln.

Die x-Achse in diesem Beispiel verwendet Datumswerte. Um einen Datensatz für die x-Achse zu erzeugen, geben Sie

```
XDaten = linspace(datenum('15.09.2014', 'dd.mm.yyyy'), ...
    datenum('19.09.2014', 'dd.mm.yyyy'), 5);
```

und dann Enter ein. Damit erzeugen Sie einen Vektor, der die Datumswerte vom 15.09.2014 bis zum 19.09.2015 enthält. Die Funktion linspace() gibt einen Vektor mit der gewünschten Anzahl an Elementen – hier 5 – zwischen Anfangs- und Endwert zurück.

Um die Daten für die y-Achse zu erzeugen, geben Sie YDaten = [1,5,9,4,3]; ein und dann Enter. Geben Sie jetzt Balken1 = bar(XDaten, YDaten) und dann Enter ein, um das gewünschte Balkendiagramm zu erzeugen. Es sollte ungefähr so aussehen wie in Abbildung 16.1. Beachten Sie, dass die x-Achse nicht – wie häufig – mit 1 anfängt, sondern mit einer Datumszahl. Diese ist in wissenschaftlicher Notation dargestellt (der Exponent steht rechts unten).

Um die x-Achsenbeschriftung in Datumswerte umzuwandeln, verwenden wir jetzt die Funktion datetick(). Geben Sie **datetick('x','dd mmm yy', 'keeplimits', 'keepticks')** ein und dann Enter. Die Abbildung 16.2 zeigt das Diagramm mit veränderter Beschriftung der x-Achse.

Alle Argumente, die Sie mit datetick() verwenden, sind optional. Wenn Sie datetick() ohne weitere Argumente verwenden, erscheint die Ausgabe auf der x-Achse, wobei Monat und Tag als zweistellige Zahlen angegeben werden. Die Endpunkte haben auch Datumsangaben, sodass Sie anstelle von nur fünf Datumswerten sieben sehen (Anfangs- und Enddatum kommen hinzu). Das Beispiel verwendet die folgenden Argumente in derselben Reihenfolge, um die Standardausgabe von datetick() etwas zu verändern:

✔ **Axis**: Legt fest, welche Achse gemeint ist. Sie können die x-, y- oder z-Achse (für dreidimensionale Diagramme) verwenden.

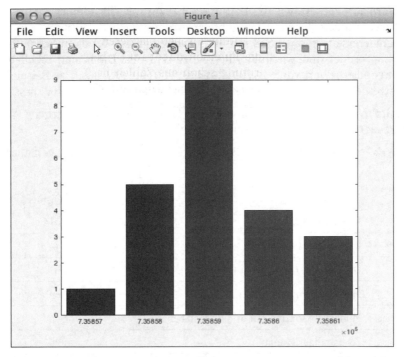

Abbildung 16.1: Ein Diagramm mit Zahlen statt Datumswerten auf der x-Achse

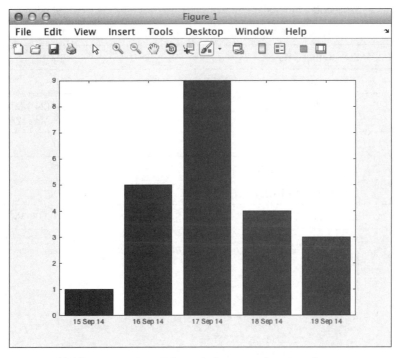

Abbildung 16.2: Die x-Achse mit Datumswerten verschönern.

✔ **Datumsformat**: Legt fest, wie das Datum erscheinen soll. Sie können einerseits eine Zeichenkette verwenden, die das gewünschte Format als Zeichen vorgibt, wie in Tabelle 16.1 gezeigt. Andererseits können Sie auch eine Zahl eingeben, der dann bestimmte Datumsformate zugeordnet sind, wie in Tabelle 16.2 zu sehen ist. Die beiden Tabellen gehen von einem `datenum( )`-Wert von `'15.09.2014 08:00:00 AM'` aus. Das Beispiel verwendet ein benutzerdefiniertes Format, sodass keine der Zahlen aus Tabelle 16.2 passt.

✔ **'keeplimits'**: Verhindert, dass MATLAB an den Enden der Achse zusätzliche Werte anfügt. Daher erzeugt das Beispiel fünf Datumswerte und nicht sieben.

✔ **'keepticks'**: Verhindert, dass MATLAB die Werte der Achseneinteilung verändert.

Zeichen	Bedeutung	Beispiel
yyyy	Vierstelliges Jahr	2014
yy	Zweistelliges Jahr	14
QQ	Quartal: Q1, Q2, Q3 oder Q4	Q1
mmmm	Monat mit vollem Namen	September
mmm	Monat, Abkürzung mit drei Buchstaben	Sep
mm	Zweistelliger Monat	09
m	Monat, Abkürzung mit einem Buchstaben	S
dddd	Wochentag mit vollem Namen	Monday
ddd	Wochentag, Abkürzung mit drei Buchstaben	Mon
dd	Zweistelliger Tag	15
d	Wochentag, Abkürzung mit einem Buchstaben	M
HH	Zweistellige Stunde	08 (24h-Format), 08 AM (12h-Format)
MM	Zweistellige Minuten	00
SS	Zweistellige Sekunden	00
FFF	Dreistellige Millisekunden	000
AM oder PM	12-Stunden-Format anstelle von 24-Stunden-Format	8:00:00 AM

Tabelle 16.1: Datumsformat mit Zeichen vorgeben.

Zahl	Äquivalent in Zeichen	Beispiel
-1 (Standard)	'dd-mmm-yyyy HH:MM:SS' oder 'dd-mmm-yyyy' (für 0 Uhr)	15-Sep-2014 08:00:00 oder 15-Sep-2014
0	'dd-mmm-yyyy HH:MM:SS'	15-Sep-2014 08:00:00
1	'dd-mmm-yyyy'	15-Sep-2014
2	'mm/dd/yy'	09/15/14
3	'mmm'	Sep
4	'm'	S
5	'mm'	09
6	'mm/dd'	09/15
7	'dd'	15
8	'ddd'	Mon
9	'd'	M
10	'yyyy'	2014
11	'yy'	14
12	'mmmyy'	Sep14
13	'HH:MM:SS'	08:00:00
14	'HH:MM:SS PM'	08:00:00 PM
15	'HH:MM'	08:00
16	'HH:MM PM'	08:00 PM
17	'QQ-yy'	Q3-14
18	'QQ'	Q3
19	'dd/mm'	15/09
20	'dd/mm/yy'	15/09/14
21	'mmm.dd,yyyy HH:MM:SS'	Sep.15,2014 08:00:00
22	'mmm.dd,yyyy'	Sep.15,2014
23	'mm/dd/yyyy'	09/15/2014
24	'dd/mm/yyyy'	15/09/2014
25	'yy/mm/dd'	14/09/15

Tabelle 16.2: Auswahl des Datumsformates mit Zahlen

Zahl	Äquivalent in Zeichen	Beispiel
26	`'yyyy/mm/dd'`	2014/09/15
27	`'QQ-yyyy'`	Q3-2014
28	`'mmmyyyy'`	Sep2014
29	`'yyyy-mm-dd'` (ISO 8601)	2014-09-15
30	`'yyyymmddTHHMMSS'` (ISO 8601)	20140915T080000
31	`'yyyy-mm-dd HH:MM:SS'`	2014-09-15 08:00:00

Tabelle 16.2: Auswahl des Datumsformates mit Zahlen (Fortsetzung)

Diagramme mit der Funktion colorbar() aufwerten

Wenn Sie zu Ihren Diagrammen eine Farblegende hinzufügen, können die Betrachter die Farbe verwenden, um numerische Werte einzuschätzen. Mithilfe einer Farblegende können Sie den Farben allgemeinverständliche Kategorien zuordnen, damit die Daten konkreter fassbar sind. Den Umgang damit lernen Sie am besten anhand eines konkreten Beispiels. Mit den folgenden Schritten erzeugen Sie ein farbiges 3D-Balkendiagramm (Säulendiagramm) und fügen anschließend eine Farblegende hinzu, indem Sie die Funktion colorbar() verwenden. Darin können Sie auch die Kategorien festlegen.

1. **Geben Sie** YDaten = [4, 2, 5, 6; 1, 2, 4, 3]; **ein und dann Enter.**

   MATLAB erzeugt eine Variable mit Daten für das Diagramm.

2. **Geben Sie** Balken1 = bar3(YDaten); **ein und dann Enter.**

   Sie sollten jetzt ein neues Balkendiagramm sehen, welches dem in Abbildung 16.3 ähnlich sieht. Obwohl die Daten jetzt immerhin grafisch dargestellt werden, ist das Ganze noch ziemlich langweilig. Um mit dem Diagramm etwas leichter arbeiten zu können, fügen wir jetzt einen Farbbalken in das Diagramm ein.

3. **Geben Sie** FB1 = colorbar('EastOutside') **ein und dann Enter.**

   Jetzt sehen Sie einen farbigen Balken, die Farblegende, auf der rechten Seite des Diagramms, wie in Abbildung 16.4 dargestellt. Sie können auch andere Stellen für den Farbbalken verwenden, auch innerhalb der Säulen. Dass die Skaleneinteilungen nicht mit dem Balken übereinstimmen, stört uns erst einmal nicht weiter, wir werden das noch ändern.

4. **Geben Sie folgenden Code im Anweisungsfenster ein. Drücken Sie nach jeder Zeile Enter.**

```
for Element = 1:length(Balken1)
    ZData = get(Balken1(Element), 'ZData');
    set(Balken1(Element), 'CData', ZData, ...
        'FaceColor', 'interp')
end
```

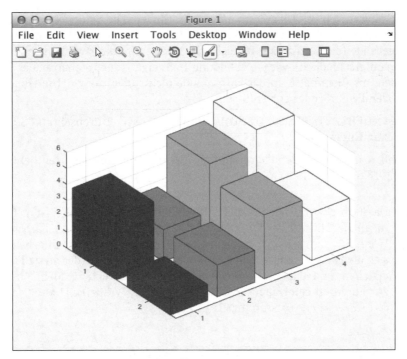

Abbildung 16.3: Die Grundlage: ein 3D-Balkendiagramm (Säulendiagramm)

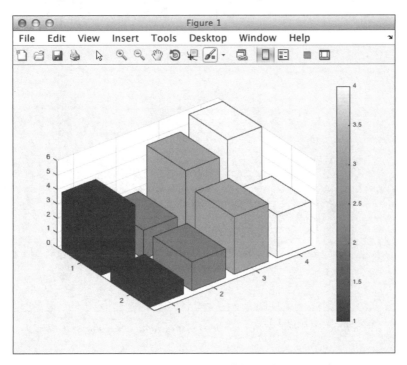

Abbildung 16.4: Die Farblegende erscheint auf der rechten Seite des Diagramms.

Damit verändert sich das Diagramm an einigen Stellen. Die Säulen werden jetzt je nach Höhe eingefärbt. Darüber hinaus passen die Skaleneinteilungen der Achsen besser zu denen der Farblegende (der überdeckte Bereich stimmt überein, die Zwischeneinteilungen sind weiterhin unterschiedlich), wie die Abbildung 16.5 zeigt. Jedoch stehen an der Farblegende nur Zahlen, man kann also an der Farblegende nichts über die y-Achse Hinausgehendes ablesen oder die Farbcodes entschlüsseln.

5. **Geben Sie** set(FB1, 'YTickLabel', {', 'Schlecht', 'OK', 'Besser', 'Durchschnitt', 'Super', 'Top'}); **ein und dann Enter.**

Jetzt kann man dem Säulendiagramm eine Beurteilung der Daten entnehmen, wie in Abbildung 16.6 zu erkennen.

 Das Farbschema, welches MATLAB standardmäßig verwendet, ist nicht das einzig mögliche. Mithilfe der Funktion colormap() können Sie die Farben verändern. Wenn Sie zum Beispiel **colormap('cool')** und dann Enter eingeben, verändern sich die Farben entsprechend. Sie können auch benutzerdefinierte Farbschemata erstellen und dabei verschiedene Methoden anwenden. Mehr Informationen zur Funktion **colormap()** finden Sie auf http://www.mathworks.com/help/matlab/ref/colormap.html.

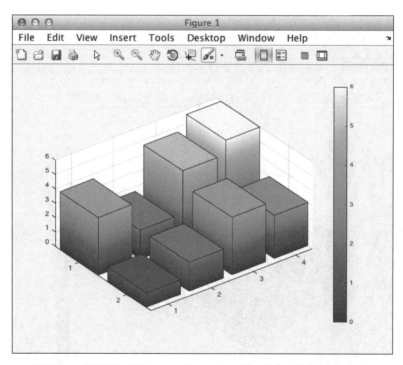

Abbildung 16.5: Die Säulen werden entsprechend der Höhe eingefärbt.

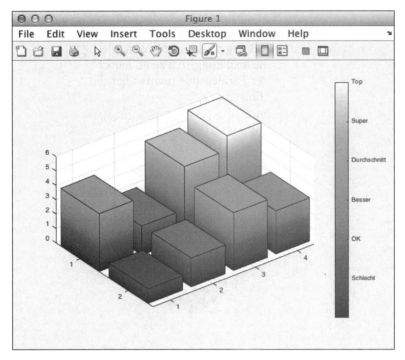

Abbildung 16.6: Den Farbtönen werden Kategorien zugeordnet.

Mit daspect *arbeiten*

Die Wirkung des 3D-Effekts bei Diagrammen hängt häufig vom Seitenverhältnis (*aspect ratio*) ab. Die Funktion daspect() zeigt das aktuelle Seitenverhältnis an und ermöglicht Ihnen, ein neues Verhältnis einzustellen. Das Seitenverhältnis ist ein Maßstab dafür, wie die x-, y- und z-Achse zueinander im Verhältnis stehen. Beispielsweise bedeutet ein Seitenverhältnis von [1, 2, 3], dass auf jede Einheit der x-Achse zwei Einheiten der y-Achse kommen und drei Einheiten der z-Achse. Führen Sie die nächsten Schritte aus, um zu sehen, wie das funktioniert:

1. **Geben Sie** YDaten = [1, 3, 5; 3, 7, 9; 5, 7, 11]; **ein und dann Enter.**

   MATLAB erzeugt ein Objekt mit den benötigten Daten für Sie.

2. **Geben Sie** Balken1 = bar3(YDaten); **ein und dann Enter.**

   Sie sehen ein dreidimensionales Diagramm.

3. **Geben Sie** rotate(Balken1, [0, 0, 1], 270); **ein und dann Enter.**

   Damit drehen Sie das Diagramm, um die einzelnen Säulen besser sehen zu können. Das Diagramm sollte in etwa aussehen wie in Abbildung 16.7.

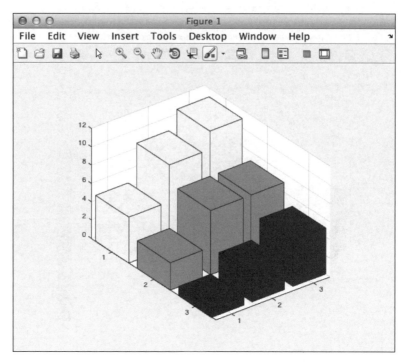

Abbildung 16.7: Ein dreidimensionales Balkendiagramm, um die Seitenverhältnisse auszuprobieren.

4. Geben Sie daspect() **und dann Enter ein.**

Die Ausgabe besteht aus drei Werten, etwa so:

```
ans =
    0.3571    0.2679    1.7336
```

5. Geben Sie daspect([.25, 1, 1.2]) **ein und dann Enter.**

Das Seitenverhältnis verändert sich, sodass die Säulen hoch und schmal erscheinen wie in Abbildung 16.8. Wenn Sie Abbildung 16.7 mit Abbildung 16.8 vergleichen, sehen Sie, dass die Unterschiede zwischen den einzelnen Säulen größer erscheinen, obwohl sich in den Daten nichts geändert hat. Sowohl Daten als auch Blickwinkel sind exakt gleich, aber die Interpretation der Daten ändert sich.

6. Geben Sie daspect([.65, .5, 7]) **ein und dann Enter.**

Der Eindruck ist jetzt, dass die Unterschiede zwischen den Datenpunkten eigentlich ziemlich klein sind, wie in Abbildung 16.9 dargestellt. Wieder hat sich an den Daten oder am Blickwinkel nichts geändert. Das Einzige, was sich verändert hat, ist die Darstellung.

7. Geben Sie daspect('auto') **ein und dann Enter.**

Das Seitenverhältnis wird auf den Standard zurückgesetzt.

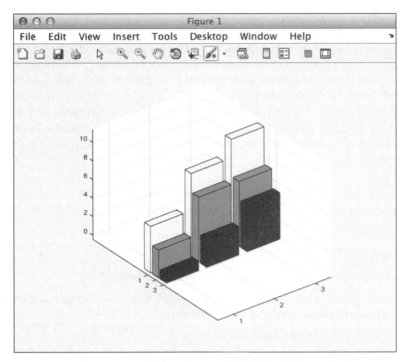

Abbildung 16.8: Mit dem Seitenverhältnis können Sie die Erscheinung der Daten verändern.

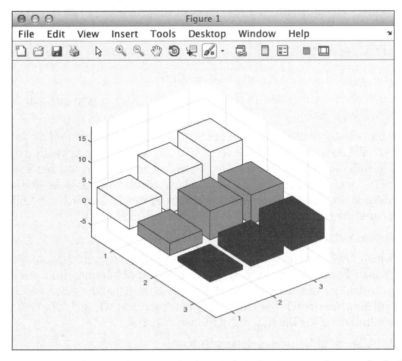

Abbildung 16.9: Sie können die Unterschiede zwischen den Datenpunkten groß oder klein erscheinen lassen.

Mit pbaspect *arbeiten*

Die grafische Darstellung von Daten findet innerhalb der sogenannten *plot box* statt, die man sich wie eine durchsichtige Schachtel oder Vitrine vorstellen kann. Im vorigen Abschnitt haben Sie gesehen, wie Sie das Seitenverhältnis eines Diagramms verändern und dabei die *plot box* unverändert lassen. Darüber hinaus sehen Sie, wie Sie mithilfe der Funktion rotate() die Erscheinungsweise der Daten verändern können. In diesem Abschnitt erfahren Sie mehr darüber, wie Sie das Seitenverhältnis der *plot box* selbst verändern können. Zwar ändert sich die Erscheinung der Daten immer noch, aber auf andere Weise. Die folgenden Schritte zeigen, wie das abläuft:

1. **Geben Sie** YDaten = [1, 3, 5; 3, 7, 9; 5, 7, 11]; **ein und dann Enter.**

   MATLAB erzeugt ein Objekt mit den benötigten Daten für Sie.

2. **Geben Sie** Balken1 = bar3(YDaten); **ein und dann Enter.**

   Sie sehen ein dreidimensionales Diagramm.

3. **Geben Sie** rotate(Balken1, [0, 0, 1], 270); **ein und dann Enter.**

   Damit drehen Sie das Diagramm, um die einzelnen Säulen besser sehen zu können. Das Diagramm sollte in etwa aussehen wie in Abbildung 16.7.

4. **Geben Sie** pbaspect() **ein und dann Enter.**

   Wie schon im vorigen Beispiel liefert die Funktion drei Werte zurück: x-, y- und z-Achse. Die Werte unterscheiden sich jedoch, da Sie nicht mit dem Seitenverhältnis des Diagramms, sondern der *plot box* arbeiten. Hier sind typische Ausgabewerte an dieser Stelle:

   ```
   ans =
      2.8000   4.0000   2.4721
   ```

5. **Geben Sie** pbaspect([1.5, 1.5, 7]) **ein und dann Enter.**

   Die Unterschiede zwischen den Datenpunkten sehen jetzt enorm aus, wie Sie in Abbildung 16.10 sehen können.

   Beachten Sie, wie durch das Verändern des Seitenverhältnisses der *plot box* sowohl die *plot box* als auch die Daten verändert werden, sodass in der *plot box* keine Einstellungen wie zum Beispiel die Abstände zwischen den Säulen mehr verändert werden können (wie in Abbildung 16.8 und Abbildung 16.9). Insbesondere bedeutet dies, dass Sie sich keine Sorgen machen müssen, dass Säulen aus dem Bild herausragen oder gar nicht abgebildet werden. Die Säulen und die *plot box* sind jetzt miteinander verankert.

6. **Geben Sie** pbaspect([4, 5, 1]) **und dann Enter ein.**

   Jetzt scheinen die Datenpunkte enger zusammengerückt zu sein, obwohl die Daten sich nicht verändert haben. Zu betrachten ist der Effekt in Abbildung 16.11. An dieser Stelle ist es ganz instruktiv, die Abbildungen 16.7 bis 16.11 miteinander zu vergleichen. Anhand dieser Abbildungen erhalten Sie einen besseren Eindruck, wie sich die Veränderung der Seitenverhältnisse auf die Darstellung der Daten auswirkt.

7. **Geben Sie** pbaspect('auto'); **ein und dann Enter.**

   Das Seitenverhältnis wird jetzt wieder auf die Standardwerte zurückgesetzt.

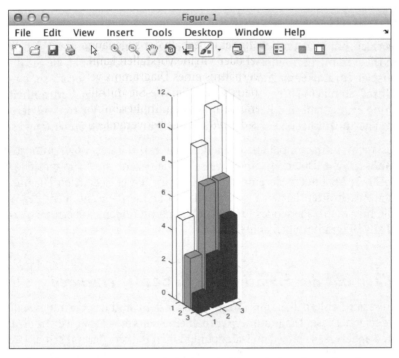

Abbildung 16.10: Daten und plot box sind fest miteinander verbunden.

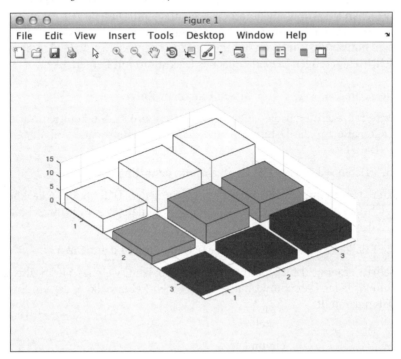

Abbildung 16.11: Die Unterschiede in den Säulen erscheinen kleiner, aber die Abbildung sieht anders aus als bei einer Änderung des Seitenverhältnisses des Diagramms.

Grafik-Routinen verwenden

In den bisherigen Kapiteln und Abschnitten haben Sie den Umgang mit den üblichen und verbreiteten Diagrammtypen kennengelernt. Dies sind die Diagramme, die Sie überall finden, wie zum Beispiel ein Balkendiagramm. Fast jeder verwendet sie, sodass sie eine gute Wahl sind, wenn Ihre Daten keine besondere Darstellungsweise erfordern. Vertrautheit mit der Art der Darstellung ermöglicht den Betrachtern, sich auf die Daten zu konzentrieren und nicht am Diagramm herumzurätseln. Verwenden Sie diese Art Grafiken, wann immer es möglich ist.

Leider ist es nicht immer möglich, ein allgemein verbreitetes Diagramm zu verwenden. Manchmal müssen Sie Daten in einer Weise modellieren, die eine spezielle Darstellung erfordert. In MATLAB finden Sie eine große Auswahl dieser speziellen Diagrammtypen. In den folgenden Abschnitten lernen Sie einige davon kennen – wenn auch bei Weitem nicht alle.Wenn Sie hier nichts Passendes für Ihre Anwendung finden, stöbern Sie gern in Anhang B. Dort sind alle Diagrammtypen aufgelistet.

Fehlerbalken mit der Funktion errorbar( ) erzeugen

Ein Diagramm mit Fehlerbalken gibt Auskunft über den Grad des Vertrauens, den Sie in die Datenpunkte setzen. Dieser Diagrammtyp enthält einerseits eine Linie, welche die Datenpunkte verbindet, und andererseits an jedem Datenpunkt einen Balken, der mit seiner Länge ein Maß, zum Beispiel für die Streuung von Daten oder ein Konfidenzintervall, visualisiert. Auf diese Weise kann der Betrachter sich ein Bild davon machen, ob die Daten exakt oder mit einer Streuung – welchen Ursprungs auch immer – behaftet sind. Diese Art Diagramm hilft dabei zu entscheiden, ob die Datenbasis für Schlussfolgerungen ausreicht oder zusätzliche Recherchen oder Analysen notwendig sind, um ein zufriedenstellendes Resultat zu erzielen. Mit den folgenden Schritten erzeugen Sie ein einfaches Diagramm mit Fehlerbalken:

1. **Geben Sie** YDaten = [1, 2, 4, 7, 5, 3]; **ein und dann Enter.**

   Diese Werte repräsentieren die eigentlichen Datenpunkte. Sie könnten Mittelwerte oder andere Lagemaße für die Daten sein und geben dem Betrachter Anhaltspunkte für die »wahren« Daten.

2. **Geben Sie** FDaten = [.5, 1, 1, 1.5, 1, .5]; **ein und dann Enter.**

   Diese Daten repräsentieren die Fehlerbalken für jeden Datenpunkt. Sie könnten Standardabweichungen von gemessenen Daten oder Konfidenzintervalle für Schätzungen oder Prognosen darstellen.

3. **Geben Sie** FBalken1 = errorbar(YDaten, FDaten); **ein und dann Enter.**

   Dieser Schritt erzeugt das Diagramm mit Fehlerbalken, welches Sie in Abbildung 16.12 sehen können. Jeder Datenpunkt hat einen eigenen Fehlerbalken, der ein Streuungsmaß für die Daten darstellt.

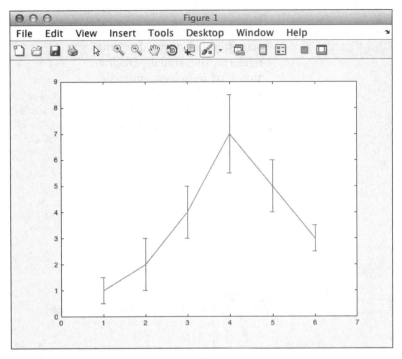

Abbildung 16.12: Fehlerbalken sind für die Datenanalyse sehr sinnvoll.

Mit `pareto()` *ein Paretodiagramm erstellen*

Das Paretodiagramm wurde ursprünglich von Vilfredo Pareto um 1900 in Europa erfunden. Es besteht aus Säulen, welche ein Maß oder eine Häufigkeit darstellen, und einer Kurve, welche die einzelnen Maßzahlen kumuliert darstellt. Die Säulen sind in absteigender Höhe angeordnet und die Kurve ist streng monoton steigend. Auf diese Weise können Effekte analysiert werden und man kann prüfen, ob für die Daten das Paretoprinzip gilt, also ein kleiner Teil der Ursachen (20 Prozent) für einen großen Teil der Auswirkungen (80 Prozent) verantwortlich ist. Mehr dazu lesen Sie zum Beispiel hier: `http://de.wikipedia.org/wiki/Paretodiagramm`.

Um das Beispiel nachzubauen, definieren Sie zunächst wieder eine Datenmenge, bei der manche Werte mehrmals vorkommen. Geben Sie **YDaten = [1, 2, 4, 2, 6, 2, 3, 4, 1, 2];** und dann Enter ein, um die Datenbasis festzulegen.Nachdem Sie die Daten erzeugt haben, können Sie mithilfe von **Par1 = pareto(YDaten);** das Paretodiagramm erzeugen, welches so aussehen sollte wie in Abbildung 16.13.

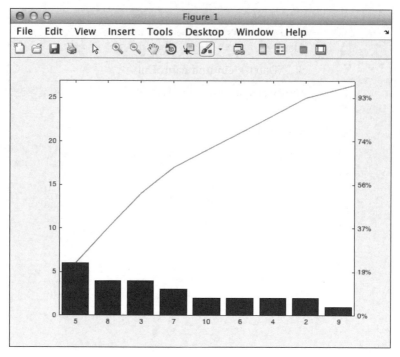

Abbildung 16.13: Benutzen Sie ein Paretodiagramm, um den Einfluss von Faktoren darzustellen.

Mit stairs() *ein Treppendiagramm darstellen*

Ein Treppendiagramm wird häufig eingesetzt, um diskrete Werte im Zeitverlauf darzustellen. Das Diagramm zeigt das Ergebnis einer ständigen Veränderung von Daten, wobei die Zeitschritte immer gleich groß und diskret sind. Dies steht im Gegensatz zu einer kontinuierlichen Zeitaufzeichnung von kontinuierlichen Daten, bei der keine Sprünge sichtbar sind. Mit den folgenden Schritten erzeugen Sie ein Treppendiagramm:

1. **Geben Sie** YDaten = [1, 2, 4, 7, 5, 3]; **und dann Enter ein.**

   Diese Werte stellen die eigentlichen Datenpunkte dar.

2. **Geben Sie** XDaten = datenum('9/15/2014'):1:datenum('9/20/2014'); **und dann Enter ein.**

   Diese Werte stellen Datumsangaben von Tagen dar, an denen Werte aufgezeichnet wurden. In diesem Beispiel beginnt die Aufzeichnung am 15. September 2014 und endet am 20. September 2014, mit jeweils einem Tag Abstand. Die Ausgabe ist ein Vektor mit sechs Werten.

3. **Geben Sie** Treppe1 = stairs(XDaten, YDaten); **ein und dann Enter.**

Sie sehen einen ersten Wurf des Diagramms. Die Einteilung der x-Achse besteht noch aus Zahlen und MATLAB gibt ein Halbtagesintervall vor anstelle ganzer Tage, wie Sie es sich vielleicht wünschen würden.

4. **Geben Sie** set(gca, 'XTick', XDaten); **ein und dann Enter.**

   Jetzt erscheinen die Datumswerte als einzelne Werte für jeden Tag und zwischen jedem Wert liegt ein Tag.

5. **Geben Sie** datetick('x', 'dd.mm', 'keeplimits', 'keepticks') **ein und dann Enter.**

   Jetzt enthält das Diagramm richtige Datumswerte mit Monat und Tag auf der x-Achse. Die Auswahl können Sie anhand der Tabelle 16.1 nachvollziehen. Das fertige Bild sehen Sie in Abbildung 16.14.

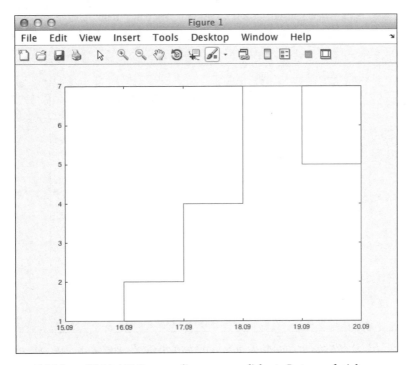

Abbildung 16.14: Mit Treppendiagrammen diskrete Daten aufzeichnen.

Mit stem() *Daten als Stiel von einer Grundlinie darstellen*

Ein Stammdiagramm (*stem plot*) darf nicht mit einem Stamm-Blatt-Diagramm verwechselt werden (siehe zum Beispiel http://de.wikipedia.org/wiki/Stamm-Blatt-Diagramm). Es zeigt die Abweichungen einer Datenmenge von einer Grundlinie. Jeder Datenpunkt erscheint als eine Linie, die von der Grundlinie senkrecht abgeht und in einem kleinen Kreis am y-Wert des Datenpunktes endet. Das Stammdiagramm ist für verschiedene

Einsatzzwecke nützlich, insbesondere bei dreidimensionaler Darstellung. Beispielsweise können Sie es verwenden, um die Bewegung von Teilchen darzustellen (siehe zum Beispiel `http://people.rit.edu/pnveme/pigf/ThreeDGraphics/thrd_bp_stem.html`).

Um ein Stammdiagramm zu erzeugen, benötigen wir zunächst eine Datenquelle. Geben Sie **YDaten = [-10:1:10];** ein und dann Enter. Geben Sie nun **stem(YDaten)** ein und dann Enter, um das eigentliche Diagramm zu erstellen. Es wird sich jedoch herausstellen, dass die Begrenzung der y-Achse nicht so eingestellt ist, dass Sie alle Datenpunkte gut sehen können. Das können Sie allerdings korrigieren, indem Sie **set(gca, 'YLim',[-11,11]);** eingeben und dann Enter. Die Abbildung 16.15 zeigt das Diagramm nach der kleinen kosmetischen Korrektur.

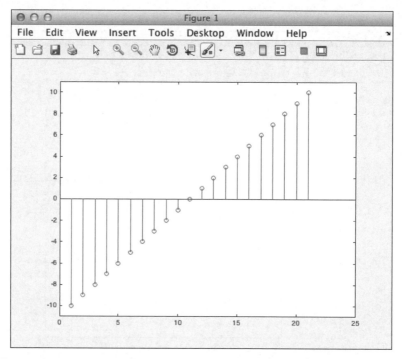

Abbildung 16.15: Mit einem Stamm-Diagramm können Sie die Verteilung von Datenpunkten darstellen.

Mit `fill()` *Bilder zeichnen*

Sie können mit MATLAB auch Bilder zeichnen. Alles, was Sie dafür benötigen, ist ein mathematisches Modell, welches die Punkte zum Umreißen der Form des Bildes beschreibt. Für ein Quadrat zum Beispiel geben Sie einfach die x- und y-Koordinaten jedes Eckpunktes an. Sie können eine Vielzahl solcher Objekte auf `http://www.mathworks.com/matlabcentral/fileexchange/35293-matlab-plot-gallery-fill-plot/content/html/Fill_Plot.html` bestaunen. Die folgenden Schritte zeigen Ihnen, wie Sie Ihr eigenes Bild erzeugen.

1. **Geben Sie** XDaten = [1, 1, 5, 5]; **ein und dann Enter.**

2. **Geben Sie** YDaten = [1, 5, 5, 1]; **ein und dann Enter.**

   Die Variablen `XDaten` und `YDaten` enthalten die Koordinaten für das Viereck. Die untere linke Ecke ist bei 1,1; die obere linke Ecke ist bei 1,5; die obere rechte Ecke ist bei 5,5; und die untere rechte Ecke liegt bei 5,1.

3. **Geben Sie** fill(XDaten, YDaten, 'b'); **ein und dann Enter.**

   MATLAB erzeugt das Bild, jedoch nimmt das Viereck den gesamten Diagrammbereich ein. Beachten Sie, dass das Bild mit blauer Farbe ausgefüllt ist. Anhand der Tabelle 16.3 können Sie sehen, welche Farben noch zur Verfügung stehen. Damit das Viereck etwas leichter vom Diagramm abgegrenzt wird, verändern wir jetzt noch die Längen von x- und y-Achse.

4. **Geben Sie** set(gca, 'XLim', [0, 6]); **und dann Enter ein.**

5. **Geben Sie** set(gca, 'YLim', [0, 6]); **und dann Enter ein.**

   Jetzt sitzt das Viereck in der Mitte des Diagramms und lässt zu den Seiten sowie nach oben und unten genügend Platz, wie in Abbildung 16.16 zu sehen.

 Es ist wichtig, dass Sie eine Farbe für Ihre Grafik auswählen. Die Tabelle 16.3 enthält eine Auflistung der gebräuchlichsten Farben – diese können Sie mithilfe eines Farb-Buchstabens oder einer einfachen Beschreibung auswählen. Sie können jedoch auch Ihre ganz speziellen RGB-Werte vorgeben. Beispielsweise bedeutet ein RGB-Wert von [.5, .25, 0] ein schönes Braun. Jeder Wert für rot, grün und blau muss einen Wert zwischen 0 und 1 haben.

RGB-Wert	Farb-Buchstabe	Beschreibung
[1 1 0]	y	yellow (gelb)
[1 0 1]	m	magenta
[0 1 1]	c	cyan
[100]	r	red (rot)
[010]	g	green (grün)
[001]	b	blue (blau)
[111]	w	white (weiß)
[000]	k	black (schwarz)

Tabelle 16.3: Die Farbauswahl für die Funktion `fill()`

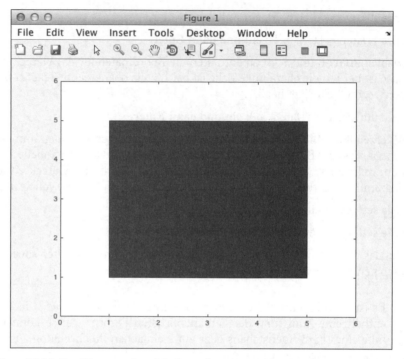

Abbildung 16.16: Der Diagrammbereich dient als Leinwand für die Objekte, die Sie zeichnen.

Mit `quiver()` *Geschwindigkeitsfelder darstellen*

Ein Köcherdiagramm (englisch *quiver plot*) stellt Geschwindigkeitsvektoren mit den Komponenten u und v sowie den Startkoordinaten x und y dar. Mehr über Geschwindigkeitsvektoren erfahren Sie auf der Seite http://de.wikipedia.org/wiki/Geschwindigkeit. Wenn Sie x und y nicht vorgeben, platziert MATLAB die Anfangspunkte in gleichen Abständen auf der x-Achse mit dem Wert y = 1. Mit den nächsten Schritten stecken Sie ein paar Pfeile in den Köcher:

1. **Geben Sie** XUrsprung = [1, 1, 1, 1, 1, 1]; **ein und dann Enter.**

2. **Geben Sie** YUrsprung = [1, 1, 1, 1, 1, 1]; **ein und dann Enter.**

   Diese beiden Vektoren legen die x- und y-Koordinaten fest, die als Startpunkte für die Vektoren verwendet werden sollen. In diesem Beispiel haben alle Vektoren denselben Ursprung bei (1,1).

3. **Geben Sie** URichtung = [1, 2, 3, 4, 5, 6]; **und dann Enter ein.**

4. **Geben Sie** VRichtung = [6, 5, 4, 3, 2, 1]; **und dann Enter ein.**

   Diese beiden Vektoren legen die Richtung und Länge der Geschwindigkeitsvektoren fest. Beachten Sie, dass `quiver()` die Vektoren noch skaliert.

Beachten Sie, dass die vier Vektoren dieselben Dimensionen haben. Wann immer Sie ein Diagramm mit `quiver()` erstellen, müssen die Vektoren gleich lang sein, da sie jeweils paarweise die Koordinaten festlegen und jeder Vektor Lage, Richtung und Länge hat.

5. **Geben Sie** quiver(XUrsprung, YUrsprung, URichtung, VRichtung); **ein und dann Enter.**

Jetzt sehen Sie das Geschwindigkeitsdiagramm, wie in Abbildung 16.17 zu sehen.

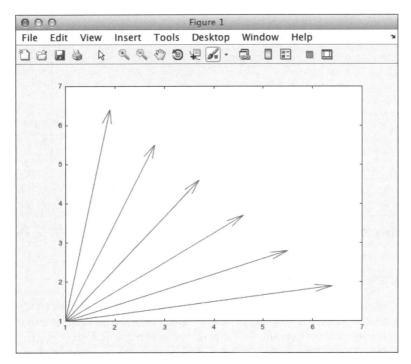

Abbildung 16.17: Wie Pfeile in einem Köcher sehen die Vektoren mit `quiver()` *aus.*

Mit `feather()` *Geschwindigkeitsfelder darstellen*

Ein Federdiagramm ist einem Köcherdiagramm sehr ähnlich, jedoch verteilt es die Pfeile in gleichem Abstand auf der x-Achse. Um ein Beispiel für diesen Diagrammtypen zu sehen, geben Sie **URichtung = [-6:1:6];** und dann Enter ein, um die Koordinaten u festzulegen. Anschließend geben Sie **VRichtung = [6:-1:-6];** und dann Enter ein, um die Koordinaten v festzulegen. Abschließend geben Sie **feather(URichtung, VRichtung);** und dann Enter ein, um das Diagramm zu erstellen. Die Feder können Sie in Abbildung 16.18 bewundern.

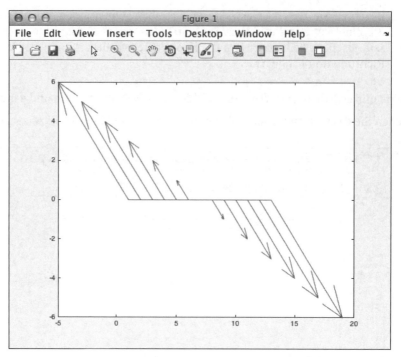

Abbildung 16.18: Mit feather() *sieht das resultierende Diagramm einer Feder ähnlich.*

Mit compass() *Kompassnadeln zeichnen*

Das Konzept eines Kompassdiagramms ähnelt dem von Köcher- und Federdiagrammen. Im Unterschied zu den beiden entspringen jedoch alle Pfeile demselben Startpunkt und die Ausgabe ist eine Art Polar-Diagramm. Mit u und v geben Sie jedoch zunächst kartesische Koordinaten vor. Das sind die rechtwinkligen Koordinaten, die Sie bisher immer verwendet haben. Mehr dazu finden Sie unter http://de.wikipedia.org/wiki/Kartesisches_ Koordinatensystem. Ein Kompassdiagramm eignet sich besonders für die Darstellung von Richtungsdaten, wie zum Beispiel die Windrichtung und -geschwindigkeit.

Um ein Beispiel für diesen Diagrammtypen zu sehen, geben Sie **URichtung = [1, -4, 3, -7, 8, -9, 2, 4, -2, 3, -5, 8, 9];** und dann Enter ein, um die Koordinaten u festzulegen. Anschließend geben Sie **VRichtung = [12:-2:-12];** und dann Enter ein, um die Koordinaten v festzulegen. Abschließend geben Sie **compass(URichtung, VRichtung);** und dann Enter ein, um das Diagramm zu erstellen. Den Kompass können Sie in Abbildung 16.19 bewundern.

Mit polar() *Polarkoordinaten darstellen*

Ein Polardiagramm erwartet die Eingabe in Polarkoordinaten. Mehr dazu erfahren Sie unter http://de.wikipedia.org/wiki/Polarkoordinaten. Die Ausgabe erfolgt in der kartesischen Ebene als Polardiagramm. Der Wert theta ist der Winkel zwischen der x-Achse

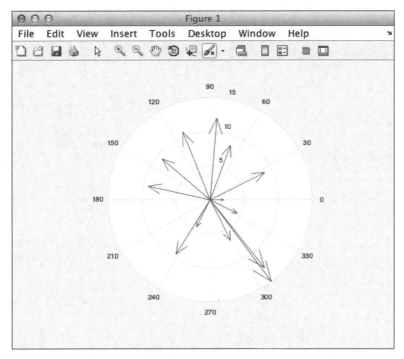

Abbildung 16.19: Bei einem Kompassdiagramm entspringen die Pfeile alle am Ursprung.

und dem Vektor. Der Wert rho ist die Länge des Vektors. Um ein Beispiel für diesen Diagrammtypen zu sehen, geben Sie **theta = 0:0.01:2*pi;** und dann Enter ein, um den Winkel theta festzulegen. Anschließend geben Sie **rho = 1 - theta;** und dann Enter ein, um die Länge rho festzulegen. Abschließend geben Sie **polar(theta, rho)** und dann Enter ein, um das Diagramm zu erstellen. Die Spirale können Sie in Abbildung 16.20 sehen.

Mit rose() *Winkelverteilungen darstellen*

Ein Rosendiagramm (*rose plot*) wird verwendet, um die Häufigkeitsverteilung von Winkeln darzustellen. Die Ausgabe ist ein Histogramm, das im Wesentlichen ein Polardiagramm ist, bei dem der Radius jedes Kreisausschnittes eine Funktion der Anzahl der Winkel ist, die in diesen Kreisausschnitt fallen. Der Winkel wird im Bogenmaß rad angegeben. Die Anzahl der Kreisausschnitte ist standardmäßig auf 20 festgelegt, Sie können sie jedoch verändern. Um ein Beispiel für diesen Diagrammtypen zu sehen, geben Sie **theta = 0:0.01:2*pi;** und dann Enter ein, um einen Vektor mit den Winkeln theta festzulegen. Anschließend geben Sie **rose(theta, 36)** und dann Enter ein, um das Diagramm zu erstellen. Die Rose können Sie in Abbildung 16.21 bewundern.

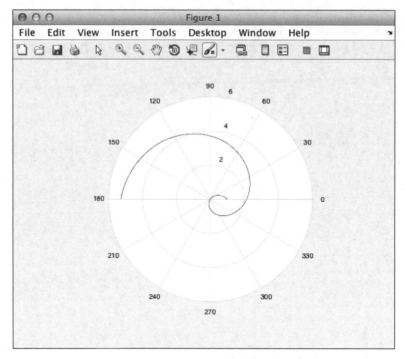

Abbildung 16.20: Mit Polarkoordinaten arbeiten.

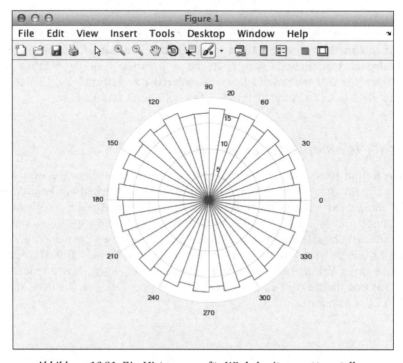

Abbildung 16.21: Ein Histogramm für Winkel mit `rose( )` *erstellen.*

Mit spy() *die Besetzung von dünnbesetzten Matrizen darstellen*

Die Funktion spy() akzeptiert eine dünnbesetzte Matrix als Eingangsargument, analysiert sie nach Mustern und gibt ein Diagramm aus, dass dieses Muster anzeigt. Wenn Sie eine Matrix eingeben, bei der alle Elemente angegeben sind, analysiert sie die Elemente, welche nicht den Wert 0 haben.

Das Beispiel in diesem Unterabschnitt verwendet die Funktion bucky(), um eine dünnbesetzte Matrix für die Funktion spy() zu erstellen. Die Funktion bucky() erstellt eine dünnbesetzte Matrix, welche – wie bei Malen nach Zahlen – angibt, welche nummerierten Punkte auf einem Gitter miteinander verbunden werden. Eine Linie von Punkt 1 zu Punkt 2 ergibt dann eine 1 in der ersten Zeile und zweiten Spalte sowie der zweiten Zeile und ersten Spalte (solche Matrizen sind immer symmetrisch, es sei denn, es handelt sich um sogenannte gerichtete Graphen). Genau genommen erstellt die Funktion bucky() das Verbindungsschema für den Graphen eines Fußballs oder eines Fullerens. Siehe dazu den Artikel http://de.wikipedia.org/wiki/Fullerene. Solche Matrizen sind naturgemäß dünnbesetzt.

Um die Struktur dieser Matrix zu analysieren und grafisch darzustellen, geben Sie spy(bucky()) ein und dann Enter. Das Ergebnis sehen Sie in Abbildung 16.22.

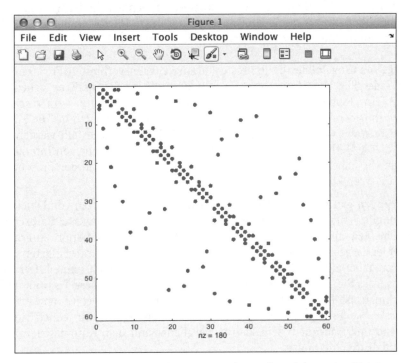

Abbildung 16.22: Das Besetzungsmuster einer schwach besetzten Matrix

Animationen einbauen

Animation erzeugt eine Geschichte über die Veränderung von Daten über die Zeit. Wenn Sie auf ein normales Diagramm schauen, sehen Sie einen Schnappschuss zu einer bestimmten Zeit – den Zeitpunkt, an dem die Aufnahme gemacht wurde. Es könnte natürlich sein, dass die Daten sich weder jetzt noch in Zukunft ändern. Dann reicht ein Schnappschuss aus. Häufig genug jedoch ändern sich Daten über die Zeit. Wenn damit zu rechnen ist, müssen Sie sich entscheiden, ob Sie eine Serie von Momentaufnahmen darstellen wollen. Wenn das der Fall ist, könnte Animation zu einem Teil Ihrer Präsentationsstrategie werden.

Es kann leicht passieren, Animation falsch einzusetzen oder gar zu missbrauchen. Ein Beispiel für einen Missbrauch ist, wenn der gesamte Fokus der Präsentation nur noch auf der Animation ruht – und nicht mehr auf den Daten. Einen einzelnen Datensatz von Testergebnissen eines Experiments mit blinkenden Balken darzustellen ist sicher ein Missbrauch, denn jetzt stehen die blinkenden Balken im Mittelpunkt der Präsentation und nicht mehr die Daten. Eine schlechte Anwendung von Animation ist immer dann gegeben, wenn Sie eine Darstellung wählen, die den Betrachter von den Daten ablenkt, obwohl die Daten immer noch im Mittelpunkt der Präsentation stehen. Wenn zum Beispiel der Bildschirmaufbau zu langsam ist, rückt die Animation – und nicht mehr die Daten – in den Vordergrund.

Mit MATLAB können Sie drei Arten von Animation verwenden. Es ist wichtig, die richtige Art von Animation für Ihren speziellen Zweck auszuwählen. Die folgende Liste beschreibt die Arten von Animation und wann Sie sie typischerweise verwenden.

✔ **Eine Folge von Einzelbildern:** Die älteste und am weitesten verbreitete Form von Animation ist die Wiedergabe einer Reihe von Einzelbildern. Wenn Sie ins Kino gehen, sehen Sie eigentlich eine Reihe statischer Bilder – eins nach dem anderen – in rascher Abfolge, sodass die Illusion eines kontinuierlichen Bewegungsablaufes entsteht. Die Film-Methode ist die beste Wahl, wenn komplexe Grafiken im Zeitablauf dargestellt werden sollen. Der Nachteil dieser Methode ist, dass sie nicht dynamisch ist im Sinne von Interaktivität oder Aktualität. Sie haben nach wie vor statische Daten, die während der Präsentation nicht verändert werden können.

✔ **Veränderungen von Objekten:** Die Veränderung der Eigenschaften von Objekten ist eine andere Möglichkeit, Animation zu erzeugen. Sie können Datenwerte, Farbschemata und andere Objekteigenschaften anpassen, um die Illusion von Animation zu erzeugen. Von den drei hier dargestellten Methoden ist dies die flexibelste und am wenigsten von anderen Ressourcen abhängige Methode. Darüber hinaus ist sie ziemlich schnell. Der Nachteil ist allerdings, dass Sie ziemlich viel Code schreiben müssen, um diese Technik umzusetzen. Darüber hinaus ist diese Methode statischer als die dritte Methode, jedoch weniger statisch als die erste. Sie können die Daten aktualisieren, benötigen dafür jedoch viel Code, was zeitraubend und unbequem sein kann – verglichen mit dem Automatisierungsgrad der ersten und dritten Methode.

✔ **Veränderung der Datenbasis:** Es ist möglich, Diagrammobjekte direkt mit Datenquellen zu verknüpfen. Wenn sich die Datenquelle ändert, tut es dann auch das Diagramm. Von den drei Methoden ist dies sicher die dynamischste. Gemeinhin nutzen Sie diesen Weg, um Echtzeitdaten darzustellen. *Echtzeitdaten* sind in diesem Sinne Daten, die sich während der Präsentation ändern können. Auf der anderen Seite haben Sie jedoch nicht so viel Kontrolle über die Darstellung wie mit dem zweiten Weg. Der Nachteil dieser Methode ist, dass Sie normalerweise eine externe Datenquelle benötigen, um sie effizient einsetzen zu können – mit anderen Worten: um in vollem Umfang von der Methode profitieren zu können. Damit setzen Sie Ihre Präsentation dem Risiko aus, durch Verbindungsprobleme zur Datenquelle beeinträchtigt zu werden.

Mit kleinen Filmen arbeiten

Die Methode der Abfolge von Einzelbildern – ein Film – erfordert, dass Sie eine Reihe von Screenshots der Darstellung Ihrer Daten anfertigen, indem Sie die Funktion getframe() aufrufen. Die meisten Beispiele mit getframe() zeigen seine Verwendung zum Speichern des Standardobjekts, welches aus den Achsen besteht. Sie können jedoch auch einen Zeiger auf jedes andere Objekt übergeben und es zum Gegenstand Ihres Films machen. Darüber hinaus können Sie auch festlegen, dass nur ein Ausschnitt des Objekts in den Film übernommen wird, indem Sie mithilfe eines der Objekte einen Schnittrahmen vorgeben. Damit können Sie einen Vorhang oder Wischeffekt erzeugen, bei dem Sie zunächst einen Teil des Diagramms zeigen und dann nach und nach mehr oder andere Teile des Diagramms offenlegen, indem Sie die Einstellungen des Schnittrahmens verändern.

 Die Rahmen (*frames*) werden in eine Matrix geschrieben. Wenn Sie genügend Bilder gesammelt haben, können Sie Ihren Film mithilfe der Funktion movie() abspielen. Diese Funktion verwendet eine Reihe von Eingangsargumenten, wobei die gebräuchlichsten die Matrix mit den Daten, die Anzahl der Wiederholungen für die Wiedergabe des Films und die Geschwindigkeit, mit der der Film abgespielt werden soll, also wie viele Rahmen pro Sekunde (*frames per second*, fps) angezeigt werden. Das Listing 16.1 zeigt eine kompakte Anwendung der Funktionen getframe() und movie(). Das Skript steht unter dem Namen FilmErzeugen.m zum Herunterladen bereit.

```
YDaten = [1, 2, 5; 2, 4, 8; 7, 9, 10];
Balken1 = bar3(YDaten);
rotate(Balken1, [0, 0, 1], 270)
DiagZeiger = gcf();
for Frame = 1:32
Frames(Frame) = getframe(DiagZeiger,...
[0, 0, 15 * Frame, 15 * Frame]);
end
clf
movie(DiagZeiger, Frames, 1, 5);
```

Listing 16.1: Einen kleinen Film erzeugen.

Das Skript beginnt damit, ein dreidimensionales Balkendiagramm zu erzeugen und so zu drehen, dass alle Säulen gut erkennbar sind. Die Funktion rotate() erwartet in diesem Beispiel drei Argumente: den Zeiger auf das Balkendiagramm, einen Vektor mit der Angabe, um welche Achse gedreht werden soll (x-, y- und z-Koordinate), und den Winkel, um den gedreht werden soll. In unserem Beispiel wird das Diagramm um die z-Achse gedreht.

Sie können den Funktionsaufruf rotate3d('on') ausführen, um eine Drehung der Abbildung mithilfe der Maus durch den Anwender zu erlauben. Wenn Sie diese Möglichkeit nicht mehr erlauben wollen, rufen Sie stattdessen rotate3d('off') auf. Wenn Sie die Funktion rotate3d() ohne Argumente aufrufen, schalten Sie zwischen on und off hin und her. Wenn Sie der Funktion rotate3d() einen Zeiger auf eine Abbildung übergeben, so wirkt sich deren Effekt auf diese Abbildung anstelle der aktuellen (*current figure*) aus.

Im nächsten Schritt erzeugen Sie den Inhalt des Films. Dieser Inhalt besteht aus 32 Rahmen (*frames*) mit Informationen. Bei jedem Schleifendurchgang wird das Diagramm als Ganzes eingelesen, wobei ein immer größerer Ausschnitt, beginnend unten links, verwendet wird. Die Breite und Höhe des Ausschnitts nehmen mit jedem Durchlauf der Schleife zu und präsentieren jeweils einen größeren Ausschnitt des gesamten Bildes.

Nachdem der Code den Film erzeugt hat, löscht er den Bildschirm und ruft anschließend die Funktion movie() auf, die den Film auf dem Bildschirm anzeigt. Die Screenshots werden mithilfe des Zeigers auf das Diagramm (*figure handle*) und nicht des Zeigers auf die Achsen (*axis handle*) erzeugt, sodass bei der Wiedergabe auch wieder der Zeiger auf das Diagramm (*figure handle*) zum Einsatz kommt. Dieser ist das erste Argument der Funktion movie(). Das nächste Argument ist die Matrix mit den Bildausschnitten, also den Einzelbildern des Films. Die letzten beiden Argumente betreffen die Anzahl der Wiedergaben des Films (einmal) und die Abspielgeschwindigkeit, die Rahmen pro Sekunde (*frames per second*) – in unserem Beispiel 5 *fps*.

Mit Objekten umgehen

Ihnen stehen fast beliebig viele Möglichkeiten zur Verfügung, direkt Einfluss auf ein Diagramm sowie seine Elemente und Daten zu nehmen. In den vergangenen Kapiteln haben Sie nur einen kleinen Ausschnitt der vielen Möglichkeiten kennengelernt. Wenn Sie die Funktion pause() verwenden, können Sie zwischen jede der Änderungen eine kleine Pause legen, sodass eine Animation der Veränderungen entsteht. Das Listing 16.2 zeigt ein kleines Beispiel dazu. In diesem Beispiel ändern die Säulen der ersten Reihe eines dreidimensionalen Balkendiagramms nach und nach ihre Farbe. Einen solchen Effekt könnten Sie zum Beispiel während einer Präsentation verwenden, um zu einer bestimmten Zeit bestimmte Daten hervorzuheben. Das zugehörige Skript steht unter dem Namen ObjekteBearbeiten.m zum Herunterladen bereit.

```
% Mit Objekten arbeiten
YDaten = [1, 2, 5; 2, 4, 8; 7, 9, 10];
Balken1 = bar3(YDaten);
rotate(Balken1, [0, 0, 1], 270)
Farben = get(Balken1(1), 'CData');
for i = 1:6:18
Farben(i,:) =[1, 2, 1, 1];
Farben(i+1,:) =[2, 2, 1, 1];
set(Balken1(1), 'CData', Farben);
pause(2);
Farben(i,:) =[1, 1, 1, 1];
Farben(i+1,:) =[1, 1, 1, 1];
set(Balken1(1), 'CData', Farben);
pause(2);
end
```

Listing 16.2: Animation durch Veränderung von Objekten

Der Code beginnt damit, ein dreidimensionales Balkendiagramm (oder Säulendiagramm) zu erzeugen und so zu drehen, dass man die Daten gut und deutlich sehen kann. Anschließend liest der Code die Farben der einzelnen Balken aus der Eigenschaft CData und speichert sie in der Variable Farben ab.

In unserem Beispiel ist die Eigenschaft CData eine 18 x 4-Matrix – für jede Fläche jeder Säule eine Farbe. Jede Säule in einem Diagramm verwendet sechs Zeilen in der Eigenschaft CData. (Beachten Sie, dass wir nur die erste Zeile der Balken verwenden: Balken1(1).) Wenn wir in einer Reihe des Diagramms vier Säulen anstelle von nur drei Säulen hätten, wäre CData eine 24 × 4-Matrix. Die Farben für den sichtbaren Teil der ersten Säule sind in den Zeilen 1 und 2 gespeichert. Die Farben für den sichtbaren Teil der zweiten Säule erscheinen in den Zeilen 7 und 8 und die Farben für den sichtbaren Teil der dritten Säule sind in den Zeilen 13 und 14 gespeichert. Die jeweils verbleibenden Zeilen jeder Gruppe sind verdeckte Seiten der Säulen. Für jede Reihe von Säulen werden die Daten in einer anderen CData-Eigenschaft gespeichert. Wir arbeiten mit der ersten Reihe: Balken1(1).

 Beachten Sie, wie in diesem Beispiel die for-Schleife eingesetzt wird. Die Werte zeigen, dass es 18 Elemente gibt. Jede Säule verbraucht sechs Elemente, sodass die for-Schleife fünf Elemente überspringt. Anstelle den Laufindex i jeweils auf die Werte 1,2 und 3 zu setzen, setzt diese for-Schleife den Index i auf die Werte 1, 7 und 13. Auf diese Weise können die Farben in der Variable Farben jeweils gruppen- beziehungsweise säulenweise eingestellt werden.

In der ersten Zeile der for-Schleife wird die Farbe für eine Seite der jeweiligen Säule verändert und in der nächsten Zeile die Farbe der anderen sichtbaren Seite und der Oberseite. Experimentieren Sie gern einmal mit verschiedenen Farben und Rotationen des Diagramms herum, um ein Gefühl für die verschiedenen Einträge der CData-Eigenschaft zu bekommen.

Daten aktualisieren

Ein weiterer Weg, um Animationen zu erzeugen, besteht darin, die Datenquelle selbst zu verändern. Diese Technik erfordert eine Verbindung zwischen den Diagrammdaten und der Datenquelle. Sie können zwar eine lokale Datenquelle – wie zum Beispiel eine Variable – verwenden, um die Animation zu erstellen; wahrscheinlicher ist jedoch die Verbindung zu einer externen Datenquelle. Das Listing 16.3 zeigt ein Beispiel, wie Sie auf diese Weise eine Animation erzeugen können. Das zugehörige Skript steht unter dem Namen DatenAendern.m zum Herunterladen bereit.

```
YDaten = [2, 0, 1, 4, 5, 2, 3];
Balken1 = bar(YDaten);
set(Balken1, 'YDataSource', 'YDaten');
set(gca, 'YLim', [0, 8]);
 for i = 2:7
     YDaten(3) = i;
     pause(2);
     refreshdata;
 end
```

Listing 16.3: Animation durch Änderung der Daten

Das Programm fängt mit einem einfachen Balkendiagramm an. Anschließend weist es die Daten, die in YDataSource (Eigenschaft des Diagramms) gespeichert sind, der Variablen YDaten zu, oder anders ausgedrückt: Es verknüpft beide. Wenn Sie jetzt YDaten verändern, passiert zunächst noch nichts. Ihre Änderungen werden erst wirksam, wenn Sie die Anweisung refreshdata ausgeführt haben.

 Häufig ist es nötig, die Darstellung eines Diagramms anzupassen, um eine Animation darin korrekt darzustellen. In diesem Beispiel müsste das Diagramm auf die hohen y-Werte vorbereitet werden, die während der Animation vorkommen. Dieser Effekt wäre zerstörerisch für die Präsentation, denn der Betrachter würde durch die veränderlichen Maße des Diagramms von den eigentlichen Daten abgelenkt. Durch das vorherige Setzen des Maßstabes für die y-Achse mithilfe des Parameters YLim wird dieses Problem vermieden. Stellen Sie sicher, dass Sie auf solche Fälle vorbereitet sind und sie vorher in Ihrem Code abfangen.

Die for-Schleife verändert einen der Werte in YDaten, wartet zwei Sekunden und ruft dann die Funktion refreshdata auf, um die Änderung im Diagramm sichtbar zu machen. Sie sehen in der Animation, wie eine der Säulen mit der Zeit wächst, da die zugrunde liegende Zahl immer größer wird. Diese Änderung simuliert Datenänderungen, wie sie möglicherweise in einer echten Anwendung in Echtzeit in einem Diagramm verarbeitet werden.

Teil VI

Der Top-Ten-Teil

In diesem Teil ...

✔ Sehen Sie, wie andere Menschen MATLAB verwenden, um mathematische Probleme zu bearbeiten.

✔ Entdecken Sie nie geahnte Bereiche, in denen MATLAB eingesetzt wird.

✔ Erhalten Sie eine Liste von möglichen Arbeitsplätzen, wo Sie Ihre neuen Fähigkeiten in MATLAB einsetzen können.

✔ Erfahren Sie, welche Stellenbeschreibungen zu Kenntnissen in MATLAB passen.

Die Top Ten der Anwendungsgebiete von MATLAB 17

In diesem Kapitel ...

▶ MATLAB im Ingenieurswesen

▶ MATLAB in der Ausbildung

▶ MATLAB in der linearen Algebra

▶ MATLAB in der angewandten Mathematik

▶ MATLAB in der Wissenschaft

▶ MATLAB und die Freude an der Mathematik

▶ MATLAB in der Forschung

▶ MATLAB und Simulationen

▶ MATLAB in der Bildverarbeitung

▶ MATLAB und Programmentwicklung

*M*ATLAB wird auf unzählige verschiedene Weisen und von unzähligen Menschen in den unterschiedlichsten Bereichen eingesetzt, an die Sie wahrscheinlich nicht sofort denken, wenn es um eine Mathematik-Software geht. In der Tat ist es so, dass Mathematik an Stellen eingesetzt wird, wo man es kaum für möglich hält. Beispielsweise würden Videospiele ohne beträchtliche Teile relativ komplexer Mathematik gar nicht existieren. Selbst der Stuhl, auf dem Sie wahrscheinlich gerade sitzen, hat etwas Mathematik erfordert, um sicherzustellen, dass er das tut, was er soll. Eine Marsmission oder eine Reise in die Tiefen der Ozeane wäre ohne alle möglichen Bereiche der Mathematik undenkbar. Auch unsere Nahrungsmittel (-empfehlungen) werden auf der Basis mathematischer Modelle zusammengestellt. Kurz gesagt, es wird Sie ziemlich überraschen, in wie vielen Bereichen MATLAB verwendet wird – und dabei behandelt dieses Kapitel nur die Top Ten der populärsten Anwendungen. Wirklich alle Einsatzgebiete von MATLAB erschöpfend zu behandeln erfordert möglicherweise seinerseits ein ganzes Buch.

MATLAB im Ingenieurswesen

Es gibt viele Zweige der Ingenieurwissenschaften – manche von ihnen eher exotisch, andere dagegen sehr weit verbreitet. Eines haben sie jedoch alle gemeinsam: Sie basieren auf verschiedensten Bereichen der Mathematik, um zu gewährleisten, dass die Ergebnisse von Entwicklungen oder die neuesten Theorien, wie das Universum funktioniert, auch wirklich sinnvoll sind. Ein neues Gebäude ist eben nicht sehr sinnvoll, wenn es die Belastungen, denen es ausgesetzt sein wird, nicht aushält. Jemanden auf den Mars zu senden, ohne vorher seine Hausaufgaben in Mathematik gemacht zu haben, lässt ihn wahrscheinlich irgendwo ankommen, nur nicht auf dem Mars.

Die Entwicklung neuer Technologien bedeutet zunächst zu berechnen, wie diese neuen Technologien voraussichtlich arbeiten werden. Viele Ideen und Konzepte im Ingenieurswesen brauchen die Mathematik als Ausgangspunkt, weil die Mathematik die Sprache zur Verfügung stellt, die nötig ist, um die Idee anderen verständlich zu machen. Kurz gesagt, wenn Sie eine Ingenieurin oder ein Ingenieur sind, werden Sie irgendwo auf Ihrem Weg mathematischen Problemen begegnen, bei denen MATLAB hilfreich sein kann. Auf der Seite von Mathworks gibt es zu dieser Frage eine Diskussion, allerdings auf Englisch: `https://www.mathworks.com/matlabcentral/answers/72325-will-i-even-use-matlab-in-my-engineering-career`.

MATLAB in der Ausbildung

Eines der Hauptanliegen der Firma Mathworks ist die Ausbildung. Das äußert sich auch durch die gesonderte Stellung, die die Ausbildung in der Internetpräsenz von Mathworks einnimmt: `http://de.mathworks.com/academia/`. Das Ziel jedes Ausbildungsprozesses ist natürlich, Kenntnisse zu erwerben und zu vermitteln, Ausbildung bedeutet aber auch, Herangehensweisen, Einstellungen und Arbeitsweisen zu erlernen, die man auch mit dem Wort Gewohnheiten umschreiben könnte. Um diese Gewohnheiten anzunehmen, brauchen Sie ein Werkzeug, mit dem Sie lernen, wie Sie Probleme auch außerhalb von Schule und weiterführenden Bildungseinrichtungen angehen. Selbst wenn das Unternehmen, welches Sie einmal einstellen wird, MATLAB nicht einsetzt, wird es doch die Herangehensweisen und Methoden zu schätzen wissen, die Sie im Umgang mit MATLAB gelernt haben.

Eine recht nützliche Quelle von Information und Inspiration können Sie auf der Webseite `http://de.mathworks.com/academia/student_center/tutorials/` finden. Zunächst helfen Ihnen die Tutorien beim Einstieg in MATLAB und später dann beim Erwerben zusätzlicher Fähigkeiten für Ihren speziellen Anwendungsfall. Wenn Sie mit diesem Buch fertig sind, können Sie diese Tutorien verwenden, um Ihr Wissen zu vertiefen, die Themen Ihrer Fachrichtung besonders anzusprechen und die Fähigkeiten zu erwerben, die Sie benötigen, um Ihre Arbeit mit MATLAB zu beginnen oder fortzusetzen.

Wenn Sie Student sind und eine Lizenz für MATLAB benötigen, können Sie sich auf `http://de.mathworks.com/academia/student_version/` zunächst informieren und sie anschließend erwerben. Es gibt verschiedene Pakete und Versionen von MATLAB im Angebot, achten Sie also darauf, dass Sie das richtige und zu Ihnen passende Paket erwischen. Es kann auch sein, dass Sie für Ihren speziellen Kurs ein Zusatzpaket benötigen. Dieses können Sie unter `https://de.mathworks.com/store/link/products/student/` auswählen und kaufen.

MATLAB in der linearen Algebra

Möglicherweise ist es schwer zu glauben, aber lineare Algebra ist Teil des Alltags und nicht nur dafür da, jemanden auf den Mond zu senden. Um beispielsweise die Kapitalrendite oder den ROI (*return on investment*) zu berechnen, müssen Sie sich darin auskennen. Dasselbe gilt für folgende Aufgaben:

✔ Den Umsatz einer Gesellschaft vorhersagen.

✔ Die Lagerhaltung von Waren berechnen.

✔ Geschäfts- und Lebensentscheidungen treffen, zum Beispiel, ob es günstiger ist, ein Auto zu leasen oder zu kaufen.

✔ Einen Finanzplan erstellen, zum Beispiel, ob es günstiger ist, einen Kredit zurückzuzahlen oder Ersparnisse aufzubauen.

Natürlich würde niemand gleich MATLAB kaufen, um diese Arbeiten genau einmal auszuführen. Wenn Ihre Arbeit jedoch daraus besteht, anderen bei solchen Fragestellungen zu helfen, brauchen Sie etwas wie MATLAB, damit Sie schnell korrekte Antworten auf diese Fragen finden.

Anwendungsfälle für lineare Algebra tauchen häufig in Bereichen auf, von denen Sie es nie erwartet hätten. Wenn Sie zum Beispiel ein Restaurantbesitzer sind, könnten Sie lineare Algebra ziemlich regelmäßig einsetzen, um Ihren Restaurantbetrieb effizienter zu gestalten. Lesen Sie gern einmal den Artikel unter `http://smallbusiness.chron.com/restaurants-use-linear-programming-menu-planning-37132.html` für Näheres dazu. Stellen Sie sich einmal vor, wie überrascht Sie wären, wenn Sie im Hinterzimmer eines Restaurants den Betreiber dabei antreffen würden, an einem Computer mit MATLAB zu arbeiten.

MATLAB in der angewandten Mathematik

Angewandte Mathematik arbeitet eher mit Näherungen als mit exakten, geschlossenen Lösungen, die man häufig aus der Ausbildung kennt. Es scheint, als sei die Welt voll von Näherungen, und nichts anderes gilt für die Galaxie. Auch die Konstruktion von Gebäuden ist ohne angewandte Mathematik nicht denkbar, genauso wenig wie Astronomie. Wahrscheinlich werden Sie kaum einen Zimmermann antreffen, der angewandte Mathematik mit MATLAB betreibt, aber bei Architekten ist die Wahrscheinlichkeit schon höher.

Angewandte Mathematik ist das Mittel der Wahl, wenn es um die Beschreibung der realen Welt geht. Beispielsweise verwenden moderne Biologie und Medizin Prinzipien, die auf angewandter Mathematik beruhen. Ihr Hausarzt wird eher keine Lizenz von MATLAB benötigen, aber der Forscher, der Ihren Arzt mit Informationen und Ergebnissen versorgt, damit er Ihre Beschwerden besser diagnostizieren kann, wahrscheinlich schon. Wenn es um numerische und angewandte Mathematik geht, betrifft dies eher die kreative Seite als die direkte Anwendung. Die Person, die ein neues Produkt oder einen Prozess oder eine Methode entwirft, wird eher MATLAB verwenden als der reine Anwender.

MATLAB in der Wissenschaft

Wissenschaft ist ein ziemlich weit gefasster Begriff, aber im engeren Sinne geht es dabei darum, mit Theorien über die Welt zu arbeiten. MATLAB wird in diesem Umfeld ziemlich wahrscheinlich verwendet, um neue Theorien zu entwickeln. Zum besseren Verständnis ist es wichtig, zwischen Wissenschaft und Ingenieurswesen zu unterscheiden. Im *Ingenieurwesen* werden bekannte wissenschaftliche Theorien und Erkenntnisse auf ein klar umrissenes Problem angewendet, um dieses deterministisch und häufig standardisiert lösen zu können. Die *Wissenschaft* auf der anderen Seite beschäftigt sich mit der Entwicklung und dem Testen von Theorien und stellt die Prinzipien und Theorien zur Verfügung, mit denen dann Probleme gelöst werden können. Mit anderen Worten: Wenn Sie MATLAB in der Wissenschaft anwenden, geht es darum, Theorien zu testen und zu entwickeln.

Natürlich wird Wissenschaft auf viele verschiedene Weisen genutzt. Beispielsweise könnten Sie in der Pharmaindustrie arbeiten und wissenschaftliche Methoden einsetzen, um ein Mittel gegen Krebs oder das Ebolavirus zu finden. Ein Computerwissenschaftler könnte nach neuen Wegen für Barrierefreiheit von Anwendungen suchen. Es gibt viele Wege, auf denen MATLAB Menschen dabei unterstützen kann, der Menschheit zu helfen.

MATLAB und die Freude an der Mathematik

In einem Satz: MATLAB hilft Menschen, in einem komfortablen Umfeld, das weniger fehleranfällig ist, mit Mathematik zu arbeiten. Der Rest des Kapitels und im Wesentlichen des ganzen Buches dreht sich um diese Aussage. Manche Menschen haben jedoch einfach Freude an Mathematik an sich und spielen auf eine gewisse Weise mit ihr. Das ist der Grund, warum es so viele Theoreme und Beweise gibt, mit denen man Probleme lösen kann. Deren Urheber beschäftigen sich mit Mathematik auf eine Weise, die nur wenige andere wirklich verstehen können. MATLAB ermöglicht es allerdings auch, mit Mathematik und auf kreative Weise mit Zahlen zu spielen, um nützliche Dinge zu tun.

MATLAB und die Forschung

In vielerlei Hinsicht haben Forscher den besten Beruf der Welt. Als Forscher können Sie sich eine Frage stellen – egal wie absurd – und dann erforschen, ob die Frage einerseits überhaupt beantwortet werden kann und ob sie andererseits überhaupt relevant ist. Wenn die Frage beantwortet ist, muss ein Forscher herausfinden, ob die Antwort nützlich und verlässlich ist. Kurz gesagt, manche sehen Forschung als eine Art Spiel – und sie haben recht: Für den kreativen und intelligenten Geist ist es wirklich ein Spiel.

Selbstverständlich ist Wissenschaft nicht nur Spaß und Spiel. Wenn es so wäre, würden alle gern Wissenschaftler werden, wie aktuell alle Spieldesigner werden wollen. Nachdem die Frage gestellt und beantwortet wurde, muss der Wissenschaftler seine Kollegen davon überzeugen, dass die Antwort korrekt und in der Praxis relevant und anwendbar ist. MATLAB ermöglicht Ihnen, die Antwort zu überprüfen und sicherzustellen, dass alles wie vorhergesagt funktioniert. Nachdem eine Antwort bewiesen wurde, kann der Wissenschaftler MATLAB weiter verwenden, um weiter darlegen zu können, wie die Antwort in der Praxis verwendet werden kann.

Obwohl viele Einsatzgebiete von MATLAB Grafik erfordern, hat doch die Wissenschaft besonderen Bedarf an grafischen Darstellungen, weil Wissenschaftler ihre Ergebnisse häufig vor einem Publikum vortragen, welches auf diesem Spezialgebiet nicht so versiert ist. In den meisten Fällen ist eine Präsentation ganz ohne Grafik praktisch aussichtslos. Der Wissenschaftler muss eine Vielzahl von Grafiken einbauen – zunächst, um seine abstrakten Konzepte darzulegen, und im weiteren Verlauf, um konkrete Ideen und Ergebnisse daraus herzuleiten, die die Zuhörerschaft verstehen kann.

MATLAB und Simulationen

Ein richtiges Flugzeug zu fliegen ist sowohl gefährlich als auch teuer – mit einem Raumschiff Menschen auf den Mars zu fliegen ist im Moment sogar unmöglich. *Simulation* ist die Kunst, mithilfe von bekannten Fakten wenigstens in der Theorie zu ermitteln, ob etwas grundsätzlich überhaupt möglich ist. Eine Simulation ist im Gegensatz zu einem Experiment in der realen Welt die preisgünstigere Variante, um einen Test durchzuführen. Dies gilt für praktisch alle wissenschaftlichen und technischen Anstrengungen heutzutage. Dies ist auf folgende Punkte zurückzuführen:

Simulation …

✔ … schont Menschenleben, wenn es darum geht, herauszufinden, was in der realen Welt alles schiefgehen kann.

✔ … spart Zeit, weil Simulationen meist einfacher durchzuführen sind.

✔ … ermöglicht den Menschen, die sie durchführen, verschiedene Lösungen schnell auszuprobieren.

✔ … reduziert Kosten, indem weniger Ressourcen verbraucht werden.

✔ … verbessert die Erfolgschancen einer neuen Technologie, indem die Zuverlässigkeit der Lösung getestet und verbessert werden kann, bevor die Technologie in die Realität umgesetzt wird.

✔ … erhöht die Sicherheit im Umfeld der Entwicklung neuer Technologien, weil man die Technologie testen kann, ohne einen Prototypen zu entwickeln, von dem seinerseits Gefahren ausgehen können.

MATLAB ermöglicht Simulationen auf verschiedenen Wegen. Es wird nicht für jedes Problem eine vollständige und umfassende Lösung parat haben, aber Sie können es für folgende Aufgaben einsetzen:

✔ Das der Technologie und damit der Simulation zugrunde liegende mathematische Modell entwerfen und definieren.

✔ Einzelne Schnappschüsse erzeugen, die demonstrieren, wie die Technologie auf Basis des Modells arbeitet.

✔ Die Abläufe einer Technologie mithilfe von Animationsmethoden demonstrieren, sodass auch am Projekt Beteiligte ohne Spezialausbildung sehen können, wie die Technologie funktioniert.

MATLAB und Bildverarbeitung

Bilder werden aus Bildpunkten (_Pixeln_) aufgebaut. Jeder Bildpunkt definiert eine spezielle Farbe an einem speziellen Punkt im Bild. Kurz gesagt ist ein Bildpunkt ein Punkt in einer bestimmten Farbe. Die Farbe ist technisch gesehen ein Zahlenwert, der festlegt, wie viel Rot, Blau und Grün für die Herstellung des Bildpunktes nötig ist. Da die Farbe als Zahl codiert ist, können Sie verschiedenste mathematische Methoden verwenden, um damit zu arbeiten. In der Tat werden Bilder häufig als Matrizen von Zahlen dargestellt, wie Sie an einigen Stellen im Buch bereits gesehen haben (besonders in den Kapiteln 6, 7 und 16). Eine Matrix ist einfach eine Struktur, die aus numerischen Informationen besteht.

Bildverarbeitung ist der Vorgang, die Bildpunkte in einem Bild mithilfe mathematischer Methoden so zu bearbeiten, dass die Werte in der Matrix verändert werden. Bei der Bildverarbeitung werden beispielsweise zwei Matrizen addiert, um ein neues Bild oder eine andere Version des Bildes zu erzeugen. Im Wesentlichen werden alle mathematischen Methoden zur Verarbeitung von Matrizen auch in der Bildverarbeitung auf die eine oder andere Weise eingesetzt.

An dieser Stelle sollten Sie sich noch einmal daran erinnern, dass MATLAB Matrixmanipulation hervorragend beherrscht. Jeder, der mit Bildverarbeitung zu tun hat, benötigt die Art Hilfe, welche MATLAB zur Verfügung stellt, um neue Methoden zur Bildverarbeitung zu entwickeln und zu testen. Das Interessante ist, dass Sie die Mathematik testen und anschließend das Ergebnis betrachten können, ohne die Anwendung zu wechseln. Sie können MATLAB einsetzen, um die benötigte Mathematik zu erzeugen und anschließend zu testen (zumindest im Simulationsmodus).

MATLAB und Programmentwicklung

Die Auswirkungen der Computerwissenschaft auf die Welt als Ganzes sind enorm, weil die Anwendungen, welche die Programmierer erstellen, Einfluss auf alle anderen Anstrengungen im Bereich von Wissenschaft und Technik haben. Die Auswirkungen gehen sogar noch darüber hinaus. Die Computerwissenschaften legen fest, wie Haushaltsgeräte arbeiten, wie Spiele funktionieren und sogar, wie Ihr Arzt Ihren Gesundheitszustand beurteilt. Im Rahmen dieser unendlichen Vielfalt verlassen sich Computerwissenschaftler häufig auf Mathematik, um ihre Arbeit auszuführen. MATLAB mit seiner vollen Werkzeugkiste kann zum Beispiel eingesetzt werden, um schnell Prototypen für einen Algorithmus herzustellen, bevor ein Heer von Entwicklern sich daranmacht, den Algorithmus in einer anderen, deutlich komplizierteren Sprache wie zum Beispiel C++ oder Java umzusetzen. Programmierer setzen MATLAB häufig ein, um ihre Produktivität zu steigern.

 Damit Sie eine Vorstellung davon bekommen, an wie vielen Stellen Mathematik wirklich mit von der Partie ist, denken Sie einfach an den Vorgang, Informationen so zu schreiben, dass sie auf dem Bildschirm erscheinen – er wäre ohne Mathematik schlicht nicht möglich. Die Position des Texts sowie die Größe der Buchstaben müssen berechnet werden, damit alles auf den Bildschirm passt. Alle Spezialeffekte, die Sie normalerweise verwenden, um Ihren Text aufzuwerten und bestimmte Passagen hervorzuheben, benötigen umfangreiche mathematische Methoden. In Computern sind ganze Komponenten ausschließlich dafür vorgesehen, mathematische Operationen auszuführen, da Sie ohne diese mit einem Computer nichts anfangen können.

Natürlich ist die Frage nicht, ob Computerwissenschaftler Mathematik häufig einsetzen – es geht eher darum, ob sie dafür MATLAB sinnvoll einsetzen können. Die Antwort ist ein klares Ja. Wenn Sie eine Anwendung erstellen, müssen Sie sicherstellen, dass die Ausgabe korrekt ist. Andernfalls wird jemand, der die Anwendung einsetzt, auf Fehler – oder *bugs* – stoßen, die sowohl den Anwender als auch den Entwickler mehr oder weniger hart treffen können.

Testen und Verifizieren ist jedoch nur eine Einsatzmöglichkeit. Jemand, der viel Zeit damit verbringt, Computeranwendungen zu erstellen, muss kontinuierlich auf der Suche danach sein, wie er Aufgaben anders und schneller erledigen kann. Nichts ist bei Computern für die Ewigkeit festgelegt, weil es immer mehr als einen Weg gibt, eine bestimmte Aufgabe zu lösen. Häufig gibt es noch nicht einmal *den* besten Weg, um eine Aufgabe zu erledigen; vielleicht jedoch einen besten Weg unter bestimmten Voraussetzungen. Für ein Arbeitsfeld, das näher am Ingenieurswesen als an der Grundlagenforschung angesiedelt ist, haben es Computerwissenschaftler mit einer schier unerschöpflichen Quelle von Unbekanntem zu tun, bei dessen Bearbeitung sie wahrscheinlich von MATLAB in bedeutender Weise profitieren können.

Zehn Wege, um von MATLAB zu leben

18

In diesem Kapitel ...

▶ In das Energiemanagement der nächsten Generation einsteigen

▶ Die Welt sicherer machen.

▶ Spracherkennung verbessern.

▶ Krankheiten ausrotten.

▶ Neue Computerchips entwickeln.

▶ Bessere Lastkraftwagen entwickeln.

▶ Zukunftstechnologien vorantreiben.

▶ Bessere Ausrüstung für Outdoor-Einsätze entwickeln.

▶ Die Familienplanung unterstützen.

▶ Mit Simulation Kosten unter Kontrolle halten.

*M*ATLAB ist ein exzellentes Werkzeug, das eine Vielzahl von Aufgaben erledigen kann. Sie werden es womöglich jedoch lediglich als Werkzeug sehen und nicht als Mittel, mit dem man seinen Lebensunterhalt verdienen kann. Machen Sie sich auf Überraschungen gefasst! MATLAB in Ihrem Lebenslauf kann der Turbo sein, um endlich den Fuß in die Tür für den besseren und spannenderen Job zu bekommen, auf den Sie schon so lange warten. Mit anderen Worten: MATLAB ist der Job und nicht nur das Werkzeug, das Sie auf der Arbeit verwenden, zumindest in manchen Fällen. Arbeitgeber fragen sogar zunehmend explizit nach MATLAB.

Ein Blick auf Monster.de (`http://jobsuche.monster.de/Jobs/?q=matlab`) zeigt, dass manche Stellen ganz explizit Kenntnisse in MATLAB voraussetzen. Die Abfrage am 23. Februar 2016 ergab 517 Treffer für die Anfrage »MATLAB«. Wenn Sie nach Arbeitsstellen suchen, übersehen Sie nicht die vielen *user groups* rund um MATLAB. Beispielsweise sind auf der deutschen Seite von LinkedIn gleich mehrere Gruppen mit dem Stichwort MATLAB zu finden. Die Mitgliederzahl liegt bei etwa 20.000. Häufig bieten diese Quellen genau das Netzwerk an, welches Ihnen zur nächsten Stelle verhilft. Auf den folgenden Seiten finden Sie ein paar spannende Möglichkeiten, mit Ihren frisch erworbenen Kenntnissen in MATLAB einen Job zu finden – und diese Möglichkeiten sind nur die Spitze des Eisbergs.

Für den Fall, dass die Verknüpfungen in diesem Kapitel nicht mehr funktionieren, können Sie unter www.r-institute.com/matlab_fuer_dummies jeweils Versionen der Artikel als PDF-Dateien herunterladen, soweit dies urheberrechtlich zulässig ist.

Grüne Technologien umsetzen

Früher gab es genau einen Ansprechpartner für die Elektrizität aus der Steckdose: die örtlichen Stadtwerke. Das Stromnetz war daher ziemlich übersichtlich. Der Strom wurde von einem lokalen Anbieter eingespeist und von mehreren Verbrauchern – Haushalte und Gewerbebetriebe – lokal wieder »entnommen«. Die Struktur der Stromnetze war demzufolge ziemlich einfach.

Heute sieht das Bild völlig anders aus, da viele Haushalte und Gewerbebetriebe nicht nur Strom verbrauchen, sondern auch einspeisen. Ein Solardach könnte zum Beispiel nicht nur den Energiebedarf für den eigenen Verbrauch abdecken, sondern auch noch das Nachbarhaus versorgen. Dies bedeutet für das Netz, dass es auch mit überschüssiger Energie eines »Verbrauchers« fertig werden muss. Darüber hinaus gehören heute zu den Energiequellen des Elektrizitätswerkes nicht mehr nur Kraftwerke für fossile Brennstoffe, sondern auch über den Globus verteilte Windparks.

Das alte Stromnetz besitzt nicht die Intelligenz, die für die Verwaltung von so verschiedenen Anforderungen wie dem Wechsel von der Stromquelle zum Stromverbraucher oder der schwankenden Einspeiseleistung, zum Beispiel aus Windkraftwerken, benötigt wird. Daher werden sogenannte *smart grids* (etwa: intelligente Stromnetze) aufgebaut, die das alte System nach und nach ersetzen, was zu mehr Flexibilität und Robustheit in der Stromwirtschaft führt. Solche *smart grids* zu entwickeln und zu implementieren ist bedeutend aufwendiger als der Entwurf der Stromnetze nach alter Bauart. MATLAB kann beim Design und der Implementierung dieser *smart grids* helfen. Hier ist der Bericht einer Hamburger Universität zu MATLAB und *smart grids*: http://www.modelit.nl/index.php/matlab-webserver-user-story.

Blindgänger finden

Es gibt wahrscheinlich nichts – im wahrsten Sinne des Wortes – Atemberaubenderes als die Suche nach Blindgängern. Sagen wir einfach, dass es einer gehörigen Portion kühler Entschlossenheit und stabiler Nerven bedarf, um solch eine Arbeit auszuführen. Die meisten Menschen verstehen jedoch das Hauptaugenmerk der Arbeit gar nicht. Es geht nicht darum, ein paar Blindgänger hier und da zu entschärfen – häufig geht es um Tausende von Minen oder anderen Sprengkörpern, verteilt über eine riesige Fläche. Diese bis auf das letzte Stück zu finden ist ohne Hilfe praktisch unmöglich. Und auch dieser letzte Sprengsatz muss gefunden werden – er ist eben einer zu viel. Hier ist eine Erfolgsgeschichte: http://de.mathworks .com/company/user_stories/black-tusk-geophysics-detects-and-classifies- unexploded-ordnance.html.

MATLAB unterstützt Menschen, die sich auf die Suche nach Blindgängern machen, um ihre Chancen zu erhöhen, alle Blindgänger – auch den letzten – zu finden und dabei die Kosten niedrig zu halten. Die meisten dieser Anstrengungen verfügen nur über ein begrenztes Budget, sodass die Herausforderung darin besteht, so viele Sprengsätze wie möglich zu finden, bevor das Geld alle wird.

Spracherkennungssoftware entwickeln

Der Bedarf, dass Computer menschliche Sprache verstehen, wächst ständig, da immer mehr Bereiche des menschlichen Alltags von Computern unterstützt oder fast vollständig über- nommen werden. Obwohl Produkte wie Siri (https://www.apple.com/de/ios/siri/) nützlich sind, gehen die Anwendungsfälle von Spracherkennung weit darüber hinaus, menschliche Sprache in etwas zu verwandeln, was ein Computer verstehen kann. Betrachten Sie nur die Tatsache, dass Roboter zunehmend Teil des Alltags werden. Es ist sogar denkbar, dass Roboter es ermöglichen, dass Menschen nicht mehr in Pflege- oder Altenheime umziehen müssen, wenn sie sich nicht mehr selbst versorgen können. Der folgende Link auf den Artikel *Gepflegt von einem Roboter* in der Süddeutschen Zeitung diskutiert dazu technische wie ethi- sche Fragen: http://www.sueddeutsche.de/wissen/technik-und-menschlichkeit- gepflegt-von-einem-roboter-1.2383966. Diese Roboter müssen alles verstehen, was eine Person sagt, und darauf angemessen reagieren können. Aus diesem Grund ist weitere Forschung zu dem Thema unerlässlich.

Sie können davon ausgehen, dass es im Bereich Spracherkennung (auch) zukünftig viele Stellen geben wird. Die meisten dieser Stellen werden die Fähigkeit erfordern, mit Mathematik und im Besonderen mit Software wie MATLAB umzugehen. Der effiziente Einsatz von Mathematik zur Lösung von Problemen der Spracherkennung wird zunehmende Bedeutung erlangen, da der Markt für die verschiedensten Arten computerunterstützter Technologie beständig wächst.

Krankheiten unter Kontrolle bekommen

Es wird wahrscheinlich nicht möglich sein, jede Krankheit auf der Welt auszurotten. Obwohl immer wieder vom Sieg über die Grippe gesprochen wird, dauert der Kampf gegen viele altbe- kannte Leiden der Menschheit sicher noch bis weit in die Zukunft an. MATLAB spielt eine bedeu- tende Rolle bei dieser nie endenden Suche nach Heilmethoden für Krankheiten. Beispielsweise setzen die *Centers for Disease Control and Prevention* (Zentren für Krankheitskontrolle und -vorbeugung) MATLAB für die Sequenzierung und Verbreitungsanalyse des Poliovirus ein, wie hier nachzulesen ist: http://www.mathworks.com/company/user_stories/centers- for-disease-control-and-prevention-automates-poliovirus-sequencing-and- tracking.html.

Die Uhr tickt und Gesundheitsorganisationen brauchen jede Sekunde, die sie bekommen können, um gefährliche Krankheiten zu stoppen. Sollten Sie der Ansicht sein, dass die moderne Medizin weitestgehend erfolgreich bei der Bekämpfung dieser Krankheiten war, überdenken Sie dies besser noch einmal. Nur ein Krankheitserreger wurde bis heute wirklich eliminiert: das Pockenvirus, nachzulesen unter `https://de.wikipedia.org/wiki/Pocken` (Achtung: Fotos von starken Hautveränderungen!). Zwar ist das ein großer Erfolg, doch liegt noch ein großes Stück Weg vor uns. Durch den Einsatz von MATLAB werden Wissenschaftler effizienter und können damit möglicherweise schneller einen Sieg über den nächsten Krankheitserreger erringen – wenn sie mit der Software richtig umgehen können.

Designer für Computerchips werden

Wenn Sie sehr detailliert wissen, wie ein Computer wirklich funktioniert – bis hinunter auf die Ebene der einzelnen Chips –, eröffnet Ihnen das eine völlig neue Welt von mathematischen Möglichkeiten. Eine wirklich tiefgehende Kenntnis der Computerchip-Technologie erfordert nicht nur Elektronik oder Chemie, sondern eine gesunde Mischung von beidem mit einem guten Schuss anderer Technologien. Sehr gute Kenntnisse in Mathematik sind eine wichtige Voraussetzung, weil Sie keine der Wechselwirkungen auf Chip-Ebene wirklich sehen können, sondern mithilfe der Mathematik vorhersagen müssen. Die Menschen, welche heutzutage Chips entwerfen, treten wirklich in eine Parallelwelt ein, weil die Dinge auf atomarer Ebene nicht mehr so sind, wie die Intuition es vorgibt. Für Unerschrockene ergeben sich Betätigungsfelder beim Entwickeln von Systemen auf Chips (_System on a Chip_, _SoC_) oder anwendungsspezifischen integrierten Schaltkreisen (_Application Specific Integrated Circuit_, _ASIC_). Offene Stellen in diesem Bereich finden Sie zum Beispiel auf `www.monster.de`. Angesichts des rasanten Fortschrittes in diesem Bereich können Sie mit einigen Angeboten für Interessenten an diesem Berufsfeld rechnen.

Lastkraftwagen entwickeln

Die Entwicklung von Lastkraftwagen klingt beim ersten Hören nicht nach einem Feld, bei dem MATLAB eine besondere Rolle spielt, doch moderne Lkw sind in Wahrheit komplizierte technologische Wunderwerke, die sicher und effizient auf immer voller werdenden Straßen rollen sollen. Beispielsweise ist schon die Luftfederung, die Zugmaschine und Anhänger verbindet und auch unter schwierigen Bedingungen zusammenhalten soll, eine Meisterleistung an sich. Mehr dazu können Sie unter `http://de.mathworks.com/company/user_stories/continental-develops-electronically-controlled-air-suspension-for-heavy-duty-trucks.html` nachlesen.

Sie können diesen speziellen Anwendungsbereich in der Automobilindustrie auch auf andere Typen von Fahrzeugen übertragen. Der Entwicklungsaufwand für ein modernes Fahrzeug ist enorm. Denken Sie nur an die Dinge, die ein modernes Auto heutzutage können muss. Zum Beispiel gehört ein Antiblockiersystem schon zum Standard. Dieses System verhindert, dass die Reifen beim starken Bremsen blockieren und die Lenkung außer Gefecht setzen. Moderne ABS wissen sogar, wann sie doch blockieren müssen, zum Beispiel auf Schnee und Sand – damit sich ein kleiner Bremskeil vor den Reifen bildet. Auch für einen Unfall muss ein Auto gerüstet sein und innerhalb von Millisekunden Dinge in Gang setzen, welche die Passagiere maximal schützen. Neben diesen lebenswichtigen Eigenschaften sollte an Bord auch für ausreichend Unterhaltung gesorgt werden; vom Radio mit allen möglichen Funktionen über den Internetzugang bis hin zur Videovorführung im Fond gibt es da einige Erwartungen der Konsumenten. All das erfordert erheblichen Entwicklungsaufwand, für den man am besten auch Mathematik-Software einsetzt.

In die Produktentwicklung gehen

Forschung und Entwicklung (F&E) mag auf den ersten Blick etwas trocken erscheinen. Eigentlich müsste dafür jedoch ein anderer Name gefunden werden, denn was Sie dabei eigentlich tun, ist, all die Produkte zu entwerfen, welche die Menschen zukünftig gebrauchen werden. Bei der Arbeit im Bereich Forschung und Entwicklung schiebt ein Ingenieur oder Wissenschaftler die Grenzen des Machbaren immer weiter nach vorn – in Bereiche, die sich Außenstehende kaum vorstellen können. Die meisten Stellen in diesem Gebiet erfordern gründliche Kenntnisse einer Software wie MATLAB. In dieser Branche ist Zeit wirklich Geld und daher soll die Arbeit an der Technologie von morgen so effizient wie nur möglich sein.

Ausrüstung für Einsätze unter freiem Himmel entwickeln

Auch wenn es um robuste Technologien geht, die eher auf Langlebigkeit und Zuverlässigkeit ausgerichtet sind, ist MATLAB ein oft eingesetztes Werkzeug. In dem Bericht unter `http://www.mathworks.com/company/user_stories/electrodynamics-associates-designs-high-performance-generator-controller-for-the-military.html` wird beschrieben, wie ein Stromgenerator mit 200 Kilowatt Leistung für den Militäreinsatz entwickelt wurde und dabei massiv MATLAB zum Einsatz kam. Gerade Stromgeneratoren sind äußerst wichtig, da ohne sie kaum ein Gebäude gebaut werden könnte oder auch humanitäre Einsätze fernab von jedem Stromnetz kaum denkbar wären.

Generatoren, Werkzeuge und viele andere Geräte aller Art erfordern heute eine sorgfältige Entwicklung. Dabei reicht es nicht aus, dass das Gerät nur möglichst gut das tut, was es soll, sondern dabei auch noch Energie spart, den Materialeinsatz minimiert, leicht – oder noch besser: gar nicht – zu warten ist und möglichst keine negativen Auswirkungen auf die Umwelt hat. Ohne eine entsprechende Mathematik-Software wäre solch ein Unterfangen praktisch aussichtslos.

Die Familienplanung unterstützen

Geburtenkontrolle ist gegenwärtig eine große Herausforderung, der sich Wissenschaftler mithilfe von MATLAB stellen. Eine konkrete Aufgabe besteht darin, den Gebrauch und die Wirksamkeit von Empfängnisverhütung und anderen Methoden der Familienplanung in Indien und

Bangladesch vorherzusagen. Es ist schwierig, Methoden der Geburtenkontrolle so zu finden, dass die lokale Wirtschaft die Bevölkerung auch ernähren kann – noch schwieriger ist, deren Anwendung sicherzustellen. Für solche Forschungsthemen gibt es ein Zusatzpaket für Biologie in MATLAB. Auf der Seite der Weltbank gibt es ein Beispiel für dessen Einsatz: `http://www-wds.worldbank.org/external/default/WDSContentServer/WDSP/IB/1992/11/01/000009265_3961003174232/Rendered/PDF/multi0page.pdf`.

Mit Simulation Risiken reduzieren

Viele, wenn nicht alle Projekte bergen Risiken. Dabei geht es nicht nur um die Summe des Geldes, die Sie aufwenden müssen, um ein Projekt zum Erfolg zu bringen, sondern um die Frage, ob es überhaupt zum Erfolg kommen kann. Mithilfe von Simulationen können Sie jedoch die Erfolgswahrscheinlichkeit erheblich erhöhen. Ein Beispiel für ein Riesenprojekt mit einiger Brisanz ist die Bergung des Unterseebootes _Kursk_, über das Sie sich unter folgendem Link informieren können: `http://www.mathworks.com/company/user_stories/international-salvage-team-brings-home-the-kursk-submarine-using-a-simulation-developed-in-simulink.html`. Es ist unmöglich zu wissen, ob die Bergung der _Kursk_ ohne Simulationsmodelle überhaupt möglich gewesen wäre. Simulationen erfordern sowohl Mathematik als auch grafische Darstellung und Aufbereitung. Beides ist in MATLAB vorhanden.

Das Wissen, dass ein Projekt überhaupt zum Erfolg kommen kann, ist jedoch erst die halbe Miete. Mithilfe einer Simulation können Sie potenzielle Risiken schon im Voraus ermitteln und berücksichtigen. Die Identifikation von Risiken und das Risikomanagement sind wichtige Teile vieler Unternehmungen der heutigen Zeit. Neben den Methoden, die ein Projekt zum Erfolg führen sollen, benötigen Sie auch Handlungsanweisungen, wenn mal etwas schief oder gar nicht läuft. Mithilfe einer entsprechenden Simulation kann ein entsprechend ausgebildeter Ingenieur gefährdete Situationen ermitteln, alles unternehmen, um sie zu verhindern, und Vorbereitungen treffen, falls – trotz aller Bemühungen – doch etwas nicht wie gewünscht abläuft.

In diesem Sinne: Alles Gute und viel Erfolg mit MATLAB und bei Ihren Projekten!

Anhang A: MATLAB-Funktionen

Dieser Anhang gibt Ihnen einen Überblick über die Funktionen in MATLAB. Jede Funktion hilft Ihnen dabei, eine bestimmte Aufgabe in MATLAB zu erledigen. Die Tabellen enthalten den Funktionsnamen und eine kurze Beschreibung der Funktion. Wenn Sie mehr Informationen benötigen, als Ihnen dieser Anhang bieten kann, können Sie mithilfe der Anweisung **help <Funktionsname>** und dann Enter im Anweisungsfenster von MATLAB zusätzliche Informationen anfordern. Natürlich sind viele Informationen auch in diesem Buch zu finden und nicht zuletzt können Sie auch die Hilfe von MATLAB durchsuchen. In Kapitel 3 finden Sie weiterführende Informationen über die Hilfestellungen, die MATLAB Ihnen bietet.

Funktion	Beschreibung
uplus	unäres plus – vergleichbar mit + auf ein Objekt angewendet
plus	plus – vergleichbar mit + für zwei Objekte
uminus	unäres minus – vergleichbar mit - auf ein Objekt angewendet
minus	minus – vergleichbar mit - für zwei Objekte
mtimes	Matrixmultiplikation – vergleichbar mit *
times	elementweise Multiplikation – vergleichbar mit .*
rdivide	elementweise Rechtsdivision – vergleichbar mit ./
mrdivide	löst lineare Gleichungssysteme vom Typ xA = B nach x auf – vergleichbar mit /
ldivide	elementweise Linksdivision – vergleichbar mit .\
mldivide	löst Gleichungssysteme vom Typ Ax = B nach x auf – vergleichbar mit \
power	elementweise Potenz – vergleichbar mit .^
mpower	Matrixpotenz – vergleichbar mit ^
diff	Differenzen zwischen Elementen eines Objekts, hilfreich für genäherte Ableitungen
prod	Produkt der Elemente eines Vektors
sum	Summe der Elemente eines Vektors
ceil	rundet in Richtung positiv unendlich
cumprod	kumulatives Produkt

Tabelle A.1: Arithmetik

Funktion	Beschreibung
cumsum	kumulative Summe
movsum	gleitende Summe
fix	rundet in Richtung null
floor	rundet in Richtung negativ unendlich
idivide	Ganzzahldivision mit Rundungsoption
mod	Modulo der Ganzzahldivision
rem	Rest der Ganzzahldivision
round	rundet zur nächsten ganzen Zahl

Tabelle A.1: Arithmetik (Fortsetzung)

Funktion	Beschreibung
sin	Sinus des Arguments in Radiant
sind	Sinus des Arguments in Grad
asin	Arkussinus, Ergebnis in Radiant
asind	Arkussinus, Ergebnis in Grad
sinh	Sinus Hyperbolicus
asinh	Areasinus Hyperbolicus (Umkehrfunktion des Sinus Hyperbolicus)
cos	Kosinus des Arguments in Radiant
cosd	Kosinus des Arguments in Grad
acos	Arkuskosinus, Ergebnis in Radiant
acosd	Arkuskosinus, Ergebnis in Grad
cosh	Kosinus Hyperbolicus
acosh	Areakosinus Hyperbolicus (Umkehrfunktion des Kosinus Hyperbolicus)
tan	Tangens des Arguments in Radiant
tand	Tangens des Arguments in Grad
atan	Arkustangens, Ergebnis in Radiant
atand	Arkustangens, Ergebnis in Grad

Tabelle A.2: Trigonometrie

Funktion	Beschreibung
atan2	Arkustangens mit zwei Argumenten, Ergebnis in Radiant
atan2d	Arkustangens mit zwei Argumenten, Ergebnis in Grad
tanh	Tangens Hyperbolicus
atanh	Areatangens Hyperbolicus
csc	Kosekans des Arguments in Radiant
cscd	Kosekans des Arguments Grad
acsc	Arkuskosekans, Ergebnis in Radiant
acscd	Arkuskosekans, Ergebnis in Grad
csch	Kosekans Hyperbolicus
acsch	Areakosekans Hyperbolicus
sec	Sekans des Arguments in Radiant
secd	Sekans des Arguments in Grad
asec	Arkussekans, Ergebnis in Radiant
asecd	Arkussekans, Ergebnis in Grad
sech	Sekans Hyperbolicus
asech	Areasekans Hyperbolicus
cot	Kotangens des Arguments in Radiant
cotd	Kotangens des Arguments in Grad
acot	Arkuskotangens, Ergebnis in Radiant
acotd	Arkuskotangens, Ergebnis in Grad
coth	Kotangens Hyperbolicus
acoth	Areakotangens Hyperbolicus
hypot	Wurzel aus der Summe der Quadrate (Hypotenuse)
deg2rad	konvertiert einen Winkel von Grad in Radiant (Bogenmaß)
rad2deg	konvertiert einen Winkel von Radiant in Grad

Tabelle A.2: Trigonometrie (Fortsetzung)

Funktion	Beschreibung
exp	Exponentialfunktion
expm1	berechnet exp(x)-1 für kleine Werte von x genau
log	natürlicher Logarithmus
log10	Logarithmus zur Basis 10
log1p	berechnet log(1+x) für kleine Werte von x genau
log2	Logarithmus zur Basis 2; hilfreich bei der Aufteilung von Fließkommazahlen in Exponent und Mantisse
nextpow2	Exponent der nächstgrößeren Potenz von 2
nthroot	reelle n-te Wurzel reeller Zahlen
pow2	berechnet 2 hoch Argument; hilfreich beim Skalieren von Fließkommazahlen
reallog	natürlicher Logarithmus für nichtnegative reelle Zahlen (elementweise)
realpow	Potenz mit ausschließlich reeller Ausgabe (elementweise)
realsqrt	Quadratwurzel für nichtnegative reelle Zahlen (elementweise)
sqrt	Quadratwurzel

Tabelle A.3: Exponentialfunktion, Logarithmus, Potenz und Wurzel

Funktion	Beschreibung
abs	Betrag beziehungsweise Länge des Vektors in der Gauß'schen Zahlenebene
angle	Phasenwinkel des Vektors in der Gauß'schen Zahlenebene
complex	erzeugt eine komplexe Zahl aus Real- und Imaginärteil
conj	komplex konjugierte Zahl
i	imaginäre Einheit
imag	Imaginärteil einer komplexen Zahl
isreal	prüft, ob das Argument reellwertig ist
j	imaginäre Einheit
real	Realteil einer komplexen Zahl
sign	Signum()-Funktion: ergibt -1, wenn das zugehörige Element kleiner als 0 ist, und sonst 1

Tabelle A.4: Komplexe Zahlen

Funktion	Beschreibung
factor	Primfaktoren
factorial	Fakultät
gcd	größter gemeinsamer Teiler
isprime	ergibt 1 für eine Primzahl, sonst 0
lcm	kleinstes gemeinsames Vielfaches
nchoosek	Binomialkoeffizient (»n über k«)
perms	alle möglichen Permutationen
primes	erzeugt eine Liste der Primzahlen, die kleiner oder gleich dem Argument sind
rat, rats	Näherung durch einen Bruch (rationale Zahl)

Tabelle A.5: Diskrete Mathematik

Funktion	Beschreibung
poly	Charakteristisches Polynom oder Polynom mit vorgegebenen Nullstellen
polyder	Ableitung des Polynoms
polyeig	polynomielles Eigenwertproblem
polyfit	Anpassung an eine Kurve mithilfe eines Polynoms
polyint	Integral des Polynoms
polyval	Wert des Polynoms an der Stelle x
polyvalm	Wert des Polynoms für eine Matrix X
residue	Partialbruchzerlegung
conv	Faltung und Polynommultiplikation
deconv	Dekonvolution (Entfaltung) und Polynomdivision
roots	Nullstellen des Polynoms

Tabelle A.6: Polynome

Funktion	Beschreibung
erf	Fehlerfunktion
erfc	komplementäre Fehlerfunktion
erfcinv	inverse komplementäre Fehlerfunktion
erfcx	skalierte komplementäre Fehlerfunktion
erfinv	inverse Fehlerfunktion

Tabelle A.7: Fehlerfunktion

Funktion	Beschreibung
cart2pol	transformiert kartesische Koordinaten in polare oder zylindrische
cart2sph	transformiert kartesische Koordinaten in Kugelkoordinaten
pol2cart	transformiert polare oder zylindrische Koordinaten in kartesische
sph2cart	transformiert Kugelkoordinaten in kartesische

Tabelle A.8: Kartesische, polare und Kugelkoordinaten

Funktion	Beschreibung
eps	relative Genauigkeit von Fließkommazahlen
Inf	unendlich
pi	π
NaN	keine Zahl (_not a number_)
isfinite	1, wenn endlich, sonst 0
isinf	1, wenn unendlich, sonst 0
isnan	1, wenn keine Zahl, sonst 0
gallery	Testmatrizen
magic	magisches Quadrat

Tabelle A.9: Konstanten und Testmatrizen

Funktion	Beschreibung
cross	Kreuzprodukt
dot	Skalarprodukt
kron	Kronecker-Produkt
transpose	transponieren

Tabelle A.10: Matrixoperationen

Funktion	Beschreibung
inv	Matrixinverse
linsolve	löst lineare Gleichungssysteme

Tabelle A.11: Lineare Gleichungssysteme

Funktion	Beschreibung
eig	Eigenwerte und Eigenvektoren
eigs	größte Eigenwerte und entsprechende Eigenvektoren

Tabelle A.12: Eigenwerte

Funktion	Beschreibung
det	Determinante einer Matrix
norm	Vektor- und Matrixnorm
rank	Rang einer Matrix
rref	reduzierte Zeilenstufenform (*reduced row echelon form*) einer Matrix
trace	Spur (Summe der Diagonalelemente) einer Matrix

Tabelle A.13: Matrixanalyse

Funktion	Beschreibung
expm	Matrix-Exponentialfunktion
logm	Matrix-Logarithmus
sqrtm	Matrix-Quadratwurzel
arrayfun	wendet eine Funktion auf alle Elemente eines _Arrays_ an

Tabelle A.14: Matrixfunktionen

Funktion	Beschreibung
corrcoef	Korrelationskoeffizient
cov	Kovarianzmatrix
max	Maximum
mean	Mittelwert
median	Median
min	Minimum
mode	häufigster Wert
std	Standardabweichung
var	Varianz

Tabelle A.15: Statistik

Funktion	Beschreibung
rng	steuert den Zufallszahlgenerator
rand	gleichverteilte Pseudo-Zufallszahlen
randn	normalverteilte Pseudo-Zufallszahlen
randi	gleichverteilte Pseudo-Zufallszahlen (nur ganze Zahlen)
randperm	zufällige Permutation

Tabelle A.16: Zufallszahlgenerator

Funktion	Beschreibung
interp1	eindimensionale Interpolation (Interpolation benachbarter Tabellenwerte)
spline	Interpolation mithilfe kubischer Splines

Tabelle A.17: Eindimensionale Interpolation

Funktion	Beschreibung
interp2	zweidimensionale Interpolation (Interpolation benachbarter Tabellenwerte)
interp3	dreidimensionale Interpolation (Interpolation benachbarter Tabellenwerte)
interpn	n-dimensionale Interpolation (Interpolation benachbarter Tabellenwerte)
griddedInterpolant	Interpolation auf Gitterwerten
ndgrid	rechteckiges Gitter in n Dimensionen
meshgrid	rechteckiges Gitter in zwei und drei Dimensionen

Tabelle A.18: Interpolation auf einem Gitter

Funktion	Beschreibung
griddata	interpoliert gestreute Daten

Tabelle A.19: Interpolation gestreuter Daten

Funktion	Beschreibung
fminbnd	findet das Minimum einer Funktion mit einer Veränderlichen in einem Intervall
fminsearch	findet das Minimum einer Funktion mehrerer Veränderlicher ohne Beschränkungen mithilfe einer Methode ohne Ableitungen
fzero	findet Nullstellen stetiger Funktionen mit einer Veränderlichen

Tabelle A.20: Optimierung

Funktion	Beschreibung
ode23	explizite Methode zur numerischen Lösung von Differentialgleichungen

Tabelle A.21: Gewöhnliche Differentialgleichungen

Funktion	Beschreibung
spy	visualisiert das Besetzungsmuster einer Matrix
find	gibt Indizes und Werte von null verschiedener Elemente aus

Tabelle A.22: Dünnbesetzte Matrizen

Funktion	Beschreibung
polyarea	Fläche eines Polygons
inpolygon	zeigt an, ob ein Punkt innerhalb (oder auf dem Rand) eines Polygons liegt oder nicht
rectint	Überschneidungsfläche zweier Rechtecke

Tabelle A.23: Elementare Polygone (Vielecke)

Anhang B: Grafikroutinen in MATLAB

*I*n diesem Anhang finden Sie die Grafikroutinen in MATLAB mit einer kurzen Beschreibung und einem Beispiel. Um Platz zu sparen, fassen manche Beispiele mehrere Anweisungen zusammen. Um Ihnen das Leben etwas leichter zu machen, haben wir einige Funktionen zum Erzeugen von Testmatrizen hinzugefügt, zum Beispiel: rand(), magic(), peaks(), cylinder(), ellipsoid() und sphere(). Die Beispiele stehen unter dem Dateinamen GrafikRoutinen.m zum Herunterladen bereit.

Routine	Beschreibung	Beispiel
ezplot	stellt den Ausdruck in Klammern grafisch dar	`ezplot('exp(-0.4*x)*sin(x)')`
fplot	wie ezplot, jedoch mit Intervallen	`fplot('exp(-0.4*x)*sin(x)', [0,2*pi, -0.3,0.6])`
plot	stellt Daten in Vektoren grafisch dar	`x=[0:2*pi/100:2*pi]; y=exp(-0.4*x).*sin(x); plot(x,y); figure(2)`
comet	wie plot, animiert jedoch die Trajektorie	`comet(x,y); figure(3) ribbon(x,y); figure(4)`
ribbon	wie plot, stellt die Daten jedoch als 3D-Bänder dar	`y2=100*exp(-0.4*x).*cos(x); plotyy(x,y,x,y2)`
plotyy	stellt Daten mit sehr unterschiedlichen y-Werten auf zwei y-Achsen dar	
loglog	stellt Daten doppelt logarithmisch dar, $y = x^n$ wird als Gerade dargestellt	`x=[0:2*pi/100:2*pi]; y=10*x.^pi; loglog(x,y)`
semilogx	stellt Daten halblogarith-misch dar, x-Achse wird logarithmisch skaliert, $y = \log(x)$ wird als Gerade dargestellt	`x=[0:2*pi/100:2*pi]; y=10*log(x)+pi; semilogx(x,y);`
semilogy	stellt Daten halblogarith-misch dar, y-Achse wird logarithmisch skaliert, $y = a^x$ wird als Gerade dargestellt	`x=[0:2*pi/100:2*pi]; y=10*exp(pi*x); semilogy(x,y);`

Tabelle B.1: Grundlegende Grafikroutinen

Routine	Beschreibung	Beispiel

area	wie plot, jedoch mit ausgefüllter Fläche	`x=[0:2*pi/100:2*pi];`
		`y=exp(-0.4*x).*sin(x);`
		`area(x,y)`

pie	erzeugt ein Standard-Kuchendiagramm	`x=[2,4,6,8];`
		`pie(x); figure(2)`
		`pie3(x)`

pie3	fügt ein paar 3D-Gimmicks zu pie hinzu	
ezpolar	erzeugt ein Polardiagramm, in dem der Abstand vom Ursprung abhängig vom Winkel dargestellt wird – Argument ist mathematische Funktion	`ezpolar('cos(2*x)^2');`

polar	wie ezpolar, jedoch werden zwei Vektoren übergeben: x für den Winkel und y für den Abstand	`x=[0:2*pi/100:2*pi];`
		`y=(exp(-0.1*x).*sin(x)).^2;`
		`polar(x,y)`

compass	wie polar, jedoch Datenpunkte als Vektoren vom Ursprung aus	`compass(rand(1,3)-0.5,rand(1,3)-0.5)`

bar	erzeugt ein Balkendiagramm, welches sowohl gruppieren als auch schichten kann	`x=[8,7,6;13,21,15;32,27,32];`
		`bar(x); figure(2)`
		`y=sum(x,2);`
		`bar(y); figure(3)`

barh	wie bar, jedoch horizontal	`bar(x,'stacked'); figure(4)` `barh(x); figure(5)`
bar3	fügt ein paar 3D-Gimmicks zu bar hinzu	`bar3(x); figure(6)` `bar3h(x)`
bar3h	wie bar3, jedoch horizontal	

fill	füllt Polygone mit der angegebenen Farbe; Argumente sind Vektoren mit den Eckpunkten	`y=sin([0:2*pi/5:2*pi]);`
		`x=cos([0:2*pi/5:2*pi]);`
		`fill(x,y,'g')`

Tabelle B.2: Über die Grundlagen hinaus

Routine	Beschreibung	Beispiel
scatter	stellt (x,y)-Datenpunkte dar	x=[0:2*pi/100:2*pi];
stem	wie scatter, jedoch mit einer Linie von der x-Achse zum Datenpunkt	y=10*x+pi+10*randn(1,101); scatter(x,y); figure(2) stem(x,y); figure(3)
errorbar	wie plot, doch mit Fehlerbalken	errorbar(x,y,10*ones(1,101), ones(1,101))
hist oder histogram	erzeugt ein Histogramm, also ein Balkendiagramm, welches die Häufigkeit einer Klasse von Werten gegen die Klassen aufträgt; Klassenbildung in beiden Routinen unterschiedlich	figure(4); hist(y); figure(5) histogram(y) histc(y,[-40:20:80]) histcounts(y,5)
histc	verwandt mit hist, jedoch wird anstelle einer Grafik ein Vektor mit den Häufigkeiten jeder Klasse ausgegeben	histc(y,[-40:20:80])
histcounts	wie histc, jedoch mit n Klassen	histcounts(y,5)

stairs	wie scatter, jedoch mit Treppenstufen, wenn sich Werte ändern	x=[0:2*pi/10:2*pi];
		y=10*x+pi+10*randn(1,11);
		stairs(x,y)

rose	eine Kreuzung aus polar und histogram; stellt Häufigkeit gegen Winkel dar	rose(randn(1,100),5)
pareto	ein Balkendiagramm, bei dem Balken in absteigender Höhe organisiert sind	histc(randn(1,100), [-4:1:4]) pareto(ans)

spy	eine scatter-Grafik der Stellen einer Matrix, die von Null verschieden sind	mymat=rand(5);
		mymat=(mymat>0.5).*mymat;
		spy(mymat)

plotmatrix	eine scatter-Grafik aller Permutationen von Spalten in x und y	plotmatrix(magic(3), magic(3))

Tabelle B.3: Statistische Diagramme

Routine	Beschreibung	Beispiel
ezcontour	erzeugt ein Konturdiagramm ähnlich einer topografischen Landkarte	`ezcontour('cos(x)* cos(y)')`
ezcontourf	wie ezcontour, füllt jedoch die Flächen zwischen Konturen aus	`ezcontourf('cos(x)* cos(y)')`
ezmesh	erzeugt ein Diagramm in 3D-Perspektive mit einem offenen Gitternetz	`ezmesh('cos(x)* cos(y)')`
ezsurf	erzeugt ein Diagramm in 3D-Perspektive mit ausgefüllten Flächen	`ezsurf('cos(x)* cos(y)')`
ezmeshc	kombiniert Konturdiagramm mit einem Diagramm in 3D-Perspektive mit offenem Gitternetz	`ezmeshc('cos(x)* cos(y)')`
ezsurfc	kombiniert ein Konturdiagramm mit einem Diagramm in 3D-Perspektive mit ausgefüllten Flächen	`ezsurfc('cos(x)* cos(y)')`
ezplot3	stellt eine Kurve im dreidimensionalen Raum dar; auch animiert möglich	`ezplot3('sin(x)', 'cos(x)','sin(3*x/2)', [-2*pi,2*pi],'animate')`
plot3	wie ezplot3, jedoch mit Vektoren als Argumenten	`a=[-2*pi:4*pi/100:2*pi];` `x=sin(a);`

scatter3	wie plot3, jedoch mit einzelnen Datenpunkten	`y=cos(a);`
		`z=sin(3*a/2);`
		`plot3(x,y,z); figure(2)`
		`scatter3(x,y,z)`

stem3	wie stem, jedoch mit 3D-Daten	`stem3(rand(5))`

Tabelle B.4: 3D-Grafik

Routine	Beschreibung	Beispiel

contour	erzeugt ein Konturdiagramm mit Matrizen oder Vektoren als Argumente	`x=[-2*pi:4*pi/100:2*pi];`
		`y=[-2*pi:4*pi/100:2*pi ];`
		`z=cos(x)'*cos(y);`
		`contour(x,y,z);title`

contourf	wie contour, jedoch mit ausgefüllten Konturen	`('contour');figure(2)`
		`contourf(x,y,z);title`
		`('contourf');figure(3)`

contour3	wie contour, jedoch mit 3D-Perspektive	`contour3(x,y,z);title`
		`('contour3');figure(4)`
		`surf(x,y,z);title ('surf');figure(5)`

surf oder surface	erzeugt eine ausgefüllte Oberfläche	`surface(x,y,z);title` `('surface');figure(6)`

mesh	erzeugt ein Gitternetz	`mesh(x,y,z);title ('mesh');figure(7)`
		`waterfall(x,y,z); title('waterfall');`
		`figure(8)`

waterfall	wie mesh, jedoch ohne Spaltenlinien	`surfc(x,y,z);title ('surfc');figure(9)`
		`meshc(x,y,z);title ('meshc');`
		`figure(10)`

surfc	wie surf, jedoch zusätzlich mit Konturdiagramm	`meshz(x,y,z);title ('meshz');`
		`figure(11)`
		`surfl(x,y,z);title ('surfl');`

meshc	erzeugt ein Gitternetz mit Kontur	`figure(12)` `pcolor(z);title('surfl')`
meshz	erzeugt ein Gitternetz mit einem Vorhang um das Diagramm herum	
surfl	wie surf, jedoch mit Simulation von Licht und Schatten	
pcolor	zeigt Werte einer Matrix als Farben an	
surfnorm	erzeugt ein Oberflächendiagramm mit Normalenvektoren (Vektoren, die senkrecht auf die Oberfläche sind)	`[x,y,z]=peaks; % Testfunktion` `surfnorm(x,y,z)`
fill3	wie fill, jedoch in 3D; der Füllbereich ist eventuell nicht komplanar	`fill3([0,1,1,0],[0,0, 1,0],[0,1,0,1],` `'g')`

Tabelle B.4: 3D-Grafik (Fortsetzung)

Routine	Beschreibung	Beispiel
feather	wie compass, jedoch werden die Pfeilursprünge auf der x-Achse gleichmäßig verteilt	`feather(rand(1,3)-0.5, rand(1,3)-0.5)`

quiver	wie feather, jedoch werden die Pfeilursprünge gemäß den Angaben im entsprechenden Argument gelegt	`[x,y]=meshgrid([-5:5],[-5:5]);`
		`u=ones(11)+(4./(sqrt(x.^2+y.^2)).`
		`*cos(atan2(y,x)));`
		`v=(4./(sqrt(x.^2+y.^2)).*sin (atan2(y,x)));`
		`v(6,6)=0;`
		`u(6,6)=0;`

streamline	legt Stromlinien durch das Vektorfeld; im Beispiel werden die Stromlinien über die Ausgabe von quiver gelegt.	`quiver(x,y,u,v);`
		`hold on`
		`streamline(x,y,u,v,[-5,-5,-5], [-1,.01,1]);`
		`hold off`

quiver3	wie quiver, jedoch in 3D; im Beispiel wird ein einheitliches Geschwindigkeitsfeld über ein $1/r^2$-Feld gelegt	`[x,y,z]=meshgrid([-5:2:3],[-3:2:3],`
		`[-3:2:3]);`
		`r=sqrt(x.^2+y.^2+z.^2);`
		`u=ones(4,5,4)+(10./r.^2).*cos(atan2(y,x)).`
		`*sin(acos(z./r));`
		`v=(10./r.^2).*sin(atan2(y,x)).`
		`* sin(acos(z./r));`

streamribbon	wie streamline, jedoch mit Bändern	`w=10.*z./r; quiver3(x,y,z,u,v,w);`
		`hold on;`
		`streamribbon(x,y,z,u,v,w,  -5,0,.1);`

coneplot	wie quiver3, jedoch wird die Geschwindigkeit als Konus dargestellt	`figure(2)`
		`coneplot(x,y,z,u,v,w,x,y,z);`
		`figure(3)`
		`quiver3(x,y,z,u,v,w);`

streamtube	wie streamline, jedoch werden Stromlinien als Röhren dargestellt (zylindrische dreidimensionale Flusslinien)	`hold on;` `streamtube(x,y,z,u,v,w,-5,0,.1);`

Tabelle B.5: Vektorfelder

Stichwortverzeichnis